功能型创新创业平台

锦纶新材料产业园
Nylon New Material Industrial Park

时尚锦纶新材料产业园

海安高新区时尚锦纶新材料产业园总规划面积10平方公里，重点招引锦纶原料、锦纶民用长丝、锦纶军工产品、锦纶丝终端产品等加工生产企业，打造千亿级时尚锦纶产业板块。

海安电子信息产业园
Hai'an Electronic Information Industrial Park

电子信息产业园

海安高新区电子信息产业园总规划面积8平方公里，重点发展新型电子元器件及组件、集成电路芯片等产品，产业园设有经省环保厅批准规划建设的电镀工业园，为国际、国内知名电子信息企业提供高质量电镀服务。

HHTIC

台商产业园

海安高新区台商产业园总规划面积6平方公里，打造高标准台商集聚平台。重点承接科技含量高、经济效益优、带动能力强的台资项目，同时加大对台湾教育、医疗、餐饮、休闲、银行、保险行业的招引，将逐步建设成为产业丰富、配套完善、宜居宜商的一流园区。

海安高新区
时尚锦纶新材料产业园

时尚锦纶新材料产业是海安重点打造的千亿级产业板块，是“中国化纤混纺纱精品基地”“国家时尚锦纶示范基地”“国家锦纶功能纤维新材料产业基地”。

规划情况

海安高新区时尚锦纶新材料产业园总规划面积10平方公里，园区选址位于高新区南部产业新城核心地段，区域内配套设施完善，区位条件优越。

功能定位

做强“区域化纤示范基地”品牌，形成4个100万吨规模（锦纶6切片年产100万吨，锦纶6纺丝、加弹年产量100万吨，织造产品年产量100万吨，己内酰胺年产量100万吨），成为江苏省内最强锦纶生产基地，打造国际级锦纶差别化、功能化示范区及全国特色化纤纺织工业产业集群示范园区。

产业现状

海安高新区现有锦纶新材料企业56家，产品涵盖锦纶单丝、复丝、锦纶FDY丝、锦纶HOY丝等上百个品种。锦纶6聚合切片年设计生产能力100万吨，锦纶66聚合切片年设计生产能力20万吨，锦纶丝年产量40万吨，锦纶丝约占全国八分之一的市场份额。目前，时尚锦纶新材料产业园已有弘盛新材料、永通新材料、四方新材料、互生纺织等20多个项目落户，实现年销售200亿元以上。

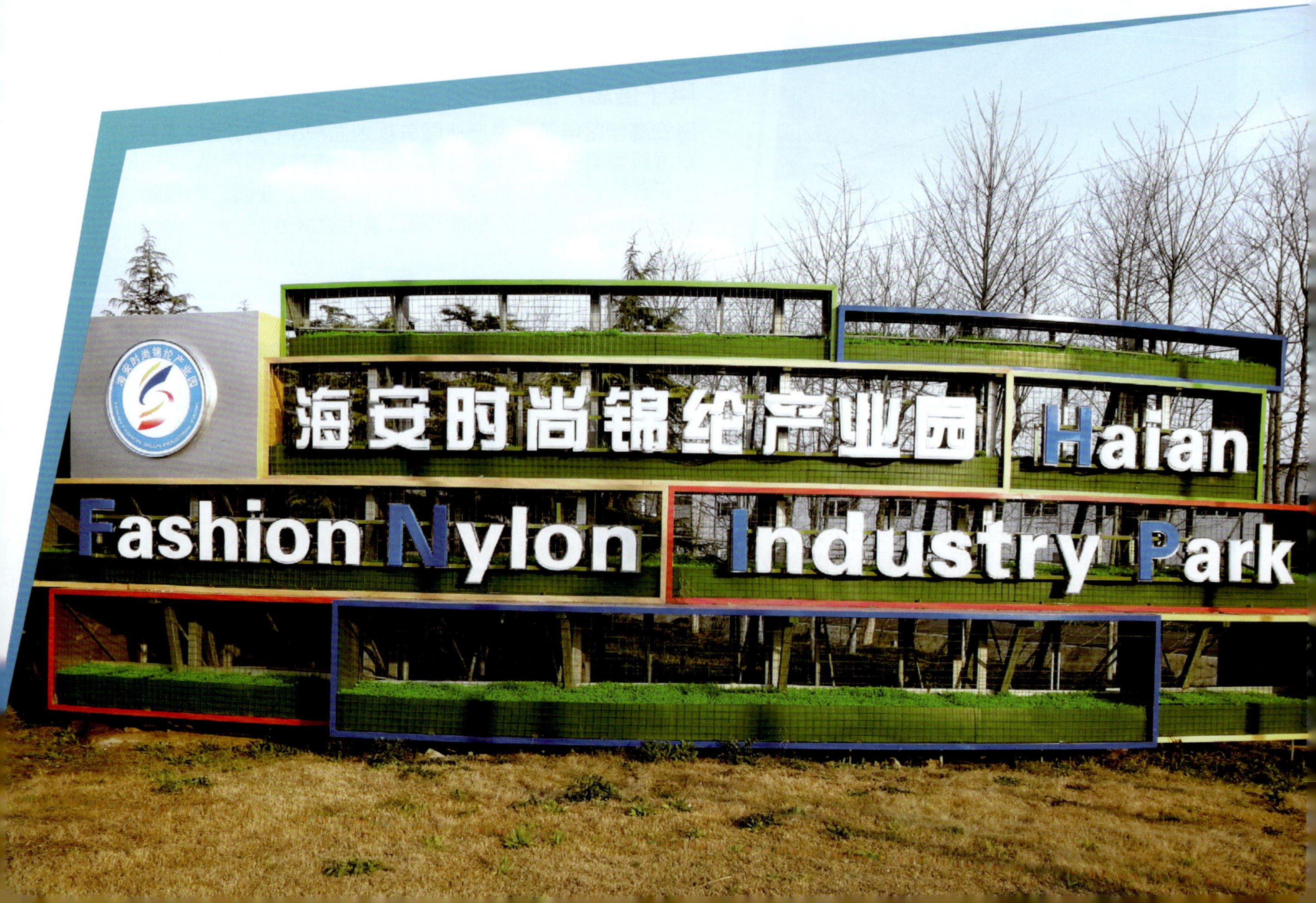

江苏
恒能家纺
新材料产业园

江苏恒能家纺新材料产业园以国家级经济技术开发区——沭阳经济技术开区为依托，由江苏恒能家纺新材料有限公司承建开发。产业园位于沭阳县205国道以东、余杭路以南、朝阳路以西，规划占地1200余亩，厂房面积100万平方米，可容纳加弹机200台，喷水织机12000台，喷气织机2200台，提花机1500台，配套整浆并和印染生产线。预计总投资30亿元，年产家纺面料15亿米。园区实行统一规划、统一建设、统一物管、统一服务、统一要素保障的运营模式，健全产业链条，有效降低入驻企业成本。园区涵盖家纺原料、面料坯布、印染成品等完整的家纺产业链，力争打造成百亿产值规模，苏北最大的家纺原料、面料生产基地。

沭阳智能针织产业园

近年来，沭阳坚定坚实走好生态优先、绿色发展新路，全力推进纺织产业由跟随式发展向引领式发展。目前，全县拥有各类纺织服装企业400多家，其中规模以上企业118家，已形成了“机械装备—纺丝—加弹—织造—印染—成衣”等较为完整的产业链条，产业涵盖包覆纱、家纺、智能针织三大 板块，建设了全国首个智能针织产业园。2018年，全县纺织产业实现开票销售收入115.8亿元，同比增长41.6%，总量位居苏北前列。

为进一步推动纺织产业高质量发展，2018年初，沭阳县委托武汉纺织大学、东华大学、中国纺织工业联合会围绕2025年打造千亿级特色家纺产业园进行规划，到2020年总产值将达300亿元，到2025年将达到800亿~1000亿元。

沭阳智能针织产业园是我国智能化针织产业园区，位于江苏省国家级沭阳经济技术开发区内，规划面积1030亩，总建筑面积60万平方米。产业园按照“未来针织靠智能，智能针织看沭阳”的发展定位，积极打造纺织业智能制造、转型发展的载体平台。

目前，该产业园已建成厂房及配套用房24.5万平方米，吸引西南智能纺织、欧博纺织、达丽纺织、衣道科技等9家企业入驻，其中西南智能纺织、达丽纺织正在打造2个国家级智能车间。园区先后获得“江苏省级科技产业园”“全国针织行业示范园区”等称号。

CNTAC

2018/2019 中国纺织工业发展报告

2018/2019 CHINA TEXTILE INDUSTRY DEVELOPMENT REPORT

中国纺织工业联合会　　编著

中国纺织出版社

图书在版编目（CIP）数据

2018/2019中国纺织工业发展报告 / 中国纺织工业联合会编著. -- 北京：中国纺织出版社，2019.6
ISBN 978-7-5180-6157-0

Ⅰ. ①2… Ⅱ. ①中… Ⅲ. ①纺织工业－工业发展－研究报告－中国－2018－2019 Ⅳ. ①F426.81

中国版本图书馆CIP数据核字（2019）第087760号

责任编辑：符芬　　　责任印制：何建

中国纺织出版社出版发行
地址：北京市朝阳区百子湾东里A407号楼　邮政编码：100124
销售电话：010－67004422　传真：010－87155801
http://www.c-textilep.com
E-mail: faxing@c-textilep.com
官方微博http://weibo.com/2119887771
廊坊飞腾彩印有限公司印刷　各地新华书店经销
2019年6月第1版第1次印刷
开本：889×1194　1/16　印张：20.75
字数：450千字　定价：380.00元
京朝工商　广字第8172号

《2018/2019中国纺织工业发展报告》

CNTAC

内容提要

《中国纺织工业发展报告》是我国唯一一部集中反映纺织工业及其子行业年度发展现状与趋势预判的研究报告。该书为2018／2019年版主要包括：中国纺织工业现状与趋势综合分析；中国纺织12个子行业包括化学纤维、棉纺织、毛纺织、丝绸、麻纺织、长丝织造、印染、针织、服装、家用纺织品、产业用纺织品、纺织机械年度分析与展望；改革开放40年；强国建设；行业关注；原料供求及国内外统计资料等栏目和内容。《中国纺织工业发展报告》主要面向国内外纺织企业，金融与投资、贸易与咨询、科研与教育等机构，以及各级政府综合管理部门和行业社团组织。为全面客观了解中国纺织工业发展状况与趋势提供权威性指南，为相关企业、部门机构科学决策和国家宏观经济管理提供可靠依据，极具研究和收藏价值。

Abstract：

China Textile Industry Development Report, the guide book for China textile industry, is the only report that reflects the annual development trend of China textile industry and individual sectors within the industry. The main contents of the 2018/2019 edition include the followings:

- The performance analysis of China textile industry in 2018 and the development trend prospection in 2019
- A review and prospection of the 12 sectors of China textile industry including: chemical fiber, cotton textile, wool textile, silk, bast and linen fiber textile, filament weaving, printing and dyeing, knitting, apparel, home textile, industrial textile and textile machinery
- 40th Anniversary of China′s Reform and Opening-up
- Textile Powers Construction
- Industry Focus
- Raw Material Demand and Supply
- Statistics

The target readers of the report are mainly overseas and domestic textile enterprises, departments of finance, investment, textile trade, scientific research and education, within the government, textile industrial associations and organizations. The report provides an authoritative guide for all textile organizations related and it is highly collectable.

目　录 Contents

行业运行　Industries

改革开放40年　40th Anniversary of China's Reform and Opening-up

CNTAC

强国建设 Textile Powers Construction

行业关注 Industry Focus

CNTAC

原料供求 Raw Material Demand and Supply

统计资料 Statistics

CNTAC

2018/2019 中国纺织工业发展报告

2018/2019 CHINA TEXTILE INDUSTRY DEVELOPMENT REPORT

行业运行

纺织工业

中国纺织工业联合会产业部

2018年纺织工业经济运行情况

2018年，全球经济总体处于复苏轨道，发达经济体就业改善，带动国际市场需求回暖；我国宏观经济总体平稳，冲刺全面建成小康社会释放内需市场空间。但下半年以来，受到贸易保护主义升温、美元流动性趋紧等因素影响，全球经济下行风险上升，我国宏观经济运行压力也有所加大。面对复杂多变的外部环境，我国纺织行业坚持深入推进供给侧结构性改革，努力化解各种风险挑战，全年基本实现平稳运行，主要运行指标增速符合预期，与所处外部环境及自身发展阶段总体相符，结构优化与高质量发展特征逐步显现。

一、2018年纺织行业运行态势分析

（一）行业景气符合预期

根据中国纺织工业联合会“重点企业跟踪调查”结果，2018年全年，纺织行业景气指数均处于50以上的扩张区间，整体呈现稳中趋降走势，市场环境的复杂性逐渐显现（表1、图1）。四个季度中，二季度行业景气度水平最高，指数达到60.9，主要带动因素是内外市场销售情况良好，支撑产品价格处于高位，生产增速加快。三季度，受到宏观经济下行压力显现及中美贸易摩擦影响，企业备货相对保守，行业景气度回落至全年最低水平，指数仅为53.1。四季度，行业景气指数回升至57.8，新订单、生产、原材料库存、用工四项核心指标与三季度相比均有所提升，表明企业对于外部环境的复杂性已有了一定的适应性和应对准备。

表1 2018年纺织行业景气指数及分项指标情况

指标名称	四季度	三季度	二季度	一季度
综合景气指数	57.8	53.1	60.9	57.3
生产指数	60.6	58.9	69.8	57.6
国外订单指数	52.9	52.0	53.6	60.3
原材料购进价格指数	64.9	75.3	63.7	62.0
产品销售价格指数	53.4	61.1	77.8	71.9
原料库存指数	53.1	48.8	52.8	52.8
产成品库存指数	64.9	75.3	50.8	52.3

资料来源：中国纺织工业联合会产业经济研究院

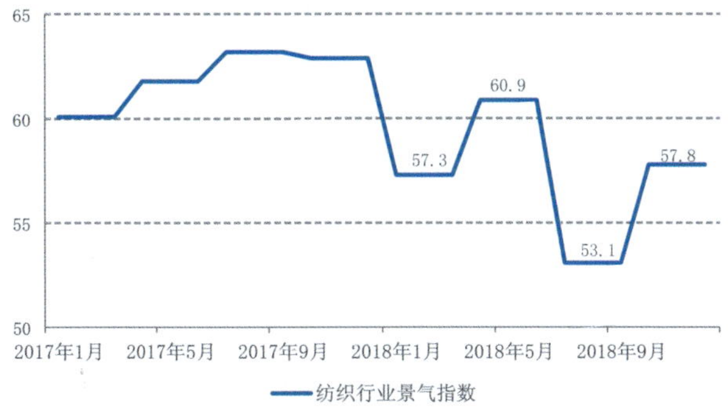

资料来源：中国纺织工业联合会产业经济研究院

图1 我国纺织行业景气指数

（二）内销市场加快增长

2018年，在宏观经济总体平稳支撑下，我国纺织品服装内需市场呈现较快增长态势，虽然全年增速走势逐月放缓，但是线上线下零售增速均处于近两年较高水平。纺织品服装内销实现良好增长，一方面得益于民生消费加快增长，另一方面也表明纺织行业供给能力有所增强，较好满足了多元个性、功能细分的消费需求。

根据国家统计局数据（图2、图3），2018年全国限额以上服装鞋帽、针纺织品类零售额同比增长8%，增速较2017年提高0.2个百分点，高于同期全部限额以上单位商品零售额增速2.3个百分点，但低于化妆品和中西药品等近期消费升级热点领域增速。纺织品服装价格温和上涨，2018年纺织品零售价格同比增长0.8%，服装鞋帽商品零售价格同比增长1.3%，均快于2017年。

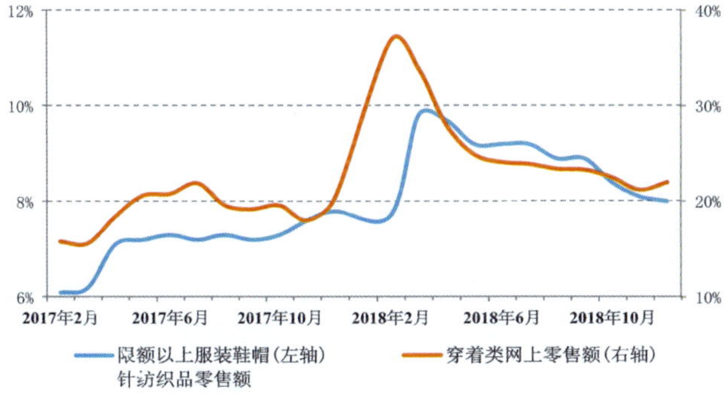

资料来源：国家统计局

图2 纺织品服装实体及网上零售额增速

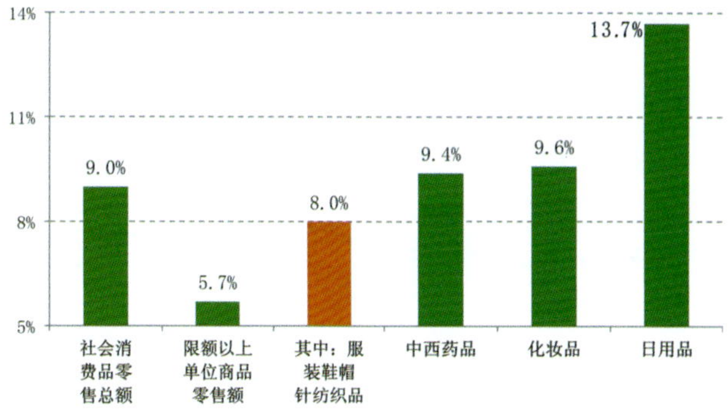

资料来源：国家统计局

图3 社会消费品及限额以上单位商品零售额增速

网上零售继续保持快速增长，2018年全国网上穿着类商品零售额同比增长22%，增速高于2017年1.7个百分点。天猫2018年“双11”数据显示，成交额过亿的品牌中服装服饰类占比27%，位居第一，超过第二品类6个百分点，说明纺织服装品牌网络零售渠道日渐成熟，市场认可度提升。

（三）出口市场持续回暖

2018年，主要发达国家就业状况持续改善，美国和日本基本处于充分就业水平，欧元区失业率也接近危机前最低水平，企业及居民收入增长情况良好，以美国为主力的国际市场需求回暖，带动我国纺织行业出口同比加快增长。

根据海关数据（图4），2018年我国纺织品服装出口总额（含94章）为2876.2亿美元，同比增长4.8%，增速较2017年提高3.2个百分点。从月度走势看，受春节假日因素影响，一季度纺织行业出口有所波动，此后增速逐渐趋稳。主要产品中，纺织品国际竞争力稳定，出口额同比增长9.9%，增速高于2017年5.4个百分点，占纺织品服装出口总额的比重由2017年的42.1%提高到44.2%；服装受到制造成本高企及订单、投资转移等因素影响，出口压力较大，出口额同比仅增长1%，增速较2017年提升0.6个百分点，占纺织行业出口总额的比重下调至55.8%。

注 由于数据缺失，图4中纺织品服装出口增速采用海关快报数据计算。

资料来源：中国海关

图4 我国纺织品服装出口增速

主要市场中，美国是我国纺织行业传统出口市场中的主要增长力量，2018年美国服装零售增长好于2017年，我国对美纺织品服装出口额同比增长10.7%，较2017年增速提高9个百分点。欧盟、日本由于国内消费几乎无增长，我国对其纺织品服装出口增速也较为缓慢，2018年同比分别增长3.2%和3.4%。我国纺织行业对越南、缅甸、印尼等一带一路市场出口快速增长，出口增速分别为25.3%、35.2%和19.3%，是纺织行业出口增长的新动力（表2）。

我国在全球纺织品服装出口市场中份额在2015年达到历史峰值37.9%，随后逐步下降。根据世界贸易组织（WTO）数据，2017年，我国对全球出口纺织品服装共计2683.5亿美元，占全球出口比重为34.8%，较2016年下降1.2个百分点。其中，出口纺织品1098.9亿美元，市场份额为36.6%；出口服装1584.6亿美元，市场份额为33.6%。

（四）生产实现低速增长

2018年，全国规模以上纺织企业工业增加值同比增长2.9%，较2017年放缓1.9个百分点。产业链各环节中，棉纺织及印染精加工业生产显著放缓，工业增加值同比下降1%，低于2017年4.8个百分点，但根据中国棉纺织行业协会调查情况，2018年国内外棉价差缩小，重点跟踪的棉纺企业及产业集群生产及销售增长情况均较为平稳。其他主要子行业生产保持较好增长态势，化纤业工业增加值同比增长7.6%，较2017年加快1.8个百分点；产业链终端服装、家纺和产业用纺织品行业工业增加值同比分别增长

表2 2018年我国纺织原料及纺织品服装分地区出口情况

美国		欧盟		日本	
出口额（亿美元）	同比（%）	出口额（亿美元）	同比（%）	出口额（亿美元）	同比（%）
528.3	10.7	514.7	3.2	220.1	3.4
越南		**缅甸**		**印度尼西亚**	
出口额（亿美元）	同比（%）	出口额（亿美元）	同比（%）	出口额（亿美元）	同比（%）
160.3	25.3	21.2	35.2	50.6	19.3

注 由于技术原因，自2018年4月起，海关暂停提供出口统计月报数据。本表格中我国对越南、缅甸和印度尼西亚出口数据根据中国海关官网公布的统计月报整理，包含海关HS编码50～63章内全部纺织原料及纺织品服装。表格中我国对美国、欧盟和日本的出口数据为剔除了纺织原料的海关HS编码50～63章和94章的纺织品服装。

资料来源：中国海关

4.4%、3.7%和8.6%；纺机行业工业增加值同比增长9.5%，反映国产装备市场竞争力稳步提高（图5）。

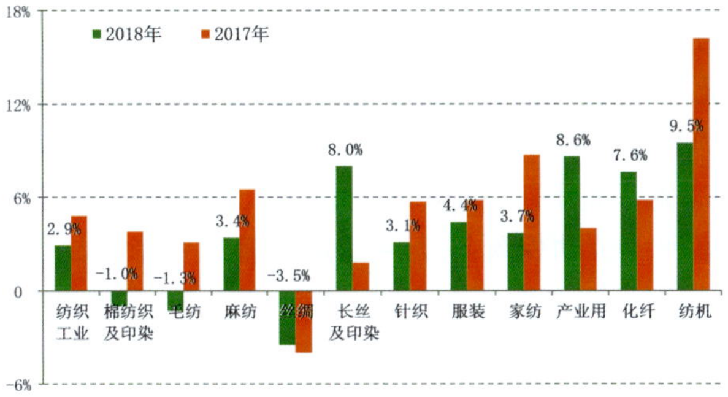

资料来源：国家统计局

图5 纺织工业及分行业规模以上企业工业增加值增速

除化纤外，多数大类产品产量增速均有所放缓（表3）。2018年，全国化纤产量达5011.1万吨，同比增长2.7%，增速较2017年提高2个百分点；全社会纱、布产量同比分别减少7.3%和4.9%，增速较2017年分别下降15.8和0.6个百分点。规模以上企业印染布、非织造布和服装产量同比分别增长2.6%、−8%和−3.4%，增速分别较2017年下降2.2、8.1和0.8个百分点。

（五）经济效益总体向好

2018年，纺织行业主营业务收入增速小幅回落，但利润增速持续加快，纺织产品价格涨幅高于原料价格（图7），带动行业效益情况稳步改善（图6）。全国3.7万户规模以上纺织企业累计实现主营业务收入53703.5亿元，同比增长2.9%，增速较2017年放缓1.3个百分点；实现利润总额2766.1亿元，同比增长8%，增速较2017年加快1.1个百分点；企业销售利润率为5.2%，较2017年提高0.2个百分点。

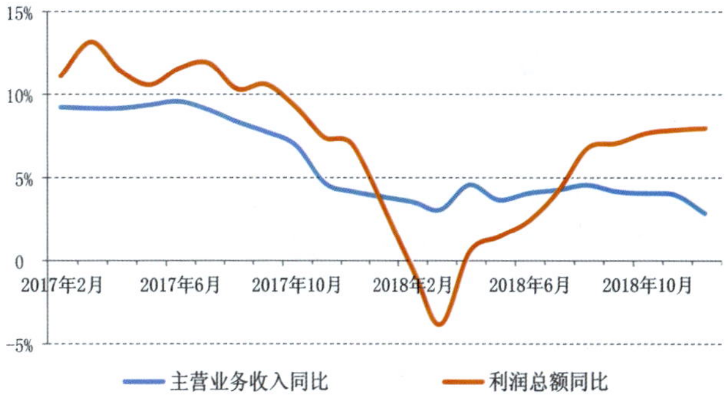

资料来源：国家统计局

图6 纺织工业规模以上企业主营业务收入及利润总额增速

表3 2018年规模以上纺织企业主要大类产品产量

产品名称	单位	产量	同比(%)	增速较2017年同期增减(百分点)
纱	万吨	2958.9	−7.3	−15.8
布	亿米	657.3	−4.9	−0.6
印染布	亿米	490.7	2.6	−2.2
非织造布	万吨	366.3	−8.0	−8.1
服装	亿件	222.7	−3.4	−0.8
化学纤维	万吨	5011.1	2.7	2.0

注 化纤、纱、布产量为国家统计局公报的全社会产品产量，其他产品为规模以上企业产量。

资料来源：国家统计局

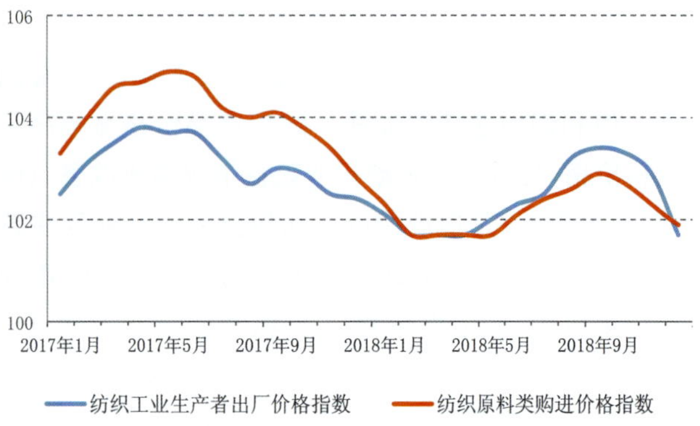

资料来源：国家统计局

图7 纺织原料及生产者出厂价格指数（上年同月=100）

分行业来看，技术和资本密集型的化纤、纺机行业以及产业链中后端效益增势良好。由于产业集中度提高以及大型企业向上游炼化环节延伸等原因，化纤行业效益增速全年均稳定在较高区间，2018年化纤行业主营业务收入和利润总额同比分别增长12.4%和10.3%，成为全行业经济增长的重要支撑；纺机行业前三个季度效益增长较为明显，四季度以来由于下游采购订单明显减少，全年利润增速较三季度下降4.3个百分点至5.1%；长丝、印染、服装和家纺行业利润均实现2位数增长；服装、家纺和产业用三大终端产业效益增长始终较为稳定，全年利润增速分别较2017年提高7.8、17和9.4个百分点（图8）。

（六）运行质量稍有波动

在外部环境更趋严峻、运行压力有所加大的情况下，纺织行业运行质量有所下降。2018年，纺织行业规模以上企业产成品周转率为15.6次/年，同比下降6.6%，表明企业产销衔接流畅度有所下降，产成品存货管理效率有待提升。三费比例为7.4%，高于2017年0.2个百分点，其中随着工资、福利、劳动保险等费用增加，管理费用同比增长8.5%。资产负债率为54.7%，高于2017年0.3个百分点，虽处于合理区间内，但企业需要提高防范财务风险意识。总资产周转率为1.2次/年，与2017年持平（表4）。

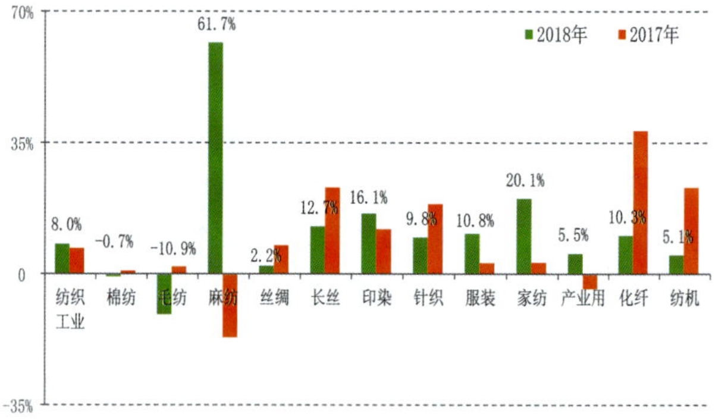

资料来源：国家统计局

图8 纺织工业及分行业规模以上企业利润总额增速

由于贴近终端消费，服装、家纺、产业用和纺

表4 2018年纺织行业运行质效情况

指标名称	2018年	2017年
产成品周转率（次/年）	15.6	16.7
总资产周转率（次/年）	1.2	1.2
三费比例（%）	7.4	7.2
资产负债率（%）	54.7	54.4

资料来源：国家统计局

机产业的三费比例高于行业水平，分别为9.5%、8.2%、8.6%和10.7%。

（七）投资增速略有放缓

2018年，纺织行业投资形势较2017年走弱，投资额6月扭转负增长态势，此后在化纤业带动下逐步企稳。根据国家统计局推算，纺织全行业固定资产投资完成额（不含纺机）同比增长5.0%，较2017年略下降0.2个百分点。

分行业来看，纺织业同比增长5.1%，较2017年增速放缓0.8个百分点，由于纺织业投资占全行业比重超过50%，决定了全行业投资增速放缓的主基调；化纤业保持了2017年以来2位数增长，2018年同比增长29.0%，较2017年增速提高9个百分点，10月累计增速高达37.4%，市场良好带动投资需求较为旺盛；服装业2018年以来未能扭转负增长态势，但降幅逐月收窄，全年投资同比减少1.5%，较2017年增速降低8.5个百分点（图9）。

资料来源：国家统计局

图9 纺织分行业固定资产投资增速

分地区来看，东部地区部分产业集聚省份因制造成本上涨、环保监管严格等因素影响，投资增长受到制约，其中广东省2018年纺织业、服装业投资额分别同比减少3.3%、2.9%；浙江省纺织业、化纤业投资额分别减少3.2%和10.4%；山东省服装业投资额同比减少30.9%。受产业政策调整影响，新疆纺织行业投资增速回落，纺织业、服装业和化纤业投资额同比分别减少21.6%、15.9%和24.9%。

二、2018年纺织行业运行中存在的主要问题

（一）中美贸易摩擦需长期关注

自2018年4月以来，中美贸易摩擦不断升级，虽然G20峰会释放出积极信号，贸易磋商持续推进，但事关两国发展战略，贸易摩擦短时难以完全缓解。

到2018年底，美国的加税措施直接涉及的纺织品2017年出口额为41.5亿美元，占我国纺织行业对美出口额的8.7%，占对全球出口总额的1.5%，尚不足以对全行业造成重大冲击，但贸易环境不确定性提升，增加了国际采购商及国内生产企业的担忧情绪，据企业反馈，目前已经出现了采购商暂缓下单或将向中国以外区域转移订单的情况，部分具有境外加工基地的大型纺织企业也开始将国内订单转移至国外。长期来看，贸易摩擦将引发国际供应链体系改变，我国纺织行业长期被排除在供应体系之外，日后参与国际产业分工与市场竞争困难增大；为规避贸易环境风险，纺织企业海外投资进度也不可避免地将有所加快，对国内生产、投资增长及就业岗位产生负面影响，且将促进东南亚目前尚不完善的纺织产业体系逐渐健全，加剧全球市场竞争形势。

（二）相关政策环境尚不完善

纺织行业融资难、融资贵问题长期无法有效解决，国家支持实体经济、中小企业融资的政策未能有效落实，银行惜贷、利息大幅上浮、收取贷款服务费、要求定期转贷等问题始终存在。纺织行业长期面临环保部门监管手段单一的问题，仅简单以关停、限产、禁止环评等方法进行监管，缺乏投资引导、技改支持等正面措施；有些地方不区分企业情况，采取地区性整体停产的监管方法，造成纺织企业生产、投资活动受限，成为纺织全行业平稳、高质量发展的瓶颈制约。2019年政府工作报告提出工商业

电价再降10%，但是目前仍是越南、美国等地的近2倍，在装备自动化、数字化、智能化水平不断提升、用电大量替代用工的情况下，高电价问题更加凸显。

（三）行业供给结构仍需优化

产能结构方面，距离终端市场相对较远的上游产业目前仍存在部分常规产品产能偏大的情况，与日益升级的消费需求不相对应的矛盾仍然存在，技术性产业用纺织品功能、性能及经济性尚不能完全满足应用需求，加强行业自律、强化差别化产品开发等发展质量提升任务仍待落实。区域结构方面，纺织产业转移进度明显放缓，东部企业的转型升级投入再度成为行业投资增长主动力，中西部受成本、政策、产业配套等因素影响，转移投资项目出现停滞，一方面制约产业资源配置效率提升，另一方面境外投资替代国内产业转移投资较快增加，也影响了国内投资与就业的稳定增长。

2019年纺织行业运行走势预判

展望2019年，纺织行业发展面临的国内外环境更加复杂严峻。全球制造业景气度将有所下降，对市场需求回暖的支撑力度减弱；国际贸易环境恶化不仅直接影响货物贸易，对全球资本流动、技术外溢、企业投资和居民消费也将产生抑制作用，我国纺织行业所面临的市场需求较2018年偏弱。但同时，我国处于全面建成小康社会的关键时期，以美好生活需要为动力的内需市场潜力空间广阔，将为纺织行业发展提供首要支撑，行业自身冲刺纺织强国目标，持续推进高质量发展的动力也更为充足。综合来看，2019年纺织行业经济运行仍有望保持大体平稳，但行业运行压力将明显增加，预计主要运行指标增速将较2018年有所回落，出口压力尤为突出，行业提升抗风险能力任务紧迫。2019年影响我国纺织行业运行的因素主要有以下几方面。

一、国际市场下行风险加大

2019年，国际经济及市场需求发展态势总体更趋复杂。一方面，经济增长动力仍然存在。全球就业状况现阶段处于历史高位，有利于形成企业利润、居民收入、消费支出与生产投资相互促进、渐次增长的良性循环，纺织服装产品作为日用必需品，基本的需求增量基础仍然存在。但另一方面，全球经济下行风险明显。国际货币基金组织（IMF）、世界贸易组织（WTO）和欧盟于2019年4月同时发布贸易保护风险拉低全球经济增长的预警，确认增长动能进入2019年以来进一步下降，WTO将2019年货物贸易额预期增速下调至2.6%，分别较2018年和此前预测数降低0.4和1.1个百分点。IMF在发布预警的同时，将全球经济增速预测值下调至3.3%，较2018年增速和1月预测值分别下降0.4和0.2个百分点，发达经济体复苏更为乏力。进入2019年以来，全球经济和贸易景气指数继续下降（图11）。虽然我国纺织行业出口市场结构日益多元化，但美国、欧盟和日本三大传统市场占比仍达到40%左右，再考虑行业出口到新兴市场的部分化纤、面料等上游产品经加工后最终仍流入发达国家市场，国际市场特别是发达经济体市场需求放缓，将造成纺织行业的出口压力明显增加，预计2019年我国纺织品服装出口总额增速将较2018年有所降低。

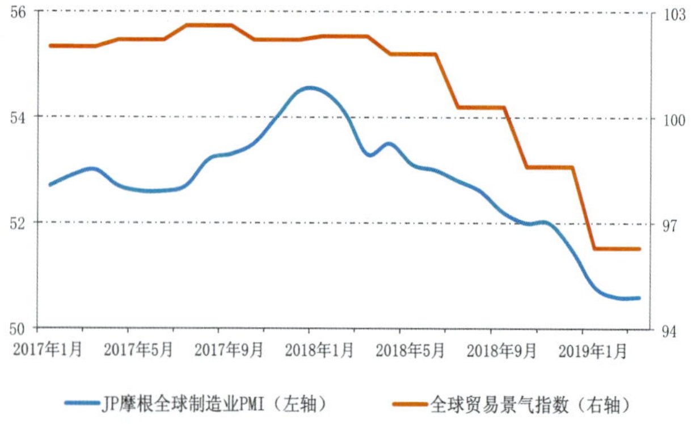

资料来源：国家统计局、世界贸易组织（WTO）

图11 全球制造业采购经理人指数及全球贸易景气指数

二、内需增速或将稳中趋缓

2019年，政府工作报告提出更大规模的减税降费措施和就业优先政策，以“六稳”为目标的一系列宏观经济政策出台并落实，有利于稳定国内宏观经济环境。一方面，国内市场消费信心与消费意愿仍处于较好水平，随着新一轮个税改革助推居民可支配收入增加，纺织行业面临的国内市场环境也有望保持基本稳定，挖掘内需升级潜力的机遇仍然存在。但另一方面，我国宏观经济运行压力将有所增加，外需放缓预期明显，中美贸易摩擦负面影响逐渐显现，均将进一步加大出口压力，进而对国内就业、投资直至最终消费产生抑制性影响。国内市场消费升级特征更趋明显，消费增长点将更多集中于健康、文化、娱乐等领域，吃穿用等基本生活资料消费的增长相对较慢。总体上看，2019年纺织品服装内销仍将保持平稳增长，但增速较2018年略有放缓。

三、多重压力叠加，考验行业抗风险能力

在内外需求增长趋缓、市场销售压力加大的同时，纺织行业还面临一系列其他的影响因素，其中既有综合成本提升、用工结构性短缺、环保监管严格等常态化的发展压力，也有中美贸易摩擦、流动性趋紧等阶段性的不确定因素。较为突出的影响因素如下。一是中美贸易摩擦影响仍不容忽视。虽然现阶段纺织行业涉税产品对美出口金额有限，纺织行业国际贸易环境不确定性大大提升，不仅直接影响出口订单、企业信心以及相关生产、就业，也将对国际采购格局以及我国纺织行业的国际分工位置、投资布局结构等产生潜在影响。二是环保形势更趋严峻。2019年，《土壤污染防治法》《环境影响评价公众参与办法》等法律法规将进入实施阶段，中央第二轮环保督查即将启动，排污许可制度将覆盖所有重点行业。虽然国家明确规定监管措施不得“一刀切”，但是在地方环保部门的工作方案中针对水域中出现污染物浓度超标、污泥总量超量、未入园区集中发展等问题，仍然强制所在地区全部印染企业停止排污及停产，给正常生产造成较大困扰。

2019年纺织行业重点发展方向

2019年，在更趋严峻、复杂的形势下，坚持深化供给侧结构性改革，不断改善供给质量与效率，提升对宏观环境与消费市场的适应性，对于纺织行业尤为重要。纺织行业将从以下方面着手，进一步深化结构调整，推动高质量发展。

一、进一步强化科技支撑作用

深入贯彻落实国家创新驱动发展战略要求，充分发挥纺织企业的创新主体作用，引导企业扩大资金、人才等创新要素投入，深化产学研用集成创新，提升创新活动与创新成果转化应用效率。继续以高新技术纤维材料、高端产业用纺织品、数字化智能化装备及生产线为重点，加快重大、关键技术研发突破，提升核心竞争实力。广泛开展技术升级改造，扩大各种优质、智能、绿色制造技术装备以及信息化生产管控和企业管理系统应用，推进智能化工厂（车间）试点示范工程，不断提升加工制造水平与生产运营效率。拓展产业用纺织品应用空间，加大新型纤维材料及新型非织造、编织、机织、复合技术应用，与上下游建立协同开发重点项目。

二、提升自主品牌的市场适应性

以满足人民日益增长的美好生活需要为根本使命和市场动力，进一步强化自主品牌建设，大力开拓纺织品服装国内消费市场。加强服装和家居产品市场消费行为与流行趋势研究，开发符合个性化、差异化、功能性、生态性、智能化等需求特征的服

装和家纺新产品。加强跨界与国际资源整合，推动纺织制造业与新一代信息网络技术、现代服务业融合创新，适应日益升级的消费市场，通过国际品牌并购、合作等方式拓宽国际化发展路径。深度挖掘我国历史文明与民族文化资源，吸收国际先进文化元素，关注当代文化价值，丰富自主品牌内涵。充分利用政府服务平台，发挥好公共媒体舆论导向作用，展示中国原创时尚设计力量与自主品牌优秀成果，提升自主品牌在国内市场认知度与认可度。

三、持续推进绿色发展进程

坚持落实打好污染防治攻坚战任务，推进责任导向型绿色纺织产业体系建设。继续加快绿色制造前沿技术研发，加强生态纺织化学品的开发与应用。大力推广各种先进少水染整加工技术、纤维素纤维清洁制浆技术、废水深度处理回用等污染物控制技术，打造全流程绿色制造产业链。打造全生命周期产业链闭环，推动废旧纤维制品高值化再生利用技术研发，丰富下游产品品种，特别是扩大再利用纺织纤维在产业用纺织品中的应用。不断完善行业绿色管理与服务体系，推动绿色产品、绿色工厂等评价标准编制，组织开展企业对标、评价及行业示范工作，对具有普遍适用性的绿色制造技术、装备及管理经验、模式予以宣传推广。

四、提高产业资源配置效率

以提升产业资源配置效率为目标，进一步优化纺织行业生产力布局体系、产业组织结构及资源整合模式。继续推动建立协调分工、高效合作的国内区域布局体系，引导东部企业向产业链、价值链高端环节升级，发挥转型升级示范引领作用；中西部地区依托特色资源和优势条件，发展现代纺织加工制造基地、城市群商贸物流中心以及民族文化特色产品。促进产业组织结构优化，鼓励企业做强做大，发展一批具有国际竞争力的大型企业集团；做优做精中小企业，培育细分领域单项冠军；推动产业集群优化升级，促进沿海地区智慧集群建设，培育世界级的现代纺织产业集群。巩固和提升纺织工业在全球供应链中的优势地位，以“一带一路”为重点，合理有序在海外建设纺织服装生产基地，形成与国内互补、互动的布局结构。促进产业发展相关资源整合利用，大力推动跨界融合发展，全面开展军民融合、产融结合、服务型制造、新零售等行业实践活动。

（撰稿人：张　倩　牛爽欣）

化纤业

中国化学纤维工业协会

2018年，世界经济保持复苏，国内经济保持平稳，为我国纺织化纤行业创造了相对有利的市场环境，支撑行业总体实现平稳运行。但国际局势复杂多变、油价大幅波动、中美贸易摩擦逐步升级、人民币贬值等因素增加了行业运行风险。特别是聚酯涤纶行业，受原油价格牵连，更多受PTA期货影响，行业于下半年出现不稳定波动。抛开四季度，全年总体来看，化纤行业生产保持较好增长，效益增速稳定在较高区间，成为纺织行业经济增长的重要支撑。但各子行业运行有所分化，涤纶和锦纶行业总体表现良好，黏胶纤维、腈纶和氨纶行业运行较为困难；企业间也出现分化，资源进一步向优势企业集中。

2018年化纤行业运行基本情况

一、供需情况

据国家统计局快报统计（表1），2018年化纤产量为5011.09万吨，同比增长7.68%。其中，涤纶产量为4014.87万吨，同比增长8.47%；锦纶产量为330.37万吨，同比增长5.28%；黏胶短纤产量为377.09万吨，同比增长7.94%。

化纤行业自2012年进入新常态，产量增速放缓，落后产能加快淘汰。进入"十三五"以后，化纤行业持续推进供给侧结构性改革，行业扩张的同时继续伴有落后产能的淘汰。2012～2018年，化纤

表1 2018年中国化纤产量完成情况

纤 维	1～12月(万吨)	同比(%)
化学纤维	5011.09	7.68
人造纤维	439.55	7.24
其中：黏胶短纤	377.09	7.94
黏胶长丝	18.24	1.39
合成纤维	4562.66	7.71
其中：涤 纶	4014.87	8.47
锦 纶	330.37	5.28
腈 纶	61.45	−16.50
维 纶	10.08	−2.47
丙 纶	34.78	2.31
氨 纶	68.32	10.84

资料来源：国家统计局、中国化学纤维工业协会

产量年均增长4.55%，增速不到产量增长高峰年份的二分之一。

涤纶和锦纶行业产销两旺，行业平均开工率处于近两年相对高点。如图1所示，其中涤纶长丝行业开工率保持高位，特别是直纺长丝旺季超过90%，淡季不淡，开工率也保持在80%以上。氨纶行业由于大量新增产能释放的影响，产量同比上升幅度较大。黏胶行业和腈纶行业开工率明显低于2017年，其中腈纶行业平均开工率60%左右，两行业开工率均处于近两年相对低点。

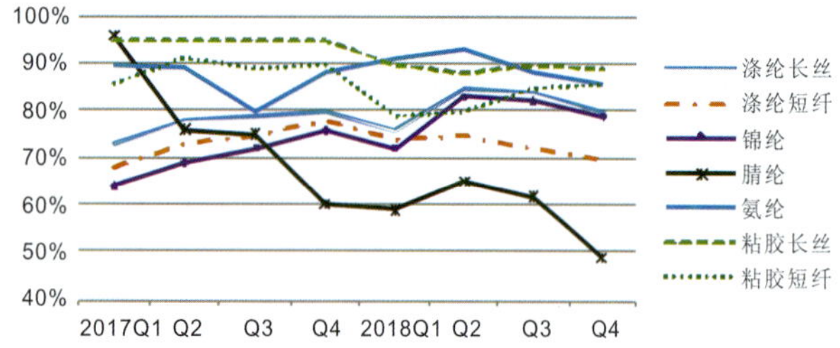

资料来源：中国化学纤维工业协会

图1 2017～2018年化纤主要子行业开工情况

从需求面看，下游需求同比有所增加。除非织造布外，多数化纤下游产品的产量均有不同程度增长，下游行业开机率较2017年也有明显上升（图2）。

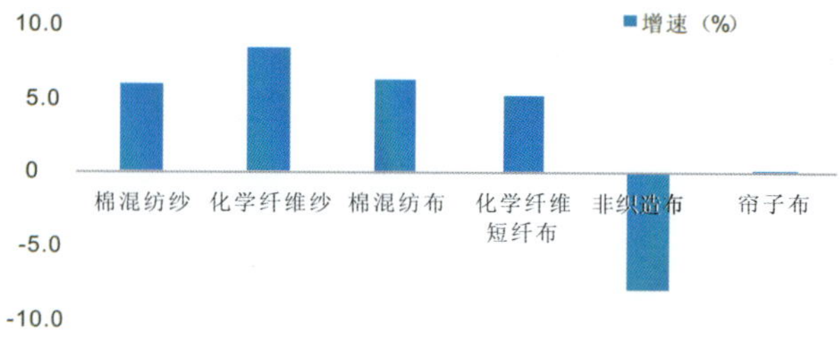

资料来源：国家统计局

图2 2018年化纤下游主要相关产品产量增速

二、进出口情况

因海关技术问题，暂无化纤全行业准确的进出口数据。据协会推算，2018年化纤进口量在94万吨左右，同比增长约2%。进口产品中需要关注的是涤纶短纤，进口量同比增长近20%（表2），应是与国内再生原料受限有关，弥补再生纤维产量的不足。并且，涤纶短纤原生与再生产品不能以税号区分，据了解，涤纶短纤进口的增量中，有相当一部分是再生涤纶短纤。

化纤出口量约有6%的增长，出口量在430万吨左右。中美贸易摩擦的影响尚未完全显现，三大产品涤纶长丝、涤纶短纤和黏胶短纤的出口量仍保持了不错的增长速度。

表2 2018年化纤主要产品进出口情况

	进口量			出口量		
	2018年(吨)	2017年(吨)	同比(%)	2018年(吨)	2017年(吨)	同比(%)
涤纶长丝	128043	135981	−5.8	2274333	2068878	9.9
涤纶短纤	190999	159502	19.7	1038768	1017500	2.1
锦纶长丝	101119	104744	−3.5	207902	223389	−6.9
腈　　纶	149355	147405	1.3	19350	45714	−57.7
黏胶长丝	1091	1071	1.9	76267	75764	0.7
黏胶短纤	109945	120853	−9.0	372925	308784	20.8
氨　　纶	29533	26902	9.8	63001	57490	9.6

注 部分产品税号与协会划分不同，数值不能与前几年协会数据相比，同比增速具有参考价值。

资料来源：中纤网

三、市场情况

合纤市场受油价波动的影响，在成本推动下价格重心总体高于2017年。特别是聚酯涤纶行业，受原油价格牵连，更多受PTA期货影响，行业于下半年出现大起大落的过山车行情（图3～图7）。锦纶市场相对平稳。黏胶短纤市场受棉花价格压制和新增产能释放的影响，总体处于弱势盘整。

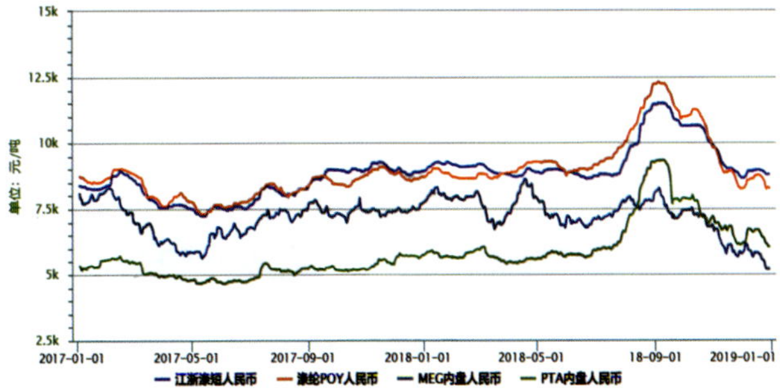

资料来源：中纤网

图3 2017～2018年涤纶及其原料价格走势图

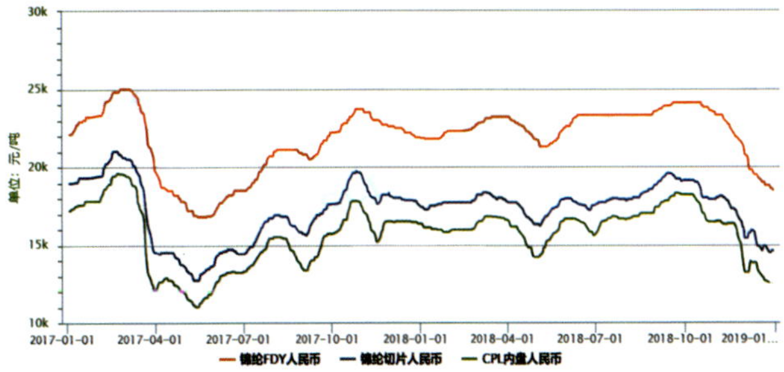

资料来源：中纤网

图4 2017～2018年锦纶及其原料价格走势图

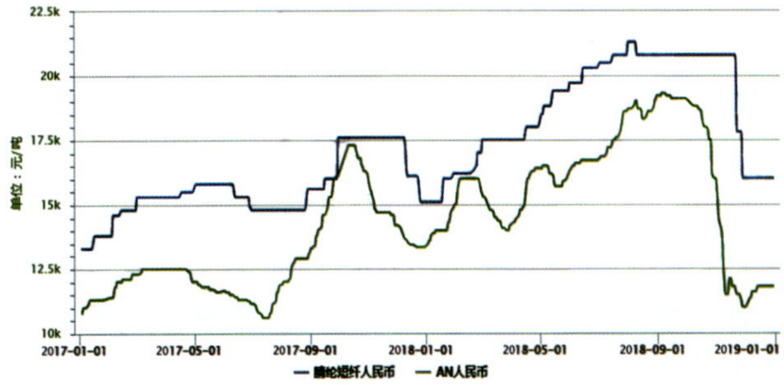

资料来源：中纤网

图5 2017～2018年腈纶及其原料价格走势图

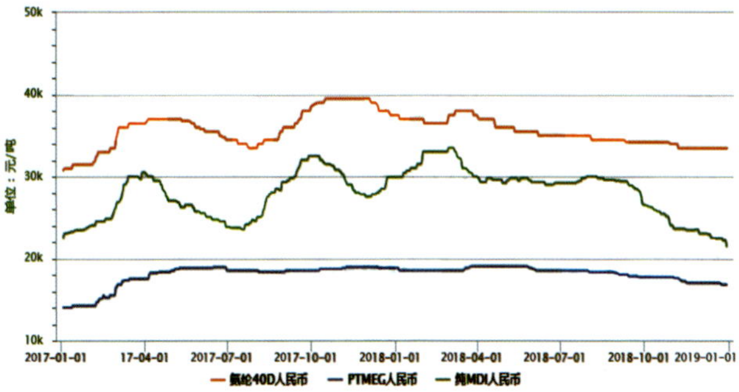

资料来源：中纤网

图6 2017～2018年氨纶及其原料价格走势图

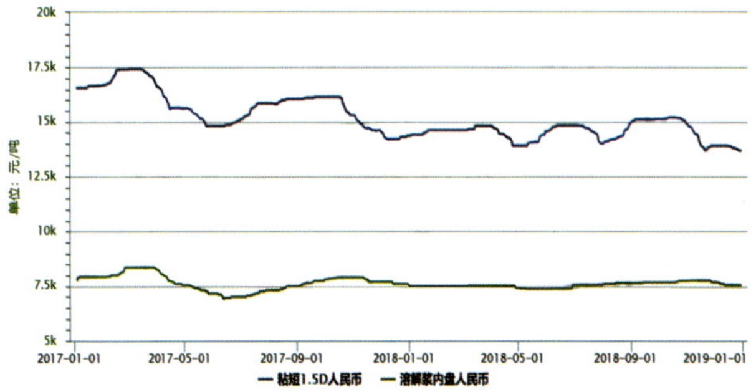

资料来源：中纤网

图7 2017～2018年黏胶短纤及其原料价格走势图

四、质效情况

由表6数据可知，2018年，中国化纤行业工业增加值同比增长7.6%，较2017年加快1.8个百分点；实现主营业务收入7989.58亿元，同比增长12.42%；实现利润总额393.89亿元，同比增长10.31%。化纤行业成为纺织行业经济增长的重要支撑。行业亏损面18.23%，比2017年扩大了5.21个百分点，亏损企业亏损额同比也大幅增加37.6%，反映出企业盈利能力继续两极分化。

分行业来看，涤纶行业实现利润总额210亿元，同比增长24.47%。锦纶行业实现利润总额42亿元，同比增长1.65%；人造纤维行业数据有待考究，其中的黏胶纤维行业处于保本亏损线附近。

表6 2018年化纤行业经济效益情况

	利润总额			亏损企业亏损额		
	1～12月（万元）	2017年同期（万元）	同比（%）	1～12月（万元）	2017年同期（万元）	同比（%）
化纤	3938931	3570630	10.31	391102	284231	37.60
其中：人纤	1161699	1150583	0.97	102528	71424	43.55
锦纶	420725	413886	1.65	40570	30997	30.89
涤纶	2101077	1687970	24.47	88253	86295	2.27
腈纶	−7865	−1365		13134	7254	81.07
维纶	1626	9396	−82.69	10314	11234	−8.19
丙纶	21713	18413	17.93	2208	1625	35.87
氨纶	93941	167770	−44.01	79446	34768	128.51
其他合成纤维制造	105472	97217	8.49	36459	23639	54.23

资料来源：国家统计局

2018年化纤行业运行质量总体良好，但比2017年有所下降。主营业务利润率4.93%，同比微降0.09个百分点；总资产周转率基本与2017年持平，但产成品周转率下降；三项费用中销售费用和财务费用比例降低。行业利润的增加，从市场层面来说，主要归功于产品价格的上涨和下游需求的跟进，但其本质是供给侧结构性改革取得一定成效，供求关系得到改善，另外，新产品开发也在加快，在品牌、品质、品种方面均有提升。

影响化纤行业运行的主要因素

一、国际油价

2018年，国际油价除了供需基本面的影响外，更是受政治事件影响深重。国际油价前9个月缓缓上涨，不断创出新高，后3个月迅猛下跌（图8）。

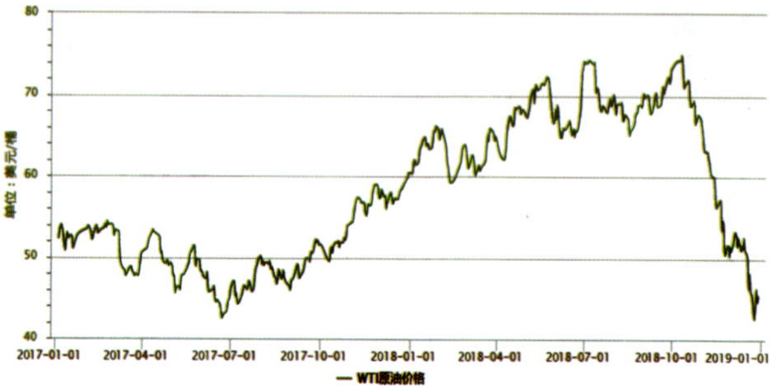

资料来源：中纤网

图8 2017～2018年原油期货价格（WTI）价走势图

2018年OPEC减产与美油增产继续展开拉锯战，美国产量增加基本抵消了OPEC所做的减产努力。预计2019年全球经济增长放缓，石油需求动力不足，美油增产步伐不会放缓，将导致原油供需面仍然适度宽松（表4）。如果OPEC不加大减产力度，油价很难有大幅上涨的可能。但有OPEC财政预算线和页

表4 2018年化纤行业运行质量情况

项目		2018年	2017年同期	同比
偿债能力	资产负债率(%)	59.83	58.81	1.03
	产权比率(%)	148.96	142.76	6.20
	已获利息倍数	4.21	4.27	-0.06
营运能力	应收账款周转率(次)	16.02	14.94	1.08
	产成品周转率(次)	15.41	16.96	-1.55
	流动资产周转率(次)	2.24	2.13	0.12
	总资产周转率(次)	1.03	0.97	0.06
盈利能力	主营业务利润率(%)	4.93	5.02	-0.09
	成本费用利润率(%)	5.14	5.25	-0.12
	总资产报酬率(%)	6.65	6.37	0.28
	净资产收益率(%)	12.62	11.83	0.79
发展能力	主营业务增长率(%)	12.42	15.69	-3.27
	总资产增长率(%)	6.08	6.35	-0.27
百元销售收入三项费用	销售费用(元/百元)	1.10	1.26	-0.16
	管理费用(元/百元)	3.26	3.21	0.05
	财务费用(元/百元)	1.56	1.64	-0.09

资料来源：据国家统计局数据整理

岩油开采成本托底，也不必过分看空。在2019年的地缘政治舞台上，特朗普政府将继续成为石油市场不确定性的一大制造者，英国退欧、伊核制裁、中东区域性冲突等事件有可能成为最佳题材，导致原油价格的波动。

二、期货市场

2018年PTA期货市场对聚酯涤纶行业的运行影响巨大，期货的金融属性和投机性，放大了行情的波动（波动）。2018年年末，PTA引入境外交易者，MEG期货也成功上市，因此2019年的聚酯原料市场风险进一步加大。化纤企业特别是民营企业风险控制仍不健全，建议化纤企业远离期货投机。从历史经验和一个较长的时间跨度看，化纤企业参与期货交易“劳民伤财”，对企业盈利情况没有产生正面影响，相反，总有企业因过度投机而损失甚至倒闭。期货投机也使得行业分化，导致不理性竞争。

单位：元/吨

资料来源：中纤网

图9 2018年PTA主力约走势图

三、投资

近两年，中国化纤行业整体运行质量较好，良好效益驱动行业投资热情升温，化纤行业固定资产投资增速反弹，逆转了2011年以来的下降趋势。2017年，中国化纤行业固定资产投资增长19.2%，2018年延续反弹趋势，增速达到29.0%。据不完全统计，2018年聚酯新增产能近500万吨，其中瓶片110万吨。2019年预计仍有300多万吨聚酯新增产能，防止产能过剩任重道远。

新增产能释放，落后产能退出，行业处于洗牌的阵痛期。其中：涤纶行业新增产能主要是大企业主导，集中度进一步提高，同时“炼化一体化”发展趋势明显；涤纶短纤受益于再生纤维让出的市场；锦纶长丝扩能速度不及原料，锦纶行业运行好转；黏胶短纤和氨纶行业新增产能对市场冲击较大，行业运行困难。

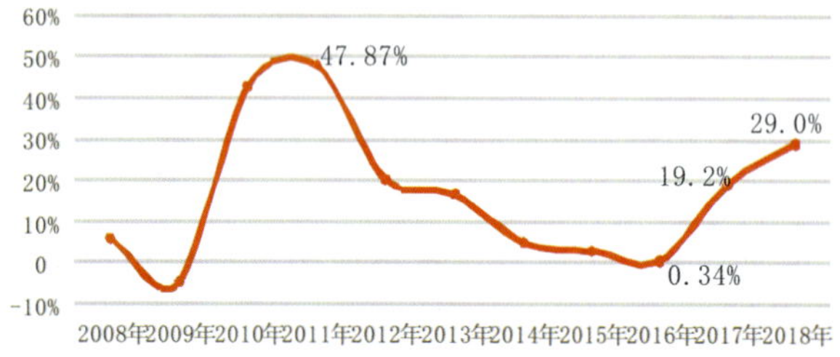

资料来源：国家统计局

图10 2008～2018年化纤行业固定资产投资增速变化

四、汇率

2018年，人民币汇率从6.5贬值至6.86，贬值幅度达到5.4%。这在一定程度上反映了市场对中美贸易战以及中国经济走势不确定性的担忧，央行相对宽松的货币政策进一步增加人民币汇率贬值压力，直到12月5日，G20峰会中美领导人会晤决定暂时中止贸易战后，人民币汇率才止跌反弹。2019年，如果贸易摩擦没有进一步恶化，人民币汇率会获得一定支撑因素。有机构预测，目前美元指数下跌只是暂时的调整，未来还有一定的上行空间。如果人民币大涨，对中国的出口不利，但是人民币汇率大跌，恐怕央行会出手干预。因此，2019年人民币汇率将会呈现双向波动情形。

人民币贬值虽能对冲一部分贸易摩擦的不利影响，但化纤直接出口比重仍较低，而化纤行业是个原料进口依存度较高的行业，PX、MEG和木浆均保持50%以上的进口依存度，因此，人民币贬值将增加化纤原料进口成本。

五、中美贸易摩擦

2018年中美贸易摩擦逐步升级。美国对中国的2000亿美元清单中几乎包含了化纤所有类别产品及大部分相关制品，中国对美国的反制清单中也包含了化纤主要原料、化纤及相关制品，双方均已于9月24日正式实施加征关税。短期看，对中国化纤进出口的直接影响总体不大，对部分行业部分产品有较大影响，特别是对征税的担忧才是真正影响纺织化纤行业的症结，严重影响企业信心。长期来看，美国的进口转移有可能加快竞争国的发展速度，影响我国化纤行业的国际竞争力。但从另一个角度思考，挑战亦是机遇，这将倒逼行业做好高质量发展，专注“练好内功”。

2019年国际形势依然复杂严峻，中美双方谈判虽然进展顺利，美国对中国产品加征关税暂未提高到25%，但不能盲目乐观，中美贸易争端或将是一场打打停停的持久战。

2019年化纤行业运行预测

一、行业运行背景

2019年，全球经济虽然将继续保持扩张，但面临的风险在上升，增长势头将减弱。国际货币基金组织（IMF）2019年1月发布的《世界经济展望》中预测，2019年全球经济增长3.5%，较2018年放缓0.2个百分点。其中，美国经济增长2.5%，比2018年回落0.4个百分点；欧元区经济增长1.6%，比2018年回落0.2个百分点。这是中国两大主要贸易伙伴，它们增速的回落对中国经济增速将会产生影响。

中国经济运行稳中有变、变中有忧，外部环境复杂严峻，经济面临下行压力，预计中国经济继续保持平稳增长，增速有可能比2018年略有回落，2019年《政府工作报告》明确中国经济增长目标为6%～6.5%。

压力之下，预计纺织行业主要运行指标增速将较2018年有所回落，出口增长压力尤为突出。纺织行业推动高质量发展的内在需求更为迫切，必须着力提高生产效率和抗风险能力，方能继续保持平稳发展态势。

在全球经济增长趋缓的大背景下，石油需求增长乏力。全球原油供给已形成美国、沙特、俄罗斯主导且以美国原油产量为首的格局，美国在中东政治影响力的扩大使得OPEC+在石油市场的影响力被削弱，原油市场受地缘政治因素影响越来越明显。2019年原油供需面仍然适度宽松，但目前油价已是低位，缺少大幅上涨下跌的动力，但存在因地缘政治引起阶段性反弹的可能性。总体波动幅度预计不会超过2018年。

二、化纤行业运行预测

2019年，化纤行业特别是聚酯涤纶行业依然处于投产高峰期，供应量的增加，相对于需求的不乐观，使得2019年的市场供需矛盾将会逐步突出。同时，由于2018年基数较大的原因，2019年部分运行指标增速将放缓。

不过考虑到目前产业集中度较高，大企业的话语权明显增强，市场的恶意无序竞争减弱，因而行业各项指标的下滑速度也是相对有限的，不排除中美贸易摩擦再次缓和、2019 年第二轮环保督查启动、织造印染向中部地区转移开车备货等短期刺激因素。

预计2019年，化纤行业平均开工率比2018年有所下降，产量继续维持最近几年5%左右的增速；出口量进一步小幅增长；经济效益情况弱于2018年。企业竞争力差距进一步拉大，头部效应和细分为王效应继续显现。

（撰稿人：吴文静）

棉纺织业

中国棉纺织行业协会

党的十九大指出，我国经济已由高速增长阶段转向高质量发展阶段，并将继续深化供给侧结构性改革、加快完善市场经济体制，推动形成开放新格局作为我国经济发展的重要任务。

2018年，是我国改革开放40周年，作为市场化程度较高的产业之一，我国棉纺织行业积极落实高质量发展总要求，深入推进供给侧改革，确保了行业的平稳运行。与此同时，在面临棉花体制改革、环保整治以及中美贸易摩擦等国内外不确定因素的影响下，行业在转型升级、产品结构调整以及产能布局等方面取得突破。

2018年棉行业运行基本情况

一、经济效益

从中国棉纺织行业协会跟踪的企业数据情况看，2018年我国棉纺织骨干企业的主营业务收入和利润总额同比增速较2017年放缓，分别为4.17%和4.27%，亏损面为13.4%，较2017年同期减少了3.65个百分点。如图1所示。与国家统计局数据相比，在面对2018年诸多不确定因素的环境下，行业内的骨干企业在推动行业平稳运行中发挥了举足轻重的作用，其市场抗风险能力以及产品竞争优势十分显著。

单位：%

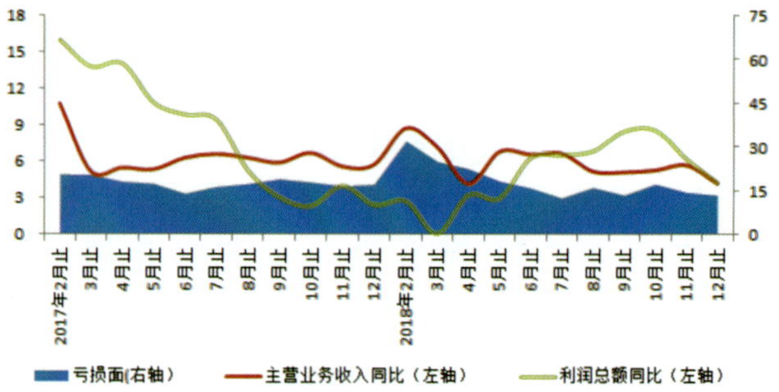

资料来源：中国棉纺织行业协会

图1 棉纺织骨干企业2018年经济效益状况

二、产销存

2018年，我国棉纺织行业产销呈现“前高后低”的态势。上半年，棉纺织企业订单充足，生产基本满负荷，原料采购、产销整体顺畅。进入下半年，中美贸易摩擦爆发，下游市场遭遇心理不确定，尤其对于出口型企业，观望情绪蔓延，进而传导至上游生产环节，部分纺纱订单减少，开台不足，沿海地区一些织造企业还受到环保治理的影响，正常生产和资金经受了一番考验；到第四季度后期，随着市场及企业方面逐步消化贸易摩擦带来的消极影响，市场信心逐步回调。根据中棉行协会商统计，2018年我国纱产量为1914万吨，较2017年同比下降0.78%，布产量600亿米，同比下降1.64%。

价格走势表现情况，见图2。棉花方面，全年棉价平均15790元/吨，第二季度末，棉花期货价格快速上涨，进而带动现货价格跟涨，但由于现货市场供需平淡，缺乏价格上涨动因，另外，中美贸易摩擦加速企业棉花采购，棉花商业库存持续增加，棉花价格进入下行通道，尤其在第四季度，价格下行加速。新棉花年度，新疆棉出疆发运量低于2017年同期。

纱布方面，纱线价格全年整体平稳，价格稳定在23600元/吨附近；纱线价格出现两个起伏，第一个起伏出现在6月，纱线价格在原料的带动下快速攀升，持续了一段时间后第二个起伏出现在9月，价格快速下行至年底。棉布的价格全年小幅下降，起伏较纱线更加平缓，价格在下半年的降幅扩大。

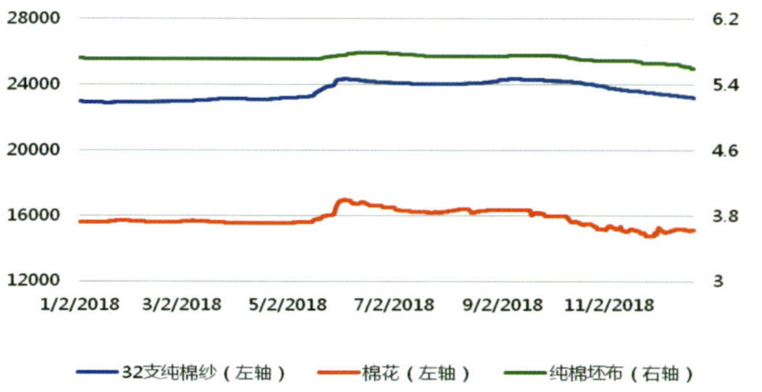

资料来源：中国棉纺织行业协会

图2 2018年棉花、棉纱线、棉布价格走势图

值得一提的是，2018年国内外棉花价格差基本保持在1000元/吨上下，部分时期价差不足1000元/吨甚至倒挂，如图3所示，国际纱线的价格优势不明显，加上下游需求不足，2018年进口纱在国内的销售状况不佳，进口纱高库存的情形较为严峻。

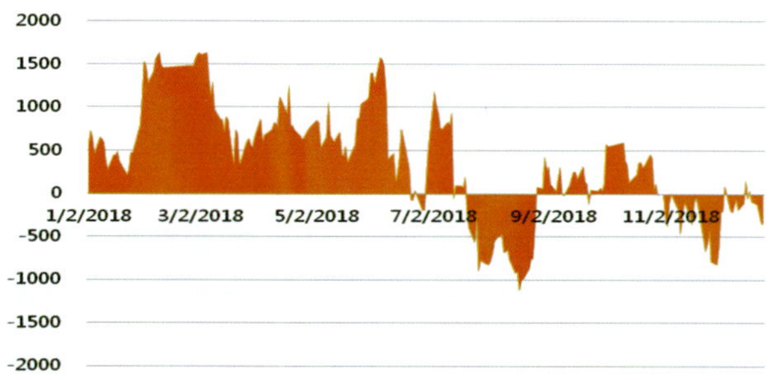

资料来源：中国棉纺织行业协会

图3 2018年棉花、棉纱线、棉布价格走势图

三、原料保障

根据中国棉纺织协会会商统计，2018年我国棉纺织纤维消费总量保持稳定，其中棉花消费量为755万吨，与2017年持平，非棉纤维消费量较2017年减少18万吨，为1252万吨。与棉花价格走势相比，涤纶与黏胶短纤价格震荡频繁，涤纶短纤价格在第三季度快涨快跌，黏胶短纤全年平均价格为14520元/吨，全年最高价与最低价相差1600元/吨，涤纶短纤平均价格为9400元/吨，全年最高价格高于最低价接近3000元/吨。受环保等多因素影响，化纤短纤供需不确定性增加，如图4所示。

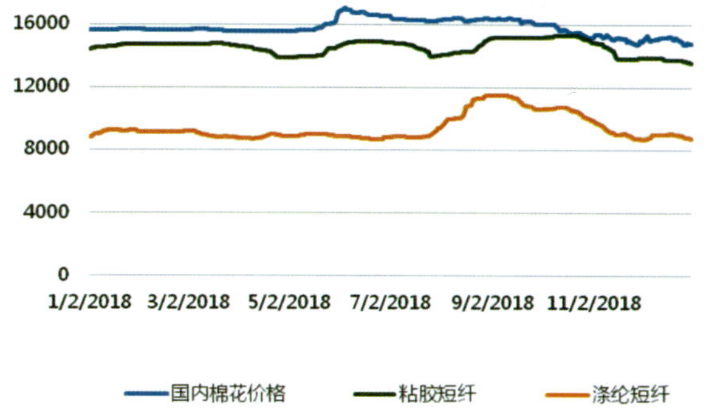

资料来源：中国棉纺织行业协会

图4 国内外棉花价格及主要化纤短纤价格走势图

棉花方面，据中国棉花协会统计，2018年我国棉花产量609万吨，较2017年增长1.0%，新疆自治区统计局统计显示，2018年新疆棉花产量511.1万吨，较2017年同比增长11.9%。2018年，国家继续实施储备棉轮出政策，起止时间是2018年3月12日至8月31日；6月2日，为避免国内非市场炒作棉花价格，有关部门发布公告，要求储备棉轮出交易仅限纺织用棉企业参与竞买，停止非纺织用棉企业参与竞买，储备棉仅限企业自用，不得转卖。接着，为保证新棉上市前棉花供应稳定，延长储备棉轮出截止时间至9月30日。截至9月30日，此次储备棉轮出累计成交250.59万吨，成交率58.12%。储备棉轮出

保障了国内棉花供应量，同时满足了棉纺织企业用棉需求，抑制了棉花价格的大起大落。

随着连续三年储备棉轮出政策的稳步实施，国家储备棉库存量以及库存结构有了较大改善。有关数据显示，储备库存量从三年前的1100余万吨下降至275万吨左右。6月，国家有关部门就提出了增发80万吨关税外棉花配额，经过政策的调整，于10月初下发棉花配额，较好地稳定了市场预期。

四、投资

2015年以来，我国棉纺织投资额增长点主要集中在新疆的产能增长。2018年，纺织全行业固定投资额增速下降，棉纺织行业的固定投资的重心也从新疆转向内地，新疆纺织行业投资增速回落，内地部分地区因受产业结构调整以及环保治理的规划要求，限制新增纺纱织造产能，企业固定资产投资重点在设备的更新淘汰，具体表现在智能化、自动化和信息化装备的占有率提高明显。

五、进出口

2018年我国外贸环境复杂多变，以美国为首的贸易保护主义势力抬头，汇率波动以及关税的调整不确定等，对棉纺织产品的进出口带来挑战，同时也倒逼行业对于“促出口、扩内需”的重新思考。

根据中国海关数据，2018年我国纺织纱线、织物及制品出口贸易额1190.98亿美元，同比增长8.12%，进口贸易额178.82亿美元，同比增长3%。

棉花方面，2018年，我国累计进口棉花157.4万吨，同比增长36.5%。棉花进口仍以美国、澳大利亚、巴西、印度、乌兹别克斯坦为主，所占比例分别为33%、27%、12%、11%、4%；其中2017年美国棉花进口占比为43.8%，2018年自美国进口棉花51.9万吨，数量上较2017年微幅增长，占比降低了10.8个百分点。我国从其他市场进口的棉花数量占比均有提高，尤其是巴西棉，进口数量同比增长152.8%。

棉纱线、棉织物方面，2018年我国进口棉纱线207万吨，同比增长4.55%，棉纱线出口约40万吨，同比增长2.56%。棉织物出口总量为84.2亿米，同比下降5.8%，棉织物进口3.6亿米，同比增长2.5%。服装出口方面，2018年国内服装企业受成本上涨、订单转移等因素影响，出口压力较大，占纺织行业出口总额的比重下降。可见，国际环境的不确定性，对下游终端消费品的冲击最快、最显著，并逐步向上游蔓延。从规避贸易风险角度看，对出口型的纺织服装企业要重新判断国内外形势，提前做好风险预判与市场规划。

棉纺行业发展亮点与存在的问题

一、转型升级加速

随着国内生产成本的快速增长、用工紧张以及资源的局限，棉纺织企业转型升级的意愿强烈，步伐也加快。2018年，纺纱企业加快淘汰落后设备，增加智能化、自动化以及信息化装备的投入，例如使用细纱带集体落纱、喷气涡流纺以及细落联、高速织机、自动穿经机的应用量增加。另外，在产品结构方面，差别化、新型纤维纱线的产量占比也快速提高，多组分纤维混纺、功能性纤维纱线、赛络紧密纺等，新产品、新工艺纱线的市场需求量也在逐步提高，棉纺织产品的整体附加值增加。

二、棉花体制改革进一步完善

2018年，国内棉花体制改革不断向前推进，主要表现在对棉花配额分配方式上的调整，通过对申报进口棉配额的纺织用棉企业进行情况摸底，普遍实现棉花配额分配方式的“公平、公正、公开”，该项举措获得了纺织企业的好评和认可。另外，在

2018年年底，财政部发布了《2019年进出口暂定税率等调整方案》，从2019年1月1日起适当降低棉花滑准税税率，一定程度上降低了纺织企业采购进口棉的成本。

2018年在新疆部分地区也试点实施了“优质优补”“保险+期货”的全新的补贴模式，尽管试点时间较短，但打开了棉花目标价格补贴的新思路，为稳定国内棉花价格，保障棉花供应以及规避国际贸易规则等有了较好的尝试和探索。

三、区域布局趋于稳定

当前，我国棉纺织产能布局基本稳定。2018年年初，新疆连续下发三个文件，要求进一步完善自治区纺织服装产业政策，推进产业高质量发展。

四、贸易风险持续存在

我国纺织服装产业与美国的贸易来往十分密切，对于棉纺织产业，受影响较大的是从美国进口棉花的成本提高，也间接推高了其他国际棉花的价格，纺织企业需要重新选择适合其产品的棉花，从稳定生产上也带来诸多挑战。对于棉纱线、棉织物，我国与美国市场的贸易数量不大，影响也有限。此次贸易摩擦以及贸易环境的变化，也导致部分棉纺织企业重新规划国内外产能以及消费市场布局，企业海外转移的意愿增加。

五、环境治理攻坚战

近两年来，国家对环境治理的要求越来越严格，对棉纺织企业生产产生一定影响，例如限产、限台等。部分沿海地区企业反映，因环保问题，企业接单慎重，在严格遵守环保规定下，企业加强排污管理和监督，巩固政府和企业的治理成果。

棉纺行业发展趋势及建议

一、机器代人的智能化方向

当前，企业越来越意识到机器代人的紧迫性和必要性。从装备上看，全流程自动化生产装备可以大幅减少用工，一些重复性动作的环节采用机器人明显提高了效率；信息化方面，“数字化工厂”的概念也越来越普及，从准备、生产、质检、库存、销售、售后等环节整合所有的数据信息，及时有效地提出方案、跟踪与反馈并且处理问题等。

二、良好的税负和融资环境

2018年以来，国家在企业降税方面出台了多项举措，一定程度上为企业减轻了税费负担，有助于企业降本增效，2019年国家继续加大力度给企业降税。另外，在融资方面，一直以来纺织企业均存在“融资难、融资贵”的问题，金融机构对纺织企业有压贷、抽贷、拖贷的情况，因此，希望尽快完善纺织企业的融资环境，保障行业的健康平稳发展。

三、坚持绿色可持续的发展理念

绿色发展是对纺织行业的新定位、新标签之一，随着国内对环境保护的日益重视和严格治理，我国棉纺织行业在绿色发展方面也不容懈怠，行业在节能减排技术的创新、工业用水的循环利用、无PVA环保浆料的推广等方面做了许多努力，取得的成绩亦十分显著，未来仍将继续坚持绿色发展的经营理念，共同创造一个美好的地球。

四、开放发展是行业做大做强的必由之路

中国纺织产业在响应国家“一带一路”倡议中

担当了先行军的角色，分别在南亚、西亚、中亚以及非洲地区有中国纺织企业的身影，我国棉纺织产能也向着如越南、埃塞俄比亚、马来西亚、柬埔寨等国“走出去”。在2018年中美贸易摩擦的影响下，我国的外贸环境仍具有诸多风险和不确定性，加上国内资源的制约和成本的快速上涨，产业的国际化布局意识也越来越强烈。另外，新疆作为“一带一路”沿线发展的核心区，对打通我国与欧亚的经济贸易渠道具有重要的战略意义，因此，新疆的纺织服装产业未来发展潜力仍然巨大。

（撰稿人：欧阳夏子）

毛纺织业

中国毛纺织行业协会

2018年，全球经济保持在复苏轨道，就业同步改善，促进国际市场需求回暖；我国宏观经济总体平稳，冲刺全面建成小康社会释放巨大的内需市场空间。在良好的市场环境下，纺织行业深入推进供给侧结构性改革，努力化解成本压力、贸易保护主义等内外部风险挑战，产销实现平稳增长，出口内销齐发力，经济效益明显改善，行业运行总体呈现“市场支撑、结构调整、逐月企稳”的高质量发展特点。

2018年，毛纺行业总体运行呈现调整转变态势，主要产品产量下滑，出口占比较大的产品出口增势出现回落，市场转型升级需求迫切。原料价格高企，进一步加重了企业的负担，行业两极分化现象更加明显。

2018年毛纺行业运行基本情况

一、内销市场

2018年，全国限额以上服装、鞋帽、针纺织品类零售额同比增长8.0%，增速较上年提高0.2个百分点，高于同期限额以上单位商品零售额增速2.3个百分点。

网上零售继续保持快速增长，2018 年全国网上穿着类商品零售额同比增长22%，增速高于2017年1.7 个百分点。天猫“双11”数据显示，成交额过亿的品牌中服装服饰类占比27%，位居第一，超过第二品类6个百分点，说明纺织服装品牌线上渠道建设日益成熟。

纺织行业有效供给有所增强，努力满足多元个性、功能细分的内需市场。其中也有毛纺企业的贡献，大约90%的毛纺产品在国内销售。

二、生产情况

2018年，毛纺织及染整精加工行业规模以上企业工业增加值同比下降1.3%。

生产呈现萎缩态势，2018年规模以上毛纺企业主要产品产量呈现下跌，如图1、图2所示，其中：毛纱线产量24.6万吨，同比下跌10.78%，增速回落较快；毛织物产量4.2亿米，同比下跌6.24%，跌幅较2017年有所收窄。

单位：%

资料来源：国家统计局

图1 2012～2018年毛纱线产量增长速度情况

单位：%

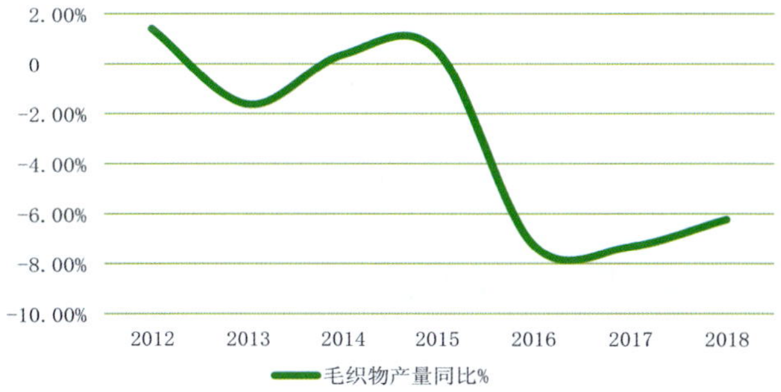

资料来源：国家统计局

图2 2012～2018年毛织物产量增长速度情况

三、出口情况

（一）出口规模

根据中国海关统计数据，2018年，毛纺原料与制品的出口总额为133.2亿美元，同比增长0.8%。

毛纺原料与制品的具体出口情况与近年相比有所改变（表1）。毛纺织品国际竞争力稳定，出口额同比增长17.32%，包括羊毛条、无毛绒、毛纱线、毛织物的出口均呈现量价齐增，出口量同比分别增长4.4%、4.8%、11.3%和3.6%。

如图3所示，毛制服装（尤其是毛机织服装）受到制造成本高企及订单、投资转移等因素影响，出口压力较大，结束了较好的出口势头，呈现较快下滑态势，出口额同比下降14.92%，占出口总额的比重下调至58.66%。其中，毛纺服装产品针织服装与机织服装的出口量分别下滑了7.6%和36%。

毛毯的出口形势在2018年也表现不佳，出口量同比下滑了3.3%。但人造毛皮的出口依然强劲，保持快速增长，同比增长23.6%。

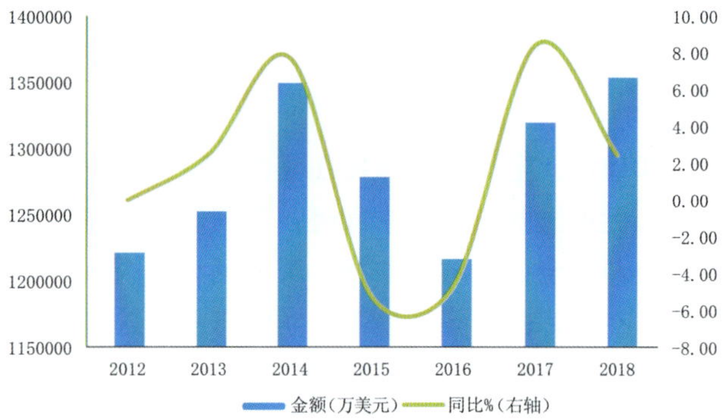

资料来源：中国海关

图3 2018年毛纺产品出口总金额及同比情况

（二）出口市场

如图4所示，美国、欧盟、日本、东盟以及中国香港等出口目的地的出口总额依然占毛纺总出口额

表1 2018年主要毛纺产品出口情况

出口商品	单位	出口数量	出口金额（万美元）	出口金额占比（%）	数量同比（%）	金额同比（%）
羊绒	吨	3212	23794	1.79	4.82	26.44
羊毛条	吨	47208	56234	4.22	4.36	20.59
毛纱线	吨	36588	112833	8.48	10.83	27.33
毛织物	万米	9740	70932	5.33	3.64	13.92
毛毯	万条	71702	322621	24.24	–3.49	–1.02
针织人造毛皮	吨	89761	26577	2.00	23.64	28.17
地毯	万米^2	75732	283516	21.30	0.20	10.48
毛针织服装	万件	11400	198082	14.88	–7.56	–1.67
毛机织服装	万件	5638	199443	14.98	–36.03	–24.97
毛绒围巾	万件	2406	27538	2.07	8.45	–3.96
其他			9620	0.72		63.79
合计			1331191	100.00		0.74

资料来源：中国海关

的70%，除对中国香港的出口略有回落之外，其他出口市场的出口规模都呈现增长。出口美国、欧盟、日本、东盟、韩国的金额分别增长了13.9%、14.2%、3.9%、19.9%和12.2%。

与毛纺产品主要消费市场的形势不同，新兴市场仍需进一步巩固发展。如图5所示，除主要消费市场以外，我国对世界其他地区的毛纺产品出口同比呈现下滑。其中，2017年表现亮眼的一带一路沿线国家与地区，在2018年的出口金额同比下滑了1.72%，对非洲出口金额同比下滑20%。

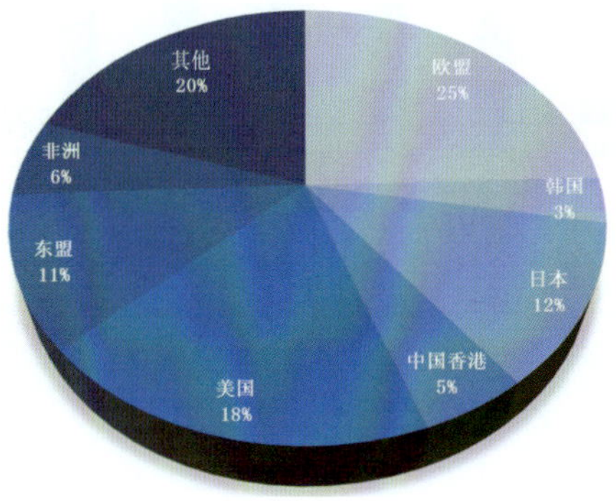

资料来源：中国海关

图4 2018年毛纺产品主要出口市场情况

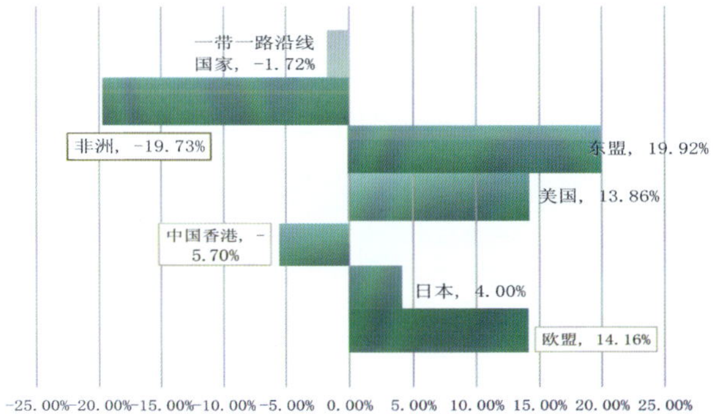

资料来源：中国海关

图5 2018年毛纺产品主要出口市场增长情况

（三）出口产品情况

1.毛纱线

如图6所示，2018年，毛纱线出口3.7万吨，同比增长10.8%，出口规模复苏较快。精梳与粗梳毛纱线出口规模都表现出较快的增长，其中粗梳毛纱线出口增长更快，同比增长了22.5%。

单位：千克

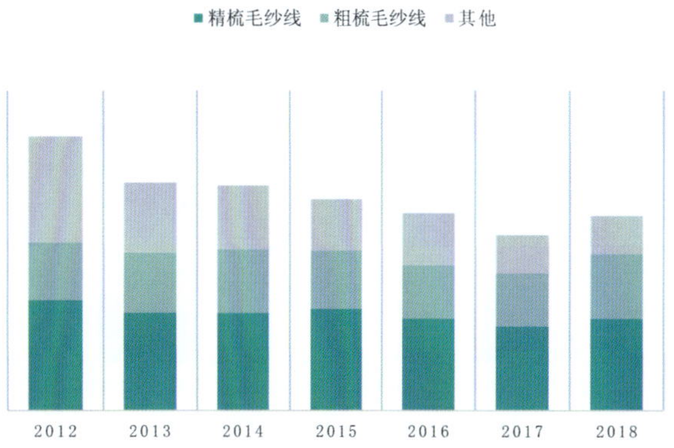

资料来源：中国海关

图6 毛纱线出口变化情况

2.毛织物

如图7所示，2018年，毛织物出口止跌回升，累计出口9740万米，同比增长3.6%，其中，精梳毛织物出口数量依旧下滑，同比下滑2.1%，粗梳毛织物出口数量增幅不大，同比增长2.6%，增幅主要来自含毛量较小的混纺毛织物的出口增长，其出口量同比增长10.2%。

单位：千克

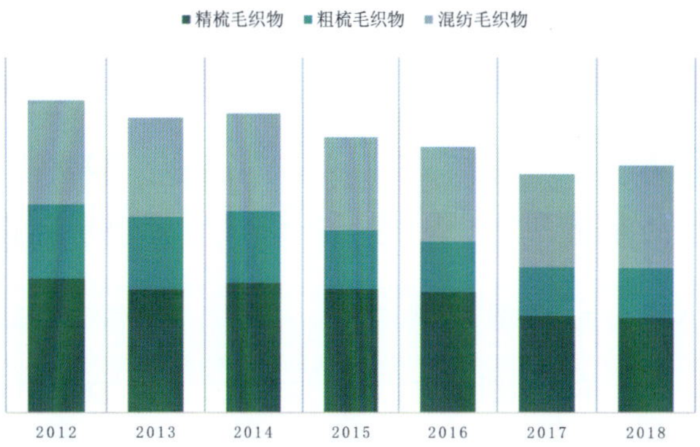

资料来源：中国海关

图7 毛织物出口变化情况

3.羊毛条

如图8所示，2018年，羊毛条出口规模达4.7万吨，同比增长4.4%，出口规模回升。

单位：千克，%

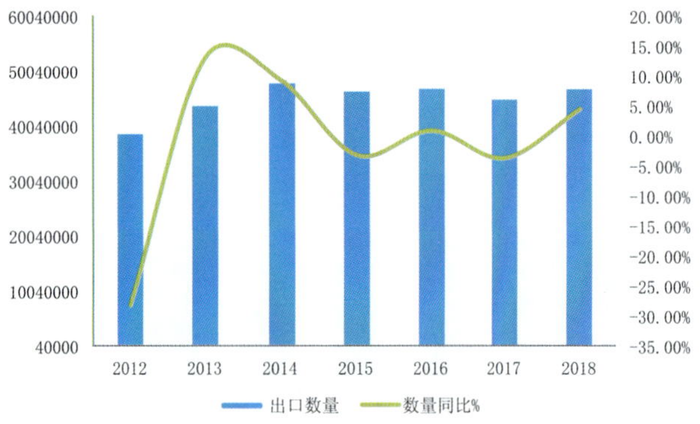

资料来源：中国海关

图8 羊毛条出口变化情况

4.山羊绒

如图9所示，2018年，羊绒原料与制品出口总额为15亿美元，同比增长14.2%。其中，出口占比超过40%的羊绒衫出口同比下滑，跌幅为2.48%。羊绒纱线出口同比大幅增长57%，主要来自精梳羊绒纱线出口的快速增长。

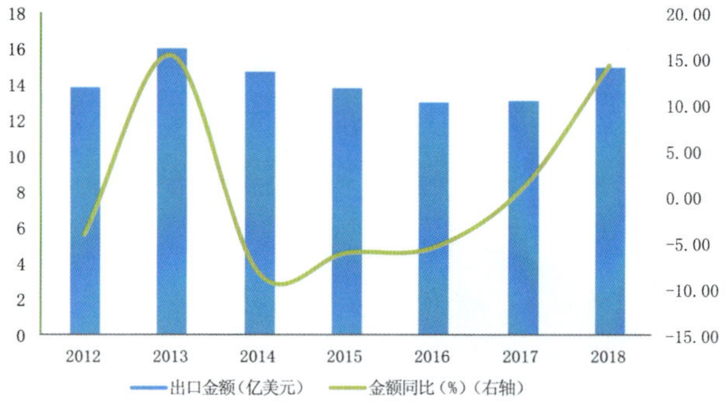

资料来源：中国海关

图9 2018年羊绒制品出口金额情况

表2 2018年我国羊绒制品出口情况

产品类别	单位	数量	金额（万美元）	数量同比（%）	金额同比（%）
无毛绒	千克	3211720	23794	4.82	26.44
羊绒纱线	千克	5360874	42952	57.01	28.18
其中：精梳羊绒纱线	千克	1366369	12802	77.93	69.80
粗梳羊绒纱线	千克	2863986	30094	10.32	16.31
手编羊绒纱线	千克	42658	56	−15.23	−42.34
粗梳山羊绒织物	米	561323	1396	124.55	91.65
羊绒衫	件	20215478	65919	−2.48	6.36
羊绒围巾	条	7705848	16118	2.11	−1.92
其中：羊绒针织围巾	条	2124437	4822	8.08	25.50
羊绒机织围巾	条	5581411	11296	0.01	−10.29
羊绒产品出口合计			150178		14.23

资料来源：中国海关

5.毛针织服装

2018年，毛针织服装出口总计1.14亿件，同比下滑7.6%。出口单价17.4美元/件，同比增长6.3%。

单位：万件，美元/件

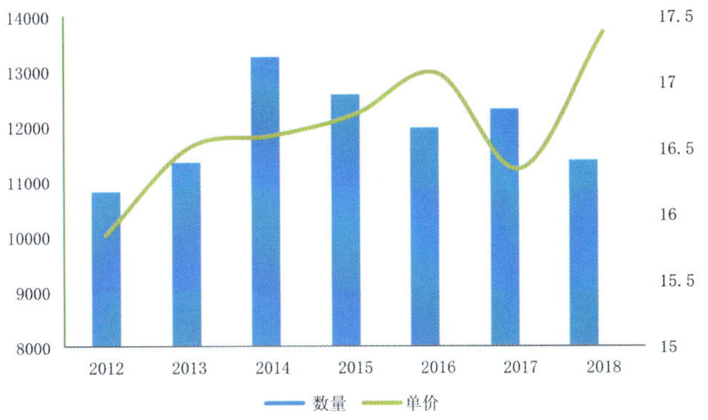

资料来源：中国海关

图10 毛针织服装出口总量与单价变化情况

6.毛机织服装

2018年，毛机织服装出口回落，出口5638万件，同比下滑64%，出口金额19.9亿美元，同比下滑25.1%，占毛纺原料与制品出口总额的15%，回落至2017年出口超常增长前的水平。

四、进口情况

2018年，中国进口羊毛总量达37.7万吨，同比增长7.2%，进口总金额32.8亿美元，同比增长17.12%。进口羊毛量价同时增长，延续了2017年以来羊毛进口的较快增速。

如图11所示，澳大利亚、新西兰、南非、乌拉圭、阿根廷等国的进口羊毛依然占总羊毛进口量的70%，占羊毛总加工量的50%以上。2018年度，占比最大的澳毛进口量呈现下滑，同比下跌8%，其他主要羊毛进口国进口量同比均有增长。各国羊毛进口单价均呈现上涨，带来进口金额的较快上升。

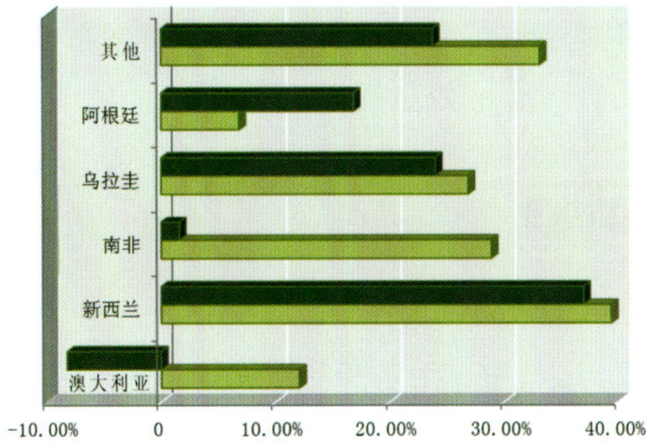

资料来源：中国海关

图11 2018年中国从主要产毛国进口羊毛数量与金额同比变化情况

表3 2017～2018年毛纺织行业盈利情况

效益指标	销售毛利率(%)			销售利润率(%)			成本费用利润率(%)		
	2018年	2017年	增减(百分点)	2018年	2017年	增减(百分点)	2018年	2017年	增减(百分点)
纺织业	10.82	10.31	0.51	4.68	4.42	0.26	4.90	4.62	0.28
毛纺织及染整精加工	9.05	9.53	−0.47	3.74	4.26	−0.52	3.83	4.38	−0.54
其中：毛条和毛纱线加工	8.49	9.12	−0.63	3.47	4.17	−0.71	3.55	4.28	−0.73
毛织造加工	8.64	9.24	−0.60	3.69	4.01	−0.31	3.76	4.10	−0.34
毛染整精加工	13.21	12.32	0.89	5.18	5.42	−0.24	5.48	5.74	−0.26

资料来源：国家统计局

五、质效情况

2018年，1057家规模以上毛纺织企业完成主营业务收入达1365亿元，同比增长1.44%，主营业务成本1242亿元，主营业务收入的增速低于同期主营业务成本同比1.97%的增长速度。

2018年规模以上毛纺织企业完成的利润总额51亿元，同比下滑了10.9%，行业平均利润率为3.7%，较上年下滑0.5个百分点（表3）。亏损企业亏损额11亿元，同比上涨了19.5%。企业三费比例略有减少，同比减少0.26个百分点（表4）。行业总体面临的困难较上年提高，盈利能力不足，企业压力较大。

同期，毛纺织及染整精加工行业规上企业产成品周转率7.63次/年，比上年下降6.5%，表明企业产销衔接不够通畅，库存加大（表5）。

企业资产负债率64.57%，高于上年0.77个百分点，高于纺织全行业平均水平，财务风险上升。

表4 2017～2018年毛纺织行业三费比例

效益指标	三费比例(%)		
	2018年	2017年	增减(百分点)
纺织业	6.44	6.15	0.30
毛纺织及染整精加工	6.55	6.80	−0.26
其中：毛条和毛纱线加工	6.13	6.72	−0.59
毛织造加工	6.80	6.96	−0.17
毛染整精加工	7.66	6.69	0.97

资料来源：国家统计局

表5 2017～2018年毛纺织行业资金运转情况

效益指标	总资产周转率(次/年)			产成品周转率(次/年)		
	2018年	2017年	增减(%)	2017年	2016年	增减(%)
纺织业	1.25	1.28	−2.39	16.51	18.23	−9.45
毛纺织及染整精加工	0.81	0.81	0.14	7.63	8.16	−6.46
其中：毛条和毛纱线加工	0.84	0.82	2.81	6.53	6.59	−1.03
毛织造加工	0.73	0.73	−0.23	9.61	11.44	−15.93
毛染整精加工	1.12	1.22	−8.31	8.33	10.31	−19.20

资料来源：国家统计局

总资产周转率为0.81次/年，与上年持平（见表4）。

2019年毛纺行业发展形势展望

2019年，我国宏观经济运行压力有所增加，外需放缓预期明显，中美贸易摩擦负面影响逐渐显现，均将进一步加大出口压力，进而对国内就业、投资直至最终消费产生抑制性影响。行业主要使用的原料依赖进口，原料价格波动的风险对行业运行影响较大。进出口产品多以美元结算，进口设备多以欧元决算。因此，人民币对美元、欧元的汇率波动对公司的财务状况和经营业绩产生一定影响。随着国家和社会对环境保护重视程度的进一步提高，企业通过环保投入对生产过程中产生的废气、废水进行处理，对固废等进行处置，成本进一步上升，对企业的生产经营产生一定影响。

2019年，毛纺行业面对这些复杂多变的内外部市场与形势，处于深入调整期的行业运行将面临诸多挑战。2019年也将是深入推进供给侧结构性改革，落实《纺织工业发展规划（2016～2020年）》的关键一年。积极探索向绿色、科技、时尚转型将是行业共同的议题，促进行业健康发展、促进产业集群调整升级、加强人才教育培训，将是行业转型与升级的重要方向。

（撰稿人：张书勤）

麻纺织业

中国麻纺织行业协会

2018年全球经济缓慢复苏，国内供给侧结构性改革深入推进，国民经济运行保持在合理区间，总体平稳、稳中有进。纺织品市场需求逐步增加，纺织品服装国际国内市场都实现了增长，支撑了整个纺织行业平稳运行。麻纺织行业主要经济指标相对平稳，主营业务收入平稳增长，利润总额大幅提升。正如我们2017年预测，经过2016和2017艰难的两年，2018年麻纺织行业呈现快速回升的走势。

展望2019年，受原料成本、环保压力、劳动力成本、中美贸易摩擦、人民币汇率等影响，存在很多不确定因素，但麻纺织产品国内外市场需求还将保持相对旺盛态势。2019年麻纺织行业预计有小幅波动，但仍会保持相对平稳运行，整个行业发展相对乐观。

2018年麻纺织行业运行基本情况

一、内需消费升级拉动产业发展

根据国家统计局数据，2018年我国居民人均可支配收入28228元，扣除价格因素实际增长6.5%。全国居民人均消费支出19853元，实际增长6.2%，人均衣着消费支出1289元，增长4.1%，占人均消费支出的比重为6.5%。2018年社会消费品零售总额380987亿元，比2017年增长9.0%，全国限额以上服装鞋帽、针纺织品类零售额同比增长8.0%。从数据可以看出，消费品支出增加成为拉动内需不可或缺的动力。

从行业协会调研了解的信息，在2018年原料短缺和爆涨情况下，麻纱、麻布保持了出口增长。国内市场的增长也消化了2017年大部分库存，特别是亚麻布的国内需求量增加较快，主要原因就是国内居民消费升级的带动。现在国内消费品市场麻制品越来越丰富，也越来越受到高消费人群的喜爱。

二、行业经济效益大有改善

通过行业协会调研了解，2018年以来亚麻纺纱企业运行状况良好，订单充足，产销顺畅，产品基本无库存，骨干纺纱企业经济效益大幅增加。同时，由于亚麻原料短缺和涨价，带动了亚麻面料价格整体上升。苎麻由于原料短缺，原料价格上升幅度也相应较大。大麻种植面积减少，需求增加，原料的价格也处于上涨态势。

据国家统计局数据，2018年全国3.68万户规模以上纺织企业累计实现主营业务收入53703.5亿元，同比增长2.90%，实现利润总额2766.1亿元，同比增长8.02%。2018年，全国261家规模以上麻纺织企业主营业务收入328.3亿元，利润总额15.3亿元，同比分别增长11.24%和61.67%，在整个纺织行业里表现突出（图1）。

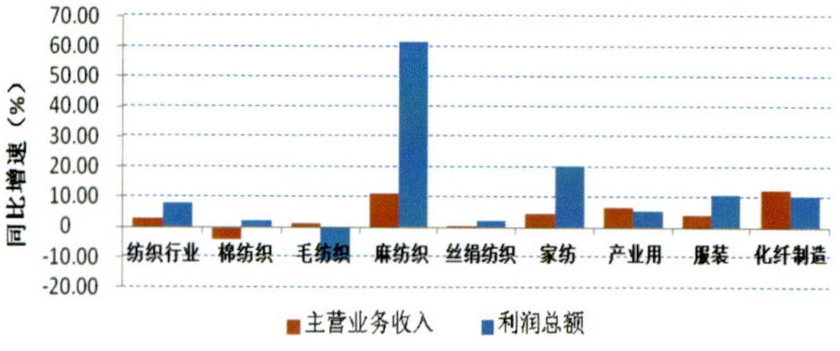

资料来源：国家统计局

图1 纺织主要行业主营业务收入和利润增长情况

比较2017和2018年麻纺纱、麻织造、麻染整主营业务收入和利润总额同比增长的情况，更能深刻体会到2017年的严峻和2018年的复苏（图2）。

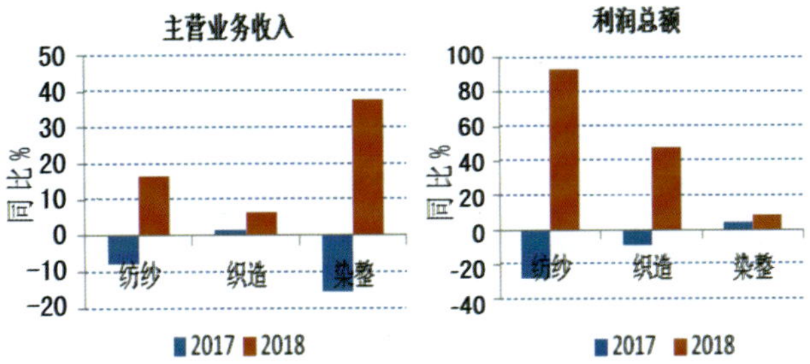

资料来源：国家统计局

图2 麻纺织规模以上企业主营业务收入和利润同比增速

分析国家统计局近五年的数据，麻纺企业经过连续两年的利润负增长后，终于迎来了2018年的利润增速翻转，利润增长率同比达到61.67%，但从利润总额来看，实际增加值并不算太高，远没达到历史较高的水准（图3）。

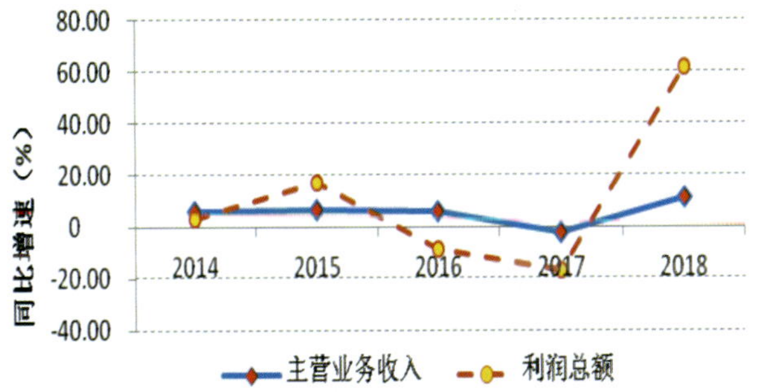

资料来源：国家统计局

图3 麻纺织规模以上企业近5年主营业务收入和利润同比增速

三、麻纺产品出口额增加较大

（一）麻纺企业总体出口增长强劲

从中国海关数据分析麻纺企业总体出口情况来看，2018年是相当可喜的。

麻纺产品出口主要还是亚麻产品。据中国海关数据，2018年一般贸易亚麻纱线累计出口2.95万吨，累计金额2.66亿美元。亚麻布出口2.61亿米，累计金额7.01亿美元。全国亚麻纱、亚麻布出口累计金额都有增长，特别是亚麻布出口金额同比增加较大。

从出口品种来看，由于含麻服装的统计数据庞杂没有计算在内，2018年麻织物、麻纱、麻制品累计出口15.75亿美元，比2017年的12.88亿美元增加22.28%。麻纺产品出口金额分布主要还是以麻织物、麻纱线、麻制品为主，麻织物出口额占比较大（图4）。

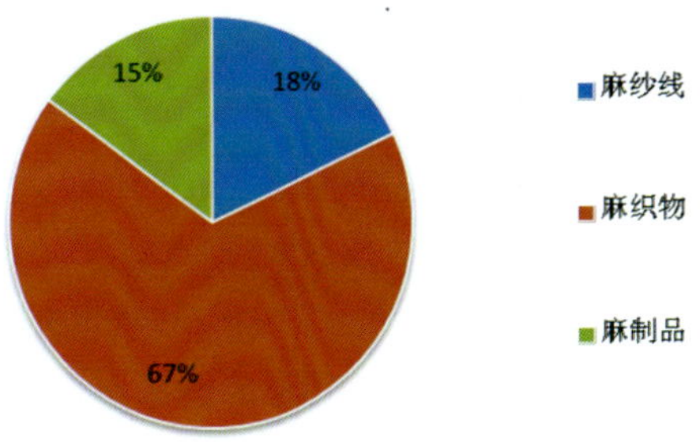

资料来源：中国海关

图4 2018年麻纺主要产品出口金额分布

通过对中国海关出口数据综合分析，这两年麻纱线、麻织物出口额在回升，特别是2018年麻织物出口额增幅较大（图5、图6），麻制品出口额比较平稳，出口额远没达到历史最好水平（图7）。

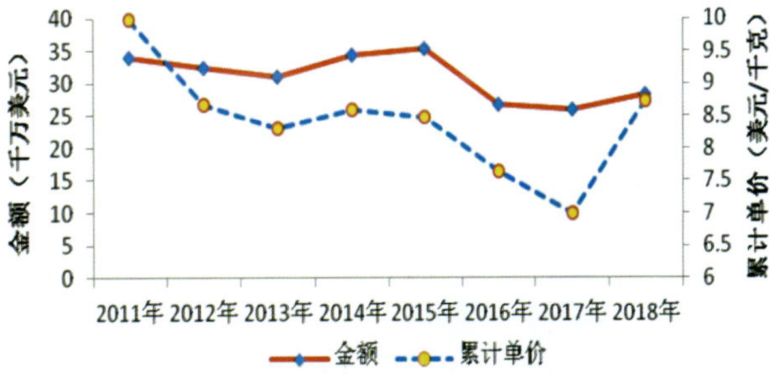

资料来源：中国海关

图5 2011～2018年麻纱线出口金额和单价变化情况

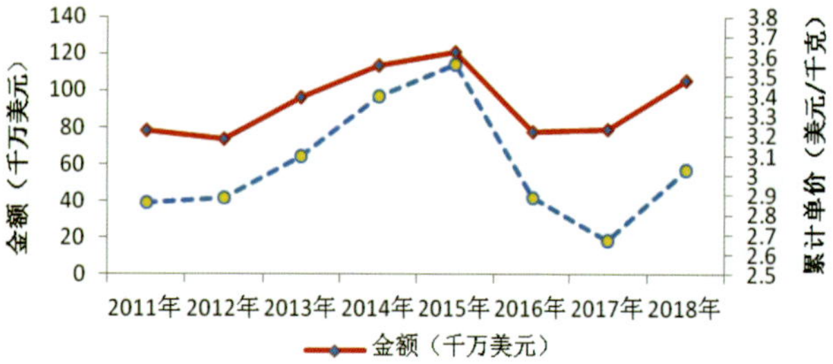

资料来源：中国海关

图6 2011～2018年麻织物出口金额和单价变化情况

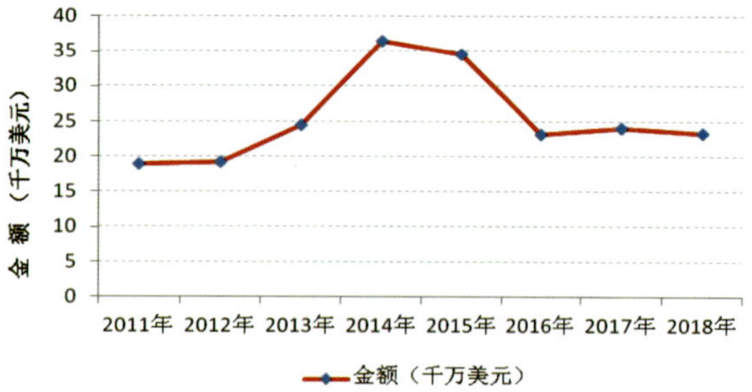

资料来源：中国海关

图7 2011～2018年麻制品出口金额

（二）分行业出口表现各不同

由于麻纺原料的不同，我们习惯将麻纺主要分为亚麻、苎麻、大麻、黄麻四个分行业。2018年四行业纱、布出口金额合计13.32亿美元，同比增长29.97%；除黄麻行业稍有下滑，亚麻、苎麻、大麻行业出口都同比增加30%左右，增势强劲（图8）。大麻、黄麻纱、布出口金额相对太小，大麻出口合计金额1701万美元，黄麻出口合计金额645万美元，两者合计不到亚麻、苎麻纱、布出口金额合计的2%。

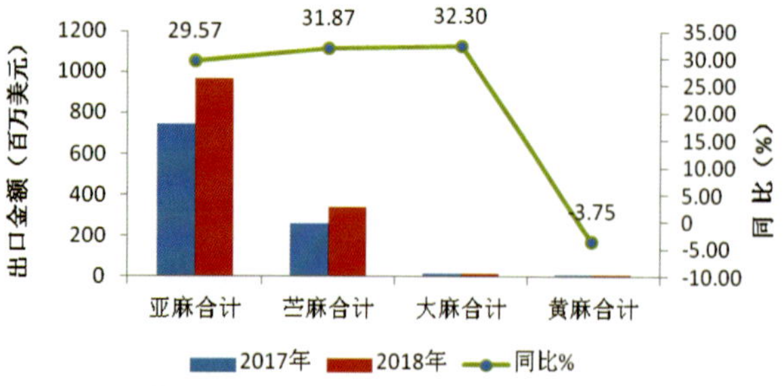

资料来源：中国海关

图8 分行业麻纱、布出口金额合计比较

亚麻纱、布的出口金额的增加，主要原因还是出口单价的提高（图9、图10）。特别是亚麻纱线出口，在数量没有增加的情况下，出口累计金额同比增加了将近15%，出口单价同比增加了18.82%。

2018年苎麻纱线出口金额稍有回落，苎麻织物出口金额大幅增加，同比增加33.46%。出口金额上苎麻织物远超苎麻纱线两个数量级，苎麻纱线出口金额已连续递减（图11、图12）。

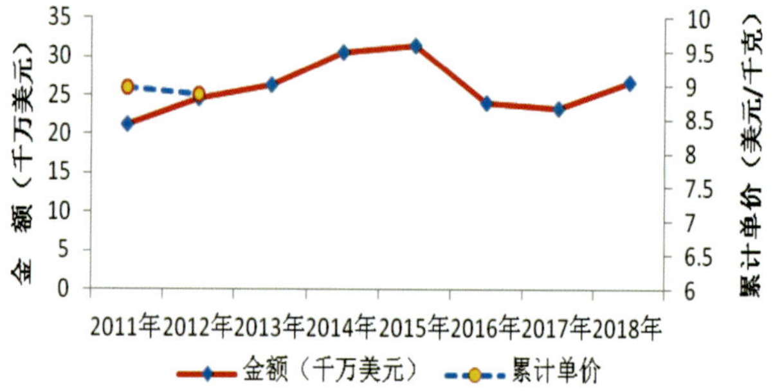

资料来源：中国海关

图9 2011～2018年亚麻纱线出口金额、单价比较

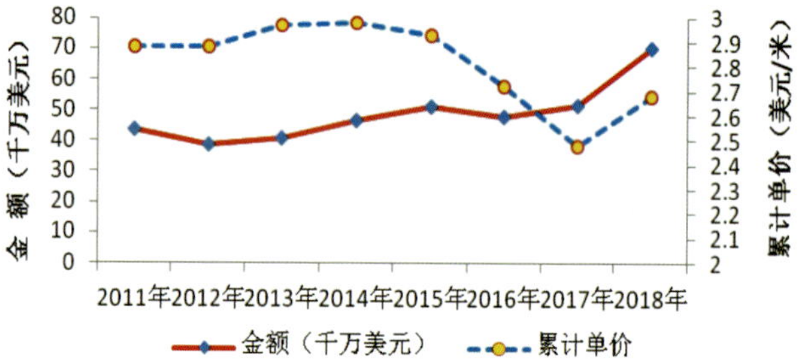

资料来源：中国海关

图10 2011～2018年亚麻织物出口金额、单价比较

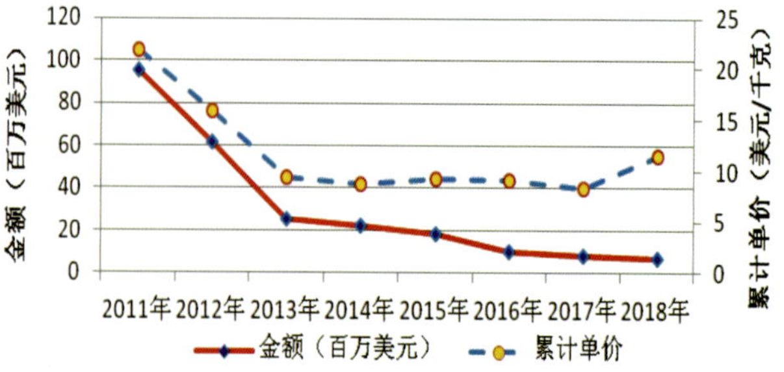

资料来源：中国海关

图11 2011～2018年苎麻纱线出口金额、单价比较

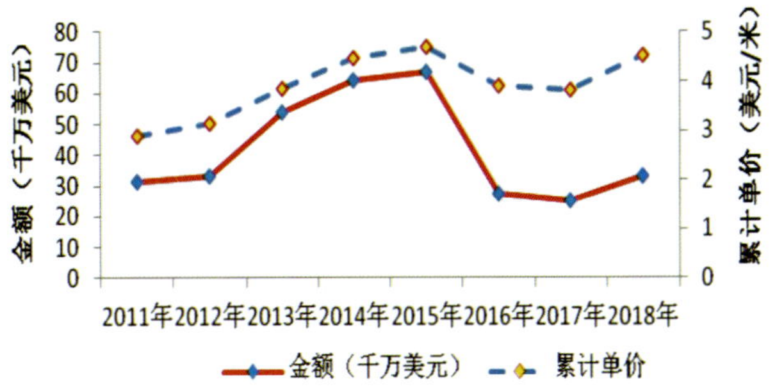

资料来源：中国海关

图12 2011～2018年苎麻织物出口金额、单价比较

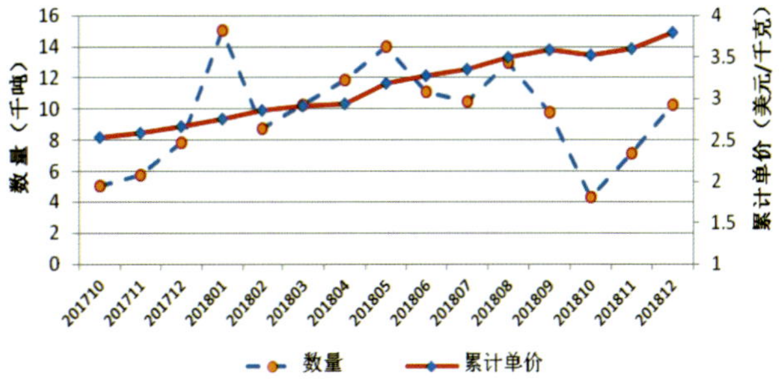

资料来源：中国海关

图14 2018年亚麻打成麻进口单价月度走势

四、亚麻原料进口居高不下

（一）进口亚麻原料数量创历史新高

从历年麻纺织类产品进口品种和金额分析，进口主要就是亚麻和黄麻原料，金额基本占到70%以上。据中国海关数据统计，2018年亚麻原料累计进口数量为19.98万吨，同比增长12.31%，其中打成麻12.61万吨，与2017年大体持平；短麻进口7.27万吨，进口量增加巨大，同比增幅达43%；从近几年中国海关数据统计分析可以看出，2018年亚麻原料累计进口数量已创历史新高（图13）。

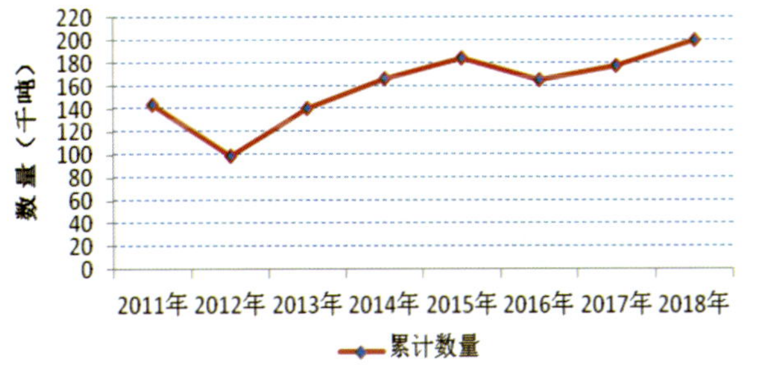

资料来源：中国海关

图13 2011～2018年进口亚麻纤维及短纤维数量

（二）进口亚麻原料价格飙升

亚麻原料累计进口金额5.02亿美元，同比增长32.11%，亚麻原料进口（特别是打成麻）单价涨幅巨大，打成麻涨价现象于2017年10月开始启动，至今一路上扬（图14），给下游企业造成不小的压力。

（三）进口黄麻原料数量变化不大

2018年黄麻原料累计进口数量为3.28万吨，同比增长5.47%，累计进口金额1821.65万美元，同比下降5.35%，累计进口单价有所下滑（图15）。从原料进口增加数量也可以看出，亚麻纺纱企业生产加工形势比较好，纱、布出口数量也有增加；而黄麻原料进口自2011年开始下滑，近几年来基本稳定在较低的进口水平，黄麻纺织加工行业也受多方面影响，呈现逐步萎缩迹象。

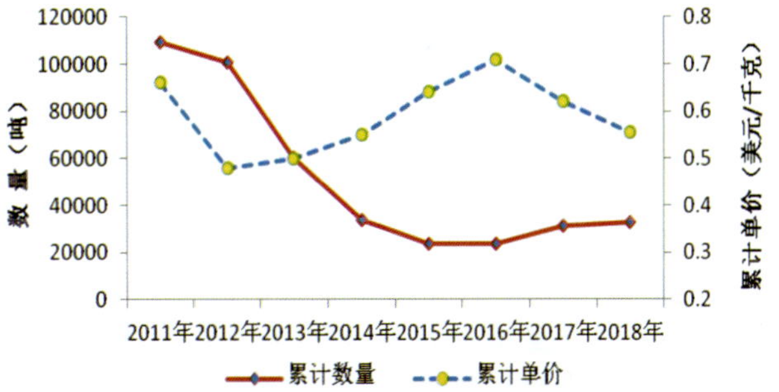

资料来源：中国海关

图15 2011～2018年进口黄麻纤维及短纤维数量

五、麻纺织规模以上企业亏损面有所加大

根据国家统计局数据，2018年261家规模以上麻纺织企业亏损37家，亏损面占14.18%。与2017年亏损面13.56%相比，增幅达到4.57%，在一定程度反映了麻纺织企业经营风险仍在不断加大。麻纺企业亏损面加大，特别是连续几年麻企业亏损面都在增

加，给麻纺织企业敲响了警钟（图16）。

从另一方面看，虽然2018年麻纺织规上企业亏损面稍有增加，但是亏损企业的亏损额并没有进一步扩大，企业亏损额为1.74亿元，同比下降32.93%，主要还是企业对2018年的总体形势有预判，通过各种手段增收节支的结果。

从行业协会调研了解到，已有一些麻纺企业关停并处理设备，也有行业内的龙头企业在计划扩大规模发展。企业亏损面的增加也一定会给麻纺织企业带来新一轮的洗牌。

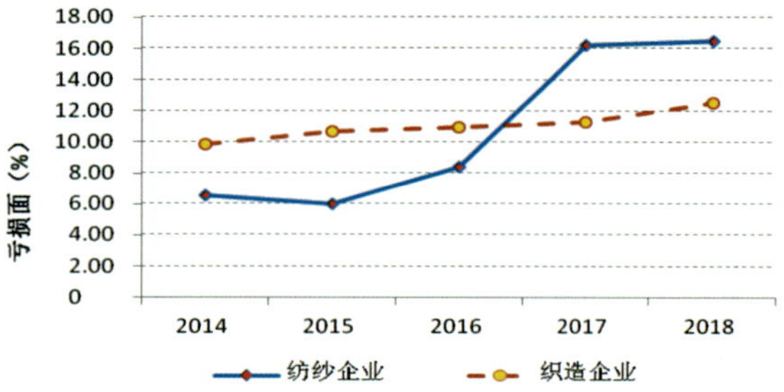

资料来源：国家统计局

图16 2014～2018年规模以上麻纺纱和织造企业亏损面

麻纺行业前景面临各种风险

展望未来，世界经济仍将处于复苏轨道，但美元加息引起流动性收缩、美国贸易保护主义加剧等风险因素对于全球经济增长的负面影响将逐步显现，IMF发布的最新报告将2019年全球经济增速预测值从此前3.9%下调至3.7%，国际市场需求增长呈现趋缓动向。外部环境变化影响，我国宏观经济运行压力将有所增加，但平稳发展的大趋势不会根本改变。国家层面以稳就业、稳金融、稳外贸、稳外资、稳投资、稳预期为2019年重点工作。对于中国经济，贸易摩擦的影响会被新的财政政策部分抵消，但对纺织企业的影响较大。国家统计局预计2019年中国GDP增长6.3%左右。全国居民收入的提高、消费的增加，会继续支撑纺织品服装内需市场持续增长，继续成为拉动纺织行业发展的主力。

一、纺织出口贸易不确定因素加大

中美贸易摩擦的不确定性对麻纺产品出口有着直接的影响。美国贸易代表办公室公布了对价值2000亿美元的中国商品拟加征10%进口关税清单，据初步整理，约917项纺织产品超过40亿美元，其中包含“其他植物纺织纤维、纱线及织物”（主要是麻类产品）3800万美元。

中美贸易摩擦不断升级，中美贸易谈判仍在积极磋商，没有完全破局，不确定因素还很多。即使谈判达成协议，贸易环境其他不确定性上升；汇率波动影响加大、用工成本上涨、环保压力加大、融资困难等影响纺织行业稳定运行。从大环境来看，麻纺企业面受原料涨价的影响、汇率波动加大等多重因素叠加，使得企业的财务费用整体偏高，让麻纺这个以出口为主要市场的行业压力剧增。

二、原料仍然是企业发展瓶颈

麻纺的风险分析永远会把原料问题放在重要位置，麻原料问题也一直是困扰行业发展的大问题。

亚麻、黄麻等优质原料全面依靠进口，亚麻原料进口数量已创历史新高。品质、数量、价格受制于海外市场。黄麻行业由于原料问题和产品市场问题，产业呈现萎缩和向外转移迹象；亚麻优质原料一直依赖进口，进口亚麻原料方面，法国一家独大的垄断地位，也是一直困扰我们的问题（图17）。

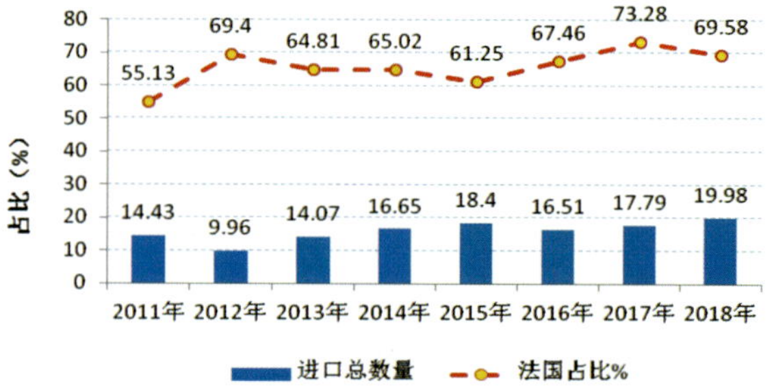

资料来源：中国海关

图17 2011～2018年亚麻原料进口总数量及法国百分比变化

苎麻种植面积严重萎缩，原料短缺，价格飞涨；大麻种植虽然发展较快，也面临着产业链尚未完全理顺，种植面积受政策影响的波动较大，大麻纤维加工能力正在逐步配套，市场开发远远不够等诸多问题。

随着麻纺织品市场的快速增长，对原料的需求还将保持相对旺盛的状态。因此，寻求各种途径解决麻纺原料短缺状况还是我们工作的重中之重。

三、生产成本持续上升

麻纺织企业生产综合成本压力突出，在国际比较中优势已减小，国际市场竞争压力增加。一是用电成本过高问题，与东南亚、印度等相比明显偏高。二是劳动力成本持续提升，人均工资水平持续增长，沿海地区人均月工资已是越南的3倍，孟加拉的近5倍；适龄劳动人口数量不断下降，年轻人越来越不愿从事繁重、单调的工作。三是麻纺原料价格上涨较大，目前进口亚麻原料价格已达到历史高位，苎麻、大麻原料也出现较大涨幅，下游企业承受能力也将达到极限。

四、环保压力增大

国家对环境治理愈发重视，各项措施逐步跟进。国家目前在对污水排放标准进行重新考量，排放标准有可能大幅度提高，地方环保部门减排任务繁重，环保再投入的资金压力转化成麻纺企业的巨大成本压力。麻纺企业普遍存在的脱胶污水处理和用水压力，也需进行技术改进和装备升级，企业环保投入压力巨大。

2019年麻纺行业运行趋势预测

2019年整个纺织行业所面临外部形势不会有大的改变。国际货币基金组织（IMF）预测2019年全球经济增长放缓，下调了2018～2019年预计的全球经济增速，全球经济增长面临触顶，我国经济增速下行压力突出。从国家统计局数据看，2018年规模以上工业增加值同比实际增长6.2%，其中2018年12月纺织业只增长了0.2%，生产增速已明显放缓，2019年整个纺织行业不容乐观。

2018年，麻纺织行业总体延续了相对平稳向上的运行态势，虽然原料价格大涨，但行业主要运行指标基本保持增长水平，我们预测2019年也将继续保持平稳增长。

一、亚麻行业

亚麻原料的短缺和涨价，给企业造成巨大困扰还有延续的影响。但随着近年来消费者对麻纺织产品的购买欲望大幅度上升，国内消费市场快速扩大，同时亚麻产品出口也增幅较大，我们预判2019年对原料的需求与2018年大体相当，亚麻纱布价格还将维持高位，但价格走势相对2018年平稳，不具备剧烈波动的因素。

二、苎麻行业

原料价格的高企，刺激了麻农种麻的积极性，苎麻原料供应将得到一定程度的缓解，但市场开发方面还有待加强。

三、大麻行业

2018年，国际上纷纷开放工业大麻和医用大麻的种植，国际国内都对大麻产品的关注度空前高涨。国内工业大麻种植面积的快速发展，现已成为国内种植面积最大的麻类品种。中国大麻纺织产品加工在国际处于领先地位，工业大麻产业的快速发展，也可在一定程度上降低对进口亚麻原料的过度依赖。加上近几年来中国麻纺织行业协会对工业大麻的不断宣传，一批有实力企业不断加入到大麻产品的开发领域，给工业大麻的发展带来新的突破，给麻纺织行业注入新的活力。目前最大的问题是市场规模偏小，产品较少，国内市场的宣传与推广亟待加强。

四、黄麻行业

黄麻企业存量不多，也是受到原料影响限制了行业的发展，2019年将基本维持现状。

总体来讲，麻纺企业如何全面提高麻产品国内市场化率，抵御出口变化带来的风险，如何在新形势下提高生产效率和抗风险能力，是我们面临的重大考验。2019年我们对麻纺织行业发展保持相对乐观预期。

（撰稿人：牛春华）

丝绸业

中国丝绸协会

2018年，面对错综复杂的国际环境和国内经济增速放缓等诸多不确定和不稳定因素，我国丝绸行业迎难而上、稳中求进，积极推进供给侧结构性改革，大力实施创新驱动发展战略，有效应对外部环境深刻变化，努力化解各种困难和风险，使全行业经济不断优化升级，向高质量发展迈出了坚实的步伐。

2018年丝绸行业经济运行情况

一、主要产品产量均有下降

据国家统计局统计，2018年规模以上企业主要产品产量均有下降，见表1。其中，生丝产量8.65万吨，同比下降7.32%；绢丝产量4277吨，同比下降23.94%；绸缎产量51563万米，同比下降0.09%；蚕丝被产量1215万条，同比下降9.48%。各省市丝绸主要产品产量见表2～表4。

二、效益增长放缓

据国家统计局统计，2018年丝绸行业规模以上企业主营业务收入805.92亿元，同比增长0.49%，见图1；利润总额35.44亿元，同比增长2.17%，其中缫丝加工实现利润16.59亿元，同比下降10.25%，丝织加工实现利润17.19亿元，同比增长18.9%，丝印染加工实现利润1.66亿元，同比下降4.83%，见图2。总体来看，2018年规模以上企业主营业务收入和利润增速均呈震荡下行走势，表明行业已经明显进入低速发展阶段，见图3、图4。

单位：亿元

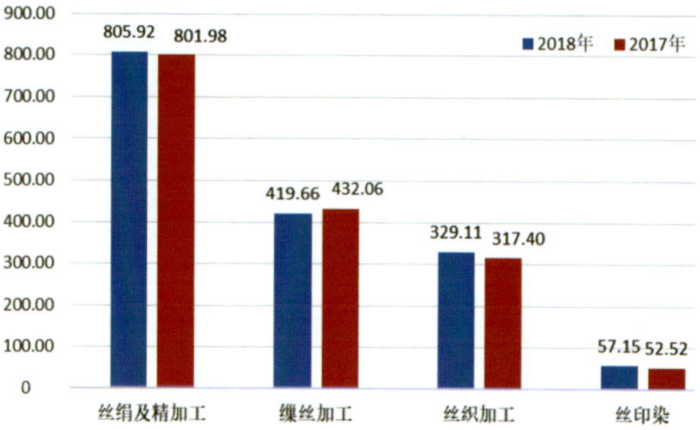

资料来源：国家统计局

图1 2018年规模以上丝绸企业主营业务收入情况

表1 2018年全国规模以上企业产量情况

主要产品	单位	2018年	同比(%)
生丝	吨	86512	−7.32
绢丝	吨	4277	−23.94
绸缎	万米	51563	−0.09
蚕丝被	万条	1215	−9.48

资料来源：国家统计局

表2 2018年我国主要省市生丝产量表

序号	地区	产量(吨)	同比(%)	序号	地区	产量(吨)	同比(%)
1	广西壮族自治区	31848	−3.75	9	重庆市	1850	−42.82
2	四川省	14315	−10.16	10	湖北省	656	−40.38
3	江苏省	11888	18.59	11	山东省	600	−22.88
4	浙江省	6326	−20.25	12	贵州省	594	70.77
5	江西省	5245	−5.60	13	广东省	343	−64.03
6	陕西省	4672	−18.85	14	河南省	213	20.80
7	云南省	3964	−2.41	15	辽宁省	62	−6.06
8	安徽省	3934	−9.18				

资料来源：国家统计局

表3 2018年我国主要省市真丝绸缎产量表

序号	地区	产量(万米)	同比(%)	序号	地区	产量(万米)	同比(%)
1	四川省	19642	3.01	7	广西壮族自治区	809	17.66
2	浙江省	15721	0.68	8	云南省	241	−0.82
3	安徽省	5355	−6.33	9	辽宁省	169	−76.46
4	江苏省	5159	14.21	10	陕西省	128	28.81
5	重庆市	2203	−9.81	11	江西省	112	−42.80
6	山东省	1892	−3.13	12	青海省	73	−76.06

资料来源：国家统计局

表4 2018年各省市蚕丝被产量表

序号	地区	产量(万条)	同比(%)	序号	地区	产量(万条)	同比(%)
1	江苏省	284	6.87	9	湖北省	41	−60.47
2	浙江省	206	−9.26	10	广东省	28	14.61
3	山东省	183	−5.20	11	安徽省	13	34.93
4	江西省	123	24.08	12	广西壮族自治区	11	10.31
5	四川省	97	−8.25	13	新　疆	5	−63.19
6	河南省	95	−41.98	14	重庆市	5	−7.10
7	湖南省	68	0.19	15	福建省	1	11.67
8	陕西省	52	6.81	16	云南省	1	−4.31

资料来源：国家统计局

单位：亿元

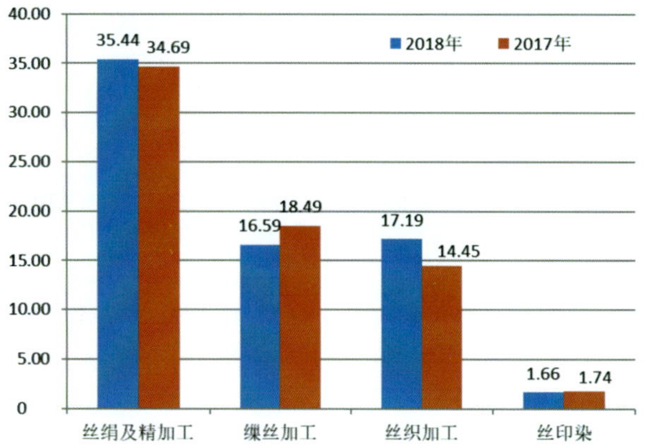

资料来源：国家统计局

图2 2018年丝绸工业各分行业利润情况

单位：%

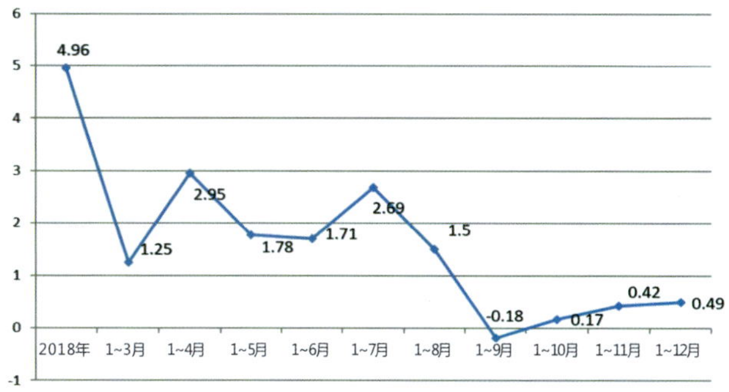

资料来源：国家统计局

图3 2018年丝绸工业主营业务收入增速情况

单位：%

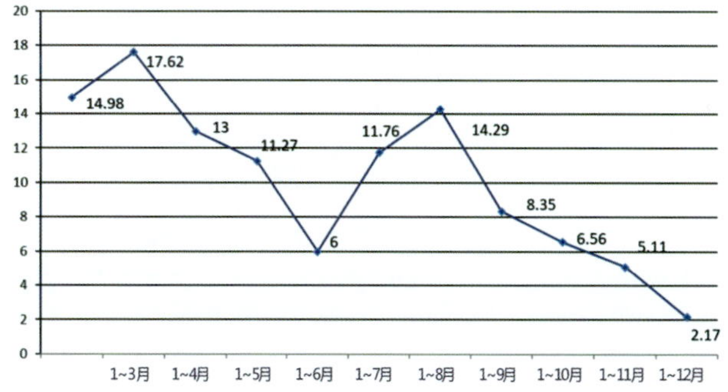

资料来源：国家统计局

图4 2018年丝绸工业利润增速情况

三、经济下行压力加大

从其他主要经济指标看，2018年规模以上企业的主营业务收入增速较2017年回落了5.01个百分点，利润增速回落了5.58个百分点，主营业务收入和利润双双回落到低位区间运行。亏损企业的亏损总额3.33亿元，同比增长18.53%，企业亏损面达到18.28%，较2017年增长7.49个百分点，高于纺织行业平均水平3.61个百分点。企业存货136.62亿元，同比增长4.78%；企业销售费用11.27亿元，同比下降2.12%；管理费用26.21亿元，同比增长14.16%；财务费用8.45亿元，同比下降1.05%，其中利息支出7.63亿元，同比增长0.95%。

由此可见，受国内外市场消费需求不足的影响，丝绸企业生产运营难度加大，由于产品销售不畅使得存货明显增长，加上各项成本费用的上升，进一步挤压了行业的利润空间，进而企业亏损面和亏损总额快速增长。行业经济运行下一步的走势能否企稳回升，仍有待进一步观察。丝绸工业主要经济指标对比情况见表5。

四、丝绸外贸出口情况

（一）主要商品出口有增有降

据中国海关统计，2018年全国生丝及丝织物出口金额61.83亿元，同比下降5.96%。其中，生丝出口4581吨，同比下降22.8%，出口金额19.21亿元，同比下降13.6；丝织物（含化纤丝织物）出口42.62亿元，同比增长2.1%。

（二）对传统主销市场出口基本平稳

根据各丝绸贸易国相关统计机构的数据分析（表6），2018年中国对欧盟28国、美国、日本、澳大利亚印度、泰国等国出口略有增长，对澳大利亚、和泰国出口金额增幅较大，分别达到15.31%和20.12%。从出口产品类别看，丝类产品出口出现较

表5 2018年与2017年丝绸工业主要经济指标对比情况

序号	主要经济指标	2018年同比(%)	2017年同比(%)	同比变化(百分点)
1	利润总额	2.17	7.75	-5.58
2	主营业务收入	0.49	5.5	-5.01
3	主营业务成本	-0.06	5.16	-5.22
4	三费支出	7.01	12.66	-5.65
5	利息支出	0.95	-6.38	7.33
6	亏损面	18.28	10.79	7.49
7	负债合计	3.30	-1.59	4.89
8	亏损企业亏损总额	18.53	-23.26	41.79

资料来源：国家统计局

大分化，其中对欧盟出口金额增幅达到38.08%，但对印度出口金额下降幅度达到31.97%。绸缎类产品对印度出口金额同比增长33.58%，对欧盟出口金额也有10.65%；丝绸制成品类产品对印度和泰国分别增长38.88%、31.63%。从中国在各丝绸进口国的市场份额情况看，尽管2018年度国际丝绸市场总体需求疲软，但中国在欧盟、美国、澳大利亚、泰国4地区丝绸进口市场份额继续保持稳中有升态势，对日本、印度、巴西、土耳其4国则略有下降，其中在日本、澳大利亚、印度、巴西4国的市场份额超过50%以上，具有明显的竞争优势，见图5。

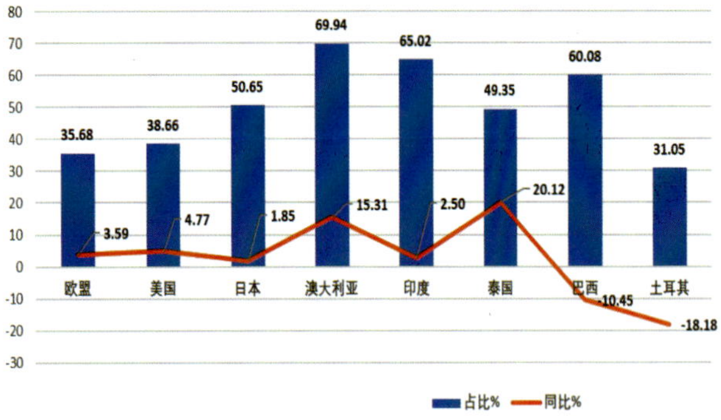

资料来源：中国纺织品进出口商会

图5 2018年我国对丝绸主要贸易国出口金额同比及市场占比情况

五、茧丝交易市场情况

2018年以来，受国际市场需求萎缩、中美贸易摩擦逐步升级、内需市场需求旺季不旺等多种复杂因素的影响，导致市场各方对茧丝价格后市预期信心受挫，全年茧丝价格均呈现单边下跌的走势。截止到2018年底，国内干茧和生丝的价格分别为11.08万元/吨和36万元/吨，较2017年同期分别回落了29.17%、28.44%。如图6、图7所示。

单位：万元/吨

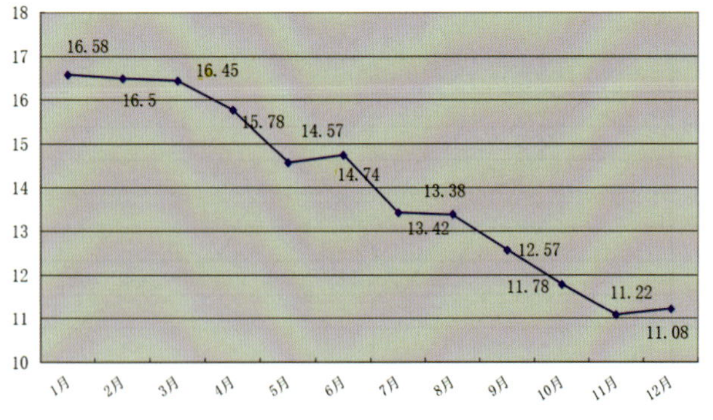

资料来源：中国茧丝绸交易市场

图6 2018年干茧价格走势变化情况

单位：万元/吨

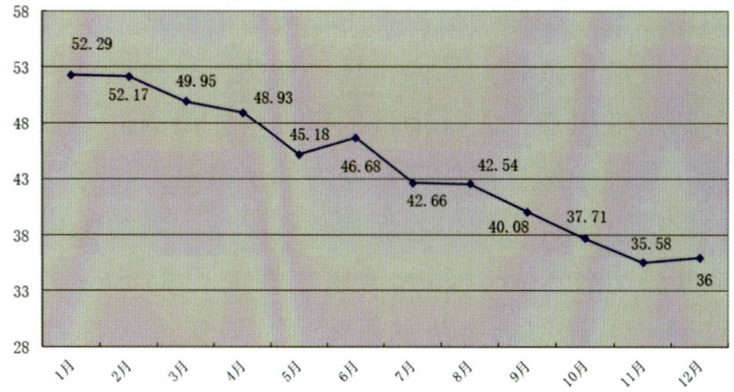

资料来源：中国茧丝绸交易市场

图7 2018年3A级生丝价格走势变化情况

2018年丝绸行业发展主要亮点

一、基地建设步伐明显加快

2018年以来，在商务部《关于开展规模化集约化蚕桑示范基地建设，推进茧丝绸产业提质增效的通知》文件精神的推动下，各地相继出台了配套的政策和措施，有力地调动了龙头企业投资建设优质茧丝基地的积极性。浙江凯喜雅集团与云南德宏州陇川县政府开展战略合作，投资发展种桑养蚕、缫丝织绸、炼印染及服装综合加工产业园。江苏华佳集团在云南省曲靖市投资建设现代化生态桑蚕产业综合示范基地，积极探索规模化、工厂化、智能化养蚕现代农业发展新模式；江苏苏豪集团、鑫缘集团等大型企业在云南、贵州、安徽、四川等地积极寻求合作伙伴，为促进我国茧丝绸产业高质量发展夯实了农业基础。

二、行业科技创新卓有成效

2018年11月，由中国牵头制定的《生丝纤度试验方法》国际标准正式发布，为提升我国丝绸标准化话语权和影响力，加快我国丝绸标准国际化添写了浓墨重彩的一笔。浙江巴贝集团研发的全龄人工饲料工厂化养蚕技术装备，在产业化应用方面取得了历史性新突破，已建成年产200吨鲜茧生产线，并投产运行。达利丝绸（浙江）公司运用网络大数据及云计算技术，实现了车间智能化管理，为引领行业打造智慧工厂做出了表率。万事利集团自主研发的人工智能色彩管理系统和数码双面印花新工艺，赢得了国际顶尖大牌企业的关注。苏州大学、江苏华佳集团等单位申报的《溶胶凝胶法对蚕丝和羊毛的阻燃整理关键技术及产业化》项目，以及浙江大学、浙江理工大学等单位申报的《鲜茧生丝的性状特征检验与鲜茧缫丝工艺技术的研究》项目，获得“纺织之光”2018年度中国纺织工业联合会科技奖二等奖。

三、产品研发设计取得长足进步

2018年，国内丝绸企业加大了在产品研发方面的力度，丝绸产品开发不断推陈出新，品种更加丰富，产品结构得到不断优化。浙江凯喜雅、万事利等企业开发的丝绸国礼亮相2018上合青岛峰会、中国国际进口博览会等各种外交场合，得到各国来宾一致好评。凭借产品研发方面的突出表现，鑫缘茧丝绸集团和达利丝绸（浙江）公司被中纺联授予了“2018年度中国纺织工业联合会产品开发贡献奖”荣誉称号。安徽京九、淄博大染坊、杭州万事利等企业生产的相关丝绸产品，被国家工信部评为“绿色设计产品”。

四、国际化战略迈出新步伐

在经济全球化的大背景下，有效整合内外各种资源，是加快构建国际竞争新优势的重要手段。广东丝纺集团积极对接中非合作论坛北京峰会成果，初步与肯尼亚政府就蚕桑产业发展项目达成合作意向，将为非洲国家经济发展提供中国丝绸智慧，为“一带一路”建设贡献中国丝绸力量。中丝集团与泰国帕莎亚公司签署协议，双方将在优质蚕桑基地建设、丝绸品牌合作等多领域建立全面战略合作伙伴关系。凯喜雅集团引进前迪奥女装设计总监，通过加强产品研发设计，积极探索培育国际知名丝绸自主品牌。万事利集团与法国LVMH集团成功签约，将在品牌、渠道、技术、人才等多方面开展深度合作，着力打造高端丝绸价值产业链。

2019年丝绸行业发展形势展望

2019年，是全面实现《茧丝绸行业“十三五”发展纲要》目标任务冲刺之年，也是行业适应新常态探索高质量发展模式关键之年。展望2019年，影响行业发展的因素主要有以下几个方面。

一、国际经济形势依然复杂多变

2019年世界经济仍将处于复苏轨道，但美元加息引起流动性收缩、美国贸易保护主义加剧等风险因素对于全球经济增长的负面影响将逐步显现。国际货币基金组织（IMF）发布的最新报告将2019年全球经济增速预测值从此前3.9%下调至3.7%，各经济体增长率也普遍调低，国际市场需求增长趋缓动向较为明显。世界经济增长放缓，跨国贸易和投资可能受到拖累。从丝绸主要出口市场来看，有研究机构认为美国经济增速或将走向周期拐点，欧盟经济可能再次回到相对疲弱的复苏旧态，而日本经济增长的下行压力有所加大，主要发达经济体对消费的支撑作用有所减弱，将不利于包括丝绸在内的高端消费需求的持续增长，预计2019年国际丝绸贸易形势难有大的改观。

二、国内经济政策环境总体向好

2019年，国家将实施积极的财政政策和稳健的货币政策，可有效地提高实体经济抵御风险的能力。降费减税、降低企业融资成本相关措施相继出台，民企的地位和作用得到进一步重视，微观主体的创造性、积极性被放在更加突出的位置。中央提出“促进形成强大国内市场”任务，是对促进供给侧结构性改革、发挥消费的基础性作用的进一步阐述，我国经济发展的内在动力和消费潜力将得到有效发掘，预计内需仍将保持总体平稳、结构优化、质量提升的态势，部分需求放缓的因素正在逐步改善，内需市场走势的基本面、政策面等都有强劲支撑。2019年，随着国家各项改革措施的深入推进，将为丝绸行业的稳定发展提供更加良好的政策环境。

三、行业经济下行压力不减

首先，自2018年以来，受国内外销售市场下降的影响，丝绸企业产品库存压力明显加大，预计2019年行业稳生产与去库存的矛盾仍将延续。其次，随着各种生产要素成本的逐年攀升，加上茧丝价格长期低位运行，使得蚕茧生产比较效益有所下降，蚕农栽桑养蚕积极性或将受到一定的影响。国内丝绸生产企业普遍规模小、资金占用大、产品利润率不高，长期存在的融资难、融资贵、流动资金紧张等问题仍有待解决，做好风险防控仍是第一要务。另外，近年来，国家环保政策密集出台，对纺织行业节能减排标准不断提升，各省市尤其是江苏、浙江等地纺织印染加工企业集中地区的环保整治措施持续升级，缫丝、印染等丝绸企业节能环保改造任务艰巨，一定程度上加重了企业提质增效和转型升级的压力。

四、观大势，强信心，谋求高质量发展

面对2019年国内外复杂形势，我们建议企业要密切关注市场变化，切实做好研判分析工作，建立必要的风险防控体制，既不要盲目乐观，也不能过分悲观。一方面，要充分看到当前我国经济发展正处在重要的战略机遇期，传统行业受到的冲击要远

远小于新兴产业，丝绸行业各种积极向好的因素正在逐步集聚，继续下调的空间极其有限。在行业进入低速发展新常态的情况下，如何抓住调整机遇改革创新、化危为机，将是下一阶段行业和企业必须面对解决的课题。另一方面，要看到企业生产经营环境短时间内不会有根本性好转，国内外市场消费快速升级，而有效需求增长动力不足的矛盾，也会对上下游产业链企业供给传导带来一定的制约，但行业长期发展具有较强的韧性和应对内外复杂挑战的坚实基础，完全可以应对各种困难和挑战。因此，我们一定要坚定信心、把握主动、积极应对，继续坚持以创新驱动为引领，扎实推进供给侧结构性改革，加快培育新动能，协同推进新时期我国丝绸行业高质量发展。

（撰稿人：刘文全　柳恩见）

长丝织造业

中国长丝织造协会

2018年，经济全球化遭遇波折，国际金融市场震荡，中美经贸摩擦给市场预期带来不利影响，经济运行稳中有变、变中有忧。尽管如此，2018年，我国国内生产总值仍突破90万亿大关，同比增长6.6%，实现了预期的发展目标。纺织行业在充满不确定性、不稳定性和不对称性的大变局之中，加快转入高质量发展轨道，成为了保持经济平稳运行的中坚力量。中国长丝织造产业努力适应变局，在产业转移中变革发展。

2018年长丝织造行业经济运行情况

一、生产稳步增长

据中国长丝织造协会统计（图1），截至2018年底，我国长丝织造行业织机规模达到64万台，其中喷水织机58万台，同比增长16%。2018年全年我国化纤长丝织物总产量达到508亿米，同比增长5.39%。产量增速低于产能增速的主要原因是在产业转移过程中，部分新增设备在下半年投入生产，产能没有完全释放。

据统计（表1），2018年，盛泽、长兴、秀洲、龙湖、平望、柯桥六地化纤长丝织物产量总计达到279.68亿米，同比增长2.46%，产业集群生产增速低于全国，全年，新兴产业集聚地——泗阳、小海的产量分别达到11.31亿米和4.67亿米，同比分别增长16.97%和18.23%，是成功实现产业承接的典范。新兴产业集聚地的陆续涌现，为全行业生产保持稳定增长提供了有力支撑。

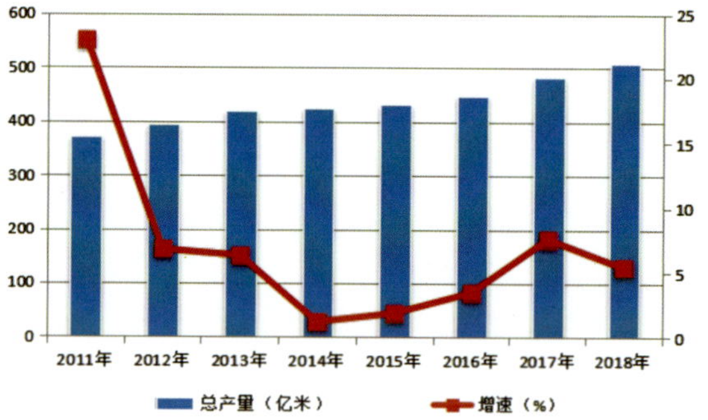

资料来源：中国长丝织造协会

图1 2011～2018年我国化纤长丝织物年产量

表1 2018年我国主要产业集群化纤长丝织物产量情况

集群名称	产量(亿米)	同比(%)
盛泽	96.54	1.47
长兴	63.00	14.55
王江泾	22.00	−12.00
龙湖	32.40	10.96
平望	47.00	−2.49
柯桥	18.74	1.00
合计	279.68	2.46

资料来源：中国长丝织造协会

二、内销拉动市场需求

（一）出口复杂多变

2018年频繁的中美贸易摩擦和由此带来的汇率波动，为我国纺织品出口带来一定影响。据国家统计局统计，2018年纺织行业出口交货值同比增长1.67%，其中长丝织物出口交货值同比增长16.17%，增速较2017年提高4.65个百分点，在纺织织物出口中表现较好。但据各产业集群收集到的数据来看，2018年我国主要长丝织造产业集群出口交货值较2017年减少0.76%，情况并不乐观（图2）。5月以后，市场景气指数直线下滑，外贸企业家对国际市场信心不足（图3）。

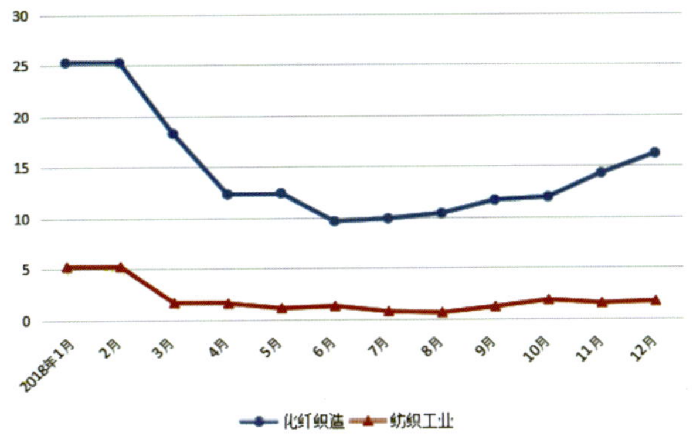

资料来源：国家统计局

图2 2018年我国规模以上纺织企业和化纤织造企业出口交货值增速走势

据美国商务部纺织服装办公室（OTEXA）数据显示，2018年，美国从全球进口长丝织物总金额同比增长2.71%，其中家用服饰类织物同比增长3.68%；产业用类织物同比增长2.45%。我国产品在美国家用服饰类织物的市场份额从2017年的43.43%下降到42.62%，主要竞争对手韩国的市场份额也有所下降，从2017年的19.66%下降到17.15%，加拿大所占市场份额有较为明显的提升。此外，我国在美国产业用类织物的市场份额从2017年的22.94%增长到2018年的27.36%，是美国从全球进口此类产品增长速度最快的国家。

以上分析表明：一方面美国市场对长丝织物的需求仍保持增长，另一方面我国在家用服饰类产品方面也将面临更多的竞争对手。此外，我国长丝织物在产业用领域发展迅猛，科技创新成果显著，有较好的市场前景。

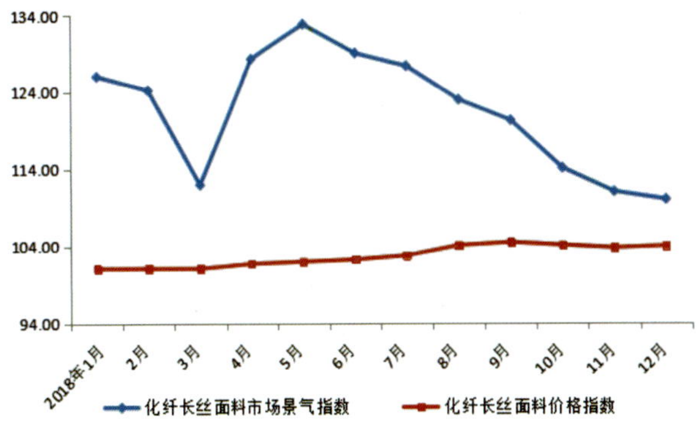

资料来源：中国绸都网

图3 2018年化纤长丝面料景气、价格指数走势图

（二）内销提振市场信心

虽然市场景气指数呈下滑态势，但我国化纤长丝面料市场价格并未受到影响，反而缓慢稳步增长，内销环境优于出口。

据国家统计局数据，2018年，我国社会消费品零售总额同比增长9%，其中，城镇同比增长8.8%，乡村同比增长10.1%。2018年，我国居民消费价格指数同比增长2.1%，在衣着方面，我国居民衣着消费价格同比增长1.2%，其中城市同比增长1.1%，农村同比增长1.5%，农村居民衣着消费价格指数增长较快。2018年全年实物商品网上零售额70198亿元，同比增长25.4%，占社会消费品零售总额的18.4%，比2017年提高3.4个百分点；其中，2018年全国网上穿着类商品零售额同比增长22%，增速高于2017年1.7个百分点，领跑网上消费。综上数据说明，我国纺织品内销市场需求旺盛，居民消费欲望不减，内销拉动明显。

由图4可以看出，全年羽绒服、商务装等高附加值面料的价格相对稳定。2018年5～9月，原料价格上涨，推动仿真丝面料价格一路飙升。第四季度，原料价格迅速下跌，导致仿真丝面料出现价格大跳水，其他产品价格均受原料价格影响而调整。

单位：元/米

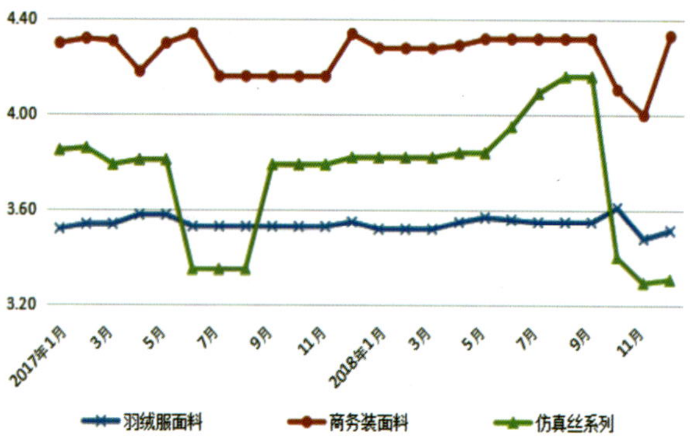

资料来源：中国长丝织造协会

图4 2017年以来我国长丝面料价格走势图

据国家统计局数据（表2），2018年我国规模以上化纤织造企业累计实现主营业务收入1103.31亿元，同比增长8.77%，增速较2017年下降0.88个百分点。利润总额累计为44.65亿元，同比增长12.65%，增速较2017年下降10.48个百分点。2018年我国规模以上化纤织造加工业企业主营业务收入和利润总额同比均有较大增长，原因之一源于企业三费的下降。数据显示，企业财务费用同比下降10.44%，压力得以缓解；另外，基于旺盛的市场需求，企业订单良好，销售费用增速较2017年下降2.46个百分点；企业在员工培训、人才队伍建设方面加大投入，管理费用同比增长12.7%，重视程度凸显。2018年，我国化纤织造加工业规上企业资产负债率为62.29%，企业负债情况良好，与调研了解到的情况相符，调研走访的大中型企业中绝大多数贷款额极低。利润率为4.05%，企业盈利状况保持在正常区间，调研信息显示，行业中一些优秀企业的实际利润率在10%左右。经过2017年一轮洗牌，一些规模较小、运营能力较差的企业已从竞争行列中消失。

通过地方政府和行业协会对全行业转型升级和产业转移的积极推动，新一轮的行业洗牌已初步完成，各地供给侧改革成果显现，我国化纤织造加工业企业进入有序竞争环境，从2018年二季度开始，我国化纤织造加工业各项经济指标呈现平稳增长（图5）。

表2 2018年我国主要产业集群化纤长丝织物营收情况

指标名称	2018年（亿元）	2017年（亿元）	同比（%）
主营业务收入	1103.31	1014.36	8.77
主营业务成本	996.96	914.08	9.07
三费合计	61.70	58.57	5.34
利润总额	44.65	39.63	12.65

资料来源：国家统计局

单位：%

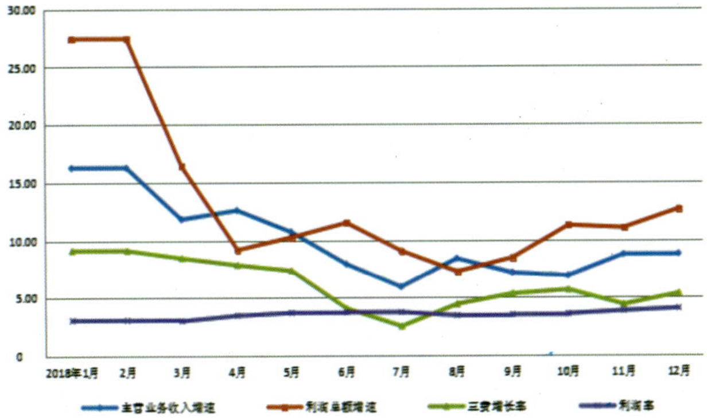

资料来源：国家统计局

图5 2018年规模以上化纤织造加工业主要经济指标增长情况

据国家统计局数据显示，我国规模以上化纤织物染整加工业主营业务收入250.98亿元，同比增长13.59%；利润总额为14.97亿元，同比增长36.89%。在与日俱增的环保压力下，染整加工企业通过多次整改，除个别不符合环保规定的企业已被关停外，绝大多数的染整企业面对不减的市场需求，经常出现坯布待染排队盛况，染整企业在三费增长12.72%的情况下仍然获取了高额利润。

（三）原料波动上涨

图6中的六张图分别展示了2017年1月以来布伦特、棉花、化纤长丝、PTA期货以及原油的价格走势图。

2018年夏天，原油价格从64.75美元/桶增长到82.95美元/桶，伴随着原油、精对苯二甲酸（PTA）价格的一路飙升，化纤长丝的价格飞速上涨。一方面，让上半年接了长期订单、囤了原料的企业暗自窃喜；另一方面，也让企业不敢再接长期订单。在这一轮原料涨势的挤压下，长丝织造企业的利润空间不断被挤压，不得不开始上调产品价格。进入第四季度，原料价格急转直下，市场受此波动，销量下滑，企业转为观望态度，虽然造成一些库存的积压，但是在2019年初库存问题已基本得到解决。

单位：美元/桶、元/吨

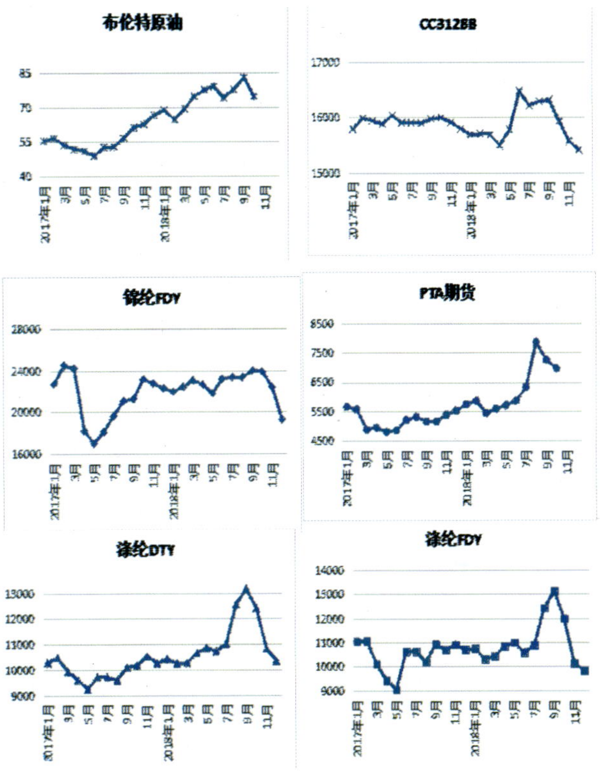

资料来源：全球纺织网，中国棉花信息网，新浪财经

图6 2017年以来我国化纤长丝及棉花价格走势

长丝织造行业发展中值得高度重视的问题

一、技术装备提升

当前，我国长丝织造产业在国内国际两个市场十分活跃，使得中西部许多地区对引进和发展长丝织造产业表现出浓厚兴趣，并纷纷做好产业承接准备。但值得注意的是，无论新建项目还是老机改造，都应尽可能采用电子送经、电子卷取、凸轮开口或电子多臂开口装置以及全自动穿经机等运行成本低、加工质量好、品种适应能力强的先进技术。鼓励长丝织造企业与高校、机械企业等合作，积极

推进行业内各项生产环节的自动化、智能化水平，加快全行业落后设备的淘汰改造步伐，积极借鉴、引进国内外最新的工艺、技术和装备，全面推进技术改造升级，助力行业高质量发展。

二、绿色清洁生产

江苏、浙江等地的化纤长丝织造集群多是随着市场发展而自发产生的，由于起初缺少统一规划，企业分布比较分散，规模大小不一，基础设施不健全，这就造成了废水管控困难，管控不到位的情况。随着国家环保政策的完善和趋紧，各级政府和部门普遍加大了对环境排污的治理整顿力度，绿色生产已成为各行各业的大势所趋。近年来，我国长丝织造行业绝大多数企业的环保意识普遍得以提高，许多企业在污水处理上积极采取措施，得到了有效解决。总结江、浙等地集群的发展教训，今后化纤长丝织造工业新建项目建设之前，应制定系统的工业园区规划，鼓励企业自建污水处理和中水回用系统以及落实园区集中污水处理与中水回用设施的建设。

三、园区管理科学化

我国长丝织造产业是优势产业，其发展潜力高、增长速度快、产品应用广泛、市场需求量大、创新空间广阔。鼓励长丝织造企业转移的同时，新兴产业集聚区应先做好工业园区规划，统筹安排，通过规划要实现化纤长丝织造上下游产业链配套建设，协同发展的目标。应高度重视园区管理科学化、协作化，充分发挥产业集聚效果。新建园区应在原有园区管理成果基础上，创造更优质的条件，协助企业实现高质量发展。

四、专业人才队伍建设

虽然，劳动力成本正在以每年8%～10%的速度增长，但招工难的问题依然存在。当前企业用工难的问题已不仅仅局限在操作工人“老龄化”（年龄普遍大于30岁），产品设计师、工程技术人才、专业管理人员等高级技术人才亦出现短缺。众所周知，纺织产业正面临着向智能化升级的关键时期，改革、创新都需要人与机器的充分合作，高级技术人才是推动行业持续发展的必要条件。应高度重视高级纺织人才的培养和队伍建设，为长丝织造产业发展提供真正的智慧源动力。

2019年长丝织造行业发展的新亮点

一、产业转移

2017年下半年起，长丝织造企业面对环保的压力，着手考虑产业转移事宜。湖北、安徽、江西等地以及东南亚，都是企业转移的主要目的地。合理的规划是承接产业转移的重中之重，科学配套上下游产业链，对中水回用和污水处理等问题做出长远的规划，引领产业可持续发展。前文中提到，新兴产业集聚区产量大幅提升，产业转移成果初现。

在《泗阳县纺织产业发展规划（2017～2020年）》的指导下，江苏省泗阳县抓住产业转移的机遇，大力发展化纤长丝织造产业，其喷水织机已由2016年的0.7万台，增加到2018年的1.8万台。根据签约情况，到2019年底，泗阳县的喷水织机将达到3.8万台，集群规模初显。

另外，河南省太康县、江苏省泗阳县八集乡、湖北省黄冈市等地区也都制定了以发展化纤长丝织造为主的纺织产业发展规划，顺应产业发展规律、主动承接产业转移，充分发挥中西部地区的比较优势、应对区域竞争、优化生产布局、加快工业化进程、提升地区的经济实力和综合竞争力。

面对产业转移的来临，广大的长丝织造企业应保持高度的敏感性，居安思危，善抓机遇。一方面应积极寻找成本洼地，创造更多收益；另一方面可借产业转移之机，提升技术装备、改造工艺流程，实现产品档次的提升和生产成本的降低。产业转移既是发展的机遇，又是严峻的挑战。

二、智能制造

近年来，机器换人的热潮愈演愈烈，提升生产自动化，提高生产效率，替代传统人工，降低生产成本。与此同时，行业科技创新能力大幅提升，数字化、网络化在产业链各环节得到广泛应用。据了解，我国纺织企业生产设备数字化率达到36.06%，数字化生产设备的联网率达到27.74%，生产管理环节信息化普及率达到50.49%，实现管控集成的企业比例达到19.82%。业内专家预计，这一比例将会快速提升。

三、跨界融合

随着新兴技术的快速发展和应用，产业边界日益模糊，跨界融合成为新一轮产业升级趋势。长丝织造企业需把握趋势，抓紧机遇，加快产业融合，大力发展跨界产业，赢得先机。党的十九大强调，要坚定实施军民融合发展战略，形成军民融合深度发展格局，构建一体化的国家战略体和能力。军民融合作为一项国家战略，关乎国家安全和经济发展全局。长丝织造行业产品类别丰富，产品类型符合军用装备的需求，将会在坚持贯彻军民融合国家战略，突破军用纺织品核心技术，加快军民科技协同创新等方面做出更多贡献。

（撰稿人：赵红枝　常梦佳　黄潇瑾）

印染业

中国印染行业协会

2018年印染行业经济运行情况

2018年是贯彻党的十九大精神的开局之年，印染行业面临复杂的国内外经济环境和成本上升、环保加严、国际市场竞争加剧等诸多情况，围绕“科技、时尚、绿色”新定位，继续深入推进供给侧结构性改革，推动行业向高质量发展迈进。行业经济总体运行平稳，生产与效益稳中向好，结构调整取得积极进展。

一、生产增速放缓

2018年，规模以上印染企业印染布产量490.69亿米，同比增加2.63%，增速较2017年回落2.12个百分点。在国家产业政策引导、行业转型升级、市场需求等多重因素的作用和影响下，印染布产量增速回落。在生产增速持续放缓的情况下，加快产业结构调整，提质增效是行业发展的关键。

区域集中度高是印染行业的显著特点，2018年，东部沿海五省浙江、江苏、福建、广东、山东的产量合计469.34亿米，占全国总产量的95.65%，五省中福建、山东和浙江印染布产量同比分别增加22.56%、7.67%和2.98%，广东省和江苏省印染布产量同比分别下降2.21%和5.91%，见表1。浙江省对行业产量的贡献率最大，占比达58.94%，江苏、福建、广东和山东占全国比重分别为12.66%、11.46%、7.04%和5.54%，其他省市印染布产量仅占全国的4.36%，如图1所示。“十二五”时期，东部沿海五省印染布产量占全国比重逐年增大，2016年占比下降至94.58%后又呈逐年增加态势，2018年五省产量占比较2016年提高1.07个百分点，如图2所示。东部沿海地区发挥印染产业发展的主力军作用。

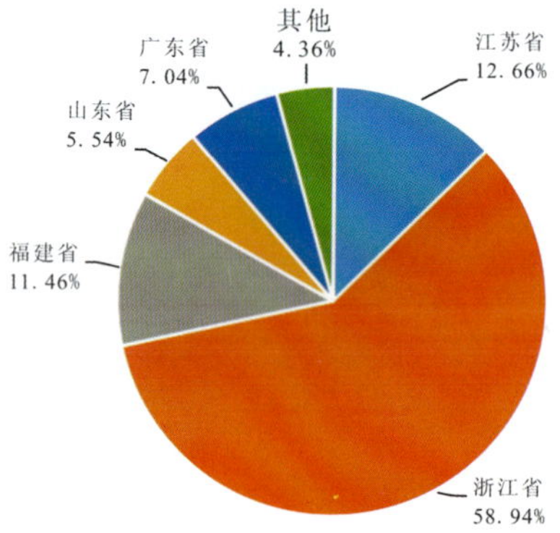

资料来源：国家统计局

图1 2018年我国主要省市印染布产量占比情况

表1 2018年我国主要省份印染布生产情况

	单位	全国	浙江	江苏	福建	广东	山东	五省合计
产量	亿米	490.69	289.22	62.13	56.24	34.55	27.21	469.34
同比	%	2.63	2.98	−5.91	22.56	−2.12	7.67	−3.89
占全国比重	%	100.00	58.94	12.66	11.46	7.04	5.54	95.65

资料来源：国家统计局

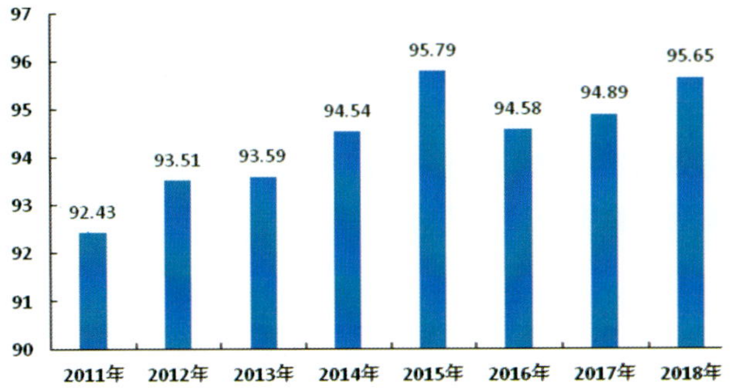

资料来源：国家统计局

图2 2011～2018年东南沿海五省印染布产量占比情况

二、运行质效继续改善

（一）运行质量稳中向好

2018年，印染行业规模以上企业主要运行效益指标见表2。规上企业三费比例7.62%，同比下降0.12个百分点，其中棉印染精加工企业为7.45%，化纤织物染整精加工企业为9.34%；成本费用利润率5.87%，同比增加0.76个百分点；销售利润率5.55%，同比增加0.70个百分点，高于纺织行业0.4个百分点，为历史最高点，见图3。其中棉印染精加工企业为5.51%，同比增加0.67个百分点，化纤织物染整精加工企业5.97%，同比增加1.02个百分点；产成品周转率21.67次/年，同比增加3.56%；应收账款周转率8.01次/年，同比降低2.14%；总资产周转率1.05次/年，同比增加0.42%。

单位：%

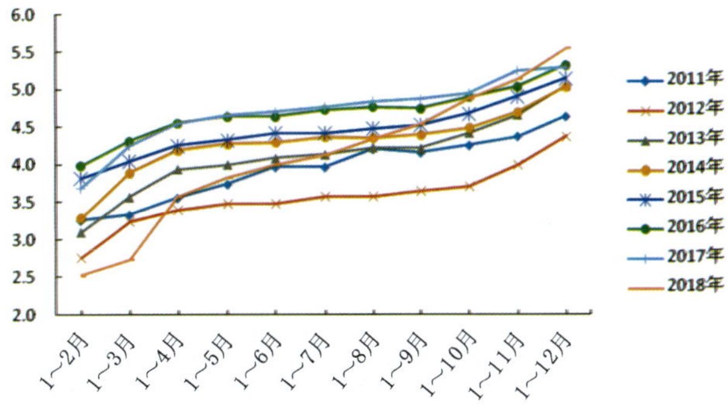

资料来源：国家统计局

图3 2011～2018年规模以上印染企业销售利润率情况

表2 2018年印染行业运行效益指标

	规模以上印染企业	棉印染精加工	化纤织物染整精加工
三费比例(%)	7.62	7.45	9.34
同比（百分点）	−0.12	−0.14	−0.07
成本费用利润率（%）	5.87	5.82	6.33
同比（百分点）	0.76	0.72	1.12
销售利润率（%）	5.55	5.51	5.97
同比（百分点）	0.70	0.67	1.02
产成品周转率（次/年）	21.67	21.52	23.51
同比（%）	3.56	3.88	−1.48
应收账款周转率（次/年）	8.01	8.00	8.16
同比（%）	−2.14	−3.89	18.10
总资产周转率（次/年）	1.05	1.06	0.95
同比（%）	0.42	0.18	4.02

资料来源：国家统计局

（二）盈利能力有所提高

根据国家统计局数据，2018年，全国1715家规模以上印染企业实现主营业务收入2833.13亿元，同比增加2.98%，增速较2017年回落3.58个百分点；实现利润总额157.30亿元，同比增加17.93%，增速较2017年提高6.29个百分点；主营业务成本2464.56亿元，同比增加2.79%。行业盈利能力有所提升，但企业成本负担依然较重，主营业务成本占主营业务收入的比重高达86.99%，利润增速高于主营业务收入增速近15个百分点。

分产品来看，全国1507家规模以上棉印染精加工企业累计实现利润总额142.33亿元，同比增长16.24%；208家规模以上化纤织造染整精加工企业实现利润总额14.97亿元，同比大幅增长36.89%。由于下游产品（服装）需求及成本因素，化纤印染精加工主营业务收入、利润增速较快，销售利润率高出棉印染精加工0.46个百分点。

2018年，规模以上印染企业出口交货值435.61亿元，同比减少1.6%。内销占销售产值比重84.62%，较2017年减少2.66个百分点，内销增速有所放缓。

2018年，全国规模以上印染企业亏损企业户数303家，亏损面17.67%，较2017年扩大3.81个百分点，近年来印染行业亏损面变化情况见图4。亏损企业亏损总额16.99亿元，同比减少11.48%，增速较2017年大幅减少23.49个百分点。

单位：%

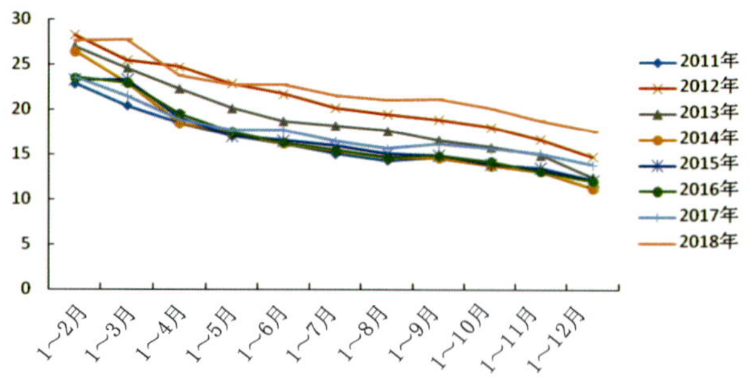

资料来源：国家统计局

图4 2011～2018年规模以上印染企业亏损面变化情况

总体看，2018年印染行业利润实现较快增长，主要得益于供给侧结构性改革的深入推进，淘汰落后产能、产品结构升级、优化资源配置等政策措施有效落实，结构调整、转型升级步伐加快，行业朝着高质量发展方向迈进。

三、外销市场表现良好

2018年，印染八大类产品进出口总额265.82亿美元，同比增加6.65%，较2017年提高6.85个百分点；贸易顺差227.74亿美元，同比增加8.53%，增速较2017年提高8.02个百分点。

（一）进口继续减少

2018年，印染八大类产品进口数量9.98亿米，同比减少4.22%，增速较2017年回落2.33个百分点；进口金额19.04亿美元，同比减少3.35%，增速较2017年提高0.44个百分点；进口平均单价1.91美元/米，同比增加1.06%，增速较2017年提高3.00个百分点。

（二）出口保持增长

2018年，印染八大类产品出口数量232.88亿米，同比增加2.70%，增速较2017年回落2.51个百分点；出口金额246.78亿美元，同比增加7.51%，增速较2017年提高7.39个百分点；出口平均单价1.06美元/米，同比增加4.95%，增速较2017年提高9.79个百分点。由图5可知，2011～2018年，印染八大类产品出口数量逐年增加，出口平均单价有所波动，2018年呈现量价齐升的态势，出口情况良好。

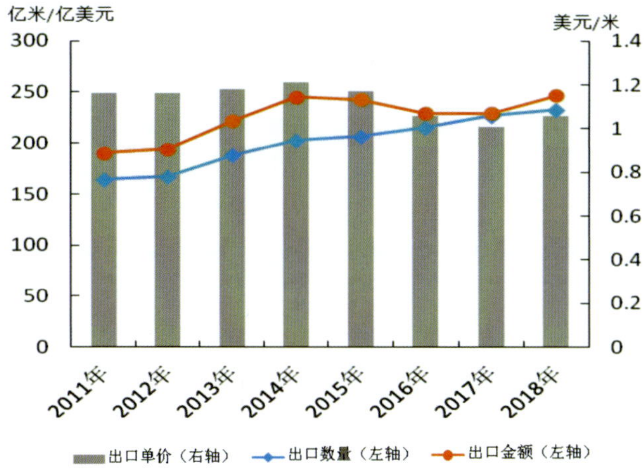

资料来源：中国海关

图5 印染八大类产品出口情况

1.印染八大类产品出口情况

2018年印染八大类产品中，纯棉染色布出口数量和金额呈现两位数的增长，分别增加19.27%和17.14%，但出口平均单价下降1.65%；人纤短纤织物出口数量和金额同比降幅较大，分别减少18.65%和22.75%，出口平均单价同比下降4.78%。八大类产品中除纯棉染色布、人纤短纤织物出口平均单价下降以外，其余六大类产品的出口平均单价同比均有不同程度的提高，其中棉混纺染色布同比提高14.46%，涤纶短纤织物同比增加10.64%，增幅较大（表3）。

2.主要出口市场情况

2018年，印染八大类出口市场前十位依次为越南、尼日利亚、孟加拉国、印度尼西亚、巴西、缅甸、贝宁、巴基斯坦、美国和印度，见表4。前十位市场出口数量合计102.62亿米，占总出口数量的44.07%；出口金额114.58亿美元，占总出口金额的46.43%。同2017年相比，前五位出口市场的名次未发生变化，越南仍是最大的出口市场，占出口总量的8.48%；缅甸由第9名上升至第6名，出口数量和金额同比分别增加23.91%和36.08%，增幅较明显。东南亚国家已成为我国印染布主要出口市场。

3.传统出口市场情况

2018年，印染八大类产品对传统出口市场表现不一（表5）。对欧盟市场出口数量15.94亿米，同比减少12.47%，出口金额17.65亿美元，同比减少8.55%，改变了2012年以来出口欧盟市场占比逐年增加态势，分析原因主要是由于生产成本的提高，

表3 2018年印染八大类产品出口情况

品种	数量（亿米）	金额（亿美元）	单价（美元/米）	数量同比（%）	金额同比（%）	单价同比（%）
纯棉染色布	14.20	26.96	1.90	19.27	17.14	−1.65
纯棉印花布	18.03	22.4	1.24	0.68	9.76	8.96
棉混纺染色布	3.98	8.97	2.25	5.38	20.37	14.46
棉混纺印花布	0.58	1.21	2.08	7.66	14.35	6.47
合成长丝织物	148.25	135.36	0.91	5.94	11.66	4.95
涤纶短纤织物	12.19	9.84	0.81	−1.95	8.04	10.64
T/C印染布	14.92	19.34	1.30	0.99	8.10	7.10
人纤短纤织物	20.73	22.7	1.09	−18.65	−22.75	−4.78
合计	232.88	246.78	1.06	2.70	7.51	4.95

资料来源：中国海关

表4 2018年印染布出口主要市场情况

国家	数量（亿米）	金额（亿美元）	单价（美元/米）	数量同比（%）	金额同比（%）	单价同比（%）
越南	19.76	31.92	1.62	12.91	7.98	−4.42
尼日利亚	14.40	9.12	0.63	3.90	11.90	7.34
孟加拉国	13.91	20.65	1.48	14.58	19.78	4.55
印度尼西亚	12.42	13.25	1.07	13.32	16.23	2.58
巴西	8.23	6.96	0.85	0.37	7.41	7.05
缅甸	7.36	7.77	1.06	23.91	36.08	9.97
贝宁	6.95	6.13	0.88	−1.28	12.27	14.55
巴基斯坦	6.88	7.04	1.02	9.90	16.17	5.49
美国	6.66	6.78	1.02	12.31	11.70	−0.19
印度	6.05	4.96	0.82	11.62	17.54	5.11

资料来源：中国海关

导致中国印染行业竞争力有所下降，部分订单转移到柬埔寨、巴基斯坦、越南和孟加拉等国家，这些国家凭借劳动力成本和享受出口零关税政策等优势，向欧盟的出口不断增加。2018年尽管中美贸易摩擦不断升级，印染八大类产品出口美国市场不降反升，说明中美贸易摩擦尚未对印染行业造成明显冲击，但由于出口环境不确定性提高，对相关国际采购订单以及印染企业接单、原料采购等产生负面影响。日本是我国纺织品服装出口主要市场，2018年印染布对日本出口有所回暖，出口数量和金额同比分别增加14.08%和17.86%，当前我国印染产品在日本市场面临的挑战不是扩大市场份额，而是提供深加工、高质量的产品，提升产品附加值及品牌服务。

4.新兴市场出口情况

2018年，印染布对东盟等新兴市场出口表现良好，见表6。印染八大类产品对东盟出口保持增长的主要原因是双边经济增势良好、合作不断深化助推双边贸易增长。2018年俄罗斯经济增长率有所提高，印染八大类产品对俄出口数量同比增加1.66%，出口金额同比增加5.43%。印度经济向好，需求环境改善拉动我国对印度出口，虽然印度将300多种纺织品进口关税税率提高至20%以保护本国纺织制造商不受进口纺织品的冲击，但目前印度国内产品无法满足消费需求，2018年印染八大类产品对印度的出口数量和出口金额增长显著。

2018年印染行业面临的主要问题

一、成本压力持续上升

当前，成本上涨已成为现阶段企业生产经营的主要问题。2018年由于融资、用工、税收、环保投入等费用的持续增长，以及染化料价格上涨，企业综合运行成本进一步提升。2018年以来，染料原料中间体的价格一直处于高位，推升了染料价格，分散染料主要染料品种价格涨幅为70%~80%，活性染料价格涨幅为40%~50%，但印染加工费难以同步提升，增加了印染企业的运营压力。此外，随着

表5 2018年印染布出口传统市场情况

国家及地区	数量（亿米）	金额（亿美元）	单价（美元/米）	数量同比（%）	金额同比（%）	单价同比（%）
欧盟	15.94	17.65	1.11	-12.47	-8.55	5.45
美国	6.66	6.78	1.02	12.31	11.70	-0.19
中国香港	2.99	4.52	1.51	13.26	17.10	3.54
日本	1.62	1.32	0.81	14.08	17.86	4.46

资料来源：中国海关

行业转型升级的不断推进，高质量发展对行业技术进步提出了更高要求，行业技术改造和技术创新投入不断增加。与此同时，国家环保政策日益深化，印染行业废水、废气治理要求不断提高，导致环保设施投入和运行成本不断攀升。印染行业成本不断上升带来的压力日益凸显。

二、国际市场竞争加剧

当前，纺织行业国际市场竞争不断加剧，印染行业作为纺织工业体现产业链核心竞争力的重要环节，也愈发受到国际竞争压力所带来的影响。从产量来看，2016～2018年，印染布产量呈现逐年下降的态势；从出口情况来看，2015～2017年，印染八大类产品出口金额逐年减少，2018年虽有所回升，但同“十二五”时期相比，出口出现了较大萎缩。近年来，越南、孟加拉和印度等东南亚国家在美日欧三大纺织品市场的占比持续增加，加之2018年中美贸易摩擦的不断升级，更多订单流向具有劳动力成本和关税政策优势的东南亚等地区，削弱我国纺织品服装的出口竞争力。近几年，越南纺织工业的发展不容小觑，从跨太平洋伙伴关系协定（TPP）提出到全面与进步跨太平洋伙伴关系协定（CPTPP）生效，受关税降低和原产地原则等因素影响，其纺织业迎来了爆发式的增长，我国纺织印染企业向越南等东南亚国家转移的步伐也进一步加快。在CPTPP战略背景下，越南或将减少对我国面料和原料的依赖，建成和中国正面竞争的独立全产业链，我国印染布的出口将面临更加激烈的市场竞争。

表6 2018年印染布出口新兴市场情况

国家及地区	数量（亿米）	金额（亿美元）	价格（美元/米）	数量同比（%）	金额同比（%）	价格同比（%）
东盟	53.30	69.29	1.30	3.43	6.91	4.00
俄罗斯	4.28	4.27	1.00	1.66	5.43	3.92
印度	6.05	4.96	0.82	11.62	17.54	5.11

资料来源：中国海关

2019年印染行业发展趋势与重点方向

一、国内外形势对印染行业的影响

从国际层面看，外部环境依然复杂严峻，对行业出口增长不利因素明显增加，世界经济增长放缓，中美贸易摩擦持续存在，英国脱欧尚未落定，贸易保护主义和单边主义甚嚣尘上，国际金融市场充满不确定性等将影响纺织品服装出口并进一步加剧国内纺织品服装市场竞争，加之终端消费需求增长缓慢，各地印染企业整治提升后技术装备水平提高，印染行业市场竞争更趋激烈。

从国内层面看，2019年是新中国成立70周年，是全面建成小康社会关键之年。面对艰巨繁重的国内改革发展任务和错综复杂的国际形势，我国经济发展任重道远。但同时也要看到，我国发展仍处于并将长期处于重要战略机遇期。在经历了改革开放40年洗礼之后的中国纺织印染行业，同样也迎来了一个重要的战略机遇期，一个产业由大变强的关键时期。

当前，我国经济已经从高速增长阶段转入高质量增长阶段，生产和生活消费不断升级，消费结构将进一步优化，中高端消费成为我国着力培育的经济新增长点。传统的印染行业生产模式已经无法满足日益增长的需求，加快转型升级、结构调整促进行业向中高端迈进，是当前及未来一段时间印染行业发展的关键。此外人口老龄化、生育政策放开、“90后”“00后”年轻群体崛起，都将带来新的消费增长点。国内市场对印染行业实现高质量发展的支撑作用进一步增强。

此外，加大力度推进生态文明建设是中华民族永续发展的千年大计。印染行业是节能减排、环境保护的重点行业，正处于提供更多优质生态产品满足人民日益增长的优美生态环境需要的攻坚期和压力叠加、负重前行的关键期，也到了有条件、有能力解决生态环境突出问题的窗口期。保护生态环境和治理污染，推进环境保护与经济发展的协调融合，坚决打好污染防治攻坚战，推动我国生态文明建设迈上新台阶，是印染行业一项首要性、根本性和长远性的工作。

二、紧抓战略机遇，重塑行业竞争新优势

在国际需求乏力、国际贸易竞争激烈的大环境下，中美贸易摩擦如何走向仍存在较大不确定性。但从总体看，也为我国印染行业开拓多元化市场提供了机遇。印染行业可借此以速度换取结构调整的空间，拓宽销路并挖掘新兴市场，着力打造行业国际竞争新优势。一方面，优化现有市场和产品出口结构，转变出口增长方式，着力提高出口增长的质量和效益。另一方面，在“一带一路”战略背景下，企业应该做好市场规划，加强开拓沿线国家新兴市场，减少因贸易摩擦导致订单下降带来的风险。有实力的企业通过“走出去”布局沿线国家，将高新技术与当地资源和劳动力优势结合，从产业链全方位竞争考虑，提高国际化经营和竞争能力，降低CPTPP等协议对我国印染布出口贸易的遏制能力。

三、加快转型升级，推动行业高质量发展

一是加强科技创新，突破行业关键技术。重点发展高品质印染产品设计、制造技术，包括功能性纺织品染整技术、多组分纺织品染整技术、高色牢度纺织品染整技术、新型纤维染整技术，为开发高品质、多功能、差异化、高附加值产品提供技术基础，使纺织品面料向舒适化、时尚化、环保化、多元化、多功能化和智能化方向发展，提高产品核心竞争力。开发和应用清洁生产、污染减排染整技术，开发低能耗、低污染、高资源利用率的清洁生产技术，开发低成本“三废”治理技术及资源循环利用技术，突破印染行业环境建设不充分的生态瓶颈，满足人民日益增长的优质生态纺织产品需求和优美生态环境需要。加快开发应用智能制造技术，

包括在线检测技术、数字化自动化技术、MES系统，推动互联网、大数据、人工智能和印染行业深度融合，推动生产模式向柔性化、智能化、精细化、高度集成化转变，提升企业生产管理的质量和效益。

二是加速产品和市场结构调整，实现从规模数量型向质量效益型转变。市场结构从委托加工逐步向自营贸易、自主品牌转变，提高自营贸易比例，加强设计研发、品牌销售，实现印染加工向印染制造转变；产品结构从中低端产品逐步向高品质产品转变，提高高品质产品比例，加强产品舒适性、时尚性、功能性、智能性和环保性等功能的开发；竞争模式需从同质化竞争向差别化竞争转变，形成更多有附加值的产品，建立竞争新优势。

三是提高行业管理水平，实现传统产业管理由“粗放型”走向“精细化”。一方面要稳步推进精益管理，扎实做好5S现场管理、质量管理体系、标准化等精益管理基础工作，积极探索提质降本增效新路径，在稳定产品质量，满足用户需求的前提下，通过技术改造，工艺优化等手段，全面加强成本管控工作，向精益管理要效益。另一方面要提高信息化、智能化管理水平，推动互联网、大数据、云计算、物联网在印染行业融合应用，加快ERP、MES、PLM、SCM、CRM等管理信息系统的应用。打造全流程智能化印染工厂，完成管理系统、生产系统和装备自动化等系统对接，缓解染化料、用工成本压力，提高劳动生产率和生产效益。

（撰稿人：丁思佳 张怀东）

针织业

中国针织工业协会

2018年针织行业经济运行情况

一、针织行业生产和销售稳定增长，针织面料优于针织服装

据国家统计局统计，2018年针织行业（包括针织面料类和针织服装类企业）6028家规上企业完成主营收入6536.22亿元，同比增长5.38%，增速较2017年提高3.93个百分点。其中，针织面料类2506家规上企业完成主营收入2850.38亿元，同比增长6.41%，增速较2017年提高1.81个百分点。针织面料织造类规上企业主营收入同比增长7.52%，针织印染类规上企业增长4.84%，针织制品类规上企业增长4.50%。

同期，针织服装类3522家规上企业完成主营业务收入3685.83亿元，同比增长4.60%，增速较2017年提高5.44个百分点。针织服装类规上企业累计完成针织服装产量111.17亿件，同比减少3.63%，增速较2017年继续下降1.19个百分点。从月度产量数据看，针织服装产量增速由1～2月的-12.31%逐步收窄至1～12月的-3.63%，产量全年增速降低、幅度收窄明显。

二、海外市场回暖，行业全年出口维持正增长

据中国海关统计，2018年我国针织行业（包括针织织物和针织服装及附件）出口金额914.90亿美元，同比增长3.58%，行业在经历连续四年的出口负增长后，出口金额重新恢复正增长。其中，针织织物出口181.56亿美元，同比增长10%，针织服装及附件出口733.35亿美元，同比增长2.1%。从中国海关月度数据看，2018年针织行业出口各月维持增长，月度出口增速前三季度高于四季度。

三、内销市场温和增长，对行业发展的作用不断增强

据国家统计局统计，2018年我国社会消费品零售总额为380987亿元，同比增长9.0%，其中限额以上服装鞋帽针纺织品零售总额13707亿元，同比增长8.0%，比2017年提高0.2个百分点。2018年实物商品中穿类网上零售同比增长22%，增速较2017年提高1.7个百分点。针织服装作为国内居民重要的日常消费品，电商等新兴商业模式带动针织产品市场拓展。

从规上企业统计数据看，2018年针织行业规上企业内销占比为74.37%，较2017年微增0.07个百分点；其中，针织面料类规上企业内销占比为84.62%，针织服装类规上企业内销占比为66.44 %。

从中国海关进口数据看，2018年我国进口针织面料（60章针织物及钩编织物）和针织服装及附件（61章针织或钩编针织服装及附件）合计50.19亿美元，同比增长11.8%。其中，针织织物进口16.38亿美元，同比降低3.1%，国内针织织物的竞争力在不断提高；针织服装及附件进口33.81亿美元，同比增长20.8%，针织服装进口近年来一直保持较快增长，国内终端消费市场中高端针织产品需求十分旺盛。

四、行业投资完善产业加工生产能力，针织面料投资增速快于针织服装

近年来，制造业投资增速下滑明显，纺织行业与针织行业投资增速也逐步回落。针织行业投资多以改善加工生产装备、生产流程改造及新项目建设投资等内容为主。据国家统计局统计，2018年纺织业固定资产投资额增速为5.1%，纺织服装、服饰业固定资产投资额增速为-1.5%。从历年投资数据看，针织投资约占纺织工业投资总额的10%，并且有逐步提高的趋势。前道针织面料生产技术难度和加工附加值相对较高，逐步成为行业技术研发实力的综合体现，投资增速快于针织服装。行业投资是保证产业未来3～5年发展的重要推动力，同时行业研发投入及新产品开发投入占比也在逐步提高，成为产业创新增长的重要动力。

五、行业运行质效良好，产业高效运转提高应对环境变化的能力

针织行业经济运行质效总体优于纺织行业。据国家统计局统计（表1），2018年，针织行业主营收入增速基本维持稳定，并高于纺织行业主营收入增速，全年增速为5.38%；行业利润总额完成340.25亿元，利润总额增速在前三季度持续提升，第四季度增速出现回落，全年同比增长为5.99%，较2017年提高1个百分点。其中，针织面料类2506家规上企业利润总额完成152.6亿元，同比增长9.84%；针织服装类3522家规上企业利润总额完成187.66亿元，同比增长3.05%。从具体财务指标数据看，2018年，针织行业利润率5.21%，较纺织行业高0.06个百分点，较2017年降低了0.38个百分点，其中针织面料类规上企业利润率为5.35%，针织服装类规上企业利润率为5.09%；针织行业总资产周转率和产成品周转率分别为1.35次/年和

表1 2018年针织行业主要经济指标

		纺织行业	针织行业	针织面料	针织服装
企业户数	户	36828.00	6028.00	2506.00	3522.00
亏损面	%	14.67	13.50	11.25	15.11
主营业务收入	亿元	53703.46	6536.22	2850.38	3685.83
主营业务成本	亿元	47170.47	5674.07	2510.74	3163.33
毛利率	%	12.16	13.19	11.92	14.18
利润总额	亿元	2766.1	340.25	152.60	187.66
利润率	%	5.15	5.21	5.35	5.09
总资产周转率	次/年	1.24	1.35	1.38	1.33
产成品周转率	次/年	17.70	19.09	20.51	18.11
三费比例	%	7.40	8.10	6.52	9.32

资料来源：国家统计局

19.09次/年，均高于纺织行业平均水平；针织行业三费占比为8.1%，其中针织服装9.32%，针织面料6.52%；行业亏损面为13.5%，较2017年的11.28%提高了2.22个百分点。

针织行业运行特点

一、针织产品应用领域不断拓展，产品差异化纵深发展特色明显

针织产品涵盖服用、家用及产业用方方面面，随着近年来针织企业产品开发能力的不断提高，针织产品已逐步从传统的棉毛衫裤等传统服装服饰向多领域、多范围和多产品方向发展，针织产品的应用领域不断拓展。内衣类产品在充分体现针织产品的贴肤、柔软、舒适等特点外，不断向更加舒适、更加环保、健康和体现更多功能的方向发展；针织文胸类产品在体现设计感、品牌化、质量保证方向上为市场不断提供多样的选择；针织衫等服装服饰领域则更多的表现在与设计、时尚、文化创意等领域不断融合和加速创新；针织成形服装则更多地体现其独有的从纱线到成衣的织造和设计优势，无缝内衣、一体成形鞋面、时尚设计横机毛衫等针织特有的产品不断涌现；针织产品更成为居家、运动、休闲领域重要的组成部分，蕾丝花边、女士打底裤、运动服、瑜伽服等多种多样的针织产品，成为人们日常消费品，舒适及功能产品创新为居民日常消费提供了多样化的产品选择。

二、针织内部产业结构调整布局加快

2018年，针织行业在努力适应各种环境变化的同时，加快了行业内部产业结构调整的步伐，主要体现在产业内部跨区域协作能力的增强，针织面料国际竞争力进一步提高，针织服装产量降低与质量档次提高并行，内销市场作用更加凸显等几个方面。具体的，产业内部跨区域协作能力的增强最终影响行业和企业的生产力布局和订单，在产业发展过程中，区域间协同和跨区域流动成为新的产业组织形式，特别是行业大企业，早几年在应对行业产业发展制约因素不断增多的环境下，多以向东南亚、南亚等发展中国家和地区进行了产能布局，或者优先在中西部地区进行了产能的转移和布局；国内外协调发展更多地体现在设计研发留在国内，成本影响因素大的生产环节转移到成本更低的生产区域进行。“针织面料国际竞争力进一步提高，针织服装产量降低与质量档次提高并行”主要表现在，近年来针织服装产量和出口量双降，但针织面料出口逆势增长，产业内部在应对环境变化过程中进行了主动的调节，服装产量降低与加工的附加值提升是同时存在的。同时，面对国内体量巨大的市场，行业在应对国际贸易摩擦及海外市场不确定性增加的同时，更加重视国内内销市场，适应内销市场需求，加强了从产品设计、品牌和渠道拓展等方面的投入和关注。

三、产业高质量发展初现雏形

针织行业高质量发展主要体现在更高的生产效率、更好的成本控制、更高的产业附加值和更好的社会和环境影响，及更加可持续的发展。行业生产效率的提高，依赖于更高效的生产设备、加工生产工艺及精益化管理，自动化、智能化的先进生产线的引进和利用，技术的创新，这些均为行业发展提供了动力。同时，低端、低附加值逐步向中高端、高附加值产品的转型，成为行业逐步摆脱低端劳动密集型产业印象的重要方面；国内众多为服装品牌代工的企业逐步简单代工向设计研发产品转型，生产型企业的品牌化效应显现。社会和环境影响方面，针织企业在环保和节能减排投入力度逐步增大，应对不断加大的环保压力，部分企业采取转移生产基地，在新基地引进最先进的国内外节能环保设备，在保证满足环保要求的同时，高标准建设，

为产业未来持续发展奠定了扎实的基础。同时，各主要针织产业集群不断加强服务于中小企业的公共服务平台建设，为创新创业、人才培养和新项目孵化创造了条件。

四、新动能、新趋势孕育产业发展新动力

随着行业产业发展基础的不断雄厚，产业发展新阶段更加重视设计研发、产品的市场推广、品牌化运作，更加重视新材料、新技术的引进和利用，新的商业模式创新和新的营销渠道建设，互联网+、智能制造、协同制造、云计算、大数据等新经济形态均为行业发展孕育了新动能。特别是智能制造领域，针织设备的数字化和自动化水平已经较高，在将设备以合适的互联协议实现联网和远程控制后，协同制造、远程云端制造、大规模个性化定制等模式的智能制造将成为可能。目前，针织智能制造，特别是车间MES管理系统的研发和推广使用，将为包括横机、圆机及经编机车间生产的排产、调度、监控和执行，提高设备利用效率和生产率起到重要的作用。2018年国家推进智能制造试点示范，“经编智能工厂试点示范”（福建省晋江市华宇织造有限公司）、“针织服装智能制造试点示范”（武汉爱帝集团有限公司）两个针织智能制造项目列入工信部“2018年智能制造试点示范项目”。

2018年针织产业发展的影响因素

一、影响产业发展的短期和中长期因素叠加

针织行业是纺织行业重要组成部分，顺应世界纺织服装个性化、休闲化和对舒适健康等追求要求的不断变化，我国针织行业在十五、十一五期间经历了高速的发展。2013年后与国内制造业总体发展趋势基本吻合，行业增速逐步回落，行业发展增速和体量的提高不再是产业发展的最终目的，满足消费市场需求，维持行业可持续发展是产业适应新时代发展环境的重要特征。与此同时，影响行业发展的短期因素和长期因素相互影响，短期因素包括国内外经济波动对订单和市场的影响、贸易摩擦等不利因素对出口市场的影响等；中长期因素则主要体现在技术革新、劳动生产率提高、成本控制、产业布局及企业宏观战略转型等影响产业未来十几年发展的影响因素。但作为居民日常消费的重要产品，针织产品的稳定供应和行业的稳定发展是相辅相成，适应不同市场和发展环境，不断革新，与时俱进是行业发展的必然要求。

二、海外市场回暖与不确定性并存

2018年行业在经历贸易摩擦及国外竞争日趋加大的环境下，行业出口在经历了连续四年的出口负增长后恢复正增长，出口914.9亿美元，同比增长3.58%，显示出我国针织行业较强的国际竞争力。

从分市场数据看（表2），2018年我国在美国、欧盟、日本等传统出口市场表现不一。美国市场方面，据美国商务部统计，2018年美国从全球进口服装828.81亿美元，同比增长3.38%，从中国进口273.71亿美元，同比增长1.34%；织物进口65.26亿美元，同比增长7.85%，从中国进口20.07亿美元，同比增长9.02%，其中针织织物进口6.19亿美元，同比增长3.69%，从中国进口2.68亿美元，同比下降2.15%。欧盟市场方面，据欧盟统计局统计，2018年欧盟28国进口针织服装及附件422.23亿欧元，同比增长2.13%，从中国进口126.38亿欧元，同比下降1.37%；进口针织织物15.61亿欧元，同比下降4.03%，从中国进口5.89亿欧元，同比增长3%。日本市场方面，据日本外务省统计，2018年日本进口针织服装及附件15217.04亿日元，同比增长5.91%，从中国进口9426.05亿日元，同比减少1.44%；进口针织织物132.56亿日元，同比增长

8.56%，从中国进口54.08亿日元，同比增长21.18%。

上述市场2018年进口规模总体保持扩张，为我国针织行业拓展海外市场创造了较好的外部市场环境。但同时，国际竞争加剧将持续对行业发展产生影响，我国在上述主要市场的占有率在近几年出现了一定的回落。相较2017年，我国针织服装产品在上述市场的占比普遍出现了降低，其中美国市场方面我国服装占比33.02%，降低0.67个百分点；我国针织织物占比43.27%，降低2.58个百分点；欧盟市场方面我国针织服装及附件占比29.93%，降低1.06个百分点，针织织物占比37.77%，增加2.58个百分点；日本市场方面我国针织服装及附件占比为61.94%，降低4.65个百分点，针织织物占比40.08%，增加3.53个百分点。

另外，2018年中美贸易摩擦涉及加征关税的针织产品主要是第60章（针织物及钩编织物），从历年统计数据看占对美针织面料出口金额的57%左右，对美国出口企业订单影响较大，市场多元化发展，加快产业国际化布局和产品结构调整是上述企业应对贸易环境变化的重要策略。

三、内销市场稳定增长与消费升级长期利好行业发展

近年来，随着我国经济的稳定增长及居民收入水平的提高，消费在国民经济中的作用越发重要，占比不断提高。据国家统计局公布的《2018年国民经济和社会发展统计公报》显示，2018年全年最终消费支出对国内生产总值增长的贡献率为76.2%，比2017年提高了17.4个百分点；人均GDP为64644元，比2017年增长6.1%；全年社会消费品零售总额380987亿元，比2017年增长9.0%，其中，城镇消费品零售额325637亿元，增长8.8%，乡村消费品零售额55350亿元，增长10.1%；在限额以上单位商品零售额中，服装、鞋帽、针纺织品类增长8.0%；全年实物商品网上零售额70198亿元，比2017年增长25.4%，占社会消费品零售总额的比重为18.4%，比2017年提高3.4个百分点。

从国内针织产品消费市场需求看，年轻族群的消费时尚化，对产品品牌的感知在强化，同时对产品设计和个性化追求在不断加强；中青年则对产品的品质和质量提出了更多要求，对产品的需求更趋

表2 2018年我国针织产品海外主要出口市场表现

国家或地区	单位	产品类别	全球进口		从中国进口	
			进口额	同比(%)	进口额	同比(%)
美国	亿美元	服装	828.81	3.38	273.71	1.34
		织物	65.26	7.85	20.07	9.02
		针织物	6.19	3.69	2.68	−2.15
欧盟	亿欧元	针织服装	422.23	2.13	126.38	−1.37
		针织织物	15.61	−4.03	5.89	3.00
日本	亿日元	针织服装	15217.04	5.91	9426.05	−1.44
		针织织物	132.56	8.56	54.08	21.18

资料来源：美国商务部、欧盟统计局、日本财务省

于理性化；同时，随着消费场景和消费环境的不断优化，消费者选择范围在不断拓展，客观上对产品的要求在不断提高，消费升级和理性消费渐成主流。另外，渠道的多样化带来更多的消费便利性和消费者可得性，智能手机的普及、移动互联网提速降费和覆盖度的不断提高，快递及物流配送体系的覆盖范围越发广泛，电商成为针织产品销售的重要渠道，加之线下商场及百货商场在三四线城市的不断下沉，均将长久利好消费市场量的稳定增长。

四、产业链技术革新、融合发展、效率与质量提升推动产业迈向中高端

针织产业链上下游合作与融合发展是影响产业中长期发展的重要影响因素。相较十年前针织电脑横机的普及对横编产品生产效率的明显提升，目前国内针织装备的数字化、自动化水平已经相对较高，产业链上下游为解决行业发展的共性问题不断努力，共同保证了针织企业生产制造的机械化与自动化，特别是国产针织装备的进步，对于提高我国针织行业总体竞争力有重要作用。随着设备自动化、智能化水平的提高，新的智能化、数字化管理技术的普及，将为行业提高劳动生产率，提高行业总体运行效率和产品质量，实现可持续发展有重要的意义。与此同时，产业链上下游在新材料、新技术的协作与进步也将长期利好产业迈向中高端。

针织行业发展趋势展望

一、新产品，市场需求不断激励企业开拓创新

市场需求激励企业开拓创新，同时也是企业开发新产品的动力。针织产品种类繁多，在不同的针织产品细分领域，充分理解不同消费场景，不同穿着用途的前提下，开发适销对路的产品，加大新产品研发和创新，是保持企业和行业活力及竞争力的重要方面。

二、新技术，革新生产方式，解决产业发展痛点

新技术的应用，推动生产方式的变革，行业企业关注重点逐步由原来的大而全向精细化、细分化拓展，生产过程中对于企业生产效率和管理改善的实用性革新增多，有效解决产业发展过程中的痛点。

三、新模式，融合先进理念推动生产方式变革

融合先进理念，推动生产组织方式变革，将进一步解放生产力，如班组制、合伙经营等新的生产组织方式，对于调动一线劳动者生产积极性和主人翁意识有重要的作用，核心解决了生产者与管理者之间的身份认同，有利于企业管理效率和生产效率的提高。新兴业态，尤以互联网+与行业发展的深度融合，对于大众创新、万众创业，起到了重要的推动作用，众多涉及针织服装的创业项目，均充分考虑了针织产品在设计创意、日常消费和年轻族群时尚消费的特点，同时积极应用互联网的扁平化流通渠道的优势，结合新的营销方式，引入其他相关行业的资源和优势，如年轻族群聚集的直播、游戏、网红等新的获客方式，创新发展案例不断涌现。

四、新动力，智能制造赋能产业发展

智能制造等行业关注重点将进一步通过试点示范及新技术的推广和普及，逐步得到更大范围的应用，设备的智能化、生产线的智能化、车间的智能化及云端制造、协同制造、个性化定制将逐步在针

织产品的生产过程中实现。针织设备的联网与智能化管理，将有效提高企业的生产效率，降低对一线劳动者数量的依赖，提高企业应对劳动力成本上涨带来的不利影响。

五、时尚引领、科技引领、绿色导向，协同推动产业健康可持续发展

针织生产流程短，设备自动化和生产效率高，产品应用的范围广，产品种类繁多，前沿技术创新成果均可以得到很好的产业化，最终开发成为终端消费品，协同发展，共同推动是行业不断进步的源泉。同时，行业绿色发展理念和法律法规深入推进，节能减排措施及先进的生产工艺技术和设备的逐步应用，将为行业构筑绿色发展屏障，有效降低产业发展过程中的环境风险。此外，针织外穿服装对设计感、时尚度提出了更高的要求，针织设计逐步成为纺织服装设计的重要分支，是新锐设计师和设计作品涌现的重要方向。总之，针织行业是纺织行业的重要组成部分，在产业发展过程中，科技引领、绿色导向、时尚引领，协同推动，是产业未来实现健康可持续发展保障。

（撰稿人：李金才）

服装业

中国服装协会

2018年服装行业经济运行情况

2018年，面对复杂多变的国际形势和国内结构调整的改革压力，我国服装行业在发展环境面临诸多风险和不确定性的背景下，坚定践行创新发展理念，深化推进供给侧结构性改革，总体保持了较为平稳的发展态势，内外销市场表现稳定，运行质效稳步提升，转型升级成效逐步显现，高质量发展格局正在形成。

一、生产基本平稳，产量小幅下降

根据国家统计局数据，2018年服装行业规模以上企业累计完成服装产量222.74亿件，同比下降3.37%，比2017年回落0.75个百分点，降幅比1～7月收窄4.13个百分点，见图1。其中机织服装111.57亿件，同比下降3.1%；针织服装111.17亿件，同比下降3.62%。从机织服装各品类产量来看，羽绒服装、西服套装和衬衫产量呈不同幅度的下降，分别比2017年下降5.4%、2.39%和8.2%。

工业增加值保持低速增长。根据国家统计局数据，2018年规模以上服装企业工业增加值同比增长4.4%，增速比2017年放缓1.4个百分点。2018年以来，服装行业工业增加值增速走势与纺织业基本趋同，高于纺织业增速3.4个百分点，低于全国工业增速1.8个百分点。

单位：%

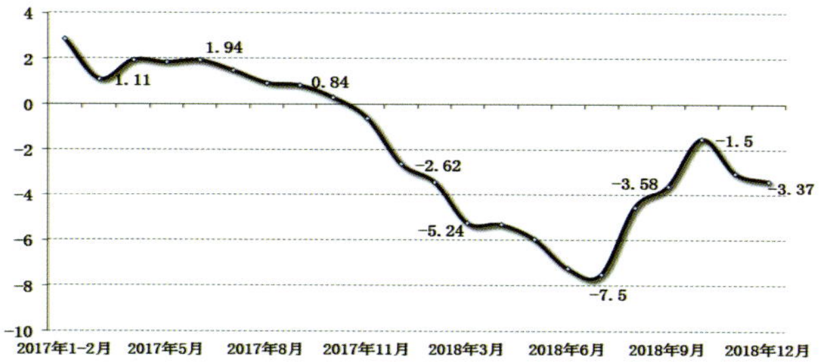

数据来源：国家统计局

图1 2017～2018年服装行业规模以上企业产量累计增幅情况

二、出口止跌回升

2018年以来，面对中美持续的贸易紧张局势和全球经济的不确定性加大等风险因素，我国服装行业表现出较强的抗压和风险承受能力，服装出口逐步呈现企稳回暖态势。根据中国海关数据，2018年我国累计完成服装及衣着附件出口1576.33亿美元，同比增长0.3%，比2017年提升0.7个百分点，见图2。其中，针织服装出口表现优于机织服装，我国针织服装及衣着附件出口733.35亿美元，同比增长2.1%，机织服装及衣着附件出口713.02亿美元，同比下降2.9%。

单位：%

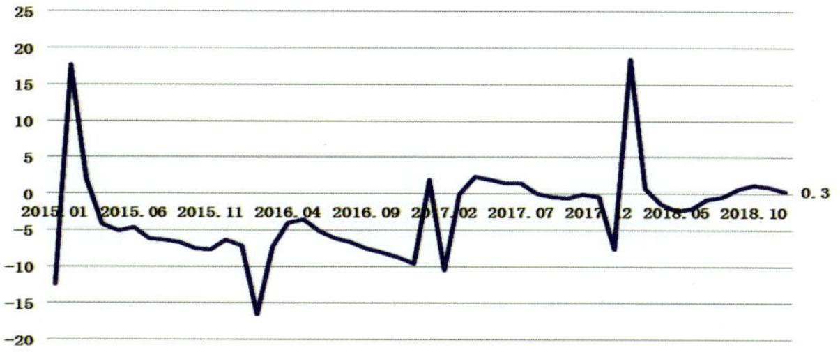

数据来源：中国海关

图2 2015～2018年中国服装及衣着附件出口金额增幅变化情况

我国对美国、日本服装出口恢复增长，对欧盟出口降幅有所收窄，对部分“一带一路”沿线国家出口增势较好。根据中国海关月报中第61章针织或钩编服装及衣着附件和62章非针织或非钩编服装及衣着附件出口数据的统计，在传统市场中，我国美国、日本服装出口保持增长，美国增幅明显，同比增长6.97%，日本同比增长1.76%，对欧盟服装出口微幅下降0.79%，降幅比2017年收窄1.33个百分点；对越南、菲律宾、哈萨克斯坦等“一带一路”沿线国家出口增势较好，出口额分别同比增长47.83%、15.23%和3.31%，见表1。

三、内销保持平稳较快增长

2018年以来，我国服装内销市场保持较快增长，限额以上单位服装类商品零售总额增速有所提升，网络渠道销售增速明显加快，线下实体零售也以消费体验优势正在实现回归。据国家统计局数据，2018年我国社会消费品零售总额380987亿元，同比增长9%，增速比2017年回落1.2个百分点。其中，限额以上单位服装类商品零售额9870.4亿元，同比增长8.5%，比2017年加快0.5个百分点。

随着新零售技术快速发展，传统品牌凭借线下消费者较强的品牌忠诚度和品牌认知度，增强线上消费体验服务，带动线上销售持续增长，网上销售成为服装内销市场保持快速增长的第一驱动力。根据国家统计局统计，全国穿类商品网上零售额同比增长22%，增速比2017年加快1.7个百分点，见图3。

单位：%

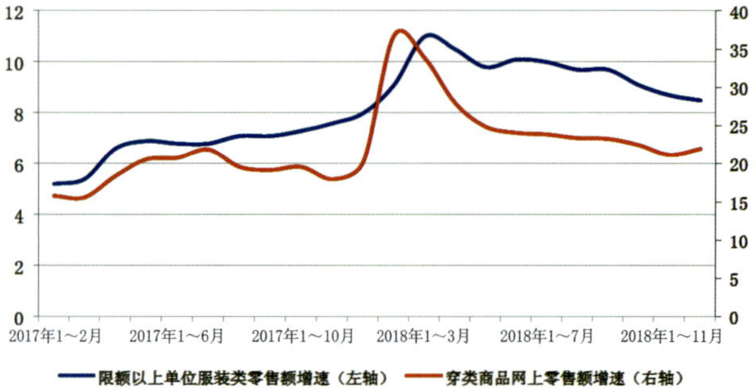

数据来源：国家统计局

图3 2016～2018年各渠道服装销售增幅变化情况

四、行业投资降幅逐月收窄

据国家统计局数据，2018年我国服装行业500万元以上固定资产投资额同比下降1.5%，比2017年快速回落8.5个百分点，见图4。从月度增速来看，进入2018年，服装行业固定资产投资持续负增长，一季度增速降至谷底，降幅达到16.2%，自4月开始投

表1 2018年我国对部分主要国家服装出口情况（第61章和第62章）

国家及地区	出口金额（亿美元）	同比（%）	国家及地区	出口金额（亿美元）	同比（%）
欧盟	339.34	–0.79	越南	39.88	47.83
美国	321.53	6.97	菲律宾	23.35	15.23
日本	155.39	1.76	哈萨克斯坦	17.74	3.31
中国香港	64.49	–11.17	缅甸	1.41	42.70
俄罗斯	39.20	–4.83	乌克兰	1.39	8.52

数据来源：中国海关

资降幅逐渐收窄，至12月累计降幅比一季度收窄了14.7个百分点。一方面是国内受成本上涨、盈利压力加大等因素影响，企业对上产能、补库存等项目保持谨慎态度，越来越多的优秀企业加大了海外产业投资力度；另一方面是在行业发展的新阶段，企业投资方向发生变化，更加注重供应链优化、品牌文化创意、科技创新等软实力的提升。

单位：%

数据来源：国家统计局

图4 2014～2018年实际完成投资累计增速情况示意图

五、运行质效稳中有升

2018年以来，我国服装行业运行质量基本平稳，效益增速明显提升。据国家统计局数据，服装行业规模以上企业14827家，累计实现主营业务收入17106.57亿元，同比增长4.07%；利润总额1006.75亿元，同比增长10.84%。行业盈利能力和资金周转效率比2017年有所提升，销售利润率为5.89%，比2017年提升0.36个百分点；销售毛利率为15.1%，比2017年提升0.26个百分点；总资产周转率为1.37次/年，比2017年提升0.2%，应收账款周转率为8.54次/年，比2017年提升5.16%，见表2。

服装行业发展特点

2018年，面对内外复杂的环境和压力，中国服装行业逆势而进、创新而行，紧紧抓住新技术、新模式、新业态的变革机遇，着力推进科技进步和文化创新，加快转型升级步伐，加快新旧动能转换，服装产业正在由规模发展向质量发展跃变。

表2 2018年我国服装行业规模以上企业主要经济指标完成情况

指标名称	单位	2018年	2017年	同比变化
主营业务收入	万元	171065722.00	164377979.00	4.07%
利润总额	万元	10067537.00	9082973.00	10.84%
主营业务成本	万元	145233393.00	139990340.00	3.75%
销售利润率	%	5.89	5.53	+0.36个百分点
销售毛利率	%	15.10	14.84	+0.26个百分点
产成品周转率	次/年	14.23	14.46	-1.54%
应收帐款周转率	次/年	8.54	8.13	5.16%
总资产周转率	次/年	1.37	1.36	0.20%
三费比例	%	9.46	9.38	+0.08个百分点

数据来源：国家统计局

一、高质量发展格局正在形成

随着云平台、物联网、大数据、人工智能等新技术、新理念的加速渗透，技术创新引发的模式变革和效率提升加速了服装产业格局的变化。服装产业以智能制造柔性生产线为技术支撑，以客户需求为出发点，自主创新能力和协同创新能力持续增强，供给质量不断提高，以高质量创新引领和支撑行业高质量发展，推动服装行业向品牌化、智能化、服务化方向转型。

二、智能制造驱动提质增效

2018年，我国服装行业智能制造稳步推进，智能化、数字化技术在研发设计、生产制造、物流仓储、经营管理、售后服务等关键环节实现深度应用，自动化设备在整个生产流程中的使用率已经达到80%，贯穿了缝前、缝制、缝后等服装加工生产的各个环节。服装企业智能化升级改造主要体现在生产制造端的智能化水平提升和品牌零售端的智慧门店建设两个方面，不仅能帮助企业整合供应链管理各环节，从信息数据采集到生产端、物流端全部大数据管理，从而实现供应链信息流的全贯通，而且在营销场景方面，大数据管理打通线上线下联通渠道，即时掌控和预判消费者需求和流行趋势，促进营销效果实现最大化，有助于构建高效的供应链与品牌营销网络，提升销售管理的快速化和柔性化。

三、新零售带来销售变革

随着“互联网+”快速渗透和改造传统服装行业，线上线下协同的全渠道零售逐渐成为服装行业零售模式的标配，体验至上催生新兴消费业态不断发展。基于新消费理念和新消费需求，大数据分析推动门店提升消费体验的同时，网红经济、社群化、粉丝化运营特征日益明显，凭借自身的反馈机制和互动优势，向消费群体多维度推送产品信息，建立完全基于特定人群的新消费渠道和新消费场景。新场景体验模式开启了销售模式的迭代升级，不仅仅是停留在技术变革、渠道变革、供应链变革之上，更是充分利用互联网技术变革的成果，通过各类小程序、微视频、拼团拼购、社交媒体等双向传播媒介进行社群化、社区化、用户运营和互动，进而实现“全场景、全客群、全数据、全渠道、全时段、全体验”的商业新模式。

四、海外并购加快全球化进程

2018年是服装行业海外并购较为活跃的一年。随着服装产业转型升级步伐加快，在“无界”的需求驱动和生活方式的细分裂变下，服装产业整合变革的速度、规模以及层次也在不断加快和提升，生产与市场的全球化布局，使中国制造、中国品牌在国际时尚产业中的地位持续提升。服装企业通过收购并购和海外门店拓展，获得和共享国际化的研发团队、管理团队和市场渠道，建立企业多元化的生态系统，不但有助于增强企业品牌、产品和渠道的综合竞争力，还可以构建海外营销网络，扩大国际和国内市场规模，逐渐形成企业自身的品牌发展战略和并购战略，品牌国际化形象日益饱满。

服装行业运行主要影响因素

一、国际市场温和复苏

2018年以来，全球经济温和复苏基调未变，增长动能有所放缓。国际货币基金组织在最新发布的《世界经济展望》中预测2018年全球经济增速为3.7%，美国经济增速将达到2.9%，较去年提高0.7个百分点；欧元区和日本经济增速分别为2%和1.1%，较去年均下降0.6个百分点。从服装进口贸易情况来看，欧盟、美国、日本服装进口额均实现小幅增长。据欧盟统计局、美国商务部和日本财务省公布的服装进口数据，2018年，欧盟服装进口额增长了2.18%，增幅比2017年提高0.76个百分点；美国服装进口额同比增长3.38%，增幅比2017年提高3.97个百分点；日本服装进口额同比增长6.31%，增幅比2017年提高2.59个百分点。同期，三大市场从中国进口服装增速均低于从全球进口服装增速，美国、日本从中国进口服装金额同比分别增长1.34%和0.11%，欧盟从中国进口服装金额同比下降1.72%。

二、国际市场竞争日趋激烈

近年来，中国占美国、欧盟、日本服装进口市场的份额持续下降，面临着来自越南、孟加拉国、土耳其、柬埔寨、印度等国家的多方竞争，国际贸易环境的不确定性持续增加，国际市场竞争日趋激烈。根据美国商务部、欧盟统计局和日本财务省公布的2018年服装进口数据，美国、欧盟和日本从中国进口服装的比重比2017年分别减少了0.66、1.29和3.64个百分点，比2010年分别减少了6.16、13.31和23.38个百分点，订单明显向越南、孟加拉国、柬埔寨、缅甸等国家转移，见表3。

三、消费升级驱动市场变革

（一）基本生活用品成为拉动消费增长的主要动力

随着我国经济继续保持稳定增长，消费对我国经济增长的拉动作用进一步增强。国家统计局数据显示，2018年，最终消费支出对经济增长的贡献率

表3 2018年美国、欧盟、日本主要服装进口来源国市场份额变化情况

美国				欧盟				日本			
国家及地区	2018年比重（%）	2017年比重（%）	比重变化（百分点）	国家及地区	2018年比重（%）	2017年比重（%）	比重变化（百分点）	国家及地区	2018年比重（%）	2017年比重（%）	比重变化（百分点）
中国	33.02	33.69	−0.66	中国	32.35	33.64	−1.29	中国	58.79	62.43	−3.64
越南	14.74	14.41	0.34	孟加拉国	18.26	17.60	0.66	越南	13.86	12.22	1.63
孟加拉国	6.52	6.32	0.20	土耳其	11.05	11.11	−0.05	孟加拉国	3.80	3.15	0.65
印尼	5.40	5.69	−0.29	印度	5.96	6.29	−0.34	印尼	3.67	3.50	0.17
印度	4.59	4.59	0.00	柬埔寨	4.42	4.26	0.16	柬埔寨	3.58	3.05	0.53
墨西哥	4.06	4.45	−0.39	越南	3.93	3.81	0.12	意大利	3.18	3.08	0.11
洪都拉斯	3.10	3.07	0.03	巴基斯坦	3.36	3.42	−0.06	缅甸	3.06	2.58	0.48
柬埔寨	2.91	2.68	0.23	摩洛哥	3.07	3.04	0.03	泰国	1.98	2.09	−0.11
萨尔瓦多	2.30	2.38	−0.08	突尼斯	2.32	2.29	0.03	马来西亚	1.43	1.39	0.04
斯里兰卡	2.09	2.44	−0.34	缅甸	1.92	1.29	0.63	印度	0.91	0.90	0.01

数据来源：欧盟统计局、美国商务部、日本财务省

为76.2%，比2017年提高18.6个百分点。从销售商品的类别来看，基本生活类商品保持平稳增长，消费增长拉动力由汽车等少数商品向与民生紧密相关的多数商品转变。

（二）衣着消费增速明显低于个人发展类消费增速

2018年，我国居民可支配收入和人均消费支出与经济增长基本保持同步，人均衣着消费支出明显提高，但增速低于个人发展类（医疗保健+教育娱乐+交通通信）消费支出的增速。国家统计局数据显示，2018年，我国居民人均可支配收入实际增长6.5%，人均消费支出实际增长6.2%，均快于人均GDP约为6.1%的增长水平。同期，在各类消费支出中，生活用品及服务、交通通信、教育文化娱乐、医疗保健类支出分别增长9.1%、7.1%、6.7%、16.1%，增速均高于衣着消费支出4.1%的增速。

（三）新旧业态融合发展

随着网购用户规模不断扩大，社交电商的渗透率逐步提升，网上零售等新兴市场供给方式保持快速增长，移动互联网已经成为年轻人首要的购物渠道。在新兴业态保持快速增长的同时，传统企业积极转型，部分实体零售业态继续呈现回暖态势。在大数据、人工智能和移动互联网等新技术推动以及日益完善的物流配送体系支撑下，超市、专业店等传统零售业态与电商平台深度融合，新兴业态和传统业态融合成为消费市场供给的重要途径。

（四）消费群体年轻化、个性化愈加明显

当前我国消费者的消费理念已经发生转变，消费更趋理性，消费者变得越来越年轻化、个性化、国际化，更加注重产品的品质和满足个性化需求，向往更加优质且富有创意的产品、更合理的价格以及更好的购物体验和服务，特别是年轻消费者逐步成为消费的主力，年轻人更加注重个性化和时尚化，他们更希望能与品牌建立共鸣和情感链接，通过产品来表达自己的生活方式。

2019年服装行业发展趋势展望

展望2019年，全球经济持续增长的趋势较为明晰，国内宏观经济也将继续保持平稳发展，同时各种风险因素将不断增加，国内外市场预期下行压力加大。总体来看，面对复杂有变的国内外市场环境，2019年我国服装行业运行压力将有所加大，全行业要继续深化供给侧结构性改革力度，着力提高企业综合竞争力和抗风险能力，努力实现行业平稳健康运行。

一、国际市场延续温和复苏

国际货币基金组织于2018年10月发布的《世界经济展望》将2019年全球经济增长速度预测值从此前的3.9%下调至3.7%；世界银行也将2019年全球经济增长速度从3%下调至2.9%，全球经济下行压力将持续加大，不均衡性、不确定性、不稳定性因素增加。从服装主要出口市场来看，有研究机构认为美国经济增速或将走向周期拐点，从阶段性高位回落至较为缓慢的长期增长通道，消费增长将有所放缓；欧盟经济再次回到相对疲弱的复苏旧态，对消费的支撑作用有所减弱；而日本经济增长的下行压力有所加大，消费者信心指数位于2017年以来的较低水平，不利于消费需求的持续增长。因此，国际市场需求增长将呈现趋缓态势，2019年我国服装出口明显提升的压力较大，整体将趋于稳定。

二、国内市场继续保持平稳增长

虽然受复杂多变的外部环境影响，我国宏观经济下行压力加大，但2019年国内经济仍将保持在合理区间，总体平稳、稳中有进的态势将持续发展。经济发展带动居民收入稳步增长，消费者信心指数

保持高位，人们对美好生活的新需求将会促进消费加速升级，消费体验和消费环境进一步提升，会有更多的零售新业态、新商品、新服务、新品牌进入消费品市场，加之农村振兴战略将带动农村消费品市场潜力的持续释放，以及减税降费和促进消费等相关政策的实施，均将支撑国内服装市场保持平稳增长，持续升级的内需市场仍是服装行业发展的首要驱动力。

三、时尚变革加速行业细分

在新消费群体崛起的过程中，企业无法像过去捕捉 20世纪60～80 年代消费群体的消费偏好去对 90 后、00 后消费群体标签化，这就意味着新一轮消费升级更加多变、多元、多维。个性化、细分化、差异化的生活形态导致品牌诉求无法统一，众多服装品牌会推出年轻化、风格化的副线品牌，更多小而美的小众品牌受到青睐，年轻化、高端化逐渐成为服装行业转型升级的主流趋势。

四、智能制造赋能产业升级

服装行业智能制造逐步进入数字化、网络化升级改造阶段，进一步实现互联网、云技术、物联网、智能机器人等人工智能技术在生产营销各个关键环节的应用的同时，针对服装行业智能制造相关技术和设备的应用碎片化明显的特征，行业也会进一步加大努力，加快数据在生产、销售、物流等线上线下全部环节实现互联互通，从而将企业内部人、物、数据等供应链资源集成统一，不断推进产品、服务、管理以及决策的智能化水平，构建新型企业组织结构、运营方式以及价值网络体系。

五、移动社交成为新消费引擎

全新的消费时代正在崛起，品牌所服务的对象正呈现出“部落化”与“群体化”的细分特征，移动社交正是依靠社交平台上基于场景的产品传播，重塑服装零售业的客户运营，品牌信息与服务传播的速度、广度和深度以及顾客互动程度均呈指数级增长，既可以积极地刺激用户消费需求，还可以运用社交平台的信息共享功能，增强用户的信任度和消费信心的同时不断提升购买频次和效率，使品牌与客户之间的沟通更有温度，建立起类似社交“好友”的紧密且直接的链接，更好地满足消费群体的个性化需求。

六、文化创意赋予时尚新内涵

随着消费者的文化自觉和文化自信不断增强，消费升级不仅仅体现在新消费理念和新消费群体高品质的物质需求转变，也体现在消费者对更高审美、更具中国文化主张的时尚内涵的认同和追求。2019年，服装行业企业会加大对于传统文化、多元文化、当代流行元素以及生活方式的研究，激活彰显中华优秀传统文化的品牌内涵，不断提升品牌文化价值、美学价值和市场价值，重塑品牌与新一代消费群体的心智链接，让文化创意成为品牌价值创造力的重要支撑。

（撰稿人：刘　静）

家用纺织品业

中国家用纺织品行业协会

2018年，在全球经济复苏，国际贸易形势复杂多变的总体背景下，我国国民经济运行增速保持在合理区间，社会经济发展主要预期目标较好完成。国内生产总值90.03万亿元，比2017年增长6.6%。对世界经济增长贡献率接近30%，是世界经济增长的最大贡献者。在全面建成小康社会的关键时期，家纺行业深入进行供给侧结构性改革，行业运行稳步提升，提质增效有所显现。

2018年家纺行业运行情况

2018年家纺行业总体运行保持平稳增长，行业效益良好，成本得到有效控制，行业效率总体提高。反映出家纺行业在深入贯彻实施供给侧结构性改革方面取得的初步进展，为行业持续保持高质量发展打下基础。

一、行业运行保持平稳

2018年，家纺行业总体继续保持平稳态势。行业增长速度由2015年触底回升，近几年一直保持平稳运行，最近两年增速保持在4%~5%（图1）。据国家统计局数据显示，2018年1857家规模以上家纺企业实现主营业务收入2041.58亿元，同比增长4.55%，增速保持平稳。协会跟踪统计的210家样本企业实现主营业务收入871.29亿元，同比增长1.33%。跟踪统计的15个产业集群实现主营业务收入2421.39亿元，同比增长6.05%。

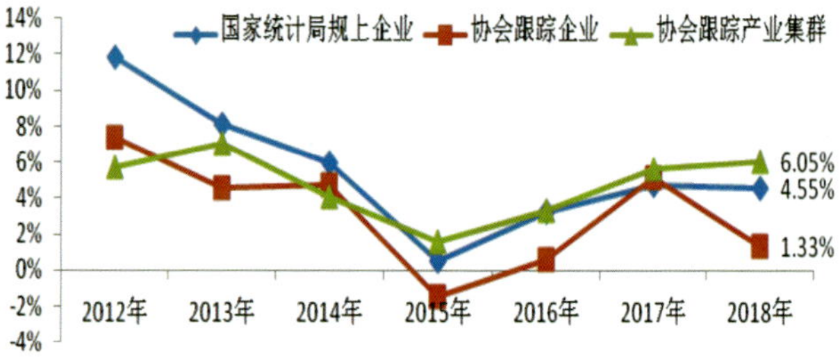

资料来源：国家统计局、中国家纺协会

图1 家纺行业历年增长趋势

三类家纺子行业中，毛巾行业扭转了负增长态势，增长幅度较大。据国家统计局数据显示（表1），2018年，全国287家规模以上毛巾企业实现主营业务

表1 2018年毛巾行业主营业务收入及增幅

项目	主营业务收入	
	金额（亿元）	同比（%）
国家统计局统计的规上企业（287家）	382.21	4.72
协会跟踪统计的企业（27家）	166.50	−13.41
协会跟踪统计的产业集群（1个）	358.26	8.80

资料来源：国家统计局、中国家纺协会

收入382.21亿元，同比增长4.72%，增速较2017年提高了6.03个百分点，扭转了负增长态势（图2）。协会跟踪的毛巾产业集群也体现这一增长态势，增速为8.8%。协会跟踪的毛巾样本企业总体有限，由于受个别大型企业数据负增长的影响，整体增速为−13.41%。

床品行业增长稳定（表2）。2018年，由国家统计局统计的全国987家规模以上床上用品企业实现主营业务收入1082.32亿元，同比增长5.21%。行业增速自2015年以来保持着稳步上升，体现床品行业稳中有进的增长态势。协会跟踪的108家床品企业全年收入增速为5.54%；跟踪的产业集群收入同比增长5.85%。

布艺实现较好增长（表3）。2018年，全国222家规模以上布艺企业实现主营业务收入227.84亿元，同比增长7.34%，增速较2017年有所回落，但仍然高于家纺行业整体增速2.79个百分点。协会跟踪的企业实现收入同比增速为4.94%；跟踪的产业集群实现收入同比增长4.12%。

单位：%

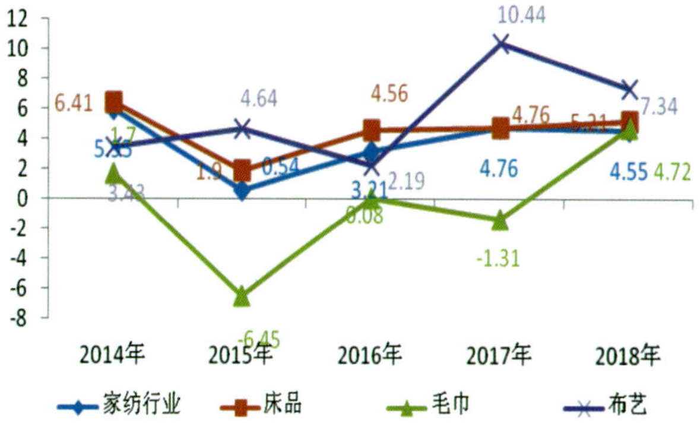

资料来源：国家统计局

图2 家纺规模以上企业最近五年主营业务收入增速

表2 2018年床品行业主营业务收入及增幅

项目	主营业务收入	
	金额(亿元)	同比(%)
国家统计局统计的规上企业(987家)	1082.32	5.21
协会跟踪统计的企业(108家)	620.65	5.54
协会跟踪统计的产业集群(4个)	1014.91	5.85

资料来源：国家统计局、中国家纺协会

表3 2018年布艺行业主营业务收入及增幅

项目	主营业务收入	
	金额(亿元)	同比(%)
国家统计局统计的规上企业(222家)	227.84	7.34
协会跟踪统计的企业(74家)	73.44	4.94
协会跟踪统计的产业集群(4个)	443.61	4.12

资料来源：国家统计局、中国家纺协会

二、出口态势良好

2018年，在国际收支平衡改善、进出口稳中向好的宏观局面下，我国家纺行业内外需保持稳定增长。

2018年，尽管国际贸易形势复杂多变，家纺行业出口贸易仍然保持了平稳增长态势。据中国海关数据显示（图3、表4），2018年我国家纺制成品进出口贸易额为314.01亿美元。其中，出口贸易额为307.80亿美元，同比增长5.93%。家纺进口贸易额为6.21亿美元，同比下降2.82%，实现贸易顺差301.59亿美元。其中，对美欧日传统市场增长稳定（表5）。2018年我国对美国出口家用纺织品共计94.94亿美元，较2017年实现较大幅度的增长，增速为10.61%；对欧盟市场2018年实现家纺出口额59.54亿美元，同比增长7.00%；对日本市场出口家纺产品29.60亿美元，同比增长4.91%（图4）。

资料来源：中国海关

图3 近几年我国家纺出口增长情况

2018年家纺进出口贸易额均为《中国海关税则》57章和63章的累计数。

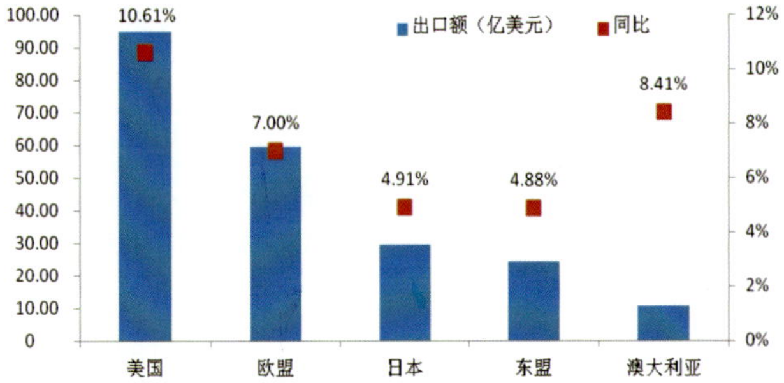

资料来源：中国海关

图4 2018年家纺主要出口市场出口额及增幅

表4 2018年家纺进出口金额及同比增长

项目	出口		进口	
	金额（万美元）	同比（%）	金额（万美元）	同比（%）
57章 地毯	297445	10.10	13661	2.80
63章 纺织制成品	2780589	5.50	48422	–4.30
合计	3078034	5.93	62084	–2.82

资料来源：中国海关

表5 2018年我国对传统及其他市场出口家纺产品情况

市场	金额（万美元）	同比增长（%）
美、欧、日传统市场	1840778	8.48
其他市场	1237256	2.34

资料来源：中国海关

对新兴家纺市场出口也呈现出增长的势头。2018年，我国对东盟国家（包括缅甸、印度尼西亚、马来西亚、菲律宾、新加坡、泰国及越南七国）共实现家纺出口额24.35亿美元，同比增长4.88%。其中，泰国、菲律宾和越南是东盟市场最主要的构成部分，分别占东盟市场的20.54%、20.11%和18.71%，出口金额分别为5.00亿美元、4.90亿美元和4.56亿美元。对越南和印度尼西亚家纺出口增长幅度最大，增幅分别为21.85%和14.04%，见表6。

地毯是美国对中国第二批2000亿美元产品加征关税中主要受影响的家用纺织产品，出口情况倍受关注。考虑到地毯出口企业及国外进口商为应对中美贸易摩擦或将带来风险的不确定性，积极抢占先机，本年内加大了该产品的出口订单，使得2018年我国地毯出口额为29.74亿美元，同比增长10.10%。

三、内销总体增长稳定

2018年行业内销整体继续保持正增长。据国家统计局数据统计，全国1857家规模以上家纺企业实现内销产值1451.07亿元，同比增长5.07%；2018协会统计的15个家纺产业集群实现内销产值1909.57亿元，同比增长6.87%；跟踪的210家样本企业内销产值略降0.49%，金额为614.46亿元，见表7。内外需的共同增长对行业稳定发展起到至关重要的作用。

各子行业的内销产值均实现增长。据国家统计局数据统计（表8），2018年，全国987家规模以上床上用品企业实现内销产值720.56亿元，同比增长4.43%；统计的287家规模以上毛巾企业2018年共实现内销产值300.23亿元，同比增长5.79%；222家规模以上布艺企业共实现内销产值141.44亿元，同比增长12.89%。

协会跟踪统计的108家床品企业共实现内销产值450.77亿元，同比增长4.23%。跟踪的27家毛巾企业共实现内销产值106.58亿元，同比下降18.47%（表9）。统计的74家布艺企业实现内销产值357.48亿元，同比增长2.83%。同时也反映出企业在结构调整过程中的阵痛。

2018年行业景气度整体呈稳步上升态势，表现良好。据中国柯桥纺织指数网数据显示（图5），2018年行业总体景气指数呈稳步提升态势，全年行

表6 2018年我国对东盟市场出口家纺产品情况

国家	金额(万美元)	同比(%)
泰国	49998	1.02
菲律宾	48959	0.49
越南	45555	21.85
马来西亚	42772	–0.22
印度尼西亚	23444	14.04
新加坡	19901	–2.01
缅甸	12826	0.24

资料来源：中国海关

表7 2018年各统计口径下家纺行业内销情况

项目	金额(亿元)	同比(%)
统计局统计的1857家规模以上家纺企业	1451.07	5.07
协会统计的210家家纺企业	614.46	-0.49
协会统计的15个产业集群	1909.57	6.87

资料来源：国家统计局、中国家纺协会

表8 2018年家纺各子行业规模以上企业内销情况

项目	金额(亿元)	同比(%)
统计局统计的987家规模以上床品企业	720.96	4.43
统计局统计的287家规模以上毛巾企业	300.23	5.79
统计局统计的222家规模以上布艺企业	141.44	12.89

资料来源：国家统计局、中国家纺协会

表9 2018年家纺各子行业规模以上企业内销情况

项目	金额(亿元)	同比(%)
协会统计的108家床品企业	450.77	4.23
协会统计的27家毛巾企业	106.58	-18.47
协会统计的74家布艺企业	47.05	3.56

资料来源：国家统计局、中国家纺协会

业总景气指数为1378.64，较2017年增长了12.31%。自2018年4月以来，家纺行业流通速度呈现快速提升，行业流通景气指数自下半年开始一直保持在1400点以上，全年流通景气指数为1463.73，较2017年增长了7.80%。进入2018年以来，家纺行业的生产情况一直保持稳步提升态势，尤其自8月份以来，增长明显。10月份生产景气指数达到全年峰值，为1452.72。2018全年生产景气指数为1293.56，同比2017年增长了17.89%。

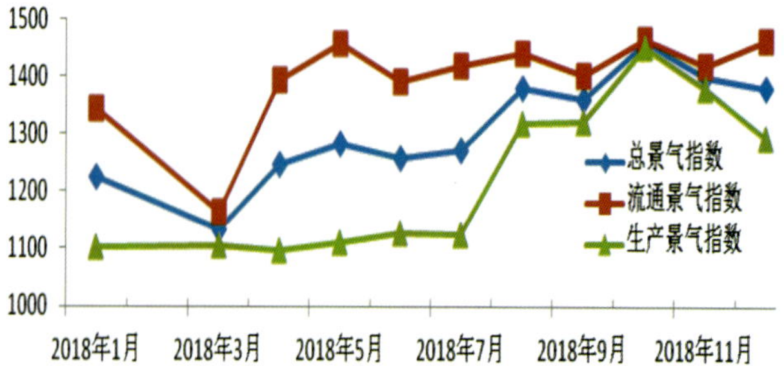

资料来源：中国柯桥纺织指数网

图5 2018年家纺行业景气指数

四、行业效益有所提升

2018年家纺行业效益增势明显，从下半年起行业的利润增速恢复至高于主营业务收入增速的水平。据国家统计局数据显示（图6、图7），1857家规模以上家纺企业2018年实现利润总额126.23亿元，同比增长20.13%；利润率为6.18%，较2017年增长0.8个百分点。协会跟踪统计的210家样本企业共实现利润总额74.31亿元，同比增长16.10%；利润率为8.53%，较2017年提高1.09个百分点。跟踪统计的15个产业集群共实现利润总额153.31亿元，同比增长3.36%；利润率为6.33%，较2017年同期略降0.08个百分点。行业效益的增长除生产运营效率提升以外，还体现在行业成本的有效控制。

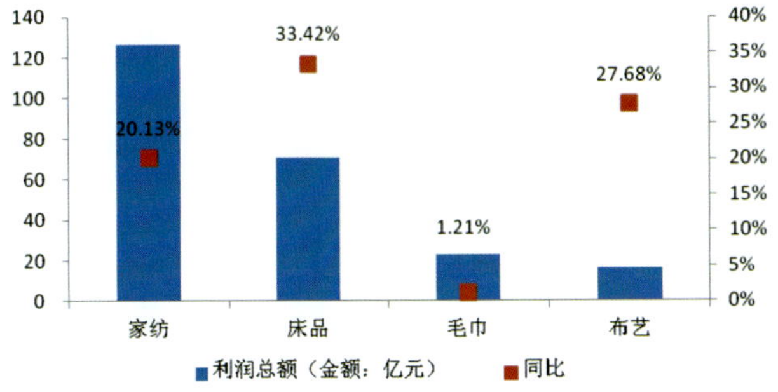

资料来源：国家统计局

图6 2018年全国规模以上家纺企业利润总额及同比增长

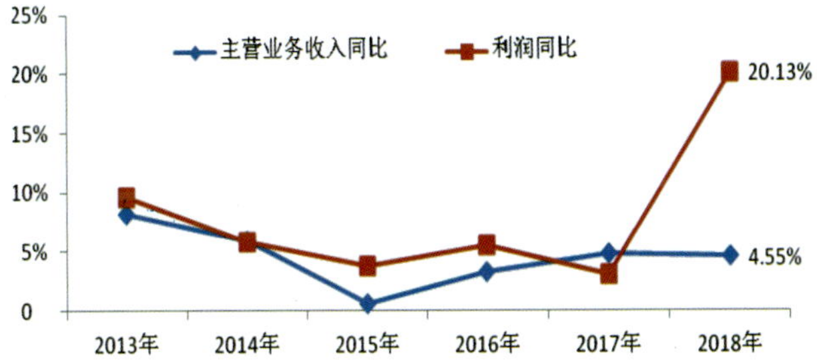

资料来源：国家统计局

图7 近几年家纺行业主营业务收入及利润总额增长趋势

2018年在供给侧结构性改革的指引下，家纺行业在成本控制及生产结构等方面也做出相应调整。2018年家纺行业主营业务成本较2017年同期的增幅逐渐降低。据国家统计局数据显示（图8），1857家规模以上家纺企业2018年共实现主营业务成本1753.06亿元，同比增长3.94%，增速低于主营业务收入增速0.61个百分点。与之相对应的是家纺行业2018年各月累计的利润总额增速逐步提升。2018年家纺行业成本费用利润率为6.27%，较2017年增长了0.87个百分点。体现出家纺行业在2018年在成本控制方面做出的努力。

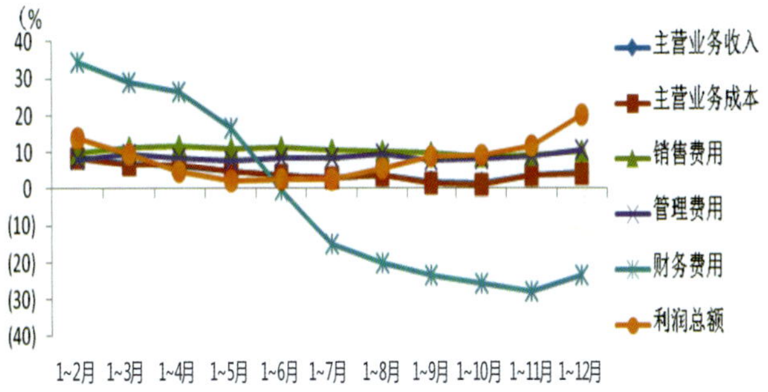

资料来源：国家统计局

图8 2018年家纺各月累计收入、成本费用及利润增长趋势

家纺行业高质量发展的特点

推动制造业高质量发展是中央经济工作会议明确的七项重点工作之首，体现着从国家重新重视实体经济，建设制造强国。作为纺织行业三大终端产业之一，家纺行业是推进高质量发展的中坚力量。2018年，家纺行业紧密围绕行业“三品”战略“增品种、提品质、创品牌”这一宗旨，从研发创新、行业标准、渠道建设等多维度促进行业转型升级，助力行业高质量发展。

一、科技创新助力转型升级

2018年，家纺行业坚持注重科学研发。高科技纺织产品、可穿戴设备、科技睡眠仓、健康云服务平台等科技创新方面的研发卓有成效。在由中国纺织工业联合会评选的“2018年度‘纺织之光’科学技术进步奖”评选活动中，有多家家纺企业获奖，且获奖质量明显提高。滨州东方地毯有限公司研发的“无乳胶机织地毯”、江阴市红柳被单厂有限公司等研发的“铜离子抗菌改性聚丙烯腈纤维研发及应用研究”、达利丝绸（浙江）有限公司等研发的“复合加工集成效果提花技术研究与产业化”、南通斯得福纺织装饰有限公司研发的“基于超支化聚合纺织品功能整理制备关键技术开发与应用”、上海龙头（集团）股份有限公司等研发的具有绿色环保、护肤保健功能的“珍珠包覆纤维护肤保健新型环保家纺服饰材料”等项目分别获奖。其中滨州东方地毯有限公司研发的“无乳胶机织地毯”荣膺一等奖。该项目是目前地毯行业在科技领域获得的首个一等奖产品类获奖项目，在成本、能耗、生产效率、产品质量等方面具有很强的竞争优势，体现出家纺行业在科技创新和研发过程中，将技术创新更多地落实到具体产品研发的新趋势。

二、“三品战略”是保障行业高质量发展的关键

“三品战略”为行业高质量发展指明方向。行业标准是保障行业高质量发展的基础。作为行业高质量发展的推动者，2018年中国家纺协会参与制定并发布了《精品棉制床品》等首批精品类高标要求的团体标准及《中国家纺行业质量（标准）发展报告》，为家纺行业“提品质”打下基础。为企业推进高质量发展指明方向。

2018年，应国家工信部要求，为贯彻落实《2018年消费品工业“三品”专项行动重点工作安排》的核心精神，推动企业加快实施“三品战略”，注重责任发展与文化传承，倡导以市场需求为导向的产品创新与创意设计，发挥创新产品的示范引领作用，树立创新产品的品质满意度和品牌信任度，中国纺织工业联合会培育和推广了“2018年度十大类纺织创新产品”。其中，宁波博洋家纺集团有限公司——“紫禁烟云”高支纯棉床品等18件家纺产品入围“2018年度十大类纺织创新产品”称号。产品涵盖了“时尚创意产品类”5件；“非遗文化创意产品类”2件；“舒适功能产品类”7件；“智能科技产品类”1件；“轻量化产品类”1件；“低碳环保产品类”2件。为家纺行业“增品种”拓展了新视野。

品牌是行业推进高质量发展的领军力量。罗莱、富安娜、梦洁、水星、博洋、堂皇、孚日、亚光、金太阳等知名家纺品牌始终坚持传承、延续工匠之心，将精品家纺推向市场，为整个家纺行业企业营造了一个积极向上、良性共赢的市场环境。除家纺终端品牌外，家纺制造品牌通过实现生产自动化、智能化提高效率、提升产品质量，以综合能力的提高来降低综合成本，从而提高市场竞争力。

三、跨界融合向服务型制造业转型

在产业转型升级的重要时期，家纺行业企业通过突破固有模式，以更快的频率进行自我革新，进行的跨界尝试。抓住契机，家纺行业企业正积极向“大家居”迈进。联动设计师及家具品牌协同作战，整合家具生产商与家纺布艺生产商配对交流，进行跨界合作，努力赢得产业升级的先机和主动权。2018年，在叠石桥家纺城举行的“2018中国·叠石桥首届家纺直播节暨阿里巴巴—极有家产业带战略合作签约”活动是家纺集群及企业跨界融合的进一步落地。渠道创新和行业跨界融合是家纺行业为实现高质量发展的必然路径，助推“大家居”模式落地，促进渠道升级。

2019年家纺行业展望

2019年，市场中充满不确定性。行业面临的“困难”主要来自于两个方面：一是企业内部，二

是外部市场环境。“不确定性”主要来自于企业对市场的掌控能力下降，无法预判市场未来的变化和发展趋势。一方面，随着消费迭代升级，消费需求越来越多样化，企业很难找准契合点。另一方面，受中美贸易摩擦等因素影响，国际市场环境变幻不定，外贸出口形势不明。面对新的一年，家纺行业一方面要持续关注国际宏观市场环境，另一方面要深化落实供给侧结构性改革，积极应对和把握不确定。

一、外部市场环境仍需关注

从外部市场环境来看，在中美贸易战局势紧张期间，家纺行业的出口情况受到了一定影响。近年来，美国、欧盟、日本3个传统市场对我国家纺产品的需求逐渐多于其他市场。2013年、2014年，我国对美国、欧盟、日本3个市场的出口额增速分别低于其他市场10.4个百分点和2.5个百分点，自2015年扭转局势。2015年、2016年和2017年出口额分别高于其他市场4.12个百分点、4.99个百分点和4.49个百分点。

从出口规模来看这一趋势更明显，2013年、2014年，我国对美国、欧盟、日本3个市场出口额占比低于其他市场2.8个百分点和4个百分点，2015年略低0.32个百分点，2016年、2017年及2018年分别高出2.3个百分点、4.48个百分点和19.6个百分点。其中，美国市场贡献明显，日本市场逐渐回升，欧盟市场平稳发展。目前中美贸易摩擦暂时熄火并延缓，但并不能保证以后结果如何。因此，2019年的国际市场环境或将变得更加复杂，后续影响仍需持续关注。

二、深化供给侧结构性改革，应对行业不确定性

深化供给侧结构改革是应对未来不确定性的有效方法。家纺协会一直引导企业要从“供应端”和“消费端”两端发力。随着消费升级，优质品牌产生的“头部效应”会愈发凸显，会逐步成长为消费主流。2019年，机遇与挑战同在。面对多变的国际经济形势，家纺协会将引领行业企业积极进行产品结构调整、市场结构调整。

表10 我国对传统及其他市场出口家纺产品情况

单位：%

	2013年	2014年	2015年	2016年	2017年
美、欧、日市场	4.30%	4.00%	−0.74%	−1.55%	4.45%
其他市场	14.70%	6.50%	−7.86%	−6.54%	−0.04%

资料来源：中国海关

表11 我国对传统及其他市场出口家纺产品份额情况

单位：%

	2013年	2014年	201	2016年	2017年	2018年
美、欧、日市场	48.60%	48.00%	49.84%	51.15%	52.24%	59.80%
其他市场	51.40%	52.00%	50.16%	48.85%	47.76%	40.20%

资料来源：中国海关

另外，金融是实体经济的血脉，行业企业的高质量发展离不开资本支持。引导引领企业深化产融结合，借助资本的力量，为行业引进人才，为产业发展提供助力，既是家纺行业未来更好地实现高质量发展的有效路径，同时也是家纺协会未来需要助推开展的工作。

三、助力行业企业在“一带一路”中寻找机遇

贸易摩擦等外部环境变化让企业更加关注今后的国际化的布局。家纺企业可以从“一带一路”沿线国家中寻找发展机遇，开辟新的经济发展空间。“一带一路”沿线国家，具有贸易优惠政策、劳动成本低、能源成本低等优势，还包括部分欧盟市场和东盟市场，蕴藏着巨大的市场空间。

高质量发展是一个长期艰苦且曲折的系统工程和历史性任务。2019年，面对多变的国际经济形势，机遇与挑战同在。家纺协会将引领企业积极进行产品结构调整、市场结构调整，继续助力家纺行业供给侧结构性改革，推动家纺行业实现高质量发展，努力实现家纺行业向服务型制造业的转型。

（撰稿人：王　冉）

产业用纺织品业

中国产业用纺织品行业协会

2018年产业用纺织品行业经济运行情况

2018年，世界经济的增速放缓，保护主义抬头，各类风险持续集聚；中国经济总体平稳，稳中有进，结构调整和转型升级持续推进，但下行的压力依然较大。我国产业用纺织品行业继续以科技创新为核心，克服了原材料价格波动带来的成本上升、产能增加带来的市场竞争加剧、中美贸易摩擦带来的国际市场的不确定性等种种不利因素，全年继续保持了较快的增长，行业运行质效处于健康稳定的区间。

根据国家统计局数据（图1），2018年我国产业用纺织品行业规模以上企业的工业增加值同比增长8.6%，比2017年增加4.6个百分点，工业增加值增速的回升表明行业整体的效益明显好转。根据中国产业用纺织品行业协会调研，行业企业2018年的景气指数75.4，与全年相比有所降低，但仍然处于比较高的景气区间。

单位：%

资料来源：国家统计局

图1 产业用纺织品行业工业增加值增速

一、生产平稳增长

“十二五”时期以来，我国产业用纺织品行业的生产保持了高速增长，纤维加工总量由2011年的910万吨增长到2017年的1508万吨，年均增长7.5%，成为全球最大的产业用纺织品生产国、贸易国和消费国（表1）。我国产业用纺织品的快速增长，主要得益于我国的高铁、高速公路和水利等基础设施建设，逐步趋严的环境保护政策，人民生活水平提高和医疗卫生水平的改善。2018年，我国产业用纺织品行业面临着更为复杂的发展环境，生产增速与2017年基本持平，同比增长4.2%，全年纤维加工总量为1571.63万吨。医疗卫生、过滤与分离、土工与建筑用纺织和结构增强用纺织品的生产继续保持了较高的速度增长。

2018年我国非织造布的产量593万吨，同比增长5.1%，纺粘、针刺和水刺非织造布依然是我国占比最大的产品形态，面向卫生、防水、过滤等领域的非织造布产量保持了10%以上的增速。

二、经济效益良好

根据国家统计局数据，2018年，产业用纺织品行业规模以上企业的主营业务收入和利润总额分别达到2419.93亿元和130.4亿元，分别同比增长6.75%和5.52%。行业的平均利润率5.39%，同比降低0.06个百分点；行业的亏损面11.84%，亏损企业亏损额7.02亿元，同比增加33.84%。根据协会对200家会员企业的统计，样本企业的主营业务收入和利润总额分别增长9%和16.02%，利润率6.85%，高于全行业的平均水平。

表1 2018年中国产业用纺织品行业纤维加工量

类别	纤维加工量（万吨）	同比（%）
医疗与卫生用纺织品	167.37	7.6
过滤与分离用纺织品	140.69	7.5
土工用纺织品	106.24	6.7
建筑用纺织品	78.85	5.1
交通工具用纺织品	77.13	-2.0
安全与防护用纺织品	40.48	4.6
结构增强用纺织品	131.50	5.4
农业用纺织品	81.66	2.7
包装用纺织品	106.52	2.5
文体与休闲用纺织品	41.76	2.3
篷帆类纺织品	257.79	3.2
合成革用纺织品	116.75	3.2
隔离与绝缘用纺织品	47.32	2.9
线绳（缆）带类纺织品	79.39	3.7
工业用毡毯（呢）类纺织品	48.82	2.3
其它	49.38	3.4
合计	1571.63	4.2

资料来源：中国产业用纺织品行业协会

2018年，随着国家各项降低企业负担的措施落实，企业的税费有所降低，但是主要化纤原材料价格的波动给企业的成本带来较大的压力。从协会调研的情况看，原材料的价格指数达到86.2，超过75%的企业表示原材料价格有不同程度的上涨；而企业的税费指数只有57，是近六年来的最低值。根据中国纺织经济信息网和中国化纤信息网的数据，2018年，涤纶短纤、锦纶、丙纶等产业用纺织品主要原材料的价格相比2017年均处于相对高位，其中涤纶短纤的价格自从2017年5月以来就一直震荡上行，目前仍维持在一个较高的价格区间内，丙纶纤维前三季度价格波动的幅度也超过了10%；黏胶纤维的价格也处于年初以来的高点。原材料成本在企业的总成本中的占比超过七成，因此，原材料价格的波动使得行业规模以上企业的毛利润率降低了0.2个百分点。其次，行业产能的增长和技术进步，带来了各个领域内竞争加剧和经营分化，具有核心竞争力的企业基本能够确保盈利水平，而规模较小、产品老化的企业则处于亏损甚至停产状态。

2018年行业利润增速恢复小幅增长，主要原因是过滤、土工、安防、车用纺织品所在的其他产业用纺织品的发展势头强劲，利润总额增长34.17%，利润率6.31%，提高1个百分点。2018年我国规模以上非织造布企业的主营业务收入和利润总额分别达到1069.93亿元和58.17亿元，分别同比增长5.02%和0.9%，利润率5.44%，同比下降0.22个百分点；亏损面由2017年的8.28%扩大至11.25%，亏损企业亏损额的增幅也超过50%。

绳索缆的主营业务收入与2017年基本持平，利润率下降了0.75个百分点，但行业的亏损企业亏损额也下降了8.32%。纺织带和帘子布主营业务收入增长11.16%，利润下降了3.32%，利润率下降了0.66个百分点。篷帆布行业的主营业收入增长了2.18%，利润下降了4.97%，利润率也下降了0.35个百分点。

三、投资保持活跃

企业对行业的发展持比较乐观的态度，重点企业继续加大投资，投资的重点主要集中在引进先进装备增加产能，以及对既有设备进行智能化升级改造、节能改造等，提高质量降低成本。非织造布行业的投资继续保持非常旺盛的状态，尤其在纺粘、水刺和针刺非织造布领域投资尤为活跃。

根据不完全统计，2018年我国新增纺粘非织造布生产线65条，水刺生产线52条，针刺生产线193条。投资的增长反映了企业对行业的发展充满信心，但是产能的快速增长也使得行业竞争尤为激烈，对小企业的挤出效应非常明显。企业做投资决策时要充分调研，全面了解投资产品的市场和技术状况，避免低水平的重复投资。

四、出口持续回暖

由于中美贸易摩擦，大部分产业用纺织品都在美国的第二轮加税范围内，给行业的对美出口带来了较大的压力。根据中国海关数据，2018年我国出口各类产业用纺织品232.2亿美元（由于中国海关数据变化，2018年产业用纺织品行业的出口统计口径发生了变化，为便于比较，本报告对2017年的出口数据依据2018年的统计口径进行了调整），同比增长7.92%，增速比2017年增加近2个百分点，出口数量和出口价格的上升共同推动了出口额的增长，行业出口回暖的情况得到进一步巩固。

（一）主要产品情况

2018年产业用纺织品行业的主要产品的出口基本呈现了较高的增速（表2）。产业用涂层织物是行业最大的出口产品，出口额增长12.51%，毡布、帐篷等传统产品的出口额增长10.74%，帘子布的出口额则大幅增长12.93%。非织造布及相关制品的出口额也保持了较高的增长速度，卷材出口29.54亿美元，同比增长13.11%；一次性卫生用品出口17.8亿美元，同比增长11.88%；非织造防护服出口9.27亿美元，同比增长7.42%，我国的非织造布及制品依然在全球保持了较强的竞争力。

行业内也有部分产品的出口出现下降。线绳（缆）带纺织品的出口额同比降低了5.75%，安全气囊的出口额降低2.32%，合成革及基布的出口额降低1.99%。

（二）主要出口市场

由于出口数据不完整，我们仅分析非织造布的主要出口市场的情况。欧盟、日本、韩国、美国和越南是我国非织造布的主要出口市场，2018年除日本市场外，其余地区都有较大幅度的增长（表3）。

2018年欧盟自中国进口非织造布3.79亿美元，大幅增长15.94%，呈现了近几年来最强的增长。中美贸易摩擦后美国对来自中国的非织造布卷材加税10%，对部分企业的对美出口产生了一定的负面影响，但是全年的对美出口增长了14.53%；2018年由于美国经济的增长，美国市场对非织造布的需求旺

表2 2018年产业用行业主要产品出口情况

产　品	出口金额(美元)	同比(%)
产业用涂层织物	3774168580	12.51
非织造布	2954179647	13.11
毡布、帐篷	2666651163	10.74
合成革、革基布	2072638734	−1.99
包装用纺织品	1863360088	7.34
一次性卫生用品	1797976099	11.88
线绳（缆）带纺织品	1490294340	−5.75
医用敷料	992484985	5.37
非织造防护服	926549256	7.42
安全气囊	814563640	−2.32
帘子布	779469008	12.93

资料来源：中国海关

表3 2018年我国非织造布主要出口市场情况

国家及地区	出口金额(美元)	同比(%)
欧盟	379288945	15.94
日本	353928372	−3.20
韩国	286109554	12.58
美国	280237606	14.53
越南	219234602	9.66

资料来源：中国海关

盛，全年进口额大幅增长17.62%，中国产品在美国的市场份额为23%，增长了1个百分点，因此，美国对中国非织造布产品加征10%的关税在2018年对中国对美出口没有产生影响，其实际影响还需要长期观察。

近年来，越南对非织造布的需求也保持了比较旺盛的增长，2018年中国对越南出口2.19亿美元，同比增长9.66%。

2018年产业用行业重点领域发展情况

一、医疗卫生用纺织品

医疗卫生用纺织品是产业用纺织品行业内应用较为广泛的一类产品。从一次性卫生用品看，妇女卫生巾市场已经比较成熟，渗透率高，每年保持自然增长，增速在5%左右；产品品质继续向高档化发展，市场内的竞争者相对比较少，国内品牌占有一定的优势，行业集中度比较高。

婴儿尿裤依然是高速增长的市场，增速在12%左右，行业在面层材料、吸收芯体、产品设计等方面不断创新，中国市场已经能够引领全球尿裤产业的创新与发展；但是婴儿尿裤市场也是一个竞争非常激烈的领域，国内品牌众多是近年来国产品牌在功能性产品和高端品牌发展方面也取得了一定的进展，但占主导地位的还是外资品牌企业。

而成人失禁用品依然还处于市场培育期，潜力非常大，年增长超过20%，但是要取得突破还需要经济发展水平、消费习惯和国家相关政策共同发力，将会是一个比较长期的过程；同时国内失禁用品的发展也需要更加规范的市场和监管，确保产品的质量和消费安全。擦拭产品（干巾和湿巾）是另一个高速增长的市场，增速超过10%，特别是随着经济条件改善和生活节奏加快，一次性擦拭产品的应用范围和使用人群会不断扩大；国内全棉水刺非织造布的发展促进了全棉柔巾这样一个面向高端应用的细分市场的发展。

2018年，面向卫生材料的水刺非织造布和纺粘非织造布的投资、生产继续保持了两位数的增长。我国的卫生材料还积极开拓海外市场，2018年尿裤和卫生巾的出口额达到17.98亿美元，同比增长11.88%，其中成人失禁用品出口达到2.87亿美元。面向医疗卫生领域的创新也非常活跃，4.2m SSMMS高速纺熔生产线、3.5米高速水刺非织造布生产线陆续投入使用，双组分超细纤维非织造布、生物质石墨烯非织造布在卫生材料中也开始应用，有效地提高了产品的性能。

医用纺织品产业的发展则相对比较平稳，产业的集中度也比较高，行业骨干企业的出口比重比较大。2018年我国出口一次性非织造布制防护服9.27亿美元，同比增长7.42%，出口纱布、绷带等医用敷料9.92亿美元，同比增长5.37%。

二、土工与建筑用纺织品

土工与建筑用纺织品的市场和国家的基础设施建设密切相关，2018年，我国在铁路、公路、机场和港口等基础设施领域内的固定资产继续保持了较高的规模和增速，为土工用纺织品的发展提供了巨大的市场。土工行业还积极开拓环境工程市场，在垃圾填埋、尾矿处理、石油勘探、工业防渗和生态护坡等领域都取得较好的业绩，适应环保的多种产品已成为土工材料行业新的增长点。

2018年行业骨干企业开发的聚丙烯长丝非织造布性能优越，打破了跨国公司在此领域上的垄断，产品在国家重点工程中得到了应用。整体看，土工用纺织品行业的需求比较充足，企业的订单情况比较好。根据协会对骨干企业的调研和测算，2018年行业的主营业务收入和利润总额同比分别增长11.6%和8.47%。

尽管行业整体的发展形势比较好，但是受国家环保政策的影响，行业内的小企业的生产受到一定的影响。原材料价格上涨和工程领域账期较长也给企业的经营带来一定的风险。

三、交通工具用纺织品

交通工具用纺织品是产业用纺织品内比较重要的一个领域。第一，纺织材料相比于传统材料，重量，隔音隔热性能、舒适性能和环保性能等方面均具有很强的优势，替代传统材料的趋势明显。第二，新的纺织材料在交通工具中的应用范围在扩大，如超纤材料正在更广泛地应用于汽车座椅、门板等部位，高性能纤维复合材料在新能源汽车中逐步应用，随着技术成熟和成本降低，纤维复合材料在汽车中的应用会更加广泛。除汽车外，纺织材料在高铁和飞机中的应用范围也在扩大，不仅包括传统的座椅面料，还有一些新型的蜂窝材料、门板材料、过滤材料等。第三，汽车用纺织品行业的技术门槛比较高，进入周期比较长，因此，企业能够与汽车厂家形成比较稳定的合作关系，行业内大企业多，集中度比较高。

2018年，我国汽车行业结束了多年来连续增长的局面，产销量双双下降，企业行业对纺织品的需求也出现下降，车用纺织品的产量也随之出现一定程度的降低。但是行业内骨干企业通过创新的产品开发和设计，不断降低成本，使得企业的盈利能力继续保持在比较高的水平。

四、过滤与分离用纺织品

2018年国家继续加大大气环境整治的力度，我国的空气质量得到了明显的好转，过滤与分离用纺织品企业发挥了重要作用，行业迎来了难得的发展机遇。

袋式除尘具有可高效净化细颗粒物、处理风量范围广、粉尘性质影响小等特点，袋式除尘器已成为当前主流除尘设备，工业应用十分广泛，应用比例逐年攀升。现实表明，袋式除尘器已日渐成为颗粒物高效净化的主流设备，袋式除尘已成为我国当前实现超低排放和提标改造的主力军。根据协会调研，2018年行业骨干企业的主营业务收入和利润总额分别增长13.7%和11.5%，利润率在10%左右。

过滤与分离用纺织品是一种工业消耗品，国家环保要求将会维持目前比较高的标准，预计行业将继续保持高速增长。我国在此领域已经建立了从高性能纤维到工程服务的完整产业链条，具有很强的竞争力，但是市场竞争不规范，特别是大量的应收账款对产业链上的企业造成了不良的影响。

五、安全防护用纺织品

我国安全防护用纺织品的市场非常大，消防、石油石化、煤炭、钢铁冶金等一线工人都需要高质量的产品来保障职业安全。随着以人为本理念的深入和相关安全生产法规的完善，国家应急产业的发展和军民融合战略的推进，安防领域的发展受到了越来越多的关注，但是相较于医疗卫生用纺织品、过滤与分离用纺织品等快速发展的领域，该领域的发展速度较慢。一方面，与行业本身的技术和产品有关。我国在各种阻燃、防割、抗静电的特种纤维及面料开发方面已经取得了很大的突破，但是受制于标准、检测和认证，该领域的高端市场，如一些特殊工况防护产品还需要采购跨国公司的产品。相比于杜邦、3M和霍尼韦尔等行业内的巨头，我国企业的规模小、创新能力弱，在基础研发、产品开发方面的差距较大。另一方面，安全防护领域的标准比较滞后，低价中标的采购政策，也在一定程度上限制了新产品和新技术的应用，不能给劳动者有效保护。

根据协会调研，2018年骨干企业的主营业务收入和利润总额分别增长5.42%和7.56%。

2019年行业发展预测

2019年，我国产业用纺织品行业面临着更为复杂的环境，行业高质量发展的挑战较大。我国宏观经济的下行压力加大，产业用纺织品的国内需求面临着更大的不确定性；贸易保护主义抬头，全球主要国家纷纷下调了增长预期，中美贸易摩擦对行业的影响也将会逐步显现；原材料价格的波动，投资的过快增长带来的行业竞争加剧，挤压了企业的盈利空间。

但是推动产业用纺织品行业连续增长的积极因素基本没有改变。我国依然是全球最大、最具活力的内需市场，基础设施建设、消费升级、城镇化的发展和军民融合发展释放的市场需求非常巨大。国家坚定支持实体经济发展的政策举措落实，企业的经营环境将会得到进一步优化。“一带一路”沿线国家和地区对一次性卫生材料、非织造布、涂层织物、土工材料和过滤材料等我国具有较强优势的产品需求旺盛。

我国产业用纺织品行业在全球具有较强的竞争

力，不仅在规模上全球最大，在专业人才培养、专用装备和原材料保障等方面也取得了巨大的进步，具有全产业链的竞争优势。我国产业用纺织品行业在科技创新、新产品开发、精细化管理和产品质量方面与发达国家的差距逐步缩小，在智能制造和绿色制造方面也取得不少成果，骨干企业的实力得到壮大。因此，2019年行业的生产和销售将会保持5%～8%的增长，盈利能力保持基本稳定；行业的固定资产投资，特别是扩充产能的投资将会趋谨慎，但是在智能化改造、绿色生产方面的投资将会继续保持较快增长；出口增长预计在5%左右。

（撰稿人：张传雄 季建兵 白 晓）

纺织机械制造业

中国纺织机械协会

2018年，我国纺机行业深入推进产业升级，在新型高效、低能耗、柔性化、自动化、数字化、智能化等多方面取得了不同程度的进展，技术创新和结构调整支撑了行业的稳定增长，总体运行质效良好，但运行增速呈趋缓态势。

2018年纺织机械行业经济运行情况

一、行业规模

2018年，纺机行业实现主营业务收入911.69亿元，与2017年相比增长8.82%，增速较2017年下降0.82个百分点，增速有所回落；资产总额为1017.96亿元，与2017年相比增长6.55%，增速比2017年减少3.93个百分点。纺织行业主营业务收入及资产总额增速情况如图1所示。

单位：%

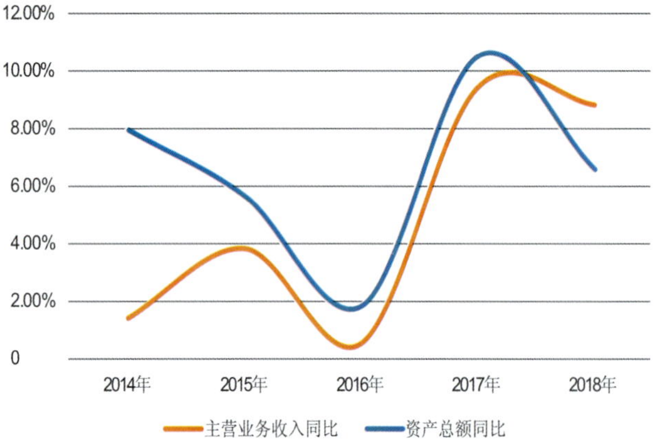

资料来源：国家统计局

图1 纺机行业主营业务收入及资产总额增速情况

二、盈利情况

2018年纺机行业实现利润总额68.33亿元，与2017年相比增长5.12%；亏损企业亏损额为3.38亿元，与2017年相比增长20.14%；亏损面为13.37%。2018年纺机行业主营业务收入利润率7.50%，比2017年下降0.22个百分点。随着纺机行业的结构调整和产品技术水平提高，以及下游纺织行业的景气度和纺织品内外销市场的稳定，同时控制成本费用的增长幅度，行业利润水平有所改善。

三、成本费用结构

2018年，纺机行业成本费用总额为848.93亿元，与2017年相比增长8.65%，其中：主营业务成本751.31亿元，占成本费用总额的比重为88.5%；营业费用为30.46亿元，占成本费用总额的比重为3.59%；管理费用为60.09亿元，占成本费用总额的比重为7.08%；财务费用为7.08亿元，占成本费用总额的比重为0.83%。三费比例略有下降。2018年纺机行业各项费用占总费用的比重见图2。

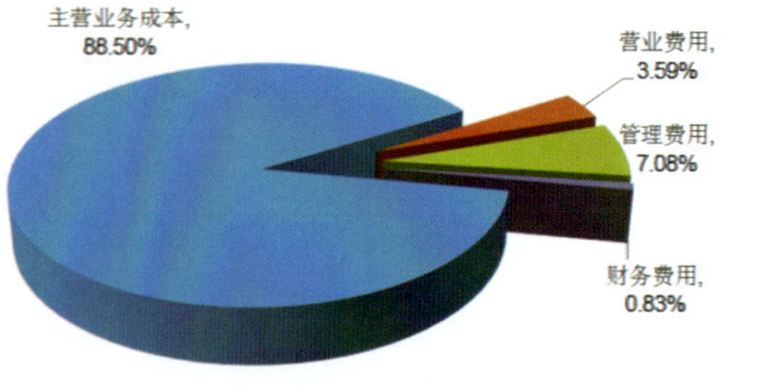

资料来源：国家统计局

图2 2018年纺机行业各项费用占总费用的比

四、进出口额同比增长

据中国海关统计，2018年我国纺织机械进出口累计总额为73.87亿美元，与2017年相比增长6.78%。其中：纺织机械进口37.21亿美元，与2017年相比增长6.36%；出口36.66亿美元，与2017年相比增长7.2%。出口增速大于进口增速。图3反映了我国纺机行业进出口情况。

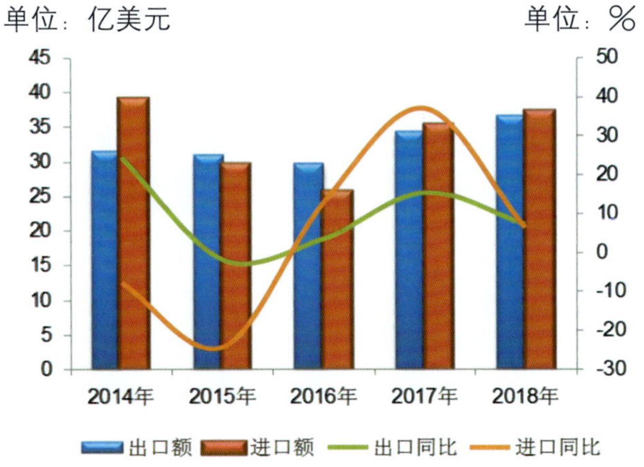

资料来源：中国海关

图3 纺机行业进出口情况

（一）出口情况

国外市场方面，随着纺织工业产业转移的加快，东南亚、南亚、非洲等国外市场需求增长，纺机行业出口额达历史新高，国内纺机产品的创新和质量提高大大提升了纺机行业的国际竞争力。

对印度、越南、孟加拉国、印度尼西亚和土耳其地区的出口额占全部出口额的51.40%，是我国纺织机械出口的主要国家和地区，其中金额增幅最为明显的贸易伙伴为土耳其和越南。出口到土耳其总额1.76亿美元，与2017年相比增长62.54%，出口到土耳其的纺机产品中，化纤机械与非织造布机械出口额2018年涨幅最大。出口到越南总额5.60亿美元，与2017年相比增长47.08%。在对越南出口的所有类别产品中，纺纱机械占比最高，化纤机械、纺纱机械2018年出口额均有较大涨幅。2018年纺织机械出口国家及地区情况见表1。

出口产品中，针织机械出口额为9.56亿美元，与2017年相比减少8.24%，占比26.08%，位居第一，其后依次为印染后整理机械、辅助装置及零配件、纺纱机械、织造机械、化纤机械和非织造布机械，七大类产品除针织机械外均有所增长，化纤机械增长明显。2018年纺织机械产品类别出口情况见表2。

（二）进口情况

2018年，纺织机械进口的主要国家和地区以日

表1 2018年纺织机械出口国家及地区情况

国家或地区	累计金额（美元）	占比（%）	金额同比（%）
合计	3666249830	100.00	7.20
印度	618486728	16.87	−8.70
越南	560315103	15.28	47.08
孟加拉国	339773788	9.27	5.53
印度尼西亚	189348111	5.16	4.65
土耳其	176397872	4.81	62.54
其他国家和地区	1781928228	48.60	1.81

资料来源：中国海关

本、德国、意大利、中国台湾和比利时为主，进口前五位的贸易额为30.38亿美元，与2017年相比增长7.35%，占进口总额的81.63%。2018年纺织机械进口国家及地区的情况见表3。

纺织机械进口的产品中，辅助装置及零配件进口排在第一位，进口总额为8.99亿美元，与2017年相比增长7.73%，占进口总额的24.15%；七大类产品三升四降；化纤机械和织造机械的涨幅较大，2018年纺织机械产品按产品类别进口情况见表4。

五、纺机各细分行业情况

纺织行业的发展状况直接影响纺机行业的市场状况，2018年以来，随着纺织各行业需求分化，纺机各细分行业的市场销售情况也各有不同。纺织机械产品整体水平有了显著提升，产品结构进一步调整。

纺纱机械一方面更加关注细分市场，另一方面更加注重解决纺企用工及产品质量提升等方面。2018年纺纱机械行业整体运行比较平稳。用户对短

表2 2018年纺织机械产品类别出口情况

产品类别	累计金额(美元)	占比(%)	金额同比(%)
合计	3666249830	100.00	7.20
针织机械	956152734	26.08	−8.24
印染后整理机械	692831592	18.90	4.20
辅助装置及零配件	675065395	18.41	8.80
纺纱机械	529936890	14.45	27.24
织造机械	384437030	10.49	6.46
化纤机械	261551431	7.13	36.40
非织造布机械	166274758	4.54	34.82

注 印染后整理机械不含8443品目，非织造布机械不含8445119001品目（下同）。

资料来源：中国海关

表3 2018年纺织机械进口国家及地区情况

国家及地区	累计金额(美元)	占比(%)	金额同比(%)
合计	3721051946	100.00	6.36
日本	1175011322	31.58	10.50
德国	1156363835	31.08	10.26
意大利	390458152	10.49	1.21
中国台湾	158847165	4.27	0.11
比利时	156958344	4.22	−9.33
其他国家和地区	683413128	18.37	2.19

资料来源：中国海关

表4 2018年纺织机械进口产品类别情况

产品类别	累计金额（美元）	占比（%）	金额同比（%）
合计	3721051946	100.00	6.36
辅助装置及零配件	898570304	24.15	7.73
化纤机械	757983845	20.37	89.25
纺纱机械	668925079	17.98	-13.52
织造机械	546431768	14.68	18.81
印染后整理机械	437767976	11.76	-0.98
针织机械	312451543	8.40	-36.05
非织造布机械	98921431	2.66	-0.68

资料来源：中国海关

流程设备依旧保持热度，随着短流程设备纺纱品种、支数的不断扩大，部分替代环锭纺的趋势更加明显。

织造准备机械品种适应性进一步得到提升；国产机型向高速机靠拢，注重节气、节能降耗。2018年随着产业转移、升级进程加快和化纤长丝织物需求持续增长的影响，喷水织机、喷气织机市场销售量大幅增长。高速剑杆织机需求由于受到环保政策、中美贸易摩擦造成订单预期减少等因素的制约，市场销售趋缓。

针织机械呈现多元化发展，圆纬机、横机、经编机在各自领域发展的同时相互借鉴，设备技术水平的提高使服用、家用与产业用纺织等跨界、创新产品不断涌现。横机、圆纬机、经编机市场整体运行平稳。

新型印染设备继续加强节能减排、清洁生产和数字化技术应用。2018年印染及后整理设备市场经营情况良好，传统印花机市场基本保持稳定；数码+圆网或数码+平网组合式印花机兼具传统和数码印花机的特点，市场销售情况良好；定形机市场持续了近几年的增长态势。

化纤机械企业在集成化、网络化、信息化、智能化和节能降耗等方面进行了深入研究，可以为化纤生产企业提供更加完整的化纤生产系统解决方案。2018年化纤机械生产总体保持良好势头，各主要设备的产销量与2017年相比均有明显增加。

非织造布机械企业明显提高了对制造精度及加工自动控制的意识，在非织造工艺、材料应用与机械制造等领域上的有所创新，进一步缩小了与国外的差距。但是由于多种因素影响，在经历了前几年的高增长后2018年呈现增速回落的态势。

纺织机械行业发展面临的主要问题

纺织行业由高速快速增长进入结构深度调整，更加追求高质量发展的中高速发展时期，我国纺织机械行业也从以往高速规模扩张转向创新驱动发展。这些年，纺织机械装备加工制造以及产品整体水平有了显著提升，产品结构变化明显，但在创新发展、行业自律、提高国际竞争力方面仍需不断改善和提升。

一、行业整体创新能力有待进一步提高

我国纺织机械行业自主创新能力已经有了大幅

度提高，但与发达国家的纺织机械先进水平仍存在较大差距，有些突破也是点的突破，没有形成系统性的整体突破。部分企业在研发资金投入、人才激励机制、知识产权保护以及产学研用合作机制建立等诸多方面还存在较大差距。

二、行业自律仍需加强

当前产品同质化和恶性竞争、侵犯知识产权等一直是困扰行业健康发展的顽疾，需要行业企业提高认识、有序竞争。

三、国际开拓能力有待增强

随着纺织产业不断向外转移，我国纺织机械企业不可避免地要越来越多参与国际竞争，企业国际化能力不仅是语言能力，而是完整的综合能力。国内纺机行业在这方面有待进一步加强。

2019年纺织机械行业发展展望

展望2019年，虽然面临国际环境深刻变化，我国经济运行稳中有变、变中有忧，下行压力加大，但我国发展仍处于重要战略机遇期，经济发展长期向好的基本面没有变。制造业增值税税率下调、优化民营经济发展环境、降低企业社保缴费负担等一系列政策将对我国纺机企业形成实质性利好。尽管纺织服装外需市场面临不确定性因素增加，但我国总体平稳的宏观经济环境与持续升级的内需市场仍将为纺织服装行业创新发展提供基本动力。纺机国内市场将聚焦于国内纺织产业转移带来的新产能以及现有产能的升级改造，与此同时，随着全球纺织产业转移的加快以及纺机企业积极拓展海外市场的影响，纺机行业的出口有望保持增长态势。

总体来看，2019年我国纺机行业将面临更多挑战，纺机行业结构调整、产业升级的步伐将继续加快，行业整体运行仍将趋缓并进入调整新阶段。纺机企业要适应纺织行业转型升级的需求、积极调整产品结构、稳健经营应对市场波动，继续从智能化、提效降本、绿色环保等方面入手，推动纺织装备技术创新，推动行业实现高质量发展。

（撰稿人：孙少波）

纺织科学研究
TEXTILE SCIENCE RESEARCH
科学改变产业命运
纺织科学研究
TEXTILE SCIENCE RESEARCH
第四季度纺织原料市场预测
▶ P22
世界级产业集群的实现
▶ P64
三问纤维新材料
▶ P84
莱赛尔纤维专利技术研究
不仅仅是一本杂志
科技服务的提供者
精品内容的生产者
媒体资源的整合者
平台资源的构建者
中国纺织科学研究院有限公司
China Textile Academy

CNTAC

2018/2019 中国纺织工业发展报告

2018/2019 CHINA TEXTILE INDUSTRY DEVELOPMENT REPORT

改革开放40年

深化改革开放，构筑纺织强国

中国纺织工业联合会会长　孙瑞哲

自党的十一届三中全会做出以经济建设为中心、实行改革开放的历史性决策以来，改革开放这场中国的第二次革命，深刻地改变了中国人民、中华民族的前途命运，改变了全球发展格局和世界历史走向。在40年改革开放进程中，中国纺织工业，作为国民经济的重要组成部分，不断解放思想、开拓创新，取得了举世瞩目的成就。以十九大召开为标志，中国特色社会主义开启了新篇章，进入了新时代。在新的历史方位，中国纺织工业迫切需要回答在改革开放新时期如何顺应时代要求、实现高质量发展。历史中有属于未来的东西。要解决好时代课题，需要我们从持续40年的行业改革实践中汲取智慧与力量。

改革开放40年，风雷激荡，波澜壮阔

作为对外开放的排头兵、经济体制改革的先行者、国家工业化进程的母亲行业，纺织工业在改革开放的伟大历史进程中，取得了全方位、开创性的发展，发生了深层次、根本性的变化，做出了多维度、历史性的贡献。

这40年，纺织行业一直保持平稳健康发展，支柱产业地位始终没有动摇。1978年，纺织工业实现工业总产值（不变价）473.2亿元（全口径）；2017年，规模以上纺织企业主营业务收入达到68935.65亿元（规模以上企业），占全国规模以上工业的5.9%，不考虑统计口径等变化带来的影响，约为1978年的140倍。纺织品服装出口2745.1亿美元，是1978年的127.4倍，占全国出口总额比重12.13%，全行业净创汇2419亿美元，占全国的57.3%。产业用纺织品发展迅猛，应用领域不断丰富，行业新增长极的作用日渐凸显。全国百强县域经济中大部分是以纺织为主业发展起来的。

这40年，纺织行业一直致力于服务改善民生，民生产业地位更加突出。1978年，中国人均纤维消费量仅有2.9千克，是世界平均水平的38%；2017年为22.06千克，达到世界中等以上水平。2017年行业规模以上企业服装产量287.81亿件，如果按占全国比重55%估计，相当于为世界人口（按76亿计算）每人提供6.89件衣服。行业创造了大量就业岗位，是农村转移劳动力的重要入口。全行业就业人口超过2000万。信息化、服务化、创意化的深度推进，使得产业生态对劳动力的吸纳能力日渐增强。

这40年，纺织行业一直坚持开放包容发展，国际竞争优势产业的地位日渐巩固。2017年中国纤维加工量为5430万吨（不含玻璃纤维），是1978年276万吨的近20倍，占世界纤维加工总量比重一半以上。面料总体自给率超过95%，服装出口一般贸易比重从1996年35.7%提高到2017年89.3%。中国纺织工业已成为支撑世界纺织工业体系平稳运行的核心力量和推进全球经济文化合作治理的重要产业平台。

改革开放40年，沧海横流，人间正道

40年的发展为中国纺织强国建设奠定了坚实基础，也积累了丰富经验，可以总结为三个变化。

一、以开放增空间，从国内市场到国际市场的延展

20世纪80年代，行业紧紧抓住全球产业转移和

对外开放的历史机遇，“三来一补”外向型经济迅猛发展。2001年加入WTO，中国纺织工业进入全球化发展的“快车道”，行业所有制结构、发展模式、装备技术获得重大突破。十八大以来，以“一带一路”等合作倡议为契机，中国形成了全面开放的发展新格局，行业在人类命运共同体建设中正发挥着日渐重要的作用。

二、以市场增活力，从计划经济到市场经济的转变

从“计划经济为主、市场经济为辅”到“有计划的商品经济”；从市场在资源配置中发挥“基础性作用”到发挥“决定性作用”；经济体制改革不断深入，行业发展活力不断释放。企业经营主体经历了国营企业到国有企业的转变，个体经济、外资经济、乡镇企业实现大发展；“压锭解困”进一步推动了企业结构的转变和民营经济的发展。截至2016年，国有控股工业企业中，纺织业186家，资产总计1238.25亿元；服装业163家，资产总计275.48亿元；化纤业43家，资产总计922.77亿元。而私营工业企业中纺织业13614家，资产总计11498.94亿元；服装业8922家，资产总计5404.23亿元；化纤业1260家，资产总计2192.12亿元。

三、以创新增价值，从规模发展到质量发展的跃升

改革开放进程中，中国纺织工业以创新为根本，不断推进行业全要素生产率和产品附加值提升。特别是党的十八大以来，在以习近平总书记为核心的党中央领导下，纺织工业以供给侧结构性改革为主线，深入推进质量变革、效率变革、动力变革，行业发展呈现出增长与结构、格局、创新相得益彰的良好局面。2013～2017年，纺织工业规模以上企业主营业务收入由63759.86亿元增长至68935.65亿元，利润额由3506.05亿元增长至3768.81亿元。行业自主创新能力、技术装备水平和产品开发能力整体大幅提升。智能制造有序推进，业态创新蓬勃发展，场景经济、平台经济、共享经济广泛渗透，行业新模式、新服务不断涌现。

改革开放40年，草木蔓发，春山可望

当前，中国发展处于重要战略机遇期，改革开放也到了一个新的历史关口。世界正在经历百年未有之大变局，发展新旧动能加速转换，不同国家、区域间的资源禀赋优势在发生明显变化，世界分工格局和贸易格局深刻调整。全球化的大势不可逆转，产业链、价值链与创新链，相互交织，各种问题牵一发而动全身。行业新入口、新模式、新界面不断涌现，原有生态处于波动与解构之中。行业发展的不稳定性、不确定性显著增强。行业推进改革的复杂程度、艰巨程度不亚于40年前。大机遇、大变革，千载难逢，大挑战、大跨越，千山万水。要把握机遇，勇立潮头，行业需要深化改革，积极作为。

深化改革要坚持问题导向。矛盾运动是事物发展的动力，改革的核心就是要解决问题、化解矛盾。当前社会主要矛盾已经转化为人民日益增长的美好生活需要和不平衡不充分的发展之间的矛盾。这是关系行业改革发展的根本性变化，必须积极适应。一方面消费升级不断深化，市场需求呈现出从注重量的满足向追求质的提升转变等特征，这对行业供给提出了更高要求。另一方面，行业发展不平衡不充分的问题亟待解决。要素供给结构性矛盾与产品供给同质化倾向都较为严重；资源要素分配与现有的区域格局、利益格局存在错位；核心技术、关键共性技术和前沿引领技术创新与应用仍显不足；现有金融供给不能很好满足行业发展需要；行业社会责任建设和信用体系建设需要深化。这些问题是行业改革的方向，也是改革成果的试金石。

深化改革要坚持创新导向。改革开放是创新实践，没有现存模式可搬、没有既有路径可循，要取

得成功只能依靠创新。要培育创新意识，倡导创新精神，完善创新机制，营造创新氛围，用新思维、新方法、新工具化解行业的传统痼疾与时代阵痛。要"摸着石头过河"，大胆探索但不莽撞冒进，逢山开路、遇水架桥，由点到面、逐步发展；要求真务实，"不管白猫黑猫，抓住老鼠就是好猫"，出实效，见真章，不务虚名；要重视科技创新，坚持"科学技术是第一生产力"瞄准世界科技前沿，突出关键共性技术、前沿引领技术、现代工程技术、颠覆性技术创新；要加强学习、学以致用，在实践中求真知，在探索中找规律，不断形成新经验、推进新作为。

深化改革要坚持战略导向。行业在改革开放中取得巨大成就，根本原因在于行业始终坚持党的正确领导，始终坚持中国特色社会主义道路，立足发展实际、遵循客观规律、服务国家大局、顺应时代潮流。当前，我国正处在全面建成小康社会的决胜阶段。打好防范化解重大风险、精准脱贫、污染防治的攻坚战，实现高质量发展是当前面临的紧要任务。行业改革应当全面贯彻党的十九大精神，以习近平新时代中国特色社会主义思想为指导，做好行业顶层规划与战略安排，找准结合点和着力点，对接全面建成小康社会的发展需要，对接三大攻坚战和高质量发展的现实要求。纺织行业在2001年提出纺织强国建设的发展目标；2012年发布了《建设纺织强国纲要（2011～2020年）》，进一步明确"科技强国、品牌强国、可持续发展强国、人才强国"四大主攻方向和任务目标。是多年的发展积累给了行业这样的底气与追求；是市场经济大潮的洗礼，赋予行业这样的眼光和胆识；是对外开放的历练，涵养了行业这样的视野与胸怀。中国纺织工业完全有能力、有条件在工业领域率先完成强国建设，让科技、时尚、绿色成为行业高质量发展的新标签。

改革开放40年，波光远影，蓄势待发

"四十而不惑"，在中国文化中，40年是一个与思考、参悟相关的年份。40年前，伴随改革开放大幕的拉开，纺织人艰苦奋斗在世界纺织史上写下了浓墨重彩的一笔；40年后的今天，在以习近平为核心的党中央领导下，行业实现纺织强国建设的条件更加成熟，认识更加清晰：产业要成长就必须在历史前进的进程中前进、在时代发展的潮流中发展，坚持改革、深化开放。

在新的历史方位，纺织行业深化改革需要紧扣高质量发展的总要求，围绕"科技、时尚、绿色"的行业新标签，深化质量变革、效率变革、动力变革。过程中我们需要完善顶层设计与摸着石头过河相结合，需要整体推进和重点突破相促进，需要解放思想、转变思维，需要实事求是、真抓实干。

从数量思维向质量思维转变。质量第一，效益优先，塑造以质量为核心的供给新格局。把质量作为纺织强国建设的生命线。深入推进行业供给侧结构性改革，以提高供给体系质量为主攻方向，推进技术结构、产品结构、产能结构调整，提高行业产品和服务的供给能力，破除无效供给、减少同质竞争，实现精益发展。

从个体思维向系统思维转变。共谋发展，共享成果，塑造以共赢为目标的利益新格局。引导行业企业从关注竞争转向寻求协同，突破组织边界、共享资源能力、实现价值增值。不断丰富参与主体，将参与者由企业延伸至包括消费者在内的利益相关方，不断丰富利益架构，构筑更具柔性的产业合作框架与平台。

从界限思维向融合思维转变。互联包容，优进优出，塑造以开放为导向的合作新格局。协调推进行业"引进来"与"走出去"，加强创新能力开放合作，以产业发展促进陆海内外联动、东西双向互济的区域开放格局的形成。深入推进行业产融合作、两化融合、军民融合、技艺融合，促进国家间、区域间、产业间、企业间的资源能力高度协同。加快建设纺织制造、科技创新、现代金融、人力资源协同发展的产业体系。

从责任思维向价值思维转变。绿水青山，金山

银山，塑造以可持续为标准的价值新格局。以绿色原料、绿色设计、绿色生产、循环应用为抓手，生产更多优质生态纺织产品，满足人民日益增长的优美生态环境需要。节约资源，保护环境，建立健全绿色低碳循环发展的经济体系，构建市场导向的绿色技术创新体系，将行业发展融入美丽中国建设。

“中国开放的大门不会关闭，只会越开越大！”中国与世界丝缕间的联系不会断开，只会愈来愈紧密。

潮平两岸阔，风正一帆悬。让我们以习近平新时代中国特色社会主义思想为指导，在新起点上，以昂扬锐气、蓬勃朝气推进行业改革发展，共创行业美好未来。

纺织行业改革开放40年发展成就

中国纺织工业联合会产业经济研究院

成就一：解放生产力，制造能力跨越式提升

改革开放是对生产力的大幅解放，这一点在纺织行业得到了最好体现。40年来，纺织行业经历了生产力大解放、大发展的过程，加工制造能力实现长足发展。

1978年，我国纤维加工总量为276万吨，占全世界的比重不足10%。1982年，我国纤维加工量迈上400万吨台阶，棉布产量达到153.5亿米，比1978年增加39.2%，已经能够较好满足全国人民穿衣盖被的基本需求；1983年，棉布正式取消限量供应，成为我国纺织工业发展史上的重要里程碑，宣告了短缺经济时代正式结束。1996年，我国纤维加工量增加至1090万吨，首次突破千万吨级大关，占全球的比重达到22%，实现了纺织加工能力与总人口占全球的比例相当。2010年，我国纤维加工量突破4000万吨，达到4130万吨，占全球的比重提升到50%。2018年，我国纤维加工量已经达到5460万吨，是1978年的19.8倍；纱、布、化纤产量分别达到2958.9万吨、657.3亿米和5011.1万吨，分别是1978年的12.4、5.6和175.8倍（图1）。我国已经成为世界第一纺织大国，不仅有效满足了我国占全世界五分之一人口、约占全世界三分之一的纤维消费需求，还为其他国家提供了2000多万吨的优质纤维制品。

单位：万吨

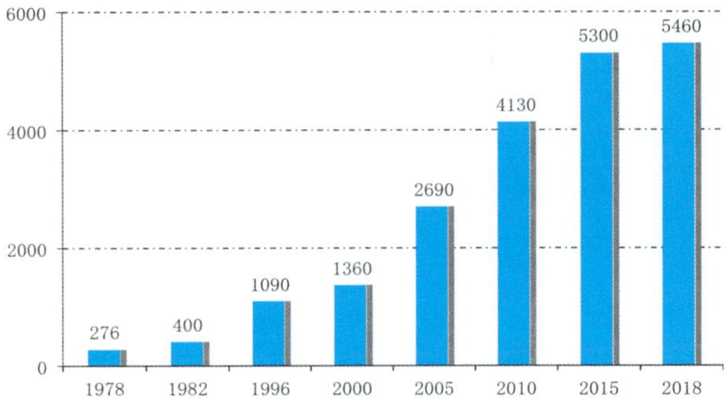

资料来源：中国纺织工业联合会

图1 我国纺织行业纤维加工总量

成就二：纵深延伸，产业体系日益完善

伴随着制造规模扩大，我国纺织产业链不断延伸发展，逐步建立起了全世界最为完善的现代纺织制造产业体系，产业链各环节制造能力与水平均位居世界前列。

改革开放之初，棉纺织及印染加工是我国纺织业的主体，1978年，棉纺和印染行业工业总产值占比分别达到46.3%和20.7%，针织、丝绸、化纤、毛纺行业分别占8.7%、7.6%、6%和5.7%；纤维加工量中棉花占81%，化纤仅占15%。终端产品以服装为主，但服装加工尚未进入纺织系统，家用纺织品、产业用纺织品概念尚不明晰；1980年服装、家纺、产业用三大终端行业纤维消费比重为84:11:5（图2）。1984年，纺织行业正式提出重点开发服装、装饰用纺织品、产业用纺织品“三大支柱”产品，大力发展精深加工产品；1986年，服装行业正式归口纺织系统管理，标志着“大纺织”格局正式形成，此后服装行业在内外市场拉动下获得

持续发展。新世纪以来，化纤工业强势发展，产量从600万吨增加到5000余万吨，为纺织行业满足内需和走向国际提供了充足原料保障；家用、产业用两大品类快速进步，满足消费与产业需求的能力全面提升，2007年三大终端行业纤维消费比重调整至52:33:15，家纺占比达到历史高点，产业用纺织品至今仍处于上升周期。2018年，在我国纤维加工总量中，棉花占比仅为13.8%，化纤占比达到83.6%。2017年，三大终端产品纤维消费比重调整到45.5:27.6:26.9，门类齐全、品种丰富、品质优良、结构优化的现代纺织产业体系优势全面显现。

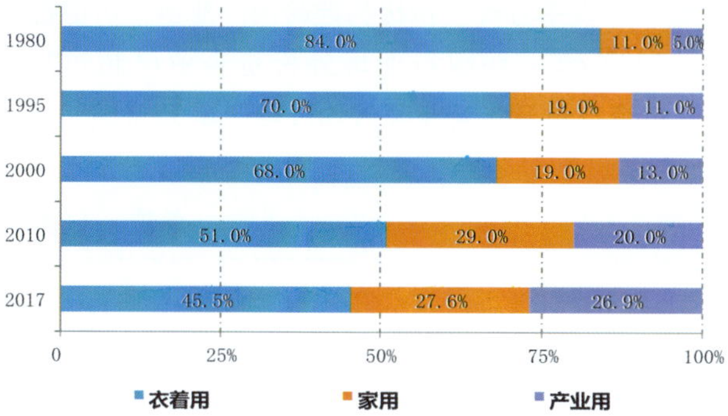

资料来源：中国纺织工业联合会

图2 我国纺织行业三大终端产业纤维消耗量比重

成就三：市场化改革，激发企业主体活力

纺织行业是消费品制造产业，开放、自由、公平的市场环境是最好的成长土壤。纺织行业是市场化改革的先锋和坚定践行者，40年来，我国社会主义市场经济制度逐步建立并日趋完善，成为纺织行业最重要的活力来源。

改革开放以前，纺织行业处于计划经济管理模式，主要产品实行统购统销。1984年，国家开始减少指令性计划产品，改为指导性计划；改变统购统销体制，增加企业销售自主权；基本建设审批权也开始下放。1985年，国家逐步放开自营出口。由于经济体制改革全面启动，20世纪80年代中叶成为纺织行业跨越式发展的重要标志性阶段。

纺织企业资本结构逐步改变，多元资本在行业中竞相迸发活力，体现了市场在资源配置中的基础作用。如图3所示，1978年，纺织行业工业总产值的93.2%来自全民所有制企业，其余为集体企业，行业资本结构单一。20世纪80年代中后期，乡镇企业蓬勃兴起，成为纺织行业满足内需、促进农村经济发展的有生力量。20世纪90年代，国有纺织企业改革大幕拉开，国有企业开始转换经营机制，建立现代企业制度，成为市场竞争主体；鼓励发展多种经济成分，非国有经济活力被激发。1996年，纺织行业工业总产值中，国有企业、集体企业和三资企业占比分别为43.5%、30.4%和19.1%，各种所有制成分更趋均衡。20世纪90年代中后期，棉纺产能压锭1000万成为纺织行业以市场为导向谋求新发展的重要转折点，国退民进使得行业活力进一步释放。2000年，国有企业在纺织工业总产值中的占比仍为28.7%，到2005年已降至8.3%，集体企业占4%，三资、私营等非公有经济占比达到87.7%。2015年，国有控股企业占全行业主营业务收入的比重仅余2.3%，三资企业占比降至16.2%，私人企业占比则高达到76.5%。

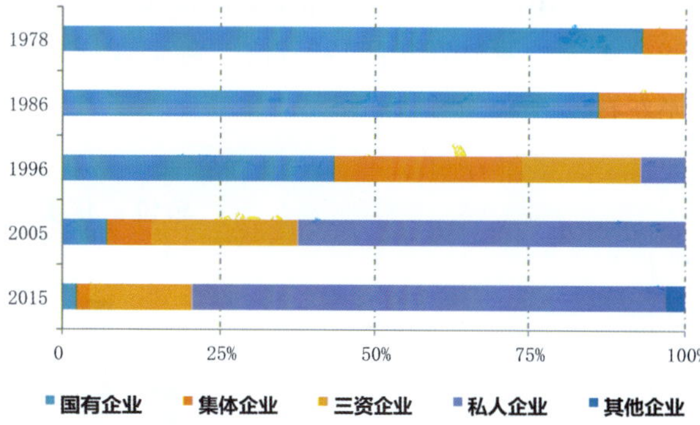

注 2000年及以后数据统计范围为规模以上企业，其他为全国乡及乡以上独立核算企业。2015年数据为主营业务收入比重。

资料来源：纺织工业统计年报1978、1986、1996，国家统计局

图3 我国纺织行业工业总产值（主营业务收入）按所有制占比

成就四：对外开放，全方位融入全球化

改革开放为纺织行业打开了通往世界的大门，行业积极顺应和利用经济全球化发展机遇，促进国内外要素自由流动，市场深度融合，资源配置效率提升，建立了日益显著的国际竞争优势和国际化发展实力。

纺织行业出口贸易持续发展，国际竞争优势明显。如图4所示，1978年，我国纺织品服装出口额仅为21.5亿美元，改革开放后，“三来一补”外向型经济发展将纺织行业正式推向国际市场。1985年以后，国家逐步放开自营出口，纺织品服装对外贸易进入快速发展周期，1985~1992年出口额年均增速达到25%。1994年，我国纺织品服装出口额达到355.5亿美元，占全世界比重为8.6%，跃居世界首位。2001年中国加入世界贸易组织，2005年全球纺织品服装贸易全面自由化，成为我国纺织行业竞争力充分释放的重大历史机遇，2002~2008年出口额年均增速达到19.5%；2000年我国占全球纺织品服装出口贸易额的比重为14.6%，到2008年已经提升到26.1%。2018年，我国纺织品服装出口额已经达到2788亿美元，是1978年的129.7倍，占全球比重为35%左右。

单位：亿美元

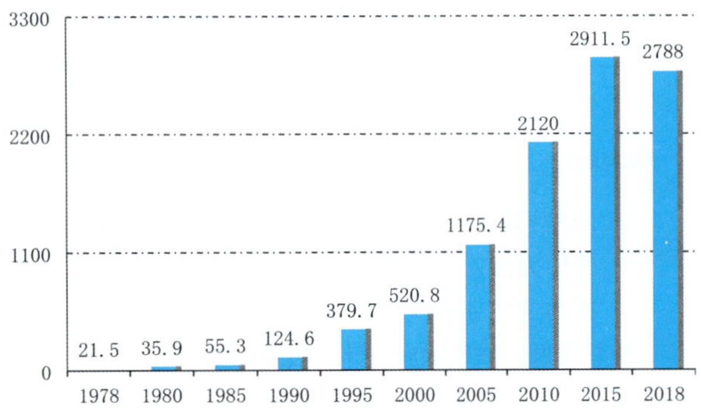

资料来源：中国海关

图4 我国纺织品服装出口总额

在发展对外贸易的同时，我国纺织行业积极利用国外原料、资本、技术、人才等优势资源，取人之长，补己之短。1978年，纺织行业进口用汇11.2亿美元，到2011年巅峰时期，我国纺织行业共进口各种原辅料、装备、染料助剂等737.5亿美元，是1978年的66倍。2004年，三资企业对纺织行业的发展贡献率达到历史高点，工业总产值占全行业比重为32.4%，实收资本占比为34.7%。随着自我配套能力增强，民营资本竞争力提升，纺织行业利用国际资源的形式从“引进来”转为“走出去”。“十二五”以来，骨干纺织企业通过绿地投资、资本运作等多种途径在海外建立原料基地、加工工厂、品牌及渠道、研发中心等，积极构建跨国产业链、价值链体系。到2017年，纺织行业境外投资企业已超过1000家，投资存量及年营业收入均过百亿美元（图5）。

单位：亿美元

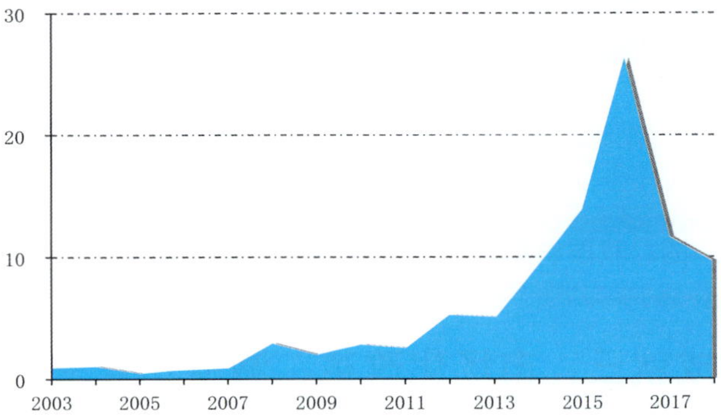

资料来源：商务部

图5 我国纺织行业对外投资额

成就五：多元供给，满足人民美好生活需求

满足人民消费需求是纺织行业的首要使命，改革开放以来，纺织行业不断提升发展，使得人民群众衣着发生重大变化，不仅是纺织行业的重大发展成就，也是我国经济社会发展的最直观体现。

改革开放之初，纺织行业仍处于努力解决全国

人民穿衣盖被温饱需求的阶段，衣着消费水平仍然较低，原料品种、衣着款式、色彩等均较为单调。如图6所示，1978年，我国人均纤维消费量仅有2.9千克，是世界平均水平的38%。1990年，我国基本解决人民温饱问题时，人均纤维消费量增加到4千克左右；2000年国家总体进入小康社会时达到7.5千克，分别是当时世界平均水平的46.5%和80%。新世纪以来，我国国民经济快速发展，带动城乡居民收入持续增加，内需市场增容进入黄金周期，为纺织行业提供了强劲发展动力。纺织行业发展水平也进入快速提升阶段，纤维及纱线、面料品种日益多元，终端产品种类更加丰富，有效满足了人民日益增长的物质需求。2005年，我国人均纤维消费达到13千克，比2000年增加73.3%，增长速度明显加快，且已经超过当年11.1千克的世界平均水平。2008年，我国人均纤维消费突破15千克，2015年超过20千克，其中产业用纤维消费大量增加，我国纤维消费数量、结构均逐步接近中等发达国家水平。2017年，我国城乡居民人均衣着消费支出分别达到1808元和648元，比1985年分别增加18.4倍和19.2倍，随着我国向全面建成小康社会目标冲刺，人民对于美好生活的需求日益增长，功能性、时尚性、生态性取代物美价廉的朴素要求，成为内需升级新风向，科技、时尚、绿色也成为纺织行业顺应市场需求形势的全新自我定位。

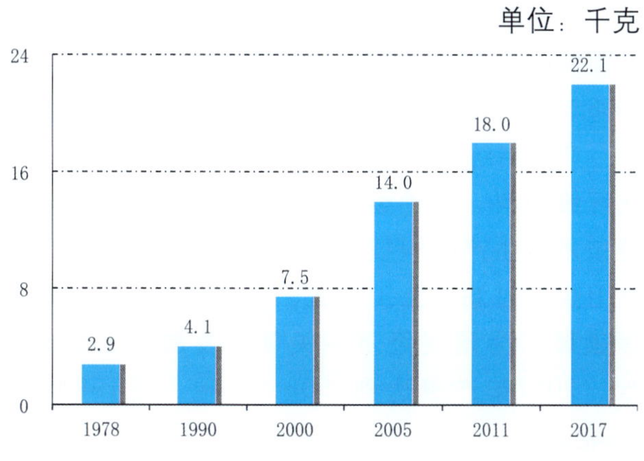

资料来源：中国纺织工业联合会

图6 我国人均纤维消费量

成就六：立足民生，力担就业富民重任

纺织行业是重要的民生部门，40年来，行业不仅创造了大量就业岗位，提供了丰厚的薪酬收入，而且发展直接惠及“三农”。与此同时，繁荣经济、扶贫富民，也是纺织行业民生作用的重要体现。

如图7所示，1978年，纺织行业从业人数为311.2万人，占全国工业企业的7.2%；当年支付职工工资总额20亿元。随着规模扩大和民营经济兴起，纺织行业吸纳就业的能力快速提升，1990年全行业从业人数达到1243万人，比1978年增加2.9倍，提供工资收入275亿元；2005年全行业从业人数达到1960万，比1978年增加5.1倍，薪酬总额达到约2600亿元，比1978年增加123倍。目前，全行业就业人口超过2000万，2017年规模以上企业就业人数823.8万人，占全国规模以上工业的比重为9.2%。纺织行业从业人口大部分为农村转移劳动力，全行业每年为农村进城务工人员提供1000多万个就业岗位和数千亿元现金收入，每年使用国产天然纤维原料约900万吨，为农村、农民、农业发展做出贡献。

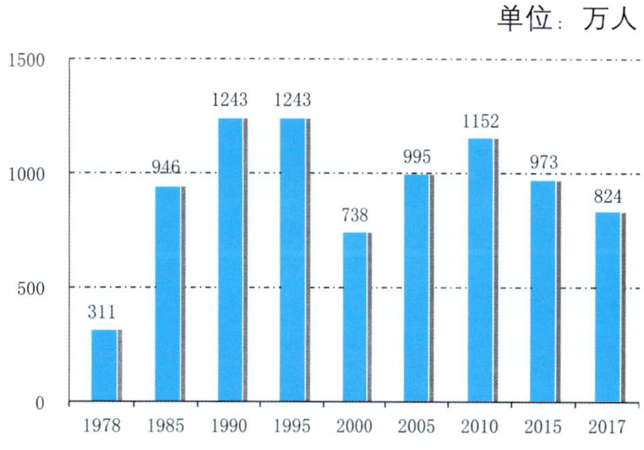

注 2000年及以后数据统计范围为规模以上企业，其他为全行业。

资料来源：纺织工业统计年报1978、1985、1990、1995，国家统计局

图7 我国纺织行业从业人数

新世纪以来，纺织产业集聚化特征显著，全国近200个特色产业集群快速发展，对其所在县、镇经济起到了有力的带动作用，全国百强县域经济中大部分是以纺织为主业发展起来的。与集群配套的大批专业市场不仅有效满足了传统二元经济结构下的多层次消费需求，在繁荣县镇经济、拓展就业空间、孵化创业创新平台等方面也发挥了重要作用。各种特色、民族、非遗纺织制造产业的发展，为边疆、少数民族地区脱贫提供了重要途径，特别是纺织产业向中西部地区梯度转移，实现了区域间资源有效对接，激活老少边穷地区发展潜力。

成就七：科技创新，奠定强国坚实基础

科学技术是行业变大变强的重要基石，改革开放40年来，纺织行业秉持科技是第一生产力的理念，坚持自主创新，实现了科技的长足进步。2017年，纺织行业劳动生产率（以工业总产值计）达到80.1万元/人，是1978年的45倍（图8）。纺织全产业链能够实现使用自主技术、自主装备生产自主开发设计的优质产品，这在我国制造产业中并不多见。

单位：万元/人

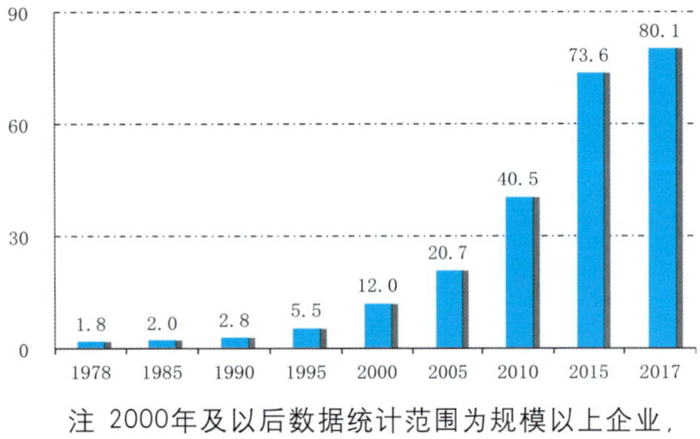

注 2000年及以后数据统计范围为规模以上企业，其他为全行业。2010年及以后年份为估算数据。

资料来源：纺织工业统计年报1978、1985、1990、1995，国家统计局，中国纺织工业联合会

图8 我国纺织行业劳动生产率

40年来，我国纤维材料技术大踏步前进。国产大容量化纤成套技术持续发展，“六五”期间突破了年产1.5万吨涤纶短纤成套设备，到“十二五”末，日产200吨涤纶短纤成套设备和年产40万吨差别化聚酯长丝成套设备已进入产业化阶段。差别化、功能性纤维开发能力提升，品种丰富，附加值提高，有效满足了下游不断升级的应用需求。高性能纤维“七五”时期列入行业攻关重点，“十二五”以来取得重大突破，碳纤维、芳纶等一批纤维自主技术打破国外垄断，进入产业化阶段，超高分子量聚乙烯等品种进入国际市场。

纺纱工序向自动化、连续化、高速化、智能化方向持续升级，带动生产效率大幅提升，产品的纱支、品质、品种呈现出质的飞跃。1978年到2015年，棉纺行业万锭用工从500人左右下降至60人左右，“十三五”以来，全数字化棉纺成套设备已完成产业化研发，万锭用工可降至20人以下；棉纺最高纱支水平从40支提高到300支，全球80%以上的高支纱（60支以上）、90%以上的色纺纱均由我国生产。

纺织、染整工艺技术不断创新，面料供给能力大幅提升。混纺、交织、复合等新工艺广泛应用，高支、高密、超轻薄等新品种不断推出，数码印花、精细印花等新技术更具高质量和个性化、精细化特征，后整理也从单一功能发展到多功能整理。现在，我国纺织面料总体自给率超过95%，出口服装面料自给率显著提高，服装出口一般贸易比重从1996年35.7%提高到2017年89.3%。

产业用纺织品加工水平提高，能够使用多元化纤维原料、多种类非织造、织造、复合及后整理技术，生产高科技含量的产品，广泛应用于医疗卫生、过滤、土工建筑、安全防护、结构增强等领域，为国民经济相关领域发展做出积极贡献。2017年产量达到1508.3万吨，是1980年的109倍。

两化融合持续走向深化。1978年，纺织行业开始应用计算机系统，信息化与工业化融合正式起

步。"六五"时期，棉纺厂信息管理系统研制成功；"九五"时期，服装CAD、CAM进入应用；"十五"以来，企业管理信息化系统大面积推广，在线监测、制造执行等生产管控系统取得突破，电子商务平台成为重要营销渠道，推动行业走向两化深度融合阶段。"十二五"末，智能制造、协同制造成为创新方向，引领纺织行业进入"互联网+"新时代。

生态文明建设得到大力推进。改革开放以来，纺织行业始终重视技术装备革新改造，努力降耗增效。"十五"时期，提出将清洁生产技术作为印染行业升级重点；"十一五"时期，高效短流程染整、印染废水深度处理及回用等先进技术开始推广，节能减排得到高度重视，并取得积极进展。"十二五"时期，"加强节能减排和资源循环利用"正式成为行业五年规划发展任务，低温快速前处理、冷轧堆染色、印染废水大通量膜处理等一大批清洁生产关键技术取得突破并实现产业化应用。2006～2015年，纺织行业综合能耗累计下降44%，印染单位产品水耗从4吨/百米下降到1.8吨/百米，水重复利用率由7%提高到30%。

纺织机械研发与制造水平跨越式提升。"八五"时期，以自动络筒机、无梭织机为代表的关键装备自主创新取得重大进展，标志着我国纺机行业开始具备生产世界先进水平装备的能力。此后，国产纺机机电一体化、数控化水平及可靠性大幅提升，产品大量替代进口，国内市场占有率超过70%；部分产品已经可与国际先进水平同台竞争，化纤、纺纱、针织等装备大量走向国际市场，纺机出口额从1990年1.2亿美元增加到2017年34.5亿美元。

成就八：稳中求进，充分发挥支柱产业作用

纺织工业在新中国建立时就确立了支柱产业地位，改革开放40年来，我国经济发展水平不断提升，产业结构持续优化，纺织行业虽然在工业中占比有所下降，但一直保持平稳、健康发展，在大的经济波动中发挥稳定剂作用，支柱产业地位始终没有动摇。

如图9所示，1978年，纺织工业实现工业总产值（不变价）473.2亿元，占全国工业的12.5%；利税总额为109.6亿元，占全国工业的12%；出口额为21.5亿美元，占全国22.1%；当年，全国货物贸易逆差11.3亿美元，纺织行业扣除进口后净创汇10.3亿美元。改革开放以来，随着市场经济和对外开放激发活力，纺织行业对于国民经济的贡献度有所提升，1985和1990年，纺织行业工业总产值占全国工业的比重分别为17.9%和16.2%，出口总额占全国的20.2%和20.1%。1992年，我国货物贸易扭转连续13年持续逆差的局面，实现顺差43.9亿美元，纺织行业当年贡献贸易顺差额182.4亿美元；直到2012年，纺织行业的贸易顺差都大于全国货物贸易顺差总额。进入21世纪，纺织行业抓住了我国国民经济快速发展和全面融入全球化的有利时机，进入了黄金发展阶段，2002～2008年，规模以上企业主营业务收入年均增长21.7%，利税总额年均增长25.1%，贸易差额累计增加了8.5倍。近年来，随着国际环境变化以及我国步入发展新常态，工业经济出现较大波动，纺织工业始终保持平稳发展态势，2013～2016年，规模以上企业主营业务收入和利润总额年均增长6.3%和4.2%，分别高于同期全国工业增速0.6和0.4个百分点。2017年，规模以上纺织企业主营业务收入达到68935.6亿元，占全国规模以上工业的5.9%；全行业净创汇2488.9亿美元，占全国的58.9%。

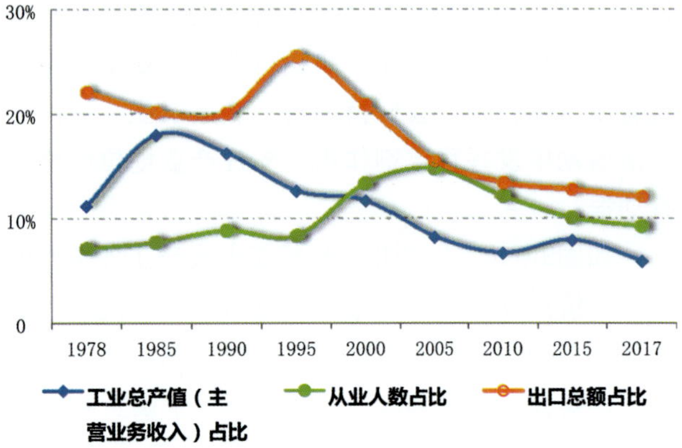

注 1.纺织行业工业总产值、从业人数数据为占全国工业的比重，出口总额为占全国货物贸易的比重。

2.2000年及以后数据统计范围为规模以上企业，其他为全行业。

3.1978～2010年为工业总产值比重，2015年及以后为主营业务收入比重。

资料来源：纺织工业统计年报1978、1986、1996，国家统计局

图9 我国纺织行业工业总产值（主营业务收入）、从业人数、出口总额占全国的比重

（撰稿人：赵明霞 刘 欣）

纺织信息化建设与纺织工业改革开放40年同步前行

中国纺织工业联合会产业部

改革开放40年来，我国纺织行业坚持推进信息化建设，不断提高行业的信息化水平，对于纺织工业的历史性发展一直发挥着极其重要的作用。回顾40年的发展历程，纺织行业的计算机应用起源于20世纪70年代，1978年乘党的十一届三中全会改革开放的东风，纺织信息化建设以上海第六织布厂的织机自动监测系统为标志开始起步，40年间与纺织工业的发展同步前行，其发展历程经历了6个阶段。

起步阶段打下信息技术应用基础（1978～1985年）

我国纺织工业应用电子信息技术是从20世纪70年代早期开始的，当时普遍形象地称为"计算机应用"。涉及的应用领域有横机群控（包括手套、羊毛衫），圆纬机计算机提花控制，人造毛皮提花控制等。由于当时条件的限制，真正能够用于生产的很少，但是开展的尝试和探索是十分有益的。

一、计算机应用开始起步

1978年12月，中共中央召开了十一届三中全会，开启了改革开放的历史新时期。纺织工业迅速恢复生产，推进科学技术进步，引进国外先进技术，进入了新的发展阶段。纺织信息化就是在这种新形势下萌生和起步，吸取前一段时间计算机应用尝试的经验和教训，采用了较为先进的设备和技术，在生产实际中取得了效果，一些项目经过长时间应用趋于稳定运行。

最早投入使用的是上海第六织布厂的织机自动监测系统。从1978年进行开发试运行，到1979年9月正式运行。该厂布机车间238台织机在电子计算机的监测下，系统无故障运行间隔时间在1000小时以上。

上海第二十八棉纺织厂504台织机监测系统投入生产运行后，通过计算机提供60多种数据和10种报表进行科学管理后，可明显提高织机效率。

京棉一厂与纺织设计院合作使用微型计算机在仓库管理及计划管理方面作了尝试，并已取得了相应效果；京棉三厂与纺织研究院合作，用计算机对大量坯布质量数据进行回归分析等数理统计，分析产品质量存在的问题和原因。

二、自动监测系统投入使用

在早期计算机应用中，自动监测系统是一项主要内容，在线数据检测技术亟待解决。当时上海第六织布厂与上海纺织研究院，华东纺织工学院（现东华大学）合作，研制了喷气织机上的传感器，把每台织布机的非电量的信号转换成电信号，然后由计算机通过总线和信号站进行自动采集，成为当时纺织行业计算机应用的标志性成果，获得1978～1981年纺织工业科技一等奖。

细纱机自动监测系统首先要解决细纱断头自动检测的问题。纺织研究院与京棉一厂协作，于1981年10月研制了一台细纱断头检测装置，制作了试验样机。样机采用巡检方式，在安装、使用和成本方面有优势，但取得的断头时间的精度比单锭随机检测有差距。

三、企业管理信息系统初见端倪

起步阶段，纺织企业的计算机管理应用属于单项管理，先建立计算机系统，选取一部分企业信息管理起来，如库存管理系统、配棉管理系统等，在取得效果之后再逐步扩大。

京棉一厂在布机监测与配棉管理的基础上，提出了建立计算机管理网络的设想。1983年7月与清华大学、纺织设计院、纺织研究院、北京市纺研所等单位共同开发了京棉一厂计算机管理系统。该系统包括微型计算机网络、机物料仓库、配棉、计划、财务及成品库的管理，对全厂主要车间的生产、业务科室的数据进行处理，并通过网络系统将数据与信息及时提供给企业决策部门。

企业兴起信息技术推广的热潮（1986～1995年）

在政府的大力推动下，纺织企业兴起了电子信息技术推广的热潮，尤其是管理信息化在许多企业开展，推动了信息化理念和认识的普及。但应用领域和项目之间缺乏联系，系统之间信息很难共享，一些项目没有取得预期的作用。

一、计算机管理应用形成热潮

20世纪80年代，在改革开放的形势下，纺织工业开始转轨变型，促使企业寻求新的管理方法和管理工具，推动了计算机管理系统走入众多企业，在所有信息化项目中占到70%，形成了一个管理信息化的热潮。

这一阶段的管理项目遍布全国各地，包括西部地区小县城；遍及棉纺、化纤、纺机、印染、针织等行业。项目涵盖的内容由单项管理逐步注重建立整体架构，初步有了管理信息系统（MIS）的概念。一般采用微机局域网或多用户小型机模式，自行开发或合作开发应用软件，国内财务管理软件逐步为企业所采用。可以看出，与起步阶段相比，应用面明显拓宽，项目内容由单项趋于全面，实施方式逐步多样化。

仪征化纤从1988年开始建设计算机应用系统，专门成立以总经理为组长，分管副总经理为副组长的企业信息化工作领导小组，设置了信息中心为组织实施部门。到了1993年，建成了覆盖全公司的MIS系统并投入运行。

北京三针1988年与纺织部计算中心合作建设全厂管理信息系统，生产车间的染缸自动控制系统和计算机验布系统等，在当时企业计算机应用几乎是空白的基础上，短时间内跨过了单项管理的阶段，实现了全厂的计算机管理。

京棉三厂与中国纺织大学（现东华大学）合作，于1988年完成MIS的一期工程，分期分批建立了财务、设备、计划、人事、销售、库存等各事务子系统，逐步形成基于主机的系统共享数据库。

二、各个领域信息化建设全面开展

自动控制系统得到重点推广。可编程控制和变频调速技术开始大范围应用，集中分布式控制（DCS）技术在染整生产线及涤纶、黏胶纤维生产线上应用，单机自动化水平有较明显的提高。保定化纤、吉林化纤、山西维尼纶、兰州三毛、北京二毛、扬州合成、无锡一色织等控制项目都取得很好的效果。

这一阶段的自动监测项目主要应用于老设备改造，从20世纪80年代中期开始普及推广。其中织机监测约占80%，还有细纱机、络筒机、计量、能源、车间温湿度、用电等监测等，主要集中在棉纺行业。能够坚持应用的企业有石家庄一棉、石家庄四棉、郑州四棉、沙市棉纺织厂、襄樊棉纺厂等。

纺织企业计算机辅助设计（CAD）应用开展较早，除了机械设计外，有服装设计和排料、提花纹织、印花图案设计和分色描稿、织物组织、电子绣花、电子测色配色等，涉及服装、丝绸、印染等行业。特点是应用面广，普遍投资不大，但是效益显著。

困难形势下信息化建设进入转变阶段（1996～2000年）

20世纪90年代以来，我国纺织工业的发展出现了新情况。1996年出现了前所未有的全行业亏损，1998年2月，国务院明确提出了纺织工业压锭调整的任务目标和政策措施。经过纺织行业上上下下的努力，到2000年累计完成压缩落后棉纺锭940万锭，国有企业实现了盈利。这一阶段的信息化项目有所压缩，但是方向上进行了调整，质量有明显提升。在2000年压锭调整取得成效，全行业形势好转之后，迎来了较快发展的又一轮高潮。

一、企业管理信息化进行调整

“九五”期间，企业管理信息系统在数量上有所减少，但是更加需要结合自身需求，更加注重应用效果，而不是一哄而上。一些经济效益较好的企业以自身的生产经营为出发点，开展MIS、计算机集成制造系统（CIMS）建设。

经纬纺机在1990～1994年制造资源计划（MRPII）项目成功的基础上，1995年与清华大学合作开发了CIMS系统，于1999年底全部通过验收。该系统由工程设计分系统（CAD/CAPP/CAM）、制造自动化分系统（MAS）、质量管理分系统（CAQ）、管理信息分系统（MIS）四个分系统组成，形成了一个涵盖各个系统、各个部门、各类产品和各类业务的计算机网络，投入应用后都取得了较好的效果。

二、纺织CAD大面积推广

尽管纺织企业面临资金严重不足等困难，但对于CAD系统却热情不减，再加上政府有关部门的大力引导，在这一时期逆势上扬，得到了大面积推广，是转变阶段纺织信息化最大的亮点。

纺织CAD应用从“八五”期间开始大面积推广，“九五”取得了明显成效。例如，全国电子办共列纺织CAD中央专项贷款项目12项，贷款480万元，全行业实际投入约1.3亿元，对纺织行业推广CAD起到了“风向标”的作用。具有我国自主版权的软件占大多数，有的已经达到国际先进水平，而价格远低于国外同类产品，其产值达到1.8亿元，从市场上几乎无一席之地到三分之二的份额。这一期间涌现出杭州开源、杭州爱科、深圳华怡等CAD软件开发公司，多年来一直专注于相关产品开发和服务，产品线延伸到纺织行业的多个领域。

三、互联网技术引入纺织行业

为了加强中国纺织总会机关信息化建设和行业信息服务，从1996年开始，中国纺织总会着手基于互联网的信息系统建设。1997年9月，“中国纺织经济信息网（CTEI）”开始正式运行，是纺织行业第一个面向全社会的信息发布系统。随着国家互联网基础设施建设步伐日益加快，纺织企业通过网络来收集和发布信息已十分普遍。据2000年底统计，纺织企业建立网站的有6000多家，占全国纺织生产企业总数的10%左右。

1999年底～2000年初，纺织企业掀起了一波投资互联网项目的热潮。首先行动起来的是实力雄厚的纺织上市公司，如综艺股份、海虹控股、中国服装、山西三维、龙头股份、江苏吴中、天山纺织等，有的在2000年初成为深沪两市引人注目的牛股。这一轮冲击波虽有泡沫之嫌，但其影响力是不容低估的。

新世纪出现新局面，实现新发展（2001～2006年）

新世纪以来，纺织工业抓住了加入WTO之后国际市场的机遇，实现了快速增长，进入了建国以来的最好发展时期。纺织企业对信息系统的需求大幅度上升，纺织信息化也迎来了又一轮高潮。

一、ERP成为信息化重点

随着纺织企业经济效益不断好转，对企业资源计划（ERP）等管理系统的需求明显增长。这主要取决于企业对入世后国际竞争日益激烈趋势的判断，和尽快提升自身管理水平的愿望。ERP成为这一时期信息化的重点。

据2007年对重点企业的抽样调查显示，有近200家企业实施了ERP等管理信息系统，其中北京李宁、黑龙江龙涤、广东溢达、北京雪莲、保定天鹅、山东德棉、雅戈尔、江苏利泰、远纺织染、安徽华茂、新乡白鹭、杭州永翔、厦门翔鹭、深圳中冠等20多家企业实施ERP项目取得了较好的效果，在纺织行业内起到了很好的示范作用。实施ERP的模式和路径也不相同，如自行开发、合作开发、购买商品化软件等，出现了百花齐放的局面。

众多ERP软件开发商为此做出了重要贡献。其中有SAP、Oracle等国际知名软件商，有金蝶、用友、浪潮等国内知名软件商，也有专门面向纺织行业的软件商，如中纺达、环思、百胜、开源、维富友、希门、企友等。尽管规模不同，技术实力各异，但是有各自擅长的领域，适应不同企业的信息化需求。

二、技术改造推动信息化项目

在大规模结构调整、扭亏解困的基础上，21世纪以来纺织工业进行了大规模技术改造。信息化项目与技术改造密切结合，达到了新的高度。

化纤生产线向高速、大型化、连续化方向发展。吉林化纤、连云港钟山、宜宾丝丽雅等企业在自动化生产线改造的同时实现了DCS，有的实施了管理信息系统，其发展趋势是形成一个管控一体化的综合信息网络。

印染行业清洁生产、环境保护等问题都格外引人注目，生产过程自动检测和控制技术、清洁生产的自动化工业平台等成为需要重点突破的关键技术。如华纺股份、安徽中天、青岛凤凰等企业成功地应用了在线生产检测和控制系统、能源自动监控等信息化系统。

三、公共服务平台、电子商务开始起步

信息化公共服务平台在产业集群地区首先开展，不仅提供网络服务，还有信息服务，如国内外的服装设计图库、织物花型库、专业市场的价格行情；软件产品服务，如CAD软件、管理软件；技术服务，如ERP实施、上门的定制开发；咨询服务，如信息化规划、可行性分析等，非常受欢迎。其成功主要是体现了行业化的特点，满足了企业的细化需求，比一般性的服务平台更有吸引力。

纺织电子商务在新世纪开始起步。据2003年的一次调查，国内涉足纺织的电子商务网站有100多家，其中B2B是纺织行业电子商务的主流，但是交易额都不大；服务型电子商务平台上企业用户数量有限，真正盈利的不多。而电子商务后来的发展出乎预期，是淘宝、京东这样的直接面向广大消费者的网购平台发展更快，带动了纺织电子商务的大发展。

进入了两化融合的新阶段（2007～2012年）

2007年，党的十七大报告中首次提出了“信息化与工业化融合发展”的崭新命题，“五化并举，两化融合”对后来我国的信息化发展产生了重大而深远的影响。从此之后，纺织信息化进入了两化融合的新阶段。

一、信息技术与纺织装备紧密融合

在推进企业信息化的过程中，机械装备的自动化、数字化、网络化是基础。各种信息技术与装备的融合日益紧密，在线监测、自动控制、信息网络等高新技术广泛应用，大大地提高了装备的技术水平。

纺织装备取得了一系列可喜的成果，如青岛环球的粗细联全自动粗纱机系统、恒天立信的高温气流染色机、东华大学的数字化地毯簇绒系列成套设备、江南大学的数字化经编生产系统、浙江大学与杭州宏华的高速数码喷射印花机、杭州爱科的智能产业用纺织品切割设备等都具有较高的技术水平。

二、MES突破生产制造管理瓶颈

随着两化融合的深入，纺织企业精细生产管理的要求越来越高。在ERP和底层设备控制系统之间的车间管理层，逐渐成为上下沟通的瓶颈，制造执行系统（MES）逐步受到重视。

自动监测系统是MES的重要应用领域。国内专用监测系统厂商大多数在这一阶段起步。其中如经纬新技术的棉纺监测和管理系统与经纬纺机的设备配套；江苏鼎峰在针织企业拥有较多用户；杭州开源、常州宏大、佛山华高的印染集中监控管理系统技术日渐成熟；厦门软通、无锡华明、陕西长岭等公司着力开发棉纺织设备监测系统；惠州天泽盈丰的服装生产管理系统得到较好应用；北京铜牛将车间物流管理的技术推广到服装企业。

物联网技术的应用是实现MES的必不可少的基础条件，射频识别（RFID）技术和其他传感技术在生产线各个环节的应用可以达到实时的信息管理，灵活的生产调度，准确的跟踪，实现对MES的有效支撑。物联网扩大应用到生产线之外的仓储和物流系统，可以大大加强ERP的效能，准确跟踪物流信息，从根本上改变企业的管理模式。

新时代推动两化深度融合（2013～2018年）

党的十七届五中全会中提出：全面提高信息化水平，推动信息化和工业化深度融合。2012年11月，党的十八大做出了坚持走中国特色新型工业化、信息化道路，推动信息化和工业化深度融合的战略部署。纺织工业进一步提高两化深度融合的水平，冲刺建设纺织强国的战略目标。

一、智能制造成为主攻方向

智能制造是制造业转型升级的突破口和重点，各级政府将其作为做强制造业的抓手，《纺织工业“十三五”规划》中强调了推进纺织智能制造工程。

生产过程智能化是纺织智能制造备受关注并且投入最大的领域，经过几年来的努力，在纺织工业的多个生产环节都取得了明显的进展和显著的成效。如山东康平纳的全自动筒子纱染色生产线，包括染料助剂自动配料和筒子纱自动输送，实现了全流程自动化、连续化生产，2014年获国家科技进步一等奖；安徽华茂、山东华兴、江苏大生的全流程纺纱生产线，覆盖了从开清棉到并条、粗纱、细纱、络筒的纺纱生产全过程。

智能化物流系统是全流程智能化生产线的组成部分和连接各个环节的纽带，可以提升整条生产线的自动化、智能化水平。北自所最早于2014年在化纤企业开发落丝和输送包装系统，近年来水平有了较大提升；青岛环球、经纬纺机等有实力的纺机企业很快介入，推出棉纺企业的筒纱输送包装物流系统，推广前景普遍看好。

二、定制化服务逐步开展

近年来，随着电子商务的兴起，服装等消费品个性化定制业务逐步走向实际应用，定制化服务在多个领域逐步扩展，成为纺织工业实现服务型制造转型的重要途径和模式创新。

国内许多服装企业开始探索个性化定制，有的已经取得了不错的进展，如青岛红领、宁波慈星、报喜鸟、泉州海天、广东爱斯达等企业。这些企业在开展定制化业务前已经具备稳定的面辅料供应关系，或者掌握较全的服装设计、生产和销售的供应链，具有自己的品牌，资金实力较为雄厚。它们在快速反应生产线和信息化系统上投入较高，大都创立了自己的互联网定制化平台。

还有一些新兴的创业公司抓住服装、家纺等商品消费转型升级的机遇，利用自身优势，建立了开展定制化的专业服务平台。它们比较擅长迎合消费心理和提升消费体验，掌握了消费者的需求信息，着重做定制化服务的前端，把生产环节通过供应链体系外包出去。

三、工业互联网应用走向深化

工业互联网体现了互联网等新一代信息技术与工业系统全方位深度融合，在纺织行业得到日益广泛的应用，给传统产业模式带来深刻变革。

基于互联网的远程生产监控、运维服务是工业互联网的一个应用方面。宁波慈星以针织毛衫大规模柔性制造云平台为中心，通过全成型智能横机实现个性化针织毛衫定制；福建睿能开发的横机互联网监控云平台，支持用户横机远程数据采集，运行维护数据实时跟踪等；郑纺机开发了浆纱机云服务平台，可以通过手机、电脑对浆纱机设备进行远程控制管理；上海和鹰使用的裁剪机远程监控系统可以通过互联网监控遍布全球的自动裁剪机设备，实时跟踪设备运行状态，进行远程故障诊断等。

纺织信息化40年的发展，经历了起步、推广、实现转变、较快发展、两化融合和深度融合等发展阶段，由点到面，由局部到全局，覆盖领域宽，信息技术有广泛的应用基础和较高的应用水平，对纺织工业改革开放以来的历史性发展做出了重要贡献。既是纺织工业走新型工业化道路，推进持续增长的重要途径，也是促进发展方式转变和产业结构调整的重要手段。在当前全球新一轮科技革命的浪潮中，新一代信息技术快速发展，为信息化赋予了新理念和新内容。纺织行业的新一轮信息化浪潮已经启动，智能制造、工业互联网、大数据、人工智能更将成为引领行业创新、驱动转型升级、实现高质量发展的先导力量。

（撰稿人：吴　迪）

关于授予丁水波等140名同志“改革开放40年纺织行业突出贡献人物”称号的决定

中纺联〔2018〕65号

2018年是我国改革开放40周年。纺织工业是我国市场化改革和对外开放的先锋探路者与坚定践行者，历经四十载风雨洗礼，取得了一系列举世瞩目的发展成就，涌现出一批扎根于行业深处、为行业发展奉献毕生力量的突出贡献人物。他们有的是实业报国、锐意进取的杰出企业家，有的是创新思变、传道授业的科教精英，有的是高瞻远瞩、造福一方的产业集群和专业市场建设者，还有的是无私奉献、匠心坚守的劳动模范。他们彰显了纺织行业与时俱进、追求卓越的主流价值观，筑就纺织工业由大到强、高质量发展的坚实脊梁。

值此改革开放40周年之际，为表彰他们为纺织工业发展做出的突出贡献，树立责任担当、凝聚力量的行业典范，弘扬改革创新、开放包容的时代精神，中国纺织工业联合会决定授予丁水波等140名同志“改革开放40年纺织行业突出贡献人物”称号。希望获此称号的同志再接再厉，在新的历史起点上再创佳绩。希望全行业以140名突出贡献人物为榜样，不忘初心，牢记使命，为实现全面建成纺织强国目标做出新的更大贡献。

附件：改革开放40年纺织行业突出贡献人物名单

中国纺织工业联合会

2018年10月10日

改革开放40年纺织行业突出贡献人物名单

（共140人，按姓氏笔画顺序排列）

姓名	所在单位
丁水波	特步（中国）有限公司
丁世忠	安踏体育用品有限公司
卜晓强	广州市红棉国际时装城
马建荣	申洲国际集团控股有限公司
马恩华	保定依棉集团有限公司

续表

姓名	所在单位
王广鎏	中国纺织工业设计院
王华平	东华大学
王丽梅	哈尔滨红博商业集团
王启明	泉州海天材料科技股份有限公司
王林祥	内蒙古鄂尔多斯投资控股集团有限公司
王　锐	北京服装学院
王善元	东华大学
王蕴强	北京服装学院
邓建军	黑牡丹(集团)股份有限公司
白　伦	苏州大学
朱美芳	东华大学
华冠雄	安徽华茂集团有限公司
刘元风	北京服装学院
刘曰兴	愉悦家纺有限公司
刘石祯	鲁泰纺织股份有限公司
刘生友	天纺投资控股有限公司
刘　迪	北京三联宏普新合纤技术服务股份有限公司
关海权	广东省佛山市南海区西樵镇人民政府
许煜威	浙江省海宁市人大
孙日贵	孚日控股集团股份有限公司
孙玉山	中国纺织科学研究院有限公司
孙伟挺	华孚时尚股份有限公司
孙茂健	烟台泰和新材料股份有限公司

续表

姓名	所在单位
孙晋良	上海大学
纪玉君	青岛喜盈门集团有限公司
苏寿南	上海三枪（集团）有限公司
苏瑞广	河北宁纺集团有限责任公司
李水荣	浙江荣盛控股集团有限公司
李　宁	李宁（中国）体育用品有限公司
李光明	无锡一棉纺织集团有限公司
李当岐	清华大学美术学院
李庆权	辽宁省海城市西柳市场建设管理委员会
李如成	雅戈尔集团股份有限公司
李克瑜	北京服装学院
李桂莲	大杨集团有限责任公司
李嘉禄	天津工业大学
杨　勋	真维斯国际（香港）有限公司
杨敏德	溢达集团
肖长发	天津工业大学
吴海燕	中国美术学院
邱亚夫	山东如意时尚投资控股有限公司
邱有龙	中国纺织工业设计院
邱光和	浙江森马服饰股份有限公司
邱建林	浙江恒逸集团有限公司
邱冠雄	天津工业大学
沈方勇	湖北天门纺织机械股份有限公司

续表

姓名	所在单位
沈国甫	宏达高科控股股份有限公司
沈建华	浙江华新实业集团有限公司
沈顺年	浙江中纺经编研究院
沈爱琴	万事利集团有限公司
宋心远	东华大学
宋作文	南山集团有限公司
张士平	山东魏桥创业集团有限公司
张大省	北京服装学院
张代理	青岛红领集团有限公司
张乐善	西安工程大学
张永安	福建省石狮市人民政府
张江平	宁波太平鸟时尚服饰股份有限公司
张林洪	浙江省桐乡市人大
张国良	中复神鹰碳纤维有限责任公司
张荣明	北京爱慕股份有限公司
张肇达	北京肇达·张服装设计院
陈士良	浙江桐昆控股集团有限公司
陈文兴	浙江理工大学
陈队范	山东康平纳集团有限公司
陈玉兰	即发集团有限公司
陈光威	威海光威集团有限责任公司
陈先德	成都嘉润置业集团
陈丽芬	江苏阳光集团有限公司

续表

姓名	所在单位
陈建龙	恒申控股集团有限公司
陈建华	恒力集团有限公司
陈南梁	东华大学
陈重才	北京鑫福海工贸集团
陈惠良	江苏省常熟市人大
陈瑞球	长江制衣有限公司
范建龙	苏州市吴江区中国东方丝绸市场管理委员会
郁铭芳	东华大学
尚　钢	武汉纺织大学
罗文德	中国纺织工业设计院
季国标	中国工程院
金小团	杭州宏华数码科技股份有限公司
金建华	上海培罗蒙西服公司
周少雄	福建七匹狼实业股份有限公司
周华堂	中国纺织工业设计院
周建平	海澜集团有限公司
周海江	红豆集团有限公司
周　翔	东华大学
郑永刚	杉杉控股有限公司
郑宝佑	福建省金纶高纤股份有限公司
郑敏泰	安莉芳（中国）服装有限公司
宗平生	江南大学
房宽峻	青岛大学

续表

姓名	所在单位
赵　匀	浙江理工大学
赵林中	富润控股集团有限公司
赵　强	中国纺织科学研究院有限公司
胡衍虎	浙江中国小商品城集团股份有限公司
查济民	查氏纺织集团有限公司
钟淦泉	广东省东莞市政协
侯志平	浙江大唐袜业城有限公司
俞建勇	东华大学
施楣梧	军事科学院军需工程技术研究所
闻力生	东华大学
洪天祝	天虹集团控股有限公司
姚　穆	西安工程大学
秦大乾	华芳集团有限公司
贾路桥	中国纺织科学研究院有限公司
钱月宝	江苏梦兰集团有限公司
徐卫民	江苏东渡纺织集团有限公司
徐卫林	武汉纺织大学
徐孝纯	北京纺织控股有限责任公司
高志伟	汉帛（中国）有限公司
高德康	波司登国际控股有限公司
郭大生	大连合成纤维研究院公司
诸剑明	浙江省绍兴市柯桥区人民政府
谈良春	常州市宏发纵横新材料科技股份有限公司

续表

姓名	所在单位
陶肖明	香港理工大学
黄关从	上海二纺机股份有限公司
梅自强	中国工程院
梅建华	中国纺织科学研究院有限公司
曹光彪	香港永新企业有限公司
曹建平	江苏省海门市委
曹德法	黑牡丹(集团)股份有限公司
蒋士成	仪征化纤股份有限公司
蒋高明	江南大学
程九洲	广州白马服装市场有限公司
程博闻	天津工业大学
傅万才	吉林化纤股份有限公司
傅国定	浙江金鹰股份有限公司
温增利	济南元首集团有限公司
谢振山	中原工学院
蔡民强	广东名瑞（集团）股份有限公司
谭志强	广东东莞虎门服装服饰产业管委会
缪汉根	盛虹控股集团有限公司
潘雪平	江苏金昇实业股份有限公司
戴守华	青岛凤凰印染有限公司

CNTAC

2018/2019 中国纺织工业发展报告

2018/2019 CHINA TEXTILE INDUSTRY DEVELOPMENT REPORT

强国建设

创新驱动，内生发展，加快建设新时代纺织科技强国

中国纺织工业联合会副会长　李陵申

创新是引领高质量发展的第一动力，无论是国家创新驱动发展战略和中国制造 2025，还是纺织强国“四大战略”和纺织行业“三个新定位”，科技创新必将始终处于核心地位，发挥引领作用，这也为纺织科技创新工作提出了新的更高要求。

纺织科技创新工作面临的新形势

进入21世纪以来，全球科技创新进入空前密集活跃的时期，新一轮科技革命和产业变革正方兴未艾，成为重塑世界格局、创造人类未来的主导力量。全球科技创新格局出现重大调整，正由以欧美为中心向北美、东亚、欧盟“三足鼎立”的方向加速发展。全球围绕创新生态建设的竞争更加激烈，知识产权布局与全球贸易合作、产业转移联系也更加紧密。“技术专利化、专利标准化、标准垄断化和知识产业化”已成为国际竞争优势争夺的新规则，而一国通过知识产权从外国获得的收益及使用别国知识产权所支出的费用已成为国际上衡量一国科技创新的重要指标。在美国对华发动贸易战中，知识产权成为重点关注的领域，自主创新在国际竞争中的地位更加凸显。

改革开放40年特别是党的十八大以来，以习近平总书记为核心的党中央高度重视科技创新工作，做出一系列重大部署和发展战略，中国科技创新成绩斐然。在世界知识产权组织等机构发布的2018年全球创新指数报告中，中国首次进入“最具创新力经济体”前20名。2012～2017年，我国科技创新能力显著提高，主要创新指标进入世界前列。2017年，全社会研究与试验发展（R&D）支出达到1.76万亿元，比2012年增长70.9%，是世界第二大科技投入国；全社会R&D支出占GDP比重为2.13%，超过欧盟15国2.1%的平均水平。国际科技论文总量比2012年增长 70%，居世界第二；国际科技论文被引量首次超过德国、英国，跃居世界第二。发明专利申请量和授权量世界第一，有效发明专利保有量居世界第三。科技进步贡献率从2012年52.2%升至57.5%，国家创新能力排名从 2012年第20位升至第17位。

改革开放40年以来，我国纺织科技经历了“跟跑”到“跟跑与并跑并存”再到目前“跟跑、并跑和领跑并存”三个阶段，通过一系列引进、消化吸收、再创新，全行业科技进步取得巨大成就。

一、科技创新体系建设不断完善

目前，纺织行业共有国家认定的企业技术中心61 家，分中心4家，比2012年增加16家；共有国家技术创新示范企业18家，比2012年增加17家；建立了一批国家地方联合工程研究中心、协同创新中心等，这些创新平台已成为产业集成创新的重要形式，促进了相关领域产业链上下游、生产和应用间的协作创新。

二、科技创新能力稳步提升

纺织行业研发投入持续增加，2017年，规模以上纺织企业（纺织业、纺织服装服饰业、化学纤维制造业）R&D经费支出449.74亿元，比2012年的257.06亿元增长了75%，研发投入强度达到0.69%，比2012年高0.23个百分点。研发专利大幅增长，发明和实用新型专利年度授权量增加到每年4万件以上，比2012年增长60%。

三、高水平技术成果不断涌现

改革开放40年以来，纺织工业科技成果硕果累累，共获国家级奖286项，部级奖及协会奖3168项，其中，有7项成果获得国家科学技术进步一等奖，111项获得国家科技进步或技术发明二等奖。碳纤维干喷湿纺核心技术取得重大突破，新溶剂法纤维素纤维实现了万吨级产业化；以紧密纺、喷气涡流纺为代表的新型纺纱技术取得进展；活性染料无盐染色关键技术实现了产业化应用，再生聚酯纤维物理化学法再生关键技术取得较大突破；高温过滤材料已广泛应用于钢铁、水泥、冶金、燃煤电厂、垃圾焚烧等领域，纺织基结构增强材料在航空航天、国防军工、轨道交通等轻量化工程中实现替代；以个性化定制为主要特征的服装智能制造快速发展，新型棉纺成套装备自动化、信息化水平不断提高。

四、行业培育出一大批科技人才

自2014年中华国际科学交流基金会在全国开展评选“杰出工程师”以来，纺织行业有3人被评为“杰出工程师”，12人被评为“杰出工程师鼓励奖”，1人被评为“杰出工程师青年奖”；自2006年以来，纺织行业有5人荣获“中华技能大奖”，自2003年以来共有78人获得“全国技术能手”称号；自2004年以来纺织行业有7家单位和4人获得“国家技能人才培育突出贡献奖”；有1人被评为“第二批中国高技能人才楷模”。

五、纺织供应链化学品绿色管控初见成效

自2014年起，中纺联社会责任办公室就着手研究、开发CiE化学品管控信息交换系统，逐步建立并不断完善纺织供应链化学品合规性及其高度关注物质的登记、筛查、反馈大数据系统，使其成为全球第一个采用基于供应链协作分布式记账的化学品合规管理应用系统。2016年中纺联正式推进“化学品管理创新2020行动”计划，以产业创新协作的方式加速实现行业绿色发展的目标。截至2018年9月，CiE系统帮助22家企业改善了化学品管理绩效，提高了化学品生产过程限用物质清单（MRSL）的合规性。目前已纳入合规清单的化学品供应商有32家，可追溯的化学品供应商超过200余家，登记注册的化学品达26000余支。这些成就为推动纺织服装供应链的绿色化和纺织行业绿色制造建立大数据治理机制和应用平台奠定了基础。

走进新时代，我们站在了建设纺织科技强国建设的新起点，总结成绩我们光荣自豪，分析差距我们凝心聚力。对于行业的科技创新能力，我们既不可妄自尊大，也不能妄自菲薄，保持“定力”十分重要。目前我国纺织科技水平与发达国家相比还有一定差距，特别是科技创新能力与世界纺织科技强国相比相对较弱，跟踪式研究多，领跑、原创的研究少，在一些关键领域成就与短板并存，高端科技产出比例仍然偏低，一些产业核心技术、源头技术受制于人的局面仍然没有得到根本性改变。

当前纺织科技工作新的关注点

一、智能制造为行业转型升级提供新路径

在新科技革命和新工业革命推动下，发达国家推进先进制造战略，形成以互联网为支撑的智能制造生产方式，给世界制造业带来重大影响。新兴市场国家通过加快承接产业转移，利用后发优势直接建设高水平生产线，快速提升竞争力。我国面临双重挤压的外部环境下，《中国制造2025》提出建设制造强国战略纲领，并把智能制造作为制造强国建设的主攻方向之一。当前，中国特色社会主义建设进入新时代，我国经济正处于从“量的积累”到“质的飞越”的关键时期，绿色科技、人工智能、生态保护等新蓝海亟待开拓，质量、效率、动力

“三大变革”亟待实现。虽然我们已经告别了短缺经济时代，却又面临着不平衡不充分发展的困扰；虽然“中国制造”已行销全世界，可“中国创造”才刚刚破茧而出。如果说高速增长阶段对纺织科技的需求是更好地发挥我国的比较优势、实现效率驱动，高质量发展阶段对纺织科技的需求则是通过原始创新孕育颠覆性的新技术，进而更好地发挥竞争优势，实现创新驱动。十九大报告将互联网、大数据、人工智能等作为加快发展先进制造业、建设现代经济体系和制造强国的重要技术支撑。在新时代，纺织工业要实现高质量发展，不断满足人民日益增长的美好生活需要，推进智能制造无疑是一个十分重要的物质基础。智能制造不仅是纺织强国建设的重要内容之一，也是推动纺织工业成为创新驱动科技产业的重要路径。

二、军民融合为自主创新发展创造新机遇

军民融合发展作为一项国家战略，关乎国家安全和经济发展全局。我国经济正处在转变发展方式、优化经济结构、转换增长动力的攻关期，发挥国防建设对经济建设的溢出效应和拉动效应，推动军用技术、人才、设施等向国民经济领域开放、溢出、转化，打造发展新引擎，拓展行业新空间，培育发展新动能，促进供给侧结构性改革，推动纺织行业质量变革、效率变革、动力变革，对于增强行业创新力和竞争力、加快建设纺织强国具有战略意义。通过军转民、民参军，在更广范围、更高层次、更深程度上把国防和军队现代化建设与行业发展结合起来，为实现国防和军队现代化以及纺织工业新的经济增长点提供丰厚的资源和可持续发展后劲。从科技层面讲，军民融合要以发展军民两用技术为核心，建立军民融合科技创新体系，促进军民两个领域的双向技术交流，实现军民双赢。

三、团体标准成为推进高质量发展新工具

标准是科技成果与实践经验的总结，是人类文明的结晶。同时，标准化又是科技成果固化与推广最经济的重要途径。培育发展团体标准是国务院2015 年《深化标准化工作改革方案》确立的重大改革措施之一，新《标准化法》中进一步明确了团体标准的法律地位。团体标准作为我国新型标准体系的重要组成和市场标准体系的主体成分，能够快速满足市场与创新对标准的需求，提供有效标准供给。更重要的是，团体标准可与国家标准和行业标准相互补充，相得益彰，为高品质消费提供先进标准选择，为满足行业高质量发展提供多元标准支撑，从而成为推进行业高质量发展的新工具。

下一阶段行业科技创新的重点推进领域

一、纤维新材料技术

加快高性能纤维的制备技术研发与应用，突破高性能、高功能碳纤维，高强度、低成本聚酰亚胺纤维，低蠕变超高分子量聚乙烯，高强、高模对位芳纶，柔性陶瓷纳米纤维等关键技术；大力推进生物基纤维技术开发与应用，突破生物基化学纤维关键装备制造、工艺及原料产业化技术瓶颈；发展量大面广化纤品类的高效柔性、多功能加工关键技术及装备，实现高仿真、差别化、功能性纤维的规模化生产技术等。

二、绿色制造技术

加快少水染整、泡沫染色、高速数码印花等先进染整产业化关键技术及装备的研发；进一步提升冷轧堆、小浴比、低盐低碱染色技术以及高效、低成本的三废治理技术；开展有机溶剂、超临界二氧化碳等非水介质染色技术的探索性研究；开发等离子体处理、激光处理、新型物理加工整理技术；推

动废旧纺织品资源循环利用，开发生态环保纺织化学品以及从源头减少污染物产生的新技术等。

三、高性能产业用纺织品技术

推进高性能产业用纺织材料结构设计与应用机理研究，加强非织造材料加工技术及装备研发等工作。重点研究生物医用纺织品的开发与临床应用技术；突破耐高温、耐化学性过滤材料、中空纤维液体分离反渗透膜材料、双组分熔喷非织造高效过滤材料新技术；重点突破高强抗老化聚丙烯土工材料，垃圾填埋专用环保生态高性能土工膜和防渗材料关键技术；突破高性能纤维复合材料预制体多轴向编织、三维立体编织技术等。

四、先进纺织装备技术

重点突破基于信息化技术的纺织机械设计制造的集成化、模块化、自动化关键技术。重点研究新型纺织装备设计制造工艺理论与技术、智能化纺织机械控制技术、纺织机械测试方法、纺织装备专用基础件制造与强化技术；研究先进的机械加工、表面处理和热处理工艺，提高机器制造与装配水平；推进先进纺织装备智能制造与网络协同制造、大规模个性化定制、远程运维服务等新模式的对接与融合技术等。

五、纺织智能制造技术

重点推进纺织行业生产过程智能化技术，不断完善纺纱、化纤长丝、印染、非织造布、针织、服装、家纺等自动化、智能化关键技术；开发和完善基于物联网在线监测技术，进一步增强在线质量监控功能；推广生产物流信息化系统，提高生产线各个环节连接的自动化程度；突破各种应用系统的综合集成技术，充分发挥生产线的整体效率；着力开发知识获取和优化决策的关键技术，实现行业包括设计、研发、生产、管理、物流、营销和服务等全产业链业务的智能化水平等。

下一步行业科技创新的重点推动工作

一、加强纺织科技顶层设计，提升行业自主创新能力

一要突出和强化创新的第一动力和战略支撑作用，把科技创新放在纺织强国建设四大战略目标和“科技、时尚、绿色”行业新定位的核心位置，更加突出自主创新能力建设，发挥科技创新对产业发展的引领和战略支撑作用。二要瞄准世界纺织科技前沿，紧扣纺织工业发展需求，围绕纺织行业“十三五”发展规划和强国建设总体目标，聚焦行业重大共性关键技术和应用基础研究，加快推进科技成果转化应用，力争在共性关键技术方面取得实质性突破，先进适用技术在全行业推广取得明显成效，推进纺织技术装备、自主创新、产品开发水平和能力全面提升。三要强化基础研究，着力原始创新，提高行业科技的持续创新能力。基础研究是科学之本、技术之源，是提升原始创新能力的根本途径，也是建设世界纺织科技强国的根基。我们要加强对未来可能产生重大变革影响的颠覆性技术的研判，进行战略谋划，找准方向、加快布局。四要在行业研发活动的基础研究、应用研究和试验发展三个阶段均衡发力，着力突破一批纺织行业关键核心技术。同时，强化高端引领，增加科技供给，培养创新发展新动能，通过梳理纺织科技强国建设所取得的重大成就部署下一阶段的科技创新路线图，在纤维新材料、高技术纺织品、高端装备、绿色制造等关键领域前瞻布局、超前研究，夯实纺织科技创新的基础支撑。努力实现到 2020 年中国的纺织科技水平迈入世界纺织科技强国的行列；到 2025 年中国的纺织科技创新与技术进步水平，综合实力进入

世界纺织科技强国前列的目标。

二、借力智能制造军民融合，提升行业科技创新效率内涵

深入实施制造强国战略，重点瞄准智能制造主攻方向和主战场，围绕数字化、网络化和智能化关键技术，聚焦各行业急需解决的智能制造重大问题进行攻关，推动纺织智能制造关键技术取得突破性进展，为行业智能转型升级提供有力的科技支撑。要以智能车间（工厂）为突破口，推动全产业链协同创新，加快推进化纤长丝、纺纱、针织、非织造、染整、服装和家纺“七条线”示范建设取得实质性进展。全面贯彻实施军民融合国家战略，深入推动军转民、民参军，在纺织各个领域推进军民融合科技创新体系，重点发展军民两用技术，促进军民双向技术交流，打造纺织科技自主创新新引擎。未来，纺织行业将以供给侧结构性改革为主线，建立完善、统一、高效、开放的纺织军民科技协同创新体系，推动技术、人才、信息、管理等创新要素全面融合，在高性能纤维、高功能纺织新材料、高性能纺织复合材料和智能纺织品等方面进行基础研究和核心技术攻关，为纺织行业服务国防和军队建设打下坚实的科技基础。积极配合国家相关部门做好行业军民融合的协调和组织工作，推荐纺织行业军民融合重点企业和产品目录，搭建高质量军民融合平台，及时反映行业军民融合诉求，进一步开展军民标准一体化工作，与有关部门共同组织军民融合相关行业培训。

三、加强科技创新机制建设，激发科技协同创新驱动力

要充分发挥高校和科研院所的主力军作用，着力纺织科学基础理论的完善和创新，着力纺织高端和前沿技术发展趋势研究，着力行业关键共性技术解决路径研究，着力推进纺织科技成果转化平台及评价体系建设，着力行业科技创新体系建设及运行机制理论与实践研究。以技术孵化、市场对接、知识产权保护为重点，加快国家级工程研究中心、重点实验室、企业技术中心等创新主体以及公共服务体系建设推进工作，构建高效协同的创新研发体系，提高行业科技创新的整体效能。建立完善以企业为主体、市场为导向、产学研用深度融合的技术创新平台，打造科技人才汇聚高地，提升行业科技要素协同创新能力。加强科研人才的国际交流合作，通过建立联合实验室、开展联合研究项目等，实现创新资源高效利用。

四、加强标准化基础能力建设，为高质量发展提供标准支撑

全面推进纺织高质量发展，必须坚持标准引领。要积极实施标准化战略，以标准助力创新发展、协调发展、绿色发展、开放发展、共享发展。推进纺织国家标准、行业标准体系优化和公益回归，保证标准基本供给；大力加强团体标准和企业标准等市场标准体系建设，为市场和创新提供有效标准供给，全面推进新型纺织标准体系建设，助力中国制造向中国创造、中国速度向中国质量、中国产品向中国品牌三大转变。

五、扩大先进技术装备应用，提升行业发展质量和效率

协助政府部门在行业内开展强基工程、新材料工程、智能制造示范、单项冠军、绿色工厂等专项工作。引导企业加大科技创新投入和技术改造力度，扩大数字化、智能化装备的应用，提高新材料、新技术对消费升级产品研发的支撑能力。开展节能减排与资源综合利用先进适用技术筛选和推广，增加绿色设计产品的有效供给。围绕中小企业

技术创新发展需要，加强公共技术服务平台建设，梳理中小企业先进适用技术，积极开展推广服务。

六、加强人才第一资源建设，释放纺织创新内生动力

科技创新，人才为本。实现纺织科技、绿色、时尚新发展，要建设高素质教师队伍、高质量人才培养体系，聚焦“培养人”这一根本使命，抓住振兴本科教育这一核心，推进纺织院校“双一流”建设工作，全面提高人才培养能力。拓宽人才培养模式，既要培养高层次的行业领军人才，也要加强基层专业技术人才队伍建设，努力造就一批能够把握世界纺织科技大势、善于统筹协调的大师和领军人才。创新人才评价机制，构建具有国际竞争力的引才用才机制，实现行业人才的充分涌流。加大对广大纺织科研人员、企业家和创业者的激励力度，充分释放行业科技创新的内生动力。

（本文根据李陵申副会长在纺织之光2018年中国纺织工业联合会科技教育奖励大会上的讲话整理）

《纺织工业发展规划（2016～2020年）》中期评估报告

中国纺织工业联合会课题组

到2018年底，由工业和信息化部发布的《纺织工业发展规划（2016～2020年）》（以下简称《规划》）已经实施过半。为了客观评价《规划》实施的效果，并在“十三五”新形势下，分析纺织工业由高速增长向高质量增长转变过程中呈现的新特点、遇到的新问题，根据工业和信息化部消费品司的委托，中国纺织工业联合会组织对《规划》执行情况进行中期评估，总结行业发展经验，并为《规划》后续落实提供方向性指导依据。

“十三五”以来纺织工业发展情况及《规划》目标进展

“十三五”以来，我国纺织工业深入推进供给侧结构性改革，努力适应复杂多变的外部形势，积极落实高质量发展要求，推进结构调整和产业升级，行业总体保持了平稳运行。但由于国内外发展环境发生深刻复杂变化，纺织行业全部完成《规划》目标的压力较大。

一、规模效益保持增长

2016～2018年，我国纺织行业规模以上企业主营业务收入同比分别增长4.1%、4.2%和2.9%；利润总额同比分别增长4.5%、6.9%和8.0%；2016和2017年利润率基本保持在5.5%左右，2018年由于统计范围调整，利润率为5.2%，较同批企业2017年同期水平略有提升。2016～2018年，我国规模以上纺织企业工业增加值增长速度分别为4.9%、4.8%和2.9%，增长水平低于《规划》目标增速。2018年，我国纺织纤维加工量5460万吨，较2015年增长3%，年均增长1%，占全球纤维加工总量的50%以上。

整体来看，纺织行业总量增长速度指标明显趋缓，虽然低于《规划》预期增长水平，但行业发展逐渐向质量效益型转变，符合《规划》目标方向。

二、出口结构持续调整

纺织行业出口结构持续优化，受到国际市场需求疲弱、竞争加剧等因素影响，“十三五”以来，我国纺织品服装出口一度负增长，2016年纺织品服装出口总额同比下降7.2%。此后，行业积极推进结构调整，适应出口形势，扭转了出口疲弱势头，2017年出口额同比增长1.6%，2018年出口总额达到2788.0亿美元，同比增长1.6%，出口基本完成《规划》目标。

产业链整体竞争力进一步增强，2015～2017年，我国纺织纱线出口竞争力指数从8.6%逐步提升至17.6%；纺织织物出口竞争力指数从80.8%逐步提升至82.8%；纺织制品出口竞争力指数从83.5%提升至84%。根据WTO数据，2017年我国纺织品服装出口占世界纺织品服装出口总额的比重为34.8%，稳居世界第一位。

三、运行质量持续调整

2017年，规模以上纺织企业总资产周转率为1.48次/年，比2015年1.56次/年减慢了5.1%。2018年，规模以上纺织企业总资产周转率为

1.2次/年，周转速度继续放缓，表明行业资金周转压力较大。

2017年，我国纺织行业三费比例为6.5%，较2015年6.2%有所提高；2018年，我国纺织行业三费比例水平继续提升为7.4%，表明行业管理压力较大，渠道拓展、融资支出等成本压力逐渐提升。

四、产品结构调整优化

2015年、2016年及2017年我国产业用纺织品行业纤维加工量分别为1340万吨、1450万吨及1508万吨，年均增长6.1%。衣着用、家用及产业用三大终端产品纤维消耗量比重由2015年的46.4：28.1：25.5调整为2017年的45.5：27.6：26.9，三大终端产品纤维消费结构调整向《规划》目标稳步推进。

“十三五”以来，高品质、功能性、智能化产品开发力度持续加大。2017年，棉纺行业新型纱线产量占比达到12.7%，比2015年增加4.3%。化纤行业产品差别化率达到63.1%，比2015年增加5.5%，高性能纤维和生物基纤维发展取得突破性进展。产业用纺织品的品种更加丰富，适应更多应用领域；服装定制化服务更加丰富，家用纺织品通过“科技+文化”积极推进品种多元化。

五、品牌培育体系逐步完善

《品牌培育管理体系实施指南 纺织行业》行业标准（FZ/T01142—2018）正式发布，并于2018年9月1日起实施，该标准更适合企业根据不同细分行业的特点来把握标准的需求和关注程度，更加注重体系构建的实操性。

品牌专业人才队伍逐步壮大，品牌运营管理、造型设计、陈列设计、面料设计等专业化人才培养工作持续推进，品牌服务水平和国际运行能力也有明显提升。一批知名品牌逐渐形成，品牌企业价值影响力也有所提升，“2018中国纺织服装品牌价值50强”品牌价值较2016年提升40%。

六、创新能力进一步提升

“十三五”以来，纺织行业在科技创新体系建设方面取得较大进展，创新能力进一步提升，新建了一批技术创新平台。突破了一批关键共性技术，涌现出一批优秀的科技创新成果，2016～2017年共有7项成果获国家科学技术奖，202项成果获中国纺织工业联合会科技进步奖，这些成果对于促进行业科技进步和可持续发展发挥了重要作用。

2017年，规模以上纺织企业研发投入强度为0.7%，其中化纤行业的研发投入强度达到1.3%，较2015年研发投入比例继续提升。“十三五”以来，我国纺织行业发明专利授权量年均增长13.8%，略低于《规划》目标15%的年均增长水平。2017年，我国规模以上纺织企业全员劳动生产率达80.1万元/人，较2015年增长8.8%，年均增长4.3%，受行业经济增速放缓影响，劳动生产率提升速度低于《规划》预期目标。

重点任务推动进度

《规划》以促进纺织工业转型升级和创造竞争新优势为目的，提出产业创新、“三品”战略、智能制造、绿色发展、区域协调、企业综合实力六大重点任务，全行业协同推进，取得显著成效。

一、产业创新能力不断提升

（一）科技创新体系建设进展较快

2016～2017年，纺织行业新增国家认定企业技术中心5家，国家技术创新示范企业4家，国家地方联合工程研究中心3家，其他形式的协同创新中心、科技创新服务平台等也发展较快。新成立了中国碳纤维复合材料应用技术创新联盟、中国服装智能制造技术创新战略联盟等9个产业技术创新联盟。

军民融合发展取得积极成效，行业积极承接军队科研项目，研究成果实现产业化应用；分析研究了708项国家标准及现有国家军用标准（纺织领域）的应用领域及产品的民用需求，完成了纺织行业军用标准体系表编制工作；企业积极将NBC防护技术、野营帐篷、大口径储排水管罐等应用到应急管理项目。

（二）关键技术不断突破

纺织行业在化纤新材料、绿色染整加工、产业用纺织品、智能制造等关键技术研发方面进展明显。高强型碳纤维、对位芳纶、聚酰亚胺等高性能纤维以及聚乳酸、壳聚糖、新型溶剂法纤维素纤维等生物基纤维达到国际先进水平，低给液染色、超临界二氧化碳流体染色、液氨染色等绿色染整加工技术取得突破，三维立体织造关键技术研究取得显著进展，非织造功能整理的方法与装备已接近国际先进水平。

（三）模式创新持续推动

纺织行业信息化建设取得较大进展，更多企业引入企业资源管理（ERP）系统进行管控；引入生产制造执行（MES）系统，提高生产精细化管理程度和产品质量。规模化定制、高级定制等新生产组织方式不断发展，基于新技术的新商业模式不断涌现。大型骨干企业以主导业务为中心，建设电子商务平台，优化采购供应链，创新业务流程，效率大幅提升。

二、“三品”战略推进实施

（一）产品供给结构持续优化

“十三五”期间，通过技术创新和设计开发，纺织产品的个性化、差异化水平不断提高。纤维材料不断开发差别化、功能性新品种；棉纺新型纱线产量占比12.7%，比2015年提高4.3个百分点；服装产品进一步功能细分，时尚化演进步伐加快；家纺产品进一步满足时尚、养老和健康等升级需求。智能纤维、织物及服装等关键技术研发有序推进，运动智能内衣、人体健康监测床垫等产品进入市场。产业用纺织品应用领域进一步拓展，高性能纤维在国防军工、安全防护、高温过滤等领域的应用增多，壳聚糖纤维在医卫领域实现高值化应用。

（二）质量保障能力稳步提升

纺织行业广泛普及ISO 9001质量管理体系，开展职业技能大赛等活动，弘扬培育纺织行业工匠精神及企业家精神。稳步推进群众性质量管理工作，加强小组、班组新标准宣贯，树立行业质量标杆。根据2016～2017年国家质检总局对8大类产品质量监督抽查结果，床上用品、针织内衣、运动（休闲）服装产品的抽查合格率均保持在90%以上；儿童及婴幼儿服装、女式内衣产品的抽查合格率在80%～90%。

（三）标准体系不断完善

“十三五”时期，纺织行业制修订完成并发布实施了418项标准（其中国标121项，行标297项），与《规划》直接相关的重点标准64项。制定发布了16项CNTAC团体标准。完成采用国际标准项目28项，“十三五”以来转化率达到86.2%，较“十二五”末提高了近5个百分点。

（四）品牌建设扎实推进

服装和家纺品牌培育工程持续展开，2016年确定120家“重点跟踪培育的服装家纺自主品牌”企业。补充完善《纺织行业品牌培育管理体系 通用要求》行业标准（FZ/T 01119—2013），制定《品牌培育管理体系实施指南 纺织行业》行业标准（FZ/T 01142—2018）。持续举办各类品牌活动，建立传统工艺工作站、举办中国纺织非遗大会，启动纺织服装创意设计园区试点示范工作。

三、纺织智能制造快速发展

（一）自动化、数字化、智能化纺织装备的开发有效推进

新溶剂法纤维素纤维装备年产万吨级以上国产化成套设备、工业化规模的碳纤维成套设备、印染生产线数字化监控系统等科技攻关项目已完成并推向市场，短流程纺纱关键设备、自动传经机等一批新型纺织装备和关键技术正在研发。仪器制造企业不断研发新型仪器和在线检测装置，以满足检测需求。互联网通信技术应用到仪器产品中，使仪器向高端化、智能化方向发展。新开发的数据专家分析系统运用采集的大数据分析质量指标，为纺织服装生产工艺的改进提供数据依据。

（二）智能工厂（车间）建设持续推进

一批优势企业积极应用智能制造技术及装备，生产效率不断提升。2016年，行业建成第一个数字化纺纱车间，该数字化棉纺成套装备取得多项创新成果，技术水平达到国际领先。化纤长丝、印染、产业用纺织品、针织、服装和家纺等领域的智能制造试点工作也不断推进，2018年5月中纺联发布了23个智能制造试点示范项目。

（三）大规模个性化定制发展迅速

服装行业标准化体系日益完善，标准建设修订工作加快。成立了中国服装协会标准化技术委员会，推动发展团体标准和企业标准。服装标准国际合作加强，国际标准转化加速。

目前涉及定制服务的服装企业已超200家。大型服装企业不断进行技术改造和企业创新，互联网定制企业积极搭建线上交互平台，加强定制产业资源融合发展，成为中国服装规模化定制的重要力量。家纺行业在建立“大数据”推进定制服务和建设智慧门店等方面取得长足进步。

四、绿色发展稳步前进

（一）绿色制造基础管理有所加强

纺织行业推进了一批产品能耗限额、取水定额、节水型企业及废旧纺织品再利用相关标准制定，完善节能与综合利用领域标准体系建设。研究发布《再生涤纶行业产品碳足迹评价类别规范》，开展化纤重点行业生命周期绿色评价，编制清洁生产标准体系，制定发布绿色制造规范。全面开展绿色纤维认证工作，截至目前已有21家化纤企业获得绿色纤维认证。

启动化纤被回收再利用试点活动，成立废旧家纺再利用产业联盟，举办中国家居产业绿色供应链论坛，积极推广“旧衣零抛弃”，建立废旧物回收利用体系，积极推广节能减排技术。

（二）先进绿色制造技术有效推广

印染低浴比和低给液染色、针织物平幅连续染色等待突破技术取得进展，圆网/平网+数码喷墨联合印花等先进印花技术应用面扩大。废水膜处理技术应用日趋成熟，定型机煤改中压蒸汽、煤改天然气等新型能源改造取得巨大成绩，印染废气治理技术不断提高并推广应用。2015～2017年，印染行业单位产品水耗下降11.1%，水重复利用率由30%提高到40%。

棉纺绿色制造相关技术装备应用进一步扩大，2017年棉纺织纱、布综合能耗比2015年分别下降1.2%、3.5%，色织企业吨纱新水取水量低于限定值16.7%，聚乙烯醇（PVA）浆料使用占比已下降到20%左右。化纤行业加快制造方式的绿色转型，大力推广高性能纤维及制品回收再利用等技术，重点突破原液着色化学纤维的技术水平，2017年化纤单位产品综合能耗、取水量、废水及化学需氧量（CODcr）排放相比2015年分别下降3.9%、9.2%、12%和2.1%。

（三）加快构建绿色制造体系

纺织行业以企业为建设主体，以绿色设计产

品、绿色工厂、绿色园区、绿色供应链为绿色制造体系，促进全产业链和产品全生命周期绿色发展。

出台《绿色设计评价技术规范 丝绸（蚕丝）制品》《绿色设计评价技术规范 羊绒针织制品》两项团体标准，7个产品进入工信部绿色设计产品目录，一批绿色设计产品正在编制起草。成立绿色制造产业创新联盟，为纺织绿色发展提供行业优秀企业团体基础。正在制定绿色工厂相关团体标准，14家纺织企业进入工信部绿色工厂名录中。绿色园区创建相关工作还未开展。在羊绒行业尝试开展绿色供应链管理相关标准化工作。

五、国际国内区域协调发展

（一）东部地区积极发挥引领作用

目前，我国纺织行业75%左右的生产力分布在东部地区，化纤和印染布的产量分别占全国的91.5%和95.8%。纱、布和服装产量分别占全国的58.2%、75.7%和76.1%。2016～2017年，东部10省规模以上纺织企业固定资产投资累计完成额为15158.3亿元，占全国的比重为57.5%。东部地区广泛吸收和统筹国内外优势创新资源，在技术研发、高端制造等价值链高端环节均有突破。印染行业更集中于东部沿海五省，企业就地整治提升，工业园布局集约发展，绍兴柯桥、杭州萧山、福建石狮等已经或计划搬迁入园。

（二）中西部地区产业链配套逐步完善

“十三五”期间，中部地区规模以上纱、布和服装产量分别占全国的33.8%、19.4%和19.9%。截至2017年末，共有44家中西部地区园区成为中纺联产业转移试点园区。西部地区利用羊毛、羊绒资源持续提升毛纺产业链制造水平。依托蚕丝资源，茧丝绸行业已基本实现“东丝西移”。新疆纺织服装产能快速增长，已建成棉纺约1500万锭，一批化纤、服装、产业用项目落地发展，全产业链共吸纳就业40余万人。东西部扶贫协作和对口支援进一步增强，纺织产业转移对精准扶贫发挥了重要作用。

（三）纺织国际化发展水平稳步提升

2016～2017年纺织工业对外投资总额达38.4亿美元，高于“十二五”期间整体对外投资额1.6亿美元，其中，纺织业、服装服饰业及化纤业投资额分别为27.7亿美元、7.9亿美元和2.8亿美元。“生产力跨国布局”与“全球优质资源配置”打造行业提升国际化水平的总体路径。海外生产力布局日益呈现“中国大陆+东南亚+非洲”模式，重点开展与越南、柬埔寨、埃塞俄比亚等新兴市场及“一带一路”沿线国家和地区产能合作。纺织产业资本通过海外直接投资与并购加速原料、设计研发、品牌和市场渠道相关资源配置，终端消费品牌海外并购表现突出。

（四）产业集群优化升级步伐加快

截至2017年末，与中纺联建立试点关系的纺织产业集群共209家，其中，规上纺织企业16814户，实现工业总产值31228.7亿元，主营业务收入30371.5亿元，利润总额1815.1亿元。集群内规上企业的主营业务收入占纺织行业规上企业的44.1%，利润总额占比48.2%。其中，柯桥、常熟、盛泽等10个产业集群试点地区年主营业务收入已过千亿元。

园区建设加快推动区域纺织产业发展和升级，有13家纺织专业园区获工信部“国家新型工业化产业示范基地”称号，20家园区和平台入选工信部纺织服装创意设计试点园区（平台），44家中西部地区园区成为中纺联产业转移试点园区。电子商务平台促进专业市场和集群企业信息互通，“产城融合”推动专业市场升级，特色小镇建设取得积极进展。“十三五”期间，纺织行业共产生13个省级以上特色小镇。

六、企业综合实力稳步提升

（一）技术改造取得积极进展

纺织各行业先进适用技术得到推广应用，产品质量、效率及能效环保大幅提升。棉纺、印染行业数字化、智能化装备水平提升显著，数10家企业已完成数字化车间建设。工业支撑软件智能化水平不断提升，生产管理软件功能更趋完善。纺织行业清洁生产和绿色制造水平持续提升，单位产品能耗、物耗、取水量和主要污染物排放水平均进一步降低。化纤、棉纺、印染、化纤长丝织造行业根据相关法律法规和强制性标准实现有序关停退出。

（二）大中小企业发展协调性得到进一步提升

龙头企业、品牌企业加快实施兼并重组，企业竞争力突出。2017年，聚酯行业产能集中度达到42.7%，较2015年提高了5.5个百分点。化纤龙头企业加速向产业链上游延伸，聚酯行业已实现全产业链一体化运作模式。中小企业更专注于特定细分产品市场、技术领域和客户需求，走“专精特新”发展道路。“十三五”以来，共14家纺织企业被工信部列为“制造业单项冠军示范企业”，3家被工信部列为“制造业单项冠军培育企业”。大中小企业协作不断深化，利用科技创新、产业链协作等产业协同平台，促进企业优势互补。

（三）发展服务型制造取得初步成效

三维人体测量系统、计算机辅助设计（CAD）系统、生产制造数控集成系统（计算机辅助制造CAM、柔性制造系统FMS）等信息化管理系统不断完善，与数据库技术创新结合应用，服装大规模定制技术逐步成熟。家纺行业打造全品类家居和个性化整体软装的“产品+服务”模式，加快推动服务功能向渠道流通领域延伸拓展。大型骨干企业开展电子商务平台建设探索，自主开发升级IT系统，实现实体店与网上商城货物联通，优化电商退换货等消费体验。专业市场积极采取社群营销等新型营销模式，走个性化、多样化、品质化路线。

（四）企业管理创新能力有所提升

纺织行业现代企业制度建设更趋完善，企业组织结构网络化、扁平化、平台化深入发展，供应链管理的柔性化、精细化、高效化水平持续提升。广泛普及5S现场管理规范和卓越绩效管理模式，企业科学决策水平不断提高。社会责任管理体系建设与社会责任信息披露工作取得积极进展，全面修订CSC9000T纺织服装社会责任管理体系，在服装、家纺、印染、化纤和产业用5大行业全面推广应用在线工具。

重点领域发展情况

一、化纤行业创新开发能力不断增强

化纤行业创新能力和产业化技术取得阶段性成果，深入实施工业强基工程，基础技术工艺有效加强，多个项目获得国家级奖项，部分产品打破了国外垄断，填补了国内空白。聚乳酸产业创新发展联盟、生物基聚酰胺产业技术创新战略联盟、再生纤维素纤维行业绿色发展联盟等联盟的成立，推动了行业上下游协同发展。行业产品差别化率达到63.1%，品种更加丰富，高性能纤维和生物基纤维取得突破性进展，产能分别达到12万吨和40万吨。深入开展中国纤维流行趋势，加大企业研发力度，促使纤维产品种类和功能的多样化。

二、产业用纺织品应用领域不断拓展

产业用纺织品领域加大了新型纤维材料的应用，同时提高了非织造、机织、三维编织、复合材料等技术和装备的研发与产业化应用水平。根据国家战略及行业特点，推动建立了技术创新联盟，相继与医疗卫生、土工建筑、交通运输、环保等行业

建立了标准工作沟通机制，制定产业链企业共同参加的标准，促进产业用纺织品各领域的协同创新，提高了产品质量和安全水平，拓展了产品应用范围。

三、天然纤维开发利用水平持续提升

2018年，纺织行业棉花加工量达到755万吨，“十三五”以来，年均增长率为2.6%，随着棉花政策的调整以及棉纺市场需求的回暖，棉花消费量稳步回升。行业大力推广紧密纺、赛络纺等新型纺纱技术，差别化纱线产量占比提高。毛纺企业创新了国内土种毛加工技术，扩大了国毛的使用。丝绸产品及技术各方面加大了研发力度，不断实现产业化应用，雄蚕丝和天然彩色蚕丝产品分别填补国内外市场空白。积极推动麻纺行业特色创新技术的研发和推广，进一步强化麻纺行业标准体系建设，在消费者中扩大麻产品的健康、时尚特性宣传。

四、服装家纺行业模式不断创新

服装企业充分发挥新技术优势，发展基于互联网的协同创新制造新模式，实现了关键环节集成，以及系统管理的数字化、信息化和智能化，推动企业生产系统迭代式革新，提高企业生产效率。营销模式不断创新，尤其注重线上线下融合发展。服装规模化定制企业聚焦市场需求，进一步细化差异化定位；注重品牌建设，创新品牌发展模式。家纺行业以资源跨界整合、向服务型制造业转型、配套渠道创新等手段使“大家居”模式初见成效。

五、高端纺织机械制造质量稳步提高

纺织机械行业重点研发数字化、智能化、高质、高效新型纺织机械成套装备的同时，全面提升纺织机械的制造水平，研发高质量、高可靠性的纺织机械专用基础件。

纺机企业积极进行技术改造，购置先进纺机加工设备、钣金设备和工业机器人，引进MES系统构建企业信息网络和管理系统等。基于信息物理系统（CPS）和工业互联网建设装备数字化工厂，实现多品种个性化定制、柔性化生产和生产全过程监控，实现加工零部件自动转运、仓储。

政策措施实施效果

“十三五”以来，《规划》确定的六项政策措施总体得到有序落实，其中，改善市场环境、加强财税支持、强化人才保障等政策有所推进，棉花调控政策调整进度基本符合预期，行业协会作用得到充分发挥。但扩大产业用纺织品应用、降低商业渠道费用等政策未能有效落实；纺织企业反映，税负重、融资难融资贵、电商市场不规范等问题依然存在，国内高品质棉花短缺问题日益突出，相关政策措施仍需加强落实或改进完善。

一、市场发展环境得到积极优化

有关政府部门积极落实国家关于转变政府职能、深化“放管服”改革等要求，不断改善营商环境，行政管理手续进一步简化，市场竞争监管措施有所增加，对外投资服务逐步完善，但实体零售渠道费用过高问题仍然突出，电子商务仍需加强规范。

二、财税金融支持措施有序推进

国家财税金融政策将实体经济、先进制造业作为重点予以支持，对纺织新材料等重点领域的财政支持措施有序落实，出台多项降税减费、融资支持措施，积极探索产融合作新路径。但纺织企业普遍认为税负仍然偏重，融资难、融资贵问题并没有实质性改进。

三、棉花调控政策逐步改善

棉花调控政策逐步改进，在增加国内棉花供给、稳定市场价格方面发挥正面作用，棉花进口管理政策改革有所突破。但国储棉轮出过程中还存在一些现实问题，国内高等级棉花短缺矛盾日益突出，加快棉花管理政策改革需求紧迫。

四、产业用纺织品应用推广机制仍待加快推进

纺织行业层面积极推动产业用纺织品相关跨部门沟通对接，促进行业提升发展质量与效率，扩大相关产品应用。但是，针对产业用纺织品应用的政府层面跨部门沟通对接进展仍然缓慢。将一次性医用纺织品纳入医保、开展重点农业用纺织品使用补贴等政策建议提出多年仍无实际进展，应急用纺织品的实物储备和企业生产能力储备机制尚未建立，军民融合机制建设仍有待推进。

五、人才建设工作取得进展

纺织行业将人才队伍建设作为推进转型升级的重要基础保障，积极加强行业引导与推进工作，不断增加创新人才培养平台，发展人才培育体系，鼓励技术工人传承工匠精神，有关政府部门及产、学、研机构也发挥重要支持与推动作用。

六、行业协会作用进一步增强

中纺联积极加快自身改革发展，充分发挥桥梁纽带作用，依托市场激励机制提升面向政府、行业与企业的服务能力，更好履行政府决策服务与行业公共管理职能，为纺织行业深化转型升级与推动高质量发展提供支撑与保障。

未来面临的机遇挑战

“十三五”后半期，我国处于全面建成小康社会的决胜阶段，人民美好生活需要赋予纺织工业较大的市场空间，高速发展转向高质量发展催生转型升级的内在需求，信息化与工业化深度融合为纺织工业供给侧改革提供丰富的手段，“一带一路”倡议释放国际贸易合作新动能，行业发展迎来黄金窗口期。然而，国际经贸形势更趋复杂，成本制约与环保压力倒逼行业加速转型，纺织工业将贯彻“十九大”精神，围绕社会主要矛盾解决行业不平衡不充分发展问题，为迈入第二个百年——建设社会主义现代化国家创造良好开端。

一、市场需求逐渐增强，纤维消费稳定增长

全球经济较快复苏，纤维消费需求温和增长。2017年全球纤维需求量为1亿吨，考虑到贸易保护主义的影响，按照年均1%的保守增速推算，2018～2020年纤维需求量仍有接近200万吨的增量。

国内经济平稳增长，内需是拉动行业增长主力。2018年全国最终消费支出对经济增长的贡献率达76.2%，高出“十二五”期间平均水平22.7个百分点，“十三五”后半期消费的贡献作用将进一步提高。2020年，我国人均GDP将超过1万美元，我国内需纤维消费增量将占到全球的四分之一，人均纤维消费达到25千克左右，消费需求多元化、个性化特征更加突出。

二、迈入高质量发展新时代，冲刺纺织强国目标

我国经济进入高速增长向高质量发展转型的新时代，纺织工业将在中低速区间内平稳运行。替代规模指标增速，劳动生产率、产能利用率、产成品周转

率、能耗水耗等体现高质量发展的指标将更受关注。

信息技术深度融合，智能制造加速推进，纺织行业将在产品开发、供应链管理、生产制造、仓储物流等方面获取发展新动能，开创制造新模式和商业新业态。

三、纺织品服装消费加速升级，应用领域进一步拓展

城乡居民收入增加，中等收入群体扩大，衣着消费将加速升级。“三品”战略将深入推进，纺织工业要在品质、品种、品牌方面挖掘消费升级热点，进一步细分市场需求，同时适应舒适优越的高端消费和产品丰富的大众消费需求。

化纤及产业用产品应用领域进一步拓展。医疗卫生、智能健康、康复护理用纺织品需求快速提升，应急和公共安全用纺织品应用领域也将扩大。军民融合发展上升为国家战略，在航天强国等关键领域实现军民共建。“十三五”末，产业用纺织品纤维消费在三大终端领域占比将接近30%。

四、对外开放深入发展，构建国际贸易合作新格局

对外贸易格局更加多极化，纺织品出口竞争力稳定。我国出口“一带一路”沿线国家纺织品服装占全行业出口比重超过1/3，未来将成为纺织工业出口增长新动能，出口增量贡献度可超70%。区别于美日欧市场以服装终端消费为主，“一带一路”市场产业链配套产品占比较大。

国际产能合作步伐加快，跨国企业集团持续增加。截止目前，纺织行业对外投资快速增长，已初步形成“海外原料供给、中国+东南亚+非洲国家制造基地、欧美日设计+品牌+渠道资源整合”的国际化产业布局。“十三五”后半期，国内制造成本仍然较高，贸易环境有所恶化，纺织服装企业对外投资诉求有所增加，海外产能布局步伐将加快。纺织工业对外投资领域将从纺纱、服装制造向织造、印染等中间环节扩展，跨国共建产业园模式将进一步发展，纺织跨国企业集团将逐渐增多。

五、成本压力持续增加，生产要素制约加剧

纺织行业面临的综合制造成本压力将持续增长。全球通胀预期增强，棉花、对苯二甲酸（PTA）、印染染料等原辅料价格将随大宗商品温和上涨。人工成本压力将快速显现，行业融资成本、财务费用增长压力明显加大，燃料动力、物流费用等成本也将上涨，对企业降本增效形成挑战。

六、国际贸易环境风险增加，国际市场竞争更加激烈

中美贸易摩擦持续升级增加国际贸易环境风险，对纺织行业短期影响是相关产品市场份额将被替代，中长期影响是可能引发全球纺织供应链体系重构，若影响显现，将会导致“十三五”后半期行业生产、投资、出口等指标增速进一步放缓。

来自于发达国家和发展中国家的双重竞争形势将更加激烈。发达国家占据价值链高端的垄断地位不会改变，制造能力也快速提升。孟加拉、印度和越南等发展中国家处于生产能力快速扩张阶段，在国际市场份额呈明显增长趋势。2017年，我国纺织品服装出口占全球份额为34.8%，较市场份额最高年份已下降3.2个百分点，预计“十三五”后半期国际市场份额仍将小幅下降。

下一步规划实施重点内容

一、《规划》实施中存在的主要问题

（一）科技创新能力仍然不足

纺织企业研发投入总体仍然偏低，创新型学术带头人数量不能满足行业发展规模的需要，基础理论研究和多学科综合研究能力薄弱。国家级创新主体数量少，资源分散，在前沿研究、基础材料、原创技术等方面仍然薄弱。纺织产业技术联盟协同创新能力仍然不足，中小企业创新能力不足问题仍然突出，研发人员数量少且占比低，研发资金缺乏，研发团队稳定性较差。

（二）品牌建设进程仍需加快

纺织行业自主品牌建设还处于发展进程中，品牌的战略定位、文化融合、运行模式等方面都需要不断创新，品牌的消费者认可度和国际影响力还需要时间的积累。品牌管理人才队伍建设较为缓慢，每年培训的品牌运营管理人才与实际需求从数量上难以匹配。行业直接对接中小企业的品牌相关服务还缺少有效的模式。传统文化和产业融合发展存在难度。纺织品服装品牌的国际化进程在人才、资金、技术和经验等方面都面临诸多困难。

（三）资源环境压力日趋加大

纺织企业普遍面临持续增加的环保压力，环保资金投入不断加大，外部因素的不确定性使部分企业在环保技改项目上主动性和积极性不高，长期规划和进一步发展的意愿不强。纺织企业开展环保类技改项目普遍存在资金短缺困难，技术和管理人才缺乏的影响越发明显。

（四）国际市场不确定性增加

2018年以来中美贸易摩擦不断升级，美国公布的拟对中国输美产品加征关税清单中，涉及近1000个税号的纺织品，但由于不包含服装和大部分家纺产品，短期看对纺织行业的影响有限，长期看对我国纺织行业的国际竞争力和发展潜力会有较大影响。随着越南、孟加拉以及非洲部分国家纺织产业的快速发展，我国纺织品服装的国际竞争地位受到严峻挑战。

（五）体制机制制约仍然存在

棉花管理体制的市场化改革仍需进一步推进，进口配额、滑准税、收放储等政策直接影响国内外棉价差及高品质棉花的稳定供应，给企业生产经营带来较大不确定性从而影响产业的国际市场竞争力。营商环境方面，降税减负、鼓励创新相关政策和执行机制仍需优化，仍需进一步推动税负偏高、融资难融资贵、实体零售渠道费用高、电子商务管理仍需规范等方面改革措施的制订和实施。

（六）部分规划目标完成压力较大

“十三五”前半期，纺织行业增长速度低于规划值，未来两年预计速度放缓的趋势仍将持续，但仍将保持在平稳发展的区间范围内，科技创新、产品结构调整、质量品牌和绿色发展等目标在全行业的积极努力下有信心可以实现规划目标。

二、促进《规划》实施的政策建议

（一）加强财税金融政策扶持与产业政策指导

强化财政扶持政策的重点突破和行业示范作用，继续利用好国家现有财政专项资金，对纺织绿色制造、智能制造、纺织新材料等重点领域关键技术研发应用给予扶持，着力补齐行业技术短板，有效破解绿色环保瓶颈。进一步出台减轻企业税负的普惠性政策。强化落实国家对实体经济的融资扶持政策，深度推进产融结。加强转型升级与投资重点方向指导，及时修订各种产业政策和技术目录。

（二）进一步改善企业发展环境

完善国内商业环境，加强质量、知识产权保护、电子商务等方面的监管。改进环保监管措施，有差异性地进行管理，避免“一刀切”。保持人民币汇率走势相对平稳。加强社会舆论引导，充分认可纺织行业在各方面的积极贡献作用，帮助制造企业在融资、投资、环保、招工等方面获得公平待遇。

（三）大力推进棉花管理体制改革

完善棉花进口管理。逐步扩大棉花进口配额，并适时取消进口配额管理。改革配额发放方法，实行公开申领管理。建立国内外棉花价差预警和动态平衡机制，达到合理调节国内棉价、保障市场有序运行的效果。建立有效运行的企业社会信用体系，规范企业生产经营行为，构建公平竞争环境。

落实好新疆棉目标价补贴政策，优化管理措施，在保障棉农基本收益的基础上，鼓励扩大高品质棉花种植。继续采取措施支持先进种植与采摘技术、设施推广应用，提高新疆棉种植效率，保证种植面积和产量基本稳定。

（四）扩大产业用纺织品应用

进一步推动建立跨部门、跨行业协调机制，建立上下游协同开发重点项目。进一步拓展内需应用，协调有关政府部门，将一次性医用纺织品纳入医保项目，完善应急产品政府采购以及实物储备和产能储备机制，动生态环保农业用纺织品应用补贴政策，制修订特殊职业安全防护用纺织品的应用标准要求。

深入推动纺织军民融合，组建工业主管政府部门与军队的工作协调机制，推动纺织行业与军方单位定期交流，编制纺织军工配套企业和重点产品目录，建立高性能纤维材料军民研发合作项目，加强对军队采购的国产化要求。

（五）妥善应对中美贸易摩擦

建议有关政府部门通过开放、合作的方式稳定中美贸易关系，控制中美贸易摩擦不要进一步升级，避免严重冲击产业发展和社会就业，同时加强应对中美贸易摩擦的政策措施预案。

积极扩大内需与开拓多元国际市场，引导纺织企业落实“三品”战略，依托“一带一路”倡议加快双、多边经贸合作与自由贸易区建设，扩大出口贸易。支持纺织行业会展平台建设，打造国际一流的专业展会，为企业开拓国际市场提供有力支撑。

三、促进《规划》实施的重点工作

（一）加快向高质量发展转型

进一步整合资源加快科技创新平台建设，加快突破新材料、绿色制造、智能制造等重点难点技术，重视人才队伍建设和品牌国际化进程的推进。加快研发具有自主知识产权的关键装置和核心部件，建成示范工程。加快少水染整和污染物零排放技术的研发进度，大力推广各种先进适用绿色技术。突破制约瓶颈，使高性能产品性能达到国际先进水平，推进生物基单体高效制备技术，在战略新材料产业用纺织品、环境保护产业用纺织品、健康养老用纺织品、应急和公共安全用纺织品、“一带一路”配套用纺织材料等方面继续推进相关重点工程的实施。

（二）以创新为重点提升国际竞争力

继续促进自主品牌创新发展，研究消费升级趋势，融合传统文化内涵，提升创意设计水平，提高市场适应能力，全面履行社会责任，完善自主品牌价值，尽快形成一批国际化的服装家纺品牌。进一步提升纺织企业在全球整合资源的能力，形成一批跨国运营的纺织服装产业集团。积极发挥海外展会平台作用支撑企业国际化发展，促进国内优质制造企业更好对接国际品牌资源，并加快“一带一路”重点国家纺织服装专业展览平台的建设步伐。

（三）加快信息化改造和智能制造步伐

加快纺织行业智能工厂（车间）建设进程。智能化纺纱逐步实现生产全自动化，建立生产高效物流系统、空调和能源自动监控，实现纺纱质量逆向可追溯。化纤长丝智能生产全流程实现智能化数字化，生产全过程信息可追溯。智能化印染初步解决ERP、MES、SFC之间信息流不连通问题，印染车间系统与ERP系统连接，实现SFC系统采集的部分数据能够直接进入工厂信息网络。智能化非织造布生产，重点推进国产自主非织造智能装备和软件系统的应用，推动纺粘、水刺和针刺非织造布智能生产线推广应用。服装和家纺行业进一步推广个性化定制和批量定制，通过大数据和智能制造实现消费者个性化订单的低成本生产，运用各种互联网技术形成智能化、信息化服装和家纺生产整体方案。

（四）进一步推进绿色制造进程

扩大节能节水环保技术应用，提升绿色制造水平，进一步淘汰落后产能，加快技术改造，创新工艺技术。重点开发高质量纺织品染整技术、功能性纺织品染整技术、多组分纺织品染整技术、高色牢度纺织品染整技术和新型纤维染整技术，鼓励采用高效低耗、提升产品品质的印染工艺设备，加强工艺技术与产品设计研发的融合。研发应用印染行业智能制造技术，包括在线检测技术、数字化自动化技术和MES系统等。开发推广废旧纺织品、瓶片物理法、化学法高值化技术，扩大和提高废旧纺织品再利用水平。继续完善行业节能环保标准体系，发展专业化的节能环保公共服务体系。

（五）推进产业用纺织品进一步发展

加快高性能产业用纺织品重点工程的实施进程。发展战略新材料产业用纺织品，重点发展多层多向机织技术、高厚高密正交机织预制体技术、内压辅助RTM技术等。扩大环境保护产业用纺织品应用，在钢铁、水泥、冶金、垃圾焚烧等领域组织一批高温过滤纺织品示范应用项目。筹建海藻酸盐材料应用技术联盟，结合壳聚糖材料联盟基础，共同开展功能性海洋生物纺织材料技术研究。在冶金、电力、消防等领域开展防电弧、防坠落、防高温熔融金属溅射等功能纺织材料应用示范，并积极推动安全防护用纺织品检测公共服务平台建设。加强新型复合土工滤垫、绳带缆网、土工布、卫生用品、非织造布、篷帆材料等产品推广和相关项目落地，扩大对“一带一路”国家出口。

（撰稿人：华　珊　刘　欣　赵明霞　白　婧　张　倩　陈小倩　牛爽欣）

2018年中国纺织服装品牌发展报告

中国纺织工业联合会品牌工作办公室

品牌建设在国民经济中占据愈加重要的战略地位，近几年，国家领导人多次就品牌建设工作做出重要指示，在全国乃至全世界引发更加广泛的关注。习近平总书记提出要“推动中国制造向中国创造转变、中国速度向中国质量转变、中国产品向中国品牌转变”，为推动我国产业结构转型升级、打造中国品牌指明了方向、目标、任务和路径，具有重大而深远的意义。李克强总理对2018年中国品牌日活动做出批示：“加强品牌建设，增加优质供给，是实现高质量发展、更好满足人民群众对美好生活需要的重要内容。”在纺织全行业，品牌建设受到广泛、深度的关注，在各方共同努力下取得了积极进展，产品品质不断提高，品牌培育管理能力持续增强，新技术、新产品、新制造为纺织经济创造新价值，新零售、新商业、新模式，为行业发展带来新动能，全产业链协同共创中国纺织服装品牌的新格局已经形成。

品牌建设形成新格局

在国家战略引导和市场竞争机制的共同作用下，中国纺织服装行业逐渐形成了加工制造品牌、终端消费品牌、区域品牌三大板块。加工制造品牌汇集了化纤、纺纱、织布、印染、纺机、产业用纺织品企业，以及以服装和家纺产品代加工为主的企业；终端消费品牌企业包括拥有自主品牌且面向终端消费者的服装、家纺品牌企业；区域品牌是指在某区域范围内形成的具有相当规模，具有较高的市场占有率和较大影响力、较强的品牌建设能力的企业及其所属品牌的商誉总和。品牌不仅仅是终端消费品的专属，已逐渐渗透到产业链前端，一批优势加工制造品牌成为行业高质量发展的生力军。40个优势加工制造品牌入围工业和信息化部、中国纺织工业联合会“重点跟踪培育纺织服装品牌企业”（2018版）。据中国商业联合会统计，活跃在国内主要城市的服装家纺终端品牌已达1.2万个，品牌差异化、个性化发展趋势和消费要求愈加明显。

品牌建设取得新成绩

在互联网技术高速发展、消费市场日新月异的背景下，品牌发展迎来新时代。数字化、信息化、智能化时代已经迎来，并逐渐融入智能制造、数字化管理、新零售模式、高品质输出等品牌建设的各个环节。新时代下，中国纺织服装品牌不断创新，品牌建设取得新成绩。

一、品牌运行质效进一步提升

工业和信息化部、中国纺织工业联合会2018年下半年开展的“纺织服装品牌建设调查”（以下简称“品牌调查”）显示，331家样本企业（其中加工制造品牌215家，终端消费品牌116家）销售收入明显增长，2018年上半年主营业务收入增长8.3%，26.2%的企业增长率超过20%。盈利保持较高水平，上半年样本企业利润总额增长7.9%，其中终端消费品牌企业增长13.9%；利润率7.9%，终端消费品牌企业为8.9%，比2017年、2016年分别提升0.3、0.8个百分点。研发设计能力进一步增强，上半年样本企业研发投入额1493万元，同比增长15%；投入强度2.29%，比2017年提高0.28个点；专职研发设计人员112人，占职工人数的5.63%，提高0.12个点。终端店铺坪效明显提高，上半年样本企业国内直营店增长17.3%，非直营店、国外店铺增长2.4%、6.8%。线上销售仍有较高速度增长，上半年样本企业线上销售额平均为6612万元，增长29.3%；线上销售占比10.9%，同比增加0.7个点。国家统计局数据显示，2018年全国穿类消费网上零售额增长22.0%。

二、创意设计与产品品质水平更上一层

2018年，269个品牌、近280位设计师通过中国国际时装周舞台，举办了156场专业发布和4项专业赛事活动，充分展示了中国服装品牌的优秀原创设计能力、科技与文化承载力。26个纤维品牌十大类纤维入选2018/2019“中国纤维流行趋势”，体现了环保、匠心、科技、智创的核心价值；已建成20家中国纺织面料流行趋势研究与发布中心；在2018年国际时尚家居流行趋势发布中，入选的中国产品占52%，中国企业占44%，充分说明了中国产品已拥有较高的创新能力和品质水平，愈加符合国际潮流趋势。777家企业入围中国国际纺织面料设计大赛（第39届、40届），36家企业基于注重科技创新、材料应用、生态环保、工艺品质等优势，获最佳荣誉奖及单项奖；341套品牌产品入选“张謇杯”2018中国国际家纺产品设计大赛，18家企业的产品获得金银铜奖，4家企业获得“中国家纺品牌产品文化概念奖”，体现出当下家纺产品设计与品质的兼容并蓄。

三、品牌培育管理能力得到系统化增强

加工制造品牌在产品创新、智能化生产、可持续发展等方面的能力日渐提升；终端消费品牌在设计创新、品牌细化延伸、运营模式创新等方面不断寻求突破，呈现出百花齐放的新面貌。120家企业入围工业和信息化部、中国纺织工业联合会“重点跟踪培育纺织服装品牌企业”（2018版），其中制造品牌40家，终端消费品牌80家；共11个地区入围中国纺织工业联合会区域品牌试点，2018年新增6个；共30个创意园区（平台）成为工业和信息化部纺织服装创意设计试点园区（平台），2018年新增10个。

品牌建设呈现新特点

一、加工制造品牌：以产品创新和智慧生产创建品牌优势

新时代下，纺织全行业已由高速增长阶段转向高质量发展阶段，优化产业结构、转变发展方式、转换增长动力成为产业发展的重要任务，未来，智慧将成为品牌经济新红利。对于加工制造品牌来说，新时代带来的新机遇和新要求，主要体现在技术工艺创新、产品品质提升、生产管理高效，最终转化为优质资源在产业链上的高质量、可持续协同与供应。

（一）科技创新推进高质量发展

科技是品牌发展的硬实力，对于加工制造品牌来说，科技创新的作用更是举足轻重，成为创建优质加工制造品牌、提升企业核心竞争力的重要抓手。品牌调查显示，2018年上半年，215家加工制造品牌样本企业研发设计人员增长4.6%，研发设计投入增长5.5%。18.6%的企业研发设计投入强度超过5%，平均利润率达9.6%，而投入强度在5%以下的企业平均利润率为7.1%，两部分企业利润率相差2.5个百分点。

（二）智能制造带来高效化运营

智能制造是产业转型升级、实现新旧动能转换的新引擎，智慧化生产、智能化管理、智能化装备成为智能制造的有机组成。品牌调查显示，86%的加工制造品牌企业正在加强研发投入，着力于关键

生产工序数控化建设，9.3%的企业已实现工序全部数控化，这部分企业上半年研发投入额平均为4047万元，明显高于部分数控化企业1216万元的研发投入额，更远远超过未开展数控化建设企业153万元的平均研发投入额。智能制造、智慧生产是大势所趋，未来我国将全面构建智能经济社会，人工智能应用程度将进一步提高，带动产业规模继续放大。

（三）社会责任成就可持续发展

履行社会责任，成为创建加工制造品牌、取得可持续发展不可或缺的重要组成，涵盖人本责任、环境责任、市场责任建设，对于企业管理来说是内外兼修的过程。从内部来说，是提升企业生产管理能力、职工团队建设水平、企业核心竞争力的重要抓手；从外部来说，是提高品牌信任度及企业形象、推进供应链良性发展、改善优化产业环境的重要手段。品牌调查显示，84%的企业正在推进社会责任或诚信建设工作，34%的企业已经建立社会责任体系或诚信体系。

二、终端消费品牌：以新消费为导向不断创新运营

信息技术革命在革新品牌运营管理模式的同时，也带来了全民消费方式的颠覆式变革。品牌与消费二者是相互促进的关系，品牌在顺应消费趋势的同时，也在引导消费。

（一）优势品牌进入良性增长期

经过近几年的不断创新与转型调整，一批优势终端消费品牌已实现了产品端、品牌运营及渠道布局的质变，进入良性增长期。品牌调查显示，终端品牌企业着重提升设计创新能力，2018年上半年，116家样本企业新品销售额增长11.7%，研发设计人员增长5.2%，研发设计投入增长31.6%，33.6%的企业增速超过20%；从坪效来看，国内直营店坪效取得17.3%的高增长，非直营店、海外店铺分别提升2.4%、6.8%；线上依然维持高增长，平均网上销售额为6612万元，增长29.3%，占终端销售总额的10.9%，较2017年同期增加0.7个百分点，较2017年全年略有回落，实体店开始进入更趋良性的发展轨道。

（二）大数据革新品牌运营管理

全球数据量正在呈现指数级增长。据国际数据公司IDC预计，2020年全球数据总量将达44ZB，中国数据量将达到8060EB，占全球数据总量的18%（1ZB约等于1万亿GB，1EB约等于10亿GB）。大数据对于纺织服装品牌运营带来的推动，可体现在精细化运营与营销、用户洞察与体验优化、产品设计与定价、流行趋势预测、品牌战略分析等多个维度。通过累积数据资产，借助庞大的实时数据信息流，以大数据即时掌控和预判市场需求和流行趋势，在降低运营成本的同时，可实现管理快速化、敏捷化与柔性化，构建高效供应链与品牌运营管理网络。

（三）全民消费迎来颠覆式变革

消费高端化、个性化和多元化升级趋势更加凸显，追求便利、热衷娱乐、紧随潮流、彰显个性成为年轻一代消费者的新特性，年轻态、时尚化、网红款商品备受青睐。数字经济已成为中国经济转型的重要方向之一，未来的消费者，将以“数字消费者”这一新的身份出现，值得品牌运营管理者重新审视和衡量，从经营产品转向经营用户，从数据运营转向运营数据。

新消费方式呈现以下几大特征。

1.双线化消费趋势明显

新零售给传统零售赋予新的生机和活力，线上与线下不再是单纯的竞争关系，很多品牌将线上作为线下店的有益带动。中华全国商业信息中心统计数据显示，2018年全国重点大型零售企业服装零售

额累计增长0.9%，增速较2017年放缓4.5个百分点；国家统计局数据显示，2018年穿类商品线上消费增长22.0%，增速逐月放缓。中国互联网络信息中心数据显示，2018年底，我国网民规模达8.29亿，同比提升3.8个百分点，全年新增网民5653万；网络购物用户规模达6.10亿，年增长率为14.4%；网络视频用户规模为6.12亿，使用率为73.9%，短视频应用迅速崛起，成为品牌营销推广的新平台。

2.社交化消费成为趋势

年轻消费者普遍追求自我，同时对网络有着很高的依赖度，因此，传统媒介等单方向、强推型的信息传播作用逐渐弱化，而各类小程序、短视频、拼团拼购、分享开店、社交媒体等社交型的双向传播媒介，能够与他们进行情感上的沟通，“社交+电商”模式吸引着新生代消费群体。例如，嫁接了社交元素的支付宝“码上双11　攒码瓜分11亿”活动，引发全民“抢红包”热潮。一些实体门店也已经有所动作，为消费者创建社交圈，增加品牌与消费者的触点，提供休闲娱乐的场所，引领当代时尚生活方式。

3.体验式消费备受关注

科技创新对于品牌的改变不仅体现在产品的创新上，还为终端店铺的升级改造带来了颠覆性变革。基于大数据分析捕捉消费习惯、提供着装指导、提升消费体验的智慧门店、智能量衣试衣系统备受欢迎；打破行业界限、跨界展销、以风格分类的大家居时尚生活体验馆，更能吸引消费者的眼球，带来一站式消费的时尚化与便捷化。

4.服务型消费加码“懒人经济”

新消费时代的主要特征是，从解决温饱、满足基本物质需求，过渡到追求心理上的满足和精神上的享受。互联网技术创新，将服务转化为可购买的品类，使服务型消费成为热点，成为品牌溢价的要素之一。“懒人经济”由此而生，消费者愿意为省事省力的服务型消费买单，为各种到家服务买单。

三、区域品牌：打造集体与个体互融互利的载体和平台

在品牌建设的新格局下，基于区域经济的品牌孵化平台作用更加凸显，区域品牌与个体品牌的关系愈加紧密，区域品牌成为个体品牌的重要载体，而个体品牌成为区域品牌的有机组成。

（一）区域品牌与品牌企业互相促进

区域品牌在引领区域经济的同时，与加工制造品牌、终端消费品牌发展形成相互带动、相互依托的良性互促关系。产业集群是区域品牌的重要承载，全国209个纺织产业集群共集聚了20万户纺织企业，2017年主营业务收入已超过3.8万亿元，产业集群区域品牌建设工作愈加受到重视。截止目前，共11个地区入围中国纺织工业联合会区域品牌试点范围，2018年新增的6个区域品牌试点地区总规模已达2079亿元，较2017年增长10.6%，平均利润率达7.1%，高于纺织全行业利润率水平，共汇聚了7902家企业，其中包括多家优势品牌企业。

（二）创意园区成为重要的品牌孵化器

创意设计园区集聚与输出丰富的创意资源，成为创新设计类品牌、互联网品牌的孵化平台，同时，汇集了一批优势品牌企业，发挥着愈加重要的引领带动作用。经工业和信息化部认定的“纺织服装创意设计试点园区（平台）”已达30家，遍布全国16个省、直辖市、计划单列市，对于创意设计能力提升、自主品牌孵化、创意资源对接、创意产品转化的作用日趋提升。入驻28家实体园区（平台）的设计机构共3661家，入驻纺织服装设计师1.3万人，网签设计师1.4万人，服务纺织服装企业1.5万多家，孵化品牌800多个。2家互联网平台入驻设计师约8万人，服务纺织服装企业及商户约2.5万家。

（撰稿人：惠露露）

纺织行业绿色制造标准体系研究

中国纺织工业联合会环境保护与
资源节约促进委员会

绿色发展是构建现代化经济体系的必然要求，协同推动产业发展与生态环境保护，是促进社会经济高质量发展的根本之策。“加强污染防治和生态建设，大力推动绿色发展”被列为2019年政府工作十大任务之一。

我国是纺织服装大国，经过几十年的努力，已建成了门类较为齐全、结构较为完整的产业体系，制造规模稳居世界第一。然而，与世界先进水平相比，我国纺织服装业的资源环境问题仍较为突出，尚未进入可持续发展的良性循环阶段。特别是在产业深度融合背景下，生产制造过程的连续性、相关性特征在不断增强，纺织服装业绿色发展模式朝着系统性、综合性方向发展，需要建立相应的标准体系作为有力支撑。

纺织行业绿色制造标准体系构建

一、标准体系的构建思路和原则

（一）构建思路

2016年8月，《工业和通信业“十三五”技术标准体系建设方案》编制工作全面启动，绿色制造标准体系建设是其中一项重要的任务。该标准体系与节能、节水、清洁生产、资源再生等领域标准体系相辅相成、互相补充，是指导当前和今后一定时期内标准制修订和科学管理的重要依据。2018年1月，新修订的《中华人民共和国标准化法》开始实施，标志着中国标准化工作正在进入强化法制管理的新阶段，标准化正在成为中国实现社会经济高质量发展的重要基础之一。绿色制造标准体系的构建，需要对现行节能与综合利用领域相关标准进行系统梳理、查缺补漏。同时，根据国家和产业对于生态文明建设的要求，结合当前一段时期行业绿色发展的重点工作，提出“十三五”期间标准化工作的目标和标准制修订项目。

依据纺织工业转型升级规划要求，针对纺织工业在产品研发、设计、生产、使用、废弃以及综合利用等环节的标准化需求建立标准体系顶层框架。与纺织产品标准体系和纺织装备标准体系一样，绿色制造标准体系是纺织行业节能与综合利用标准体系的有机组成部分，是落实绿色制造战略任务和实施行业管理职能的基础支撑。

（二）构建原则

纺织行业绿色制造标准体系的构建应坚持“继承性、引导性、系统性、先进性”四项基本原则。

继承性：梳理现行和在研标准，延续已有的技术标准体系和已发布的国家标准、行业标准，并适时的进行修订，确保新时期体系建设与已有的标准化工作基础协调、衔接。

引导性：结合现阶段及未来一段时期内，行业绿色发展的重点任务，完善标准顶层设计，补充未来3～5年要制定的国家标准、行业标准和团体标准，引导行业绿色发展。

系统性：全面覆盖产业绿色化相关的各个领域，系统考虑生命周期、制造流程、产业链条，系统考虑产品、工厂、供应链、园区，系统考虑投入、产出等各个维度的资源能源消耗和环境排放。

先进性：充分借鉴国外标准绿色化工作基础和发展趋势，推动绿色技术和管理创新路径选择及创新成果转化，提高我国纺织行业标准国际化水平。

二、标准体系的构建模型

《绿色制造标准体系建设指南》指出，工业和通信业绿色制造标准体系由综合基础、绿色产品、绿色工厂、绿色企业、绿色园区、绿色供应链和绿色评价与服务七部分构成。综合基础是绿色制造实施的基础与保障，产品是绿色制造的成果输出，工厂是绿色制造的实施主体和最小单元，企业是绿色制造的顶层设计主体，供应链是绿色制造各环节的链接，园区是绿色制造的综合体，服务与评价是绿色制造的持续改进手段。绿色制造标准体系构建模型如图1所示。

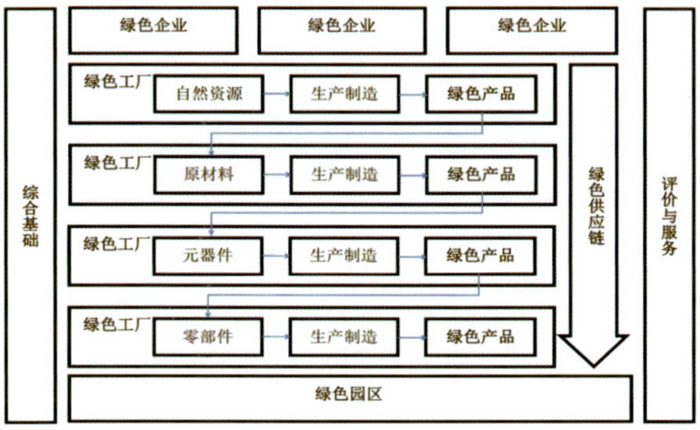

资料来源：《绿色制造标准体系建设指南》

图1 绿色制造标准体系构建模型

三、标准体系框架

依据工业行业绿色制造标准体系构建模型和纺织行业节能与综合利用领域标准编制的基础，纺织行业绿色制造标准体系也分为综合基础、绿色产品、绿色工厂、绿色企业、绿色园区、绿色供应链和绿色评价与服务七个子体系。其中绿色设计产品、绿色工厂、绿色园区、绿色供应链子体系对应《中国制造2025》提出“积极构建绿色制造体系”的重点工作，是制造业开展绿色化建设的重点对象。工业和信息化部发布的《绿色制造工程实施指南》中明确提出，到2020年，我国绿色制造能力稳步提高，初步建成较为完善的绿色制造相关评价标准体系和认证机制，创建百家绿色工业园区、千家绿色示范工厂、推广万种绿色产品和一批绿色供应链示范企业，绿色制造市场化推进机制基本形成。纺织行业绿色制造标准体系框架如图2 所示。

绿色设计产品、绿色工厂、绿色园区和绿色供应链四个子体系的内涵如下。

1、绿色设计产品子体系是以产品生命周期为主线，全面考虑产品资源环境影响因素，按照产品设计、生产、使用、废弃等流程建设子体系。是为鼓励企业推行绿色设计，引导绿色生产和绿色消费而制定的标准。

2、绿色工厂子体系是考虑工厂生产运行的资源消耗和环境排放，按照工厂生产业务流程建设子体系。是为实现工厂用地集约化、生产洁净化、废物资源化、能源低碳化而制定的标准。

3、绿色园区子体系从宏观布局和微观协调方面，考虑能源供应和环境污染控制耦合与共享，按照园区运作流程建设子体系。是为推进工业园区产业耦合，实现资源、能源内循环而制定的标准。

4、绿色供应链子体系考虑制造业各环节的资源环境影响，以制造业上下游供应关系为主线建设子体系。是为建立以资源节约、环境友好为导向的采购、生产、营销、回收及物流体系，落实生产者责任延伸制度而制定的标准。

国内外绿色制造标准化现状

国内外标准化工作中已有的工作成果，可以作为纺织行业构建绿色制造标准体系的参考和借鉴。各领域现状如下。

一、绿色设计产品领域

绿色设计产品标准化工作经历了从单一维度到多维度、定性与定量逐步融合的发展过程。2015

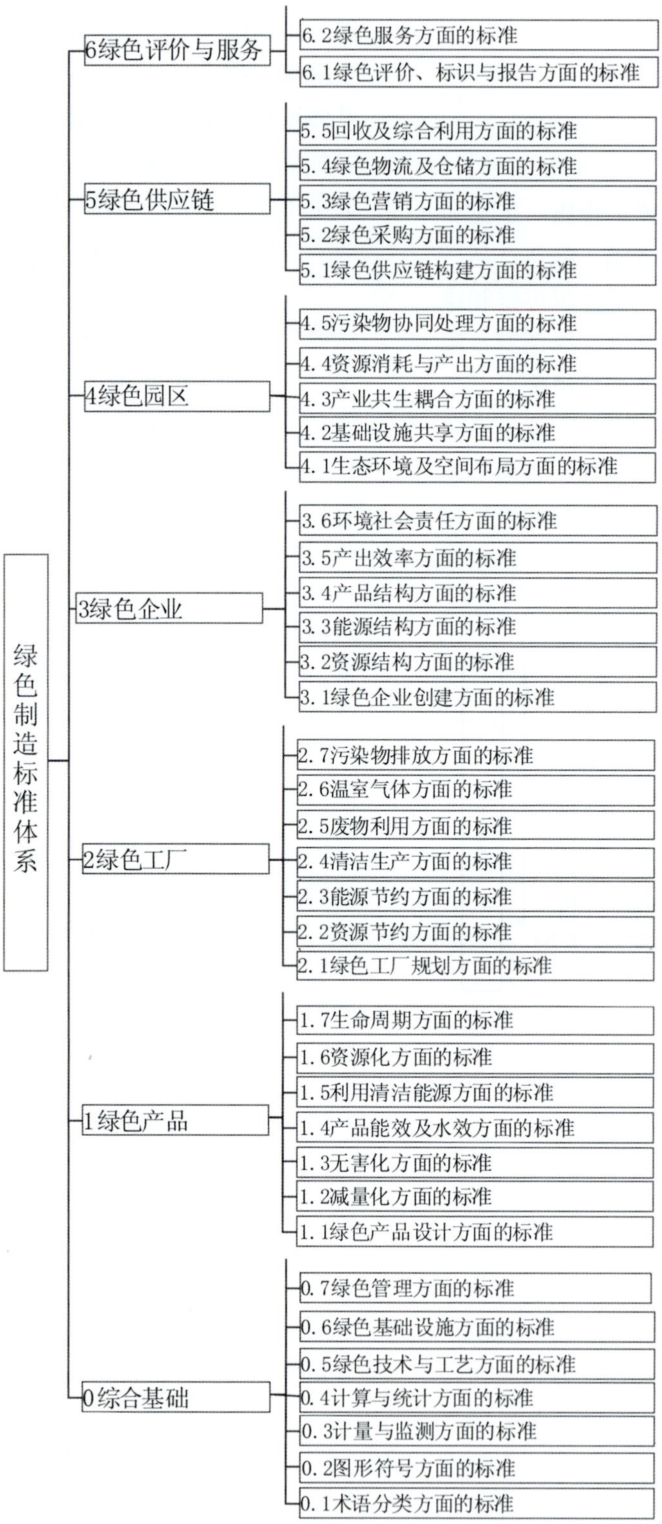

资料来源：《绿色制造标准体系建设指南》

图2 纺织行业绿色制造标准体系框架

年，国务院印发的《生态文明体制改革总体方案》也提出将目前分头设立的环保、节能、节水、循环、低碳、再生、有机等产品统一整合为绿色产品。在有害物质限制使用方面，欧盟关于电子电器设备中限制使用有害物质的指令（RoHS）及配套标准是有害物质管控的引领者，我国也制定了HJ/T 307《环境标志产品技术要求 生态纺织品》、GB/T 18885《生态纺织品技术要求》等有害物质限量要求、测试、标识、管理等标准。在综合管控方面，欧盟产品环境足迹（PEF）基于生命周期评价方法从定量角度综合规范了绿色产品，我国发布的GB/T 32161—2015《生态设计产品评价通则》标准，从定性和定量两个角度综合评价产品全生命周期的资源环境影响，指导工业产品的绿色设计和制造。

二、绿色工厂领域

国际国外标准主要从环境管理、能源管理和温室气体等方面引导工厂降低资源环境影响，部分发达国家发布了综合管控绿色工厂的政策或标准。国际标准化组织发布的ISO 14001:2015《环境管理体系要求及使用指南》、ISO 50001:2011《能源管理体系要求》及ISO 14064:2004 温室气体排放系列标准分别从环境管理、能源管理和温室气体排放量化及核查等方面引导工厂节能减排，我国已转化了其中的多数标准。在综合性规范方面，欧盟组织环境足迹（OEF）技术规范将组织活动作为一个整体，评价与组织提供的商品和服务相关的所有活动对资源环境的影响。我国发布的GB/T 36132—2018《绿色工厂评价通则》是促进工厂绿色化的重要标准依据。标准明确了绿色工厂术语定义，从基本要求、基础设施、管理体系、能源资源投入、产品、环境排放、绩效等方面，按照“厂房集约化、原料无害化、生产洁净化、废物资源化、能源低碳化”的原则，建立了绿色工厂系统评价指标体系，提出了绿色工厂评价通用要求。标准的发布将有利于引导广大企业创建绿色工厂，推动工业绿色转型升级，实现绿色发展。

三、绿色园区领域

国际上关于绿色园区的工作主要集中在建设和规划方面，美国硅谷、日本筑波科技城等国外高新产业园区，德国布来梅物流园区、日本和平岛物流园区等物流园区，为各国园区发展提供参考。我国制定发布了HJ 274—2015《国家生态工业示范园区标准》，并通过国家低碳工业园区试点、园区循环化改造、国家生态工业示范园区、国家新型工业化产业示范基地等专项工作的推动，建立了一批低碳、循环、生态示范园区。

四、绿色供应链领域

在绿色供应链领域，国际上广泛采用由生产者责任组织（PROs）建立共用的产品回收体系的生产者责任延伸实现方式。2017年6月，国家标准化管理委员会正式发布了GB/T 33635《绿色制造 制造企业绿色供应链管理 导则》，这是我国首次制定并发布绿色供应链相关标准。2019年1月，工信部同时发布了机械、汽车和电子电器三个行业绿色供应链管理企业评价指标体系标准。这些标准的发布对于引导制造企业实施绿色供应链管理，构建以资源节约、环境友好为导向的绿色供应链体系，强化绿色生产，提升企业核心竞争力，实现绿色发展有重要作用。

纺织行业绿色制造标准化现状和目标

一、现状

从目前情况来看，纺织行业绿色制造标准体系建设处在刚起步阶段。资源能源等评价指标较多，可参考的文献资料少，标准制定难度大，编制周期往往需要1～2年时间。截至2019年3月底，工业领域共有59项标准列入工业和信息化部绿色设计产品标准清单，纺织行业有7项标准入选，素绉缎桑蚕丝围巾等一批纺织产品入选绿色设计产品名单。从目前标准申报的情况看，纺织行业标准体系构建态势良好，多项绿色设计产品、绿色工厂、绿色供应链相关标准正在抓紧制定。纺织行业绿色制造标准体系研究进展见表1。

二、建设目标

着力打造一支绿色制造标准化技术骨干队伍，积极开展国内外相关领域标准化研究。按照国家鼓励、产业急需和支撑行业主管部门重点工作的原则，尽快提出绿色制造标准体系内重点标准建议清单。

经过3～5年的努力，纺织行业绿色制造标准体系更加合理完善，绿色制造标准体系的评价范围覆盖率达到80%以上，标准的平均标龄控制在6年以内。

表1 纺织行业绿色制造标准体系研究进展

序号	标准编号/立项号	标准名称	标准性质	所处阶段
1	T/CAGP 0024—2017	绿色设计产品评价技术规范 丝绸（蚕丝）制品	团体	已发布
2	T/CAGP 0025—2017	绿色设计产品评价技术规范 羊绒针织制品	团体	已发布
3	T/CAGP 0031—2018	绿色设计产品评价技术规范 涤纶磨毛印染布	团体	已发布
4	T/CAGP0034—2018	绿色设计产品评价技术规范 户外多用途面料	团体	已发布
5	T/CNTAC 33—2019	绿色设计产品评价技术规范 聚酯涤纶	团体	已发布
6	T/CNTAC 34—2019	绿色设计产品评价技术规范 巾被织物	团体	已发布
7	T/CNTAC 35—2019	绿色设计产品评价技术规范 皮服	团体	已发布
8	201801—CNTAC031	绿色设计产品评价技术规范 毛精纺产品	团体	编制中
9	201803—CNTAC003	绿色设计产品评价技术规范 色纺纱	团体	编制中
10	201801—CNTAC034	绿色设计产品评价技术规范 床上用品	团体	编制中
11	201801—CNTAC030	绿色设计产品评价技术规范 针织印染布	团体	编制中
12	201803—CNTAC001	绿色设计产品评价技术规范 再生涤纶	团体	编制中
13	201801—CNTAC033	绿色设计产品评价技术规范 儿童服装	团体	编制中
14	201801—CNTAC036	绿色设计产品评价技术规范 窗帘布艺	团体	编制中
15	201801—CNTAC032	绿色设计产品评价技术规范 长丝织造产品	团体	编制中
16	201901—CNTAC002	绿色设计产品评价技术规范 毛毯	团体	编制中
17	2018—1606T—FZ	绿色设计产品评价技术规范 牛仔服装	行业	编制中

续表

序号	标准编号/立项号	标准名称	标准性质	所处阶段
18	2018–1598T–FZ	纺织行业绿色工厂评价导则	行业	已报批
19	2018–1599T–FZ	纺织行业绿色工厂评价细则 毛纺织企业	团体	编制中
20	2018–1600T–FZ	纺织行业绿色工厂评价细则 丝绸企业	团体	编制中
21	2018–1601T–FZ	纺织行业绿色工厂评价细则 针织企业	行业	编制中
22	2018–1602T–FZ	纺织行业绿色供应链管理通则	行业	编制中
23	201901–CNTAC001	羊绒行业绿色供应链管理企业评价指标体系	团体标准	编制中

资料来源：中纺联环资委

保障措施

一、加强组织机制建设

鼓励和支持各标准化技术组织、行业协会、科研院所、纺织企业等团体积极参与标准体系建设，加强绿色制造标准化技术支撑力量，支持制定更多优于国家标准、行业标准的团体标准，积极推进绿色制造标准实施与监督。

二、加强标准宣贯与应用服务

组织召开绿色制造标准体系宣贯会，加强对重点标准的应用咨询和服务工作，开展标准试点应用和对标达标活动，将标准作为提升行业绿色发展竞争力的重要抓手。结合国家相关部门绿色设计产品、绿色工厂、绿色园区、绿色供应链示范项目创建，以点带面，强化标准实施力度。

三、加强标准实施效果评估

积极开展国际国内绿色制造标准比对，建立标准实施效果后评估制度，对不适应需要的标准及时进行废止或修订，加快绿色制造标准的更新速度，保证绿色制造标准的实用性和时效性。

结束语

在国际经济形势深刻变化的今天，中国制造业粗放式发展、产业层次偏低、经济大而不强的状况有了很大程度上的改善，但是与制造强国的目标要求差距仍然明显，产业转型升级刻不容缓，实施标准引领战略正是引领产业成功转型升级的必由之路。在实现纺织强国目标的实施过程中，需要标准先行，在一批先进标准的拉动下，促使企业以标准驱动工艺改进、带动技术进步、拉动管理提升，从而提高企业的自主创新能力。企业自主创新能力的提升反过来又推动技术标准体系的进步和完善，形成良性互动，从而实现产业持续向好发展。

（撰稿人：董廷尉）

加强纺织工业文化建设，满足人民美好生活需要

中国纺织艺术展组委会　全国纺织博物馆联盟

工业文化是强国之本，文化是民族之魂。工业文化产业是在工业技术与产品中融入文化的理念，更是一种文化传承。纺织工业文化产业是纺织科学技术与产品在融入文化和创意后形成的产业业态和方式呈现，包括纺织工业遗产、纺织工业旅游、纺织工业博物馆、纺织文化产业园、纺织服装艺术品、纺织工艺美术、纺织历史研究等。

习近平总书记指出："体现一个国家综合实力最核心的、最高层次的，还是文化软实力，这事关一个民族精气神的凝聚。"作为母亲工业的纺织工业，饱含着深厚的历史积淀，丰富的文化资源和前沿的时尚魅力，是最具有"历史传播力、文化附着力、时尚影响力"的行业（产业）之一。在推进纺织强国建设的关键机遇期，通过"产业提质、文化赋能、跨界融合"的创新路径，不断加强纺织工业文化建设，对于全面贯彻习近平新时代中国特色社会主义思想，夯实纺织行业"科技、绿色、时尚"新定位，提升纺织行业文化软实力，深入推进供给侧结构性改革，继续推动纺织行业高质量发展具有重要意义。

加强纺织工业文化建设，是推动纺织强国建设的必然要求

发展硬实力和文化软实力犹如孪生兄弟，又如鸟之两翼，二者相辅相成，相互制约，相互影响。《中国制造2025》指出，"要培育有中国特色的制造文化，实现制造业由大变强的历史跨越"。世界工业文化三百多年的历史进程，从一个侧面证明了纺织工业文化建设对于推动纺织工业初创发展、改革转型、提质壮大，具有基础性、长期性、决定性作用。

新中国成立70年以来，特别是改革开放40年以来，纺织工业发生了翻天覆地的巨变。2018年，我国的纤维加工量约5460万吨，是1978年的近20倍，超过全球加工总量50%，有效地满足了14亿人民群众穿衣问题。纺织工业在吸纳就业、出口创汇、满足人民生活需要，以及带动农业等相关产业发展方面发挥着巨大作用，为国民经济做出巨大贡献。值得指出的是，我国虽然已成为世界纺织大国，但是我国纺织软实力整体水平，特别是在质量品牌建设、时尚文化引领、文化产业转换、跨界生态融合、文化创意研发等方面与发达国家仍有差距，还需要进一步"释潜能、补短板、促发展"。在决胜全面建成小康社会，推动纺织工业高质量发展关键期，需要把加强纺织工业文化作为一项战略性、行业性、系统性工程进行顶层设计、系统研究，有序推进，为纺织强国建设注入强大的文化力量，挖掘纺织经济增长新亮点。

加强纺织工业文化建设，是推动纺织行业高质量发展的柔性支撑

科技创新是推动纺织行业高质量发展的刚性推动，文化力量推动纺织行业高质量发展的柔性支撑。《关于推进工业文化发展的指导意见》指出，"大力发展工业文化，是提升中国工业综合竞争力的重要手段，是塑造中国工业新形象的战略选择，是推动中国制造向中国创造转变的有力支撑"。

一、坚定文化自信，秉持纺织风骨

习近平总书记在党的十九大报告中指出："文

化是一个国家、一个民族的灵魂，文化兴国运兴，文化强民族强。”文化能为人民提供坚强的思想保证、强大的精神力量、丰润的道德滋养，必须不断加强文化建设。

文化软实力也是生产力，文化软实力与硬实力结合，产生的是倍增效应。首先，加强纺织工业文化建设，需要把握方向，坚定文化自信，要以习近平新时代中国特色社会主义文化观为指导，积极弘扬社会主义核心价值观，以服务民生所系为工作内容。其次，要把准定位，坚持“中国特色、纺织风骨、时代新风”的文化定位，及时把握“人民、传统、行业、社会”的人文关切，以深入推动纺织工业文化供给侧结构改革为立足点，整合全国纺织工业文化软实力资源，形成强大的文化生命力。再次，要激发纺织工业历史、纺织工业审美、纺织工业文化、纺织工业遗产、纺织工业艺术的深藏潜能和独特魅力，带给人民群众更多的获得感、幸福感、安全感。此外，要加强舆论宣传导向，以纺织“科技、绿色、时尚”新定位为切入点，打破社会对纺织行业的印象锁定和不公正宣传，传递纺织工业实施文化建设工程的“好声音”。

二、发展催生资源，延展文化生命

加强纺织工业文化建设是生产力决定生产关系的朴素体现，亦是纺织业步入高质量发展的重要表征。纺织行业作为最早民营化和市场化的产业之一，也是最早融入国际市场和参与国际竞争的产业，有着广泛的工业资源基础，发展潜力巨大。纺织工业文化资源的“传承性、效能性、共享性、持久性”促使纺织工业文化资源迸发出蓬勃生机，对其进行系统价值评估具有重要意义。

首先，进入新世纪以来，全国纺织博物馆、纺织文化纪念馆、文化产业园、企业展览馆及纺织文化研究机构，快速发展起来，规模逐渐扩大，品质逐渐提升，影响力逐步扩大。以上海纺织博物馆、青岛纺织谷、赵梦桃纪念馆、运河五号文化创意产业园区等为代表的文化机构，紧紧围地域文化特征和经济发展要求，积极探索开展工作创新，取得了经济效益、文化效益、社会效益多重收获。

其次，随着我国城市化进程加快，老的纺织企业面临退城进园、腾笼换鸟的现实问题。在纺织经济发展集中区，一大批文化内涵丰富、历史价值珍贵、纺织遗迹鲜明的纺织工业遗迹，既面临转型再造，蝶变重生的发展机遇，也面临着被迫消亡的严峻挑战，需要进行价值评估和文化重塑。

再次，“十三五”以来，纺织产业集群步入快速发展的快车道，加快纺织区域工业文化建设的重要性愈加凸显。在市场竞争日趋激烈和产业转型升级的背景下，广大纺织产业集群亟待需要通过纺织创意小镇、艺术街区、纺织博物馆筹建等举措，丰富品牌文化内涵，提升品牌竞争力，拓宽产业经济路径，但是面临着“缺规划、缺思路、缺资源、缺人才”的现实问题。

此外，在移动社交时代，现代生活方式的转变催生新的文化业态产生。一是伴随互联网网购、网红经济兴起，90后、00后年轻消费群体，更加注重个性化、时尚化、多元化、细分化的消费需求，倒逼纺织整体创意设计水平提高；二是消费者从过度依赖西方文化话语权，逐渐步入理性的审美回归、消费回归、心理回归阶段；三是文化自信与产业高质量发展，联系更加紧密，在体验式、交互式、情景式兴起的消费过程中，注入更多传统文化元素。

加强纺织工业文化建设，挖掘纺织工业美学，是满足人民美好生活的美好诉求

纺织工业美学与纺织工业生产力提升密切关联。纺织工业全产业链条与艺术审美息息相关。在纺织原料提炼、产品再造、流通管理、时尚创意、品牌塑造等方面均有所体现。大力发掘研究纺织工

业美学，对于增强纺织产品附加值，探索行业“物质消费”向“情感体验”转变，提升纺织艺术话语权，满足人民群众美好生活需要具有现实的时代诉求。

一、“自然·原构”——纺织自然美

自然美是产业发展的源泉。中国纺织业历史悠久绵长，灿烂辉煌。早在原始社会，人们已经采集野生的葛、麻、蚕丝，并且利用猎获的鸟兽毛羽，搓、绩、编、织成为粗陋的衣服。自然之美，合乎天地。在漫漫纺织历史长河中，人与自然，人与纺织，人与社会呈现出共生共存的原构逻辑。从原始种麻索缕、养羊取毛、育蚕抽丝，到日益精湛的缫、纺、织、染等工艺技术，独具魅力的纺织原料，诠释了纺织产业的自然原构与绿色担当。

二、“生活·共融”——纺织生活美

生活美是产业升级的目标。纺织艺术与生活方式密不可分，是融入生活的艺术形式之一。它不仅仅是“一件漂亮的衣服”，也是在生活中的家用、穿戴及装饰物品。它既是古代男耕女织、行武经商的生活记录，也是现代交际、仪式典礼的礼仪表达，更是国际T台走秀、流行趋势的时尚引领。它是人与生活共融、共建、共依高度契合的生产生活方式，是纺织产业在不同时代、不同地域的生动呈现，亦是纺织产业对人类生活方式影响的时代关切。

三、“传习·恒美”——纺织传统美

传统美是纺织文明的记载。早在2100年前，汉使张骞，出使西域。精美绝伦的丝绸绫罗承载着中国文化的包容载道、兼济天下的哲学思想，开辟了一条横贯东西、连接欧亚的“古丝绸之路”，诞生了“丝绸之路精神”。历经千年的纺织图案纹样、纺织原料、工艺技术、非遗遗产，在“一带一路”战略和“科技、绿色、时尚”产业的新定位下，被广大纺织艺术工作者用艺术实践，传承、琢磨、演化、创新，迸发出别样的风采。

四、“未来·跨界”——纺织科技美

科技美是产业兴旺的标志。价值跨界是催生新的业态诞生的重要载体。纺织工业作为创新驱动的科技产业，积极推动创新协同与价值再造。未来纺织跨界特别是在艺术领域跨界拥有着巨大的发展市场。新材料、新技术、新造型、新工艺的充分运用，催生出超前的创新思维与艺术潜能。“跨界与无界”“融合与并生”，用艺术呈现、艺术审美表达了纺织现代应用技术的大胆思考，将是未来科技与纺织艺术结合的有益探索。

加强纺织工业文化建设，满足人民美好生活新需要的工作思考与路径探索

今年是建国70周年，也是继续推动纺织工业高质量发展的关键之年。加强纺织工业文化建设，应积极贯彻习近平新时代中国特色社会主义思想，坚持“创新、协调、绿色、开放、共享”的新发展理念，围绕纺织行业“运行平稳、质效提升、结构优化、动力转换”的高质量发展目标，秉持“共建、共享、共融、共赢”的工作定位，把创新思路转换成工作中的创新实践，探索走出一条符合纺织特色的工业文化发展之路。

一、弘扬精神引路

工业精神是工业化过程中产生的共同价值取向。加强纺织工业文化建设，要继承纺织工业优良传统，弘扬工匠精神、践行创新精神、倡导诚信精神、培育企业家精神。要发挥纺织劳模示范带动作

用，发挥企业家典型引路作用；树立选拔“纺织大工匠”标杆，把工匠精神植入企业经营管理的各个环节；进一步培育纺织诚信体系，引导企业忠诚纺织主业，坚持“十年磨一剑”，长期专注于产品的质量提升和品牌培育。

二、力促守正创新

（一）推广纺织艺术

要继续发挥“纺织之光”中国纺织艺术展公益性平台作用。一是要与产业链相融合，要涵盖棉、麻、毛、丝、家纺、服装等纺织产业链，展现它们的材料之美、工艺特色之美；二是要与科技创新相融合，把新技术、新工艺及智能化、数字化的绿色制造艺术产品引入到艺术展中来；三是要与传统工艺相融合，为各种手工绣艺、纺染织技艺、民族服装服饰等传统手工艺搭建展示平台；四是要与社会责任相结合，倡导使用“绿色、循环、低碳”环保材质、材料。

（二）开发工业遗产

搭建公益共享平台，积极落实《关于加强文物保护利用改革的若干意见》的相关精神，开展调研摸底，建立纺织工业遗产名录和分级保护机制。探索开展纺织工业遗产保护工作，防止工业遗产二次破坏。整合行业智库资源，指导准备开纺织工业遗产改造项目的企事业单位智力支持和资源支持，让纺织工业遗产“留得住”“用的好”“活起来”。

（三）拓展文博事业

充分认识纺织文博事业的时代意义，进一步发挥全国纺织博物馆联盟作用，提高对纺织博物馆藏品资源的挖掘、保护与利用，共享纺织博物馆藏品、展品文化成果。提升纺织博物馆信息化、数字化水平。加强科研项目、文物保护、文创展览、宣传推广等交流合作。发挥各地纺织博物馆特色优势和教育优势，开展纺织科普教育活动，上好“纺织科普课”。

（四）发展工业旅游

抓住文化旅游产业发展的良好机遇，梳理纺织行业现有工业旅游资源和发展现状。鼓励各地利用纺织工业博物馆、纺织工业遗址、纺织产业园区及现代工厂等资源，打造具有鲜明地域特色的纺织文创产品。鼓励文化积淀厚重、产业基础完整、产业特色鲜明的大型纺织企业和优势产业集群，开展纺织工业旅游开发。鼓励纺织文化产业园，兼容并蓄，注入文化基因，吸收管理经验，不断夯实产业文化品牌。

（五）注重人才培养

人才是事业的基础，纺织创新型人才特别是纺织工业文化人才是纺织行业的财富。要在行业倡导“尊重劳动、尊重知识、尊重人才、尊重创造”的行业文化氛围。大力开展文化研究、艺术策展、文博考古、时尚设计，历史研究、文物修复等人才培养工作。吸引专业强、业务精、有思想的专业人才开展纺织工业文化创新工作，筑牢人才基础。

三、加强理论研究

鼓励各地开展区域纺织工业文化基础研究，形成纺织工业文化理论体系框架。开展纺织工业文化对纺织高质量发展提升和制造强国建设支撑作用的研究，适时开展对纺织工业文化发展情况进行全面摸底评估。充分发挥纺织院校、研究所、社会学者作用，进一步整合行业历史文化研究资源，开展对纺织历史文明起源、发展和辉煌的深入研究，认真梳理历史的演进脉络，全面夯实理论工作的基础。

四、健全工作机制

贯彻国家有关文化产业的有关政策，加强与文博考古、文化旅游等相关部门的联络沟通，建立工作协调沟通机制。条件成熟时，研究出台促进纺织工业文化产业发展意见，构建有利于工业文化发展的激励机制。探索人才引进、理论研究、业态发展工作意见，形成行业协会牵头，地方政府支持，企业积极参与，有关部门共同推动的协同发展机制。

（撰稿人：郑国峰）

纺织行业2个项目荣获2018年国家科学技术奖

项目名称：废旧聚酯高效再生及纤维制备产业化集成技术

主要完成单位：宁波大发化纤有限公司、东华大学、海盐海利环保纤维有限公司、优彩环保资源科技股份有限公司、中国纺织科学研究院有限公司、中原工学院

项目主要完成人：王华平、钱军、陈浩、金剑、戴泽新、王少博、陈烨、仝文奇、邢喜全、方叶青

获奖等级：科学技术进步奖二等奖

提名单位：中国纺织工业联合会

该项目紧密围绕我国废旧聚酯资源循环再生发展战略需求，立足自主创新，以废旧聚酯资源综合利用最优化、加工高效清洁化、产品高品质高值化为目标，成功构建了废旧聚酯高效再生及纤维制备产业化集成技术体系。

该项目主要科技创新包括：(1)自主研发了废旧聚酯纺织品和瓶的高效前处理技术及装备，实现高品质、资源化及标准化；(2)创建废旧聚酯调质调粘再生技术新工艺，攻克不同来源的废旧聚酯制品再生纺丝稳定性及品质控制难题；(3)开发了在线全色谱补色调色及高效差别化技术，制备高色牢度、超柔软、仿生态棕等混杂聚酯废料再生纤维；(4)发明了低熔点/再生聚酯皮芯复合纤维熔体直纺技术，实现了低成本高效再生与高附加值的统一。获授权发明专利32项，总体技术达到国际先进水平。

该项目产品用于重大工程及知名品牌，创造了显著的经济、社会及环境效益。实现了我国废旧聚酯纺织品高效回收与高值利用，大幅提升了聚酯再生纤维技术水平。

项目名称：高性能特种编织物编织技术与装备及其产业化

主要完成单位：东华大学、徐州恒辉编织机械有限公司、鲁普耐特集团有限公司、青岛海丽雅集团有限公司

主要完成人：孙以泽、孟婥、季诚昌、韩百峰、陈兵、张玉井、陈玉洁、沈明、张旭明、孙志军

获奖等级：科学技术进步奖二等奖

提名单位：中国纺织工业联合会

高性能特种编织物广泛用在飞船返回舱回收救援，航母系泊锚泊，海洋军工伪装等尖端国防领域，在救援与打捞、电力缆牵引、高空消防等公共安全与防护诸多民生领域有重要需求。

该项目建立了编织物性能与材料、结构参数、成型工艺参数的数学模型，提出了捻度和张力高精度调控方法，为高性能编织物的精确成型奠定了基础；提出了无接头扣环绳缆和多层绳缆自动化复合编织技术，解决了超长、大尺寸、功能独特的绳缆类精确成型问题；提出了特种管类编织物自动编织方法，实现了伸缩管、三维复合管和管类衍生物的自动化编织；发明了高精度传动系统、张力自适应双补偿锭子等关键机构，研制了五大类特种编织机成套装备及应用产品。获授权发明专利45项，填补了国内外特种编织装备空白，达到了国际领先水平。

该项目成果的产业化，打破了国外技术垄断，出口欧美等80多个国家和地区。已成功应用于某型航母、神舟系列飞船、蛟龙号等深海潜航器、某型大洋上移动雷达、981系列钻井平台等，对产业用纺织品行业的技术进步起到了积极的促进作用。

2018年度国家科学技术奖纺织获奖项目

提名单位：中国纺织工业联合会

序号	项目名称	主要完成单位	主要完成人	获奖等级
1	废旧聚酯高效再生及纤维制备产业化集成技术	宁波大发化纤有限公司，东华大学，海盐海利环保纤维有限公司，优彩环保资源科技股份有限公司，中国纺织科学研究院有限公司，中原工学院	王华平，钱　军，陈　浩，金　剑，戴泽新，王少博，陈　烨，仝文奇，邢喜全，方叶青	科技进步奖二等奖
2	高性能特种编织物编织技术与装备及其产业化	东华大学，徐州恒辉编织机械有限公司，鲁普耐特集团有限公司，青岛海丽雅集团有限公司	孙以泽，孟　婵，季诚昌，韩百峰，陈　兵，张玉井，陈玉洁，沈　明，张旭明，孙志军	科技进步奖二等奖

“纺织之光”2018年度中国纺织工业联合会科学技术奖获奖项目

壹等奖

序号	项目名称	主要完成单位	主要完成人
1	高质高效环锭纺纱先进技术及装备与智能化技术的开发与应用	安徽华茂纺织股份有限公司、武汉纺织大学、常州市同和纺织机械制造有限公司、郑州轻工业学院、赛特环球机械（青岛）有限公司、经纬纺织机械股份有限公司、上海艾金空气设备有限公司	倪俊龙、徐卫林、左志鹏、杨圣明、王永华、崔桂生、叶茂新、赵传福、孙善标、胡学梅、徐小光、王结霞、周　强、叶　葳、江　伟
2	国产化Lyocell纤维产业化成套技术及装备研发	中国纺织科学研究院有限公司、中纺院绿色纤维股份公司、新乡化纤股份有限公司、北京中丽制机工程技术有限公司、宁夏恒达纺织科技股份公司	孙玉山、徐纪刚、程春祖、徐鸣风、赵庆章、贾保良、蔡　剑、白　瑛、迟克栋、邵长金、金云峰、骆　强、郑玉成、李克元、安　康
3	生物酶连续式羊毛快速防缩关键技术及产业化	天津工业大学、天津滨海东方科技有限公司、武汉纺织大学、天津市绿源天美科技有限公司、常熟市新光毛条处理有限公司、霸州市滨海东方科技有限公司	姚金波、刘建勇、杨万君、张伟民、万忠发、瞿　韬、刘延波、瞿建德、陈荣江、曲　敬、王　乐、牛家嵘、陈　翔、刘　郁、蔡　芳
4	牛仔服装洗水过程环境友好智能化关键技术的研究与应用	中山益达服装有限公司、武汉纺织大学、广东省均安牛仔服装研究院、江西服装学院	郑敏濂、易长海、叶银莹、徐　杰、熊　伟、王　智、黄键龙、李其扬、廖建嘉、黄建兴、陈娟芬、田　磊
5	双组分纺粘水刺非织造材料关键技术装备及应用开发	天津工业大学、大连华纶无纺设备工程有限公司、吉安市三江超纤无纺有限公司、安徽金春无纺布股份有限公司、郑州纺机工程技术有限公司、浙江梅盛实业股份有限公司、山东理工大学、陕西科技大学、浙江康成新材料科技有限公司、中原工学院	钱晓明、黄有佩、赵孝龙、徐志伟、曹松亭、刘延武、姜兆辉、钱国春、赵宝宝、宋卫民、马兴元、陈云铭、张　恒、赵　奕
6	超仿棉聚酯纤维及其纺织品产业化技术开发	中国纺织科学研究院有限公司、东华大学、中国石化仪征化纤有限责任公司、鲁丰织染有限公司、徐州斯尔克纤维科技股份有限公司、江阴市华宏化纤有限公司、江苏大生集团有限公司、江苏国望高科纤维有限公司、桐昆集团股份有限公司、江苏微笑新材料科技有限公司	李　鑫、王学利、卢立勇、金　剑、张瑞云、张战旗、孙德荣、吉　鹏、邱志成、赵瑞芝、戴钧明、李志勇、张江波、唐俊松、沈富强

续表

序号	项目名称	主要完成单位	主要完成人
7	静电喷射沉积碳纳米管增强碳纤维及其复合材料关键制备技术与应用	天津工业大学、威海拓展纤维有限公司	程博闻、陈　利、康卫民、徐志伟、周　存、张国利、刘　雍、刘玉军、王文义、王宝铭、刘　皓、孙　颖、陈　磊、李　磊、赵义侠
8	粗旦锦纶6单丝及分纤母丝纺牵一步法高速纺关键技术与装备	长乐恒申合纤科技有限公司、长乐力恒锦纶科技有限公司、东华大学	李发学、陈立军、刘　智、丁闪明、吴德群、李云华、张振涛、高　洁、袁如超、杨前方、毛行功、朱惠惠、赵　杰
9	印花针织物低张力平幅连续水洗关键技术及装备研发	福建福田纺织印染科技有限公司、西安工程大学、绍兴东升数码科技有限公司	陈茂哲、贺江平、师文钊、尚玉栋、张伯洪、林英、刘瑾姝、田呈呈、邹杭良、陆少锋、黄永盛、赵川、黄良恩、何菊明、廖德春
10	经编全成形短流程生产关键技术及产业化	江南大学、江苏华宜针织有限公司、江苏润源控股集团有限公司	蒋高明、丛洪莲、董智佳、张爱军、张　琦、张燕婷、高　哲、储云明、储开元、刘莉萍
11	热塑性聚合物纳米纤维产业化关键技术及其在液体分离领域的应用	武汉纺织大学、昆山汇维新材料有限公司、联合滤洁流体过滤与分离技术（北京）有限公司、佛山市维晨科技有限公司	王　栋、刘　轲、李沐芳、赵青华、郭启浩、程　盼、梅　涛、罗　刚、徐承彬、蒋海青、刘琼珍、王雯雯、王跃丹、鲁振坦、吴兆棉
12	经轴连续循环染色节水关键技术及产业化	浩沙实业（福建）有限公司、东华大学	付春林、谢孔良、高爱芹、王　忠、侯爱芹、常向真、施鸿雁、胡婷莉、王玉新、孔令豪、施毅然、胡　柳、张建昌、胡　波、王平仔
13	高精密钢丝圈钢领产品及产业化技术开发	重庆金猫纺织器材有限公司	王可平、赵仁兵、肖　华、冉美玲、解建军、夏兴容、周洋冰、田立杰、李　东、雷　旭、朱春扬、傅　悦、谢英平
14	基于废棉纤维循环利用的点子纱开发关键技术及应用	百隆东方股份有限公司、江南大学	卫　国、杨卫国、潘如如、唐佩君、曹燕春、孙丰鑫、韩晨晨、程四新、刘国奇、姜　川、郭明瑞
15	无乳胶环保地毯关键技术研究及产业化	滨州东方地毯有限公司、天津工业大学、青岛大学	董卫国、韩洪亮、张元明、崔　旗、王书东、刘延辉、刘以海、陈　安、王其美、吴立芬、苏　勇、李祥林、徐庆杰、郭　晓、李文娟
16	合成纤维织物一浴法印染废水循环染色技术及应用	石狮市万峰盛漂染织造有限公司	李接代、郑标钞、郑标游、李忠枝、李园枝、蔡飞挺、谢运明、涂铁军、余丰林、王金亮

贰等奖

序号	项目名称	主要完成单位	主要完成人
1	涤纶迷彩防护伪装织物超高日晒分散染料热转移印花关键技术及应用	浙江盛发纺织印染有限公司、东华大学	顾　浩、侯爱芹、谢孔良、杨文龙、高爱芹、方娟娟、孙旭东
2	硅丙乳液涂料印花粘合剂关键技术研发及产业化	传化智联股份有限公司、鲁丰织染有限公司、杭州传化精细化工有限公司	王胜鹏、张战旗、于本成、王德振、宋金星、齐元章、陈八斤、储昭华、兰淑仙、陈英英
3	高耐水压军警雨衣面料的研制	丹东优耐特纺织品有限公司、辽宁恒星精细化工有限公司	宋宏波、赫荣君、葛　川、王　翀、陈丽颖、赵　颖、肖婷婷、郑文慧、王云秀
4	无甲醛仿活性涂料印染粘合剂及其应用产业化研究	四川省纺织科学研究院、绵阳佳联印染有限责任公司、四川意龙科纺集团有限公司、遂宁市新绿洲印染有限公司、四川益欣科技有限责任公司	黄玉华、樊武厚、石岷山、刘太东、杜非非、梁　娟、韩丽娟、翟鸿卫、胡志强、罗艳辉
5	基于超支化聚合纺织品功能整理剂制备关键技术研发及应用	南通大学、泉州迈特富纺织科技有限公司、南通斯得福纺织装饰有限公司、张家港耐尔纳米科技有限公司	姚理荣、崔建伟、柯永辉、张　华、张　峰、徐思峻、颜永恩、叶　伟、贾雪平、张广宇
6	全聚纺关键技术及其产业化	江南大学、南通双弘纺织有限公司、江苏悦达棉纺有限公司、常州市恒基纺织机械有限公司	谢春萍、苏旭中、刘新金、吉宜军、戴　俊、李伟东、秦潇璇、乐荣庆、徐伯俊
7	JSC 326型梳棉机	卓郎（常州）纺织机械有限公司	朱中华、许小平、王　刚、万伟锋、冯晓建、张永平、徐玉俊、盛意平、王春平、黄玉强
8	DYECOWIN高温染色机	立信染整机械(深圳)有限公司	徐达明、李俊威、陳　和、王智山、曾育南、蔣　榮、歐正初
9	针织面料多功能机械整理数字化成套装备研发与产业化	海宁纺织机械有限公司、浙江理工大学	史伟民、沈加海、彭来湖、张少民、赵　虹、杨亮亮、金平富、沈国勤、姚　衡、汝　欣
10	新一代网络化、智能化喷气织机	山东日发纺织机械有限公司、山东大学	何旭平、李子军、张承瑞、吉学齐、孙书仁、王　涛、石怀海、张玉杰、高　超、张庆远

续表

序号	项目名称	主要完成单位	主要完成人
11	数字化宽幅高产水刺法非织造布成套技术装备及产业化应用	恒天重工股份有限公司、天津工业大学、安徽金春无纺布股份有限公司、中原工学院	刘延武、汤水利、吕宏斌、曹松亭、周　锋、王晓雨、田　宁、翟江波、杨建成、张一风
12	YG606型热阻湿阻测试仪	宁波纺织仪器厂	胡君伟、沈建明、胡勇杰、钱青峰、李竹君、许　燕、薛艳萍、宋赛赛
13	西裤智能制造生产车间	九牧王股份有限公司、上海威士机械有限公司、宁波圣瑞思工业自动化有限公司	林聪颖、徐　芳、陈加贫、龚剑平、林朝贤、柴国宣、刘九生
14	棉花检验关键技术及配套装备	河南出入境检验检疫局检验检疫技术中心、河北出入境检验检疫局检验检疫技术中心、山东出入境检验检疫局检验检疫技术中心、广东出入境检验检疫局检验检疫技术中心、张家港出入境检验检疫局检验检疫综合技术中心、中华全国供销合作总社郑州棉麻工程技术研究所	郭会清、连素梅、郑丽莎、陆世栋、董俊哲、李树荣、禹建鹰、李　朋、沈　骅、万少安
15	面向经编智能化生产的机器视觉在线检测关键技术及产业化	福建省晋江市华宇织造有限公司、天津工业大学、泉州思玛特信息技术有限公司、天津大学	李娜娜、苏成喻、苏子滩、宋广礼、柯文新、张效栋、郑灿杰、杨孝清、权　全、鲁清晨
16	GB 31701—2015《婴幼儿及儿童纺织产品安全技术规范》	中纺标检验认证股份有限公司、纺织工业科学技术发展中心、中国纺织科学研究院有限公司、上海市服装研究所有限公司	徐　路、孙锡敏、方锡江、郑宇英、许　鉴
17	ISO 17608：2015《纺织品 氨纶长丝 耐氯性能试验方法》	上海市纺织工业技术监督所、浙江华峰氨纶股份有限公司、长乐恒申合纤科技有限公司、江苏双良氨纶有限公司、中国化学纤维工业协会	周祯德、李红杰、赵晓阳、陆秀琴、王丽莉、蒋同德、李晓庆、刘桂英、万　蕾、张宝庆
18	GB/T 32610—2016《日常防护型口罩技术规范》	中国产业用纺织品行业协会、北京市劳动保护科学研究所、江苏省特种安全防护产品质量监督检验中心、上海兴诺康纶纤维科技股份有限公司、中科贝思达（厦门）环保科技股份有限公司、广州纤维产品检测研究院、稳健医疗用品股份有限公司	李陵申、李桂梅、杨文芬、陆　冰、张复全、丁　彬、赵瑾瑜、刘　基、王向钦、陈　澍

续表

序号	项目名称	主要完成单位	主要完成人
19	ISO 17751：2016《纺织品 羊绒、羊毛、其他特种动物纤维及其混合物的测定》	内蒙古鄂尔多斯羊绒集团有限责任公司	张　志、田　君、杨桂芬、孟令红、朱　虹、红　霞、马海燕
20	ISO 18067：2015《纺织品 合成纤维长丝 干热收缩率试验方法（处理后）》	上海市纺织工业技术监督所、桐昆集团股份有限公司、荣盛石化股份有限公司、义乌华鼎锦纶股份有限公司、纺织化纤产品开发中心、江苏盛虹科技股份有限公司、上海纺织集团检测标准有限公司	陆秀琴、周祯德、李红杰、孙燕琳、陈国刚、卢　卓、李德利、高国洪、杨　艳、吴凯琪
21	纺织服装出口TBT风险预警和应对研究	广东省中山市质量技术监督标准与编码所	谢　军、叶俊文、万雨龙、臧兴杰、何素虹、魏静琼、欧慧敏、方俊杰、王识博、叶永光
22	高新技术纤维发展战略研究	中国恒天集团有限公司、中国纺织工程学会	胡　克、刘　军、许　深、王玉萍、张洪玲、王乐军、李增俊、舒　伟、白程炜、吕佳滨
23	面向服装智能制造与消费升级的男装大数据建立与分析应用	浙江乔顿服饰股份有限公司、东华大学、中国服装协会、江西服装学院	沈应琴、方　方、杨金纯、杜劲松、夏　明、杜岩冰、余　伟、余　多、陈娟芬
24	喷气涡流纺差别化系列功能纱线制备关键技术及其产业化	德州华源生态科技有限公司、江南大学	李向东、杨瑞华、雒书华、刘　琳、王利军、张文文、张汉军、杨晓艳
25	新型环保复合面料生产关键技术创新及其产业化	际华三五四二纺织有限公司、武汉纺织大学、湖北际华新四五印染有限公司、武汉汉麻生物科技有限公司	刘长城、邱卫兵、夏治刚、张慧霞、邓小红、张泽扬、刘　辉、王　平、邱双林、仇满亮
26	色纺纱数字化设计开发系统及其产业化应用	浙江理工大学、浙江华孚色纺有限公司、嘉兴学院	陈维国、沈加加、朱翠云、周　华、胡英杰、刘　伟、马瑞雪、夏丽华、陈燕兵、崔志华
27	涤纶超仿棉长丝经编面料生产关键技术研究及产业化	江南大学、海安启弘纺织科技有限公司	蒋高明、刘伟峰、陈　晴、熊友根、马丕波、缪旭红、黄　凯、万爱兰、陈　兵、沈建峰

续表

序号	项目名称	主要完成单位	主要完成人
28	溶胶凝胶法对蚕丝和羊毛的阻燃整理关键技术及产业化	苏州大学、江苏新芳科技集团股份有限公司、江苏华佳丝绸股份有限公司	邢铁玲、谈金麒、黄和芳、俞金键、张祖洪、程安康
29	鲜茧生丝的性状特征检验与鲜茧缫丝工艺技术的研究	浙江大学、浙江理工大学、湖州市纤维检验所、广西桂华丝绸有限公司、湖州浙丝二厂有限公司、广西嘉联丝绸股份有限公司、广西立盛茧丝绸有限公司	朱良均、江文斌、杨明英、邢秋明、傅雅琴、卢受坤、陈美丽、韦年光、潘大东、刘景刚
30	精毛纺花式细纱与面料生产关键技术及应用	江苏阳光股份有限公司、江南大学、无锡市恒久电器技术有限公司	陈丽芬、曹秀明、潘如如、刘丽艳、周济恒、华玉龙、苏旭中、许　勇、韩晨晨、查神爱
31	复合加工集成效果提花技术研究与产业化	浙江理工大学、达利丝绸（浙江）有限公司、杭州硕林纺织有限公司	祝成炎、张红霞、林　平、丁圆圆、贺　荣、鲁佳亮、雷　斌、田　伟、李艳清、俞　丹
32	低纤度原液着色尼龙6纤维及功能产品开发关键技术与产业化	东华大学、浙江台华新材料股份有限公司、海安县中山合成纤维有限公司	黄莉茜、徐丽亚、吉　鹏、王成翔、丁　彬、马训明、王　宁、王学利、王　均、许　斌
33	铜离子抗菌改性聚丙烯腈纤维研发及应用研究	江阴市红柳被单厂有限公司、上海正家牛奶丝科技有限公司、苏州市纤维检验院	黄　磊、郁　敏、周小进、郑　宇、倪国华、槐向兵、李健男、茅　彬、陈晓华、朱小云
34	涤纶工业丝品质提升关键技术及产业化	东华大学、浙江尤夫高新纤维股份有限公司、江苏恒力化纤股份有限公司	张玉梅、宋明根、王山水、于金超、杨大矛、蒋　权、陈　康、徐龙官、尹立新、王华平
35	竹浆制高湿模量再生纤维素纤维工艺技术开发	唐山三友集团兴达化纤有限公司	于捍江、高　悦、杨爱中、么志高、孙郑军、徐瑞宾、赵秀媛、张东斌、张浩红
36	改性聚氨酯弹性纤维的关键技术研究与产业化	浙江华峰氨纶股份有限公司	杨晓印、杨从登、陈厚翔、刘亚辉、温作杨、梁红军、晋中成、费长书、张所俊、薛士壮
37	耐磨型抗水解聚酯单丝研发及产业化	南通新帝克单丝科技股份有限公司、南通大学	马海燕、张　伟、张　军、陆亚清、马海军、卫　尧、金　鑫
38	功能性投影幕布材料制备关键技术及其产业化应用	浙江宇立新材料有限公司、江南大学	马丕波、张建平、陈　晴、姚水金、何红平、朱天琪、张文中、闫冬冬

续表

序号	项目名称	主要完成单位	主要完成人
39	中空纤维膜在水处理工艺应用中的优化设计及调控集成技术	天津工业大学	王　捷、吴　云、张宏伟、贾　辉、张　阳、崔　钊
40	腹膜前间隙疝修复用经编织物补片的关键技术及产业化应用	武汉蓝普医品有限公司、武汉纺织大学	刘洪涛、王水庭、陈　军、王　玲、黄　卉、李先华、徐　荡、刘　昕、艾　葳、段向毓
41	纤维成形的静电调控关键技术及应用	武汉纺织大学	张如全、张尚勇、武继松、李建强、蔡光明、黄菁菁、李相朋
42	年产20亿片超柔速渗3D复合纸尿裤的制备关键技术研究及产业化	杭州可靠护理用品股份有限公司、浙江工业大学、嘉兴学院、江苏盛纺纳米材料股份有限公司、浙江卫星新材料科技有限公司、杭州可艾个人护理用品有限公司、浙江新维狮合纤股份有限公司	王　旭、金利伟、唐　伟、钱　程、陈　思、邱邦胜、裴小苏、张春娥、孔宋华、裘向阳
43	海藻生物医卫材料关键技术及产业化	青岛明月海藻集团有限公司、嘉兴学院、青岛明月生物医用材料有限公司	秦益民、刘洪武、李可昌、胡贤志、邓云龙、刘　健、郝玉娜、张　妮、尚宪明、莫　岚
44	产业纺织品用单组分低熔点纤维制备关键技术及应用开发	武汉纺织大学、湖北省宇涛特种纤维股份有限公司、成都海蓉特种纺织品有限公司	王罗新、殷松甫、李　峰、殷晃德、熊思维、庞旭章、陈少华、殷先泽、薛茂安、许　静
45	新型功能性防水透湿薄膜及其复合织物开发与产业化	探路者控股集团股份有限公司、佛山金万达科技股份有限公司、中国纺织信息中心、中纺协（北京）检验技术服务有限公司	陈百顺、林裕卫、伏广伟、杨　元、翁　重、贺志鹏、吴耀根、曾东辉、张书耿、谢　凡

叁等奖

序号	项目名称	主要完成单位	主要完成人
1	绿色多肽保湿易去污整理剂的合成及其在居家棉织物的应用	东华大学、上海润盈新材料科技有限公司、鲁丰织染有限公司、上海三枪（集团）有限公司、上海市纺织科学院研究院有限公司	闵　洁、顾永星、张战旗、曹春祥、齐元章、任海舟、华里发

续表

序号	项目名称	主要完成单位	主要完成人
2	珍珠包覆纤维护肤保健新型环保家纺服饰材料	上海龙头纺织科技有限公司、上海龙头（集团）股份有限公司	孙稚源、王卫民、薛继凤、程衍铭、陈 平
3	三维骨架原位构筑高效纺织染料污水降解催化剂的研发及应用	中原工学院、郑州大学	米立伟、陈卫华、潘 玮、崔世忠、卫武涛、秦 娜
4	产业用纺织品数码印花超细化颜料墨水研发及产业化	江苏工程职业技术学院、南通纳威数码材料科技有限公司	陈志华、张炜栋、陆建辉、黄 旭、王 生、王玉丰、李文彬
5	连续式新型免烫整理方法及设备的研发	广东溢达纺织有限公司	张玉高、周立明、袁 辉、卢利军、刘俊琦
6	工业用复叠式热功转换制热机组	威海双信节能环保设备有限公司	姚洪谦、胡金良
7	SME472XQ燃气双辊两次烫光机	江苏鹰游纺机有限公司、连云港鹰游工程技术研究院有限公司	张国良、张斯纬、孙忠文、李政治、王赛虎、安全胜、张家秀
8	高密梳棉金属针布（双齿针布）成型技术与热处理技术研究及应用	金轮针布（江苏）有限公司、辽东学院	陈利国、江永生、高勤超、卓城之、张明光
9	印染废气减排关键技术和绿色生产线	浙江理工大学、浙江精宝机械有限公司、浙江泰坦股份有限公司、浙江稽山印染有限公司、浙江红绿蓝纺织印染有限公司	向 忠、张建新、陆宝夫、魏顺勇、胡重法、蒋旭野、陈宥融
10	表面强化处理梳理器材关键技术的研发与应用	光山白鲨针布有限公司	张境泉、甘从伟、李长利、陈 平、陈玉峰、秦泽萍、秦升意
11	高性能纤维立体间隔织物机织装备关键技术研发及产业化	江南大学、江苏友诚数控科技有限公司	钱 坤、张典堂、俞科静、刘庆生、徐 阳、王 勇、杨中青
12	医用压缩袜压缩性能试验仪的研制	山东省纺织科学研究院、山东省特种纺织品加工技术重点实验室	杨成丽、付 伟、郭 利、王 慧、李 政

续表

序号	项目名称	主要完成单位	主要完成人
13	基于服用人体的特征点提取和重构方法优化研究	浙江理工大学、杭州万事利丝绸科技有限公司、卓尚服饰(杭州)有限公司	李　重、马廷方、贾凤霞、王丽丽、陈敏之、徐紫涵、刘　恒
14	面向现代服装企业实训的数字化生产系统与应用	江西服装学院、南昌毓秀泰德服装有限公司	陈东生、陈娟芬、陈国强、崔琳琳、李　章、成恬恬、陶潇枭
15	基于RFID的服装智能店铺应用研究	惠州学院、真维斯服饰（中国）有限公司	刘小红、陈学军、曹璐瑛、索　理、宋惠景、张小良
16	高温液体与蒸汽防护服创新设计、评价体系及产业化	苏州大学、北京邦维高科特种纺织品有限责任公司、苏州舒而适纺织新材料科技有限公司、代尔塔（中国）安全防护有限公司	卢业虎、何佳臻、李秀明、费　超、戴宏钦、王灵杰
17	棉纱异性纤维检验研究	河南省纺织产品质量监督检验院	张岩昊、佟　桁、憨文轩、杨艳菲、牧广照、刘晓丹、朱　丹
18	FZ/T 93091—2014《纺粘、熔喷复合法非织造布生产联合机》	宏大研究院有限公司、温州朝隆纺织机械有限公司、邵阳纺织机械有限公司、佛山市南海必得福无纺布有限公司、恒天重工股份有限公司	廖用和、亓国红、陈立东、安浩杰、邓伟其、林　健、陈　曦
19	GB/T 32614—2016《户外运动服装 冲锋衣》	探路者控股集团股份有限公司、哥伦比亚运动服装商贸（上海）有限公司、国家针织产品质量监督检验中心、上海市服装研究所有限公司、湛江市玛雅旅游用品有限公司	陈百顺、陈能杰、周　艳、胡　浩、周双喜、曾　韦、高志方
20	生态纺织品中小分子溶剂残留的关键分析技术研究	宁波检验检疫科学技术研究院、江苏出入境检验检疫局工业产品检测中心、浙江纺织服装职业技术学院、五邑大学、广州睿特新材料科技有限公司	保琦蓓、任清庆、傅科杰、丁友超、马艳英、李峥嵘、邹洁
21	FZ/T 94011—2013《筘》系列标准的研究和应用	陕西纺织器材研究所、绍兴市水富纺织器材有限公司、常州钢筘有限公司、浙江鼎丰纺织器材有限公司、重庆金猫纺织器材有限公司	秋黎凤、赵玉生、诸水夫、施越浩、余定雅、杨崇明、淡培霞
22	桑蚕丝质量控制与检测技术的研究及应用	广西出入境检验检疫局检验检疫技术中心、广西桂华丝绸有限公司、柳州市自动化科学研究所、广西迎春丝绸有限公司	盖国平、黄韶恩、郭　蔚、卢受坤、陈兴灿、覃　然、吕春秋

续表

序号	项目名称	主要完成单位	主要完成人
23	纤维级聚酯切片国家标准样品复制	中国石化仪征化纤有限责任公司	陈　达、叶丽华、蒋　云、王　清、王新华、姜兴国、陈锦国
24	服装艺术教育资源库建设	北京服装学院	张巨俭、潘　波、詹炳宏、强　凯、蒋玉秋、李晓玲、刘正东
25	基于协同进化的纺织产业创新驱动发展路径及对策研究	西安工程大学、西安心华石数据科技有限公司	邵景峰、王进富、黄鹏飞、马创涛、王蕊超、王希尧、牛一凡
26	中国化纤产业现状及竞争力分析	中国昆仑工程有限公司、中国纺织工程学会	许贤文、伏广伟、万网胜、张洪玲、吴文静、李利军、文美莲
27	上海服装产业集群（链）品牌营销机制研究	上海工程技术大学	胡守忠、田丙强、曲洪建、胡红艳、江　磊、高长宽、卢　慧
28	生物质芦荟改性黏胶纤维家用纺织品加工关键技术	江苏工程职业技术学院、江苏华业纺织有限公司、浙江耀川纺织科技有限公司	马顺彬、蔡永东、张曙光、耿琴玉、陆　艳、张菊芳、王建华
29	芳樟醇植物元素改性竹浆纤维功能性针织产品开发	青岛雪达集团有限公司	王显其、张　皓、李成波、李　良、张洪宾、隋晓东、于　建
30	基于贾卡经编机的复合功能运动鞋鞋面材料关键技术研发与产业化	海西纺织新材料工业技术晋江研究院、福建省晋江市华宇织造有限公司、中国纺织科学研究院有限公司、北京中纺优丝特种纤维科技有限公司	郑小佳、杨孝清、王忠宝、郑云波、王佳佳、陈燕宗、柯文书
31	渐变色多功能高档色织衬衫面料生产关键技术	江苏工程职业技术学院、江苏华业纺织有限公司	蔡永东、马顺彬、张菊芳、黄晓华、阚进遂、阚　能
32	阻燃防水无缝立体光影墙布的产业化关键技术研究	浙江东凯纺织科技有限公司、浙江理工大学	金子敏、厉秀华、余志成、张秀玲、陈加平、陈建勇、虞树荣
33	铜氨纤维交织面料设计与加工关键技术及产业化	吴江德伊时装面料有限公司	姚德荣、任伟荣、陆建红、薛志良、徐　慧、钱学宦、方德明

续表

序号	项目名称	主要完成单位	主要完成人
34	涤纶新型休闲服用面料的研发及产业化	江苏德顺纺织有限公司、江苏德华纺织有限公司	茹秋利、吴国良、钮春荣、郭建洋、宋启雨、王星华、刘小南
35	羊毛废弃物角蛋白提取技术及其在羊毛织物防毡缩整理加工中的应用	恒源祥（集团）有限公司、东华大学	刘瑞旗、陈忠伟、阎克路、何爱芳、胡春艳、邱洪生、王　慧
36	数码提花组合全显技术研究及在真丝产品创新中的应用	浙江巴贝领带有限公司、浙江理工大学、浙江巴贝领带服饰设计研究有限公司	周　赳、屠永坚、张爱丹、马　爽、姚冬青、　赵雷、石偲偲
37	精纺纯毛织物天然抗皱关键技术研发与应用	山东南山智尚科技股份有限公司、西安工程大学	曹贻儒、沈兰萍、赵　亮、刘刚中、李　龙、潘　峰、许云生
38	基于剑杆织机的芦山纱技艺传承与产品开发	湖州永昌丝绸有限公司、浙江理工大学	朱忠强、周小红、陈建勇、陈敬星、虞树荣、刘　斌、俞　斌
39	时尚多功能毛精纺面料的关键技术研究及产业化应用	山东如意毛纺服装集团股份有限公司	杜元姝、王科林、李腊梅、王彦兰、胡衍聪、罗　涛、王　韧
40	定岛超细纤维材料高效制备技术	上海华峰超纤材料股份有限公司	胡忠杰、张其斌、孙向浩、韩　芹、杜明兵、杨银龙、彭超豪
41	一种双面毛逸绒用纤维制备的工艺技术产业化	桐昆集团浙江恒通化纤有限公司	陈士南、赵宝东、孙燕琳、张玉勤、张子根
42	石墨烯原位聚合功能化聚己内酰胺切片制备及纺丝关键技术	常州恒利宝纳米新材料科技有限公司	蒋　炎、黄荣庆、马宏明、曹建鹏、戴树洌、周　露
43	基于聚酯纤维结构模块化智能集成控制的特种长丝关键技术及应用	绍兴文理学院、浙江佳宝新纤维集团有限公司、凯泰特种纤维科技有限公司、浙江佳人新材料有限公司、绍兴禾欣纺织科技有限公司	占海华、许志强、顾日强、王锡波、余新健、楼利琴、姚江薇
44	粘胶纤维厂污水处理及综合利用技术	唐山三友集团兴达化纤有限公司	李百川、张浩红、苏宝东、庞艳丽、张　伟、张银奎、郑东义

续表

序号	项目名称	主要完成单位	主要完成人
45	胶原蛋白改性聚丙烯腈差别化纤维制备及性能研究	河北科技大学、河北善缘羊绒制品有限责任公司、石家庄晟辰纺织科技有限公司	胡雪敏、徐智策、张连兵、陈振宏
46	矿物质太极石改性纤维素纤维制备技术	太极石股份有限公司	林荣银、王荣华、吕志军、王俊科
47	高温复合过滤材料产品研发及产业化	福建南纺有限责任公司	李祖安、黄族健、王文鑫、黎清芳、何建勋、黄桢宝、江玉容
48	高性能柔性防刺材料制备关键技术及应用	南通大学、江苏百护纺织科技有限公司、江南大学	曹海建、钟崇岩、陈红霞、俞科静、李　娟、黄晓梅
49	高清洁无浆料医用消毒片水刺材料及加工方法	山东省永信非织造材料有限公司	史成玉、刘双营、李军华、夏伦全、徐艳峰、王远富、商延航
50	功能性后漂全棉水刺非织造布关键制造技术	稳健医疗（黄冈）有限公司	周荣洪、罗　霞、邓志祥、王　欢、宋海波、孙　雷、龚洪彰
51	高速列车内饰复合材料的研发	山东泰鹏新材料有限公司	孙远奇、马红杰、李桂芹、卢文婷、穆　喜、石　勇、孔凡伟
52	燃煤电厂锅炉可吸入微细粒子高效控制用精细过滤袋	抚顺天宇滤材有限公司	陈凤利

2018年度中国纺织工业联合会产品开发贡献奖获奖企业（单位）

（排名不分先后）

企业名称	企业名称
百隆东方股份有限公司	辽宁银珠化纺集团有限公司
德州恒丰纺织有限公司	江苏奥神新材料股份有限公司
河南新野纺织股份有限公司	徐州斯尔克纤维科技股份有限公司
江苏悦达棉纺有限公司	江苏海阳化纤有限公司
汶上如意技术纺织有限公司	福建锦江科技有限公司
佛山市致兴纺织服装有限公司	山东如意数码科技印染有限公司
帛方纺织有限公司	鲁丰织染有限公司
石家庄常山北明科技股份有限公司	浙江富润印染有限公司
宁夏如意科技时尚产业有限公司	华纺股份有限公司
青纺联（枣庄）纤维科技有限公司	浙江美欣达纺织印染科技有限公司
山东康平纳集团有限公司	互太（番禺）纺织印染有限公司
杭州万事利丝绸文化股份有限公司	泉州海天材料科技股份有限公司
鑫缘茧丝绸集团股份有限公司	即发集团有限公司
达利丝绸（浙江）有限公司	海安启弘纺织科技有限公司
桐昆集团股份有限公司	无锡恒诺纺织科技有限公司
苏州龙杰特种纤维股份有限公司	罗莱生活科技股份有限公司
江苏神鹤科技发展有限公司	孚日集团股份有限公司
烟台华润锦纶有限公司	江阴市红柳被单厂有限公司
上海德福伦化纤有限公司	苏州楚星时尚纺织集团股份有限公司

续表

企业名称	企业名称
江苏凯灵纺织科技研发中心有限公司	天津宝盈电脑机械有限公司
吴江市晨龙新升纺织品有限公司	郑州纺机工程技术有限公司
鲁普耐特集团有限公司	江苏迎阳无纺机械有限公司
上海伊贝纳纺织品有限公司	大连华阳新材料科技股份有限公司
江苏蓝天环保集团股份有限公司	佛山市三技精密机械有限公司
山东星宇手套有限公司	宁波太平鸟时尚服饰股份有限公司
日照汇丰网具有限公司	三六一度（中国）有限公司
江苏金呢工程织物股份有限公司	浙江依爱夫游戏装文化产业有限公司
山东泰鹏新材料有限公司	深圳市娜尔思时装有限公司
北京佳膜环保科技有限公司	江苏华艺服饰有限公司
远信工业股份有限公司	传化智联股份有限公司

2018年度中国纺织工业联合会产品开发推动奖获奖单位

单位名称
广东西樵轻纺城管理委员会

中國紡織
CHINA TEXTILE
中国纺织工业联合会会刊
我们关注，中国纺织产业的每一步进程；
我们汇聚，纺织界的顶级资源；
我们贯通，纺织产业链的对话平台；
我们分享，纺织人的情怀故事；
我们拓新，为纺织企业提供决策指南。
Infocus
Collection
Connection
Sharing
Exploration
Innovation
纺织天下•强国版图
www.tex1951.com
010-85229015
zgfz530@126.com
《中国纺织》微信二维码

CNTAC

2018/2019 中国纺织工业发展报告

2018/2019 CHINA TEXTILE INDUSTRY DEVELOPMENT REPORT

行业关注

立足强大国内市场，深化供给侧结构性改革

中国纺织工业联合会党委书记兼秘书长　高勇

中央经济工作会议提出，2019年要促进形成强大国内市场，努力满足最终需求，改善消费环境，增强消费能力；要发挥投资需求的关键作用，加快新型基础设施建设，补齐农村设施建设短板。促进形成强大国内市场任务的提出，一方面是基于外部环境的复杂严峻性，另一方面也突出强调了我国国内市场正处于持续扩大和加快升级的重要阶段，这是我国发展仍处于并将长期处于重要战略机遇期的判断基础，也是畅通国民经济循环的关键节点。纺织行业是具有重要民生属性的消费品制造产业，在当前形势下，对于强大国内市场的客观需求与使命责任均十分明确。

国内市场是纺织行业实现持续、平稳、健康发展的首要支撑

纺织行业是我国国际竞争优势最为明显的制造产业之一，2018年我国纺织品服装出口额2788亿美元，2017年占全球的比重为34.8%。但多年来，规模庞大、活力充沛的国内市场为纺织行业提供了十分强大的发展动力，是行业实现持续、平稳、健康发展的首要支撑。据测算，目前纺织全产业链80%左右的销售收入在国内市场实现；2011～2017年，全国限额以上服装鞋帽针纺织品零售额年均增长速度达到13.8%，而同期纺织品服装出口总额年均仅增长3.8%。

2018年，纺织品服装国内市场呈现平稳增长态势，增速好于此前两年水平，支撑纺织行业总体实现平稳运行。统计数据显示，2018年全国限额以上服装鞋帽、针纺织品零售额同比增长8%，增速较2017年提高0.2个百分点；网络零售渠道继续保持快速增长，全国网上穿着类商品零售额同比增长22%，增速高于2017年1.7个百分点。2018年纺织行业内销增长情况好于此前两年，一方面是基于汽车、通信类别等消费支出有所减少，消费结构出现阶段性调整，一方面也在一定程度上体现出纺织行业供给结构优化调整取得积极成效。

在国内市场增长提速的同时，国际市场也有所回暖，带动纺织行业出口回升。2018年，纺织品服装出口总额同比增长3.5%，增速较2017年提高2个百分点，其中纺织纱线、织物及制成品国际竞争力稳定，出口额同比增长8.1%，服装出口压力加大，出口额同比仅增长0.3%。国内外市场同步趋好，支撑纺织行业运行质效实现平稳增长，2018年全国规模以上纺织企业主营业务收入同比增长2.9%，增速较2017年放缓1.3个百分点；利润总额同比增长8.0%，增速较2017年加快1.1个百分点；销售利润率为5.2%，较2017年提高0.2个百分点。

尽管从运行结果上看，纺织行业当前发展态势基本正常，但面临的压力仍十分突出。除了综合成本上涨、环保要求提升、国际竞争加剧等常态化压力因素外，中美贸易摩擦的影响不容忽视。虽然现阶段美国加征关税的纺织服装产品仅约占我国对美纺织品服装出口额的9%和对全球出口总额的1.5%，但贸易环境不确定性上升，引发行业预期不稳定，短期内造成纺织企业下一年订单及产销减少，中长期则将对国际采购格局以及我国纺织行业的国际分工位置、投资布局结构产生重要影响。

2019年，世界经济的不确定性和复杂性进一步增强，变中有忧的形势特点使得国内市场的重要性进一步凸显。强大的国内市场不仅能够继续为纺织行业平稳发展提供充足动力，也是行业保持和提升国际竞争力的重要支撑。纺织行业必须深化供给侧

结构性改革，大力推动高质量发展，在有效满足国内市场需求的同时，努力激发内需潜力，助力形成强大国内市场，从而有效防范和化解外部风险，继续实现平稳、健康发展。

强大国内市场是建成纺织强国的根本动力

促进形成强大国内市场是2019年国民经济发展的重要任务，这是纺织行业面临的新市场机遇，也是新的责任使命。纺织行业不仅要从强大的国内市场中获得充分的需求支撑，更要从中汲取升级发展的动力，全面提升以科技、时尚、绿色为标识的综合竞争实力，从而实现国内、国际两个市场并举、协调发展，稳固和提升国际产业分工地位，并为我国全面建成小康社会目标实现和现代化强国伟业推进做出应有贡献。

一、我国消费市场规模庞大，增长稳定，升级趋势明显，是纺织行业持续健康发展的根本支撑

我国国内市场的纤维消费总量规模位居世界首位，年纤维消费量超过3000万吨，是美国的2.6倍左右；2017年人均纤维消费量为22千克，基本达到中等发达国家水平。尽管现有规模已十分庞大，我国纺织服装产品终端消费仍有发展空间。我国现阶段仍处于工业化和城镇化持续推进阶段，中等收入群体快速成长，全面建成小康社会目标逐步接近，将使得人均消费水平持续提升，国内需求总量也将持续增长。相关统计数据显示，美国人均纤维消费量约为36千克，是我国的1.6倍；2017年美国人均衣着消费支出折合人民币约达到7870元，是我国的6.4倍。从这个角度看，我国纺织服装产品在价值提升和总量增长方面仍有较多空间。

我国国内市场在消费升级方面也具有重要优势。收入水平的持续提升，人民群众对美好生活的需要日益展现，将促使纺织服装产品的消费需求不仅限于产品品质提升，更要能够满足消费者对于多元化功能、个性表达、精神文化承载等方面的需要。个性化、定制化纺织服装产品，具备户外运动、医疗保健等功能性及智能型的产品，体现时代审美特色的家居整体装饰纺织品，改善生活品质的一次性纺织用品，体现时尚精神和寄托民族情感的自主品牌产品等，均将成为国内市场的重要增长点，为纺织全产业链提供需求动力。与此同时，我国经济经历了持续、快速增长周期，消费人群更易于接受新事物、新模式，加之我国互联网科技具备国际领先水平，纺织服装品牌企业通过融合创新产业技术应用场景与商业模式，能够获得更多的市场切入点，具有更多途径来激发市场消费热情。

二、着眼促升级与补短板的投资潜力释放，将带动产业用纺织品应用需求扩大，是纺织行业结构优化调整的重要驱动

中央经济工作会议指出，我国现阶段投资需求潜力仍然巨大，要发挥投资关键作用，加大制造业技术改革和设备更新，加快新型基础设施建设，加大城市基础设施投资力度，补齐农村基础设施和公共服务设施建设短板，加强自然灾害防治能力建设。这些领域的投资增加都会带动产业用纺织品的应用需求扩大，包括与制造业升级相关的环保过滤材料，与基础建设相关的土工、建筑、交通工具用纺织品及结构增强材料，用于完善相关公共服务的医疗用纺织品、安全防护纺织材料、特殊功能职业装，推动农业现代化的功能性农用纺织品，以及篷帆类、绳缆类应急储备物资等。

近年来，产业用纺织品是纺织产业链三大终端中增长最为活跃的领域，2011～2017年产量年均增速达到9.1%，高于同期纤维加工总量增速5.1个百分点，在纤维加工总量中所占的比重由2011年21%提高到2017年26.9%，是纺织产业链上最重要

的新增长点。从趋势上看，产业用纺织品的应用需求空间巨大，但受到应用标准及规范、采购机制、配套政策等多种因素影响，需求潜力尚未有效释放。促进形成强大国内市场任务的提出，对于破解机制束缚、释放产业用纺织品潜在应用空间提供了重要机遇，要尽行业之力，主动把握住这一重要时机，真正促进产业用纺织品应用需求扩大，并推动上游纤维材料的研发创新与国产化专用装备水平提升，促进全产业链结构优化与转型升级。

三、强大国内市场是纺织全产业链持续升级与推进国际化发展的重要根基

我国国内市场规模庞大，需求多元化、多层次、多领域的特征突出，国内市场的容量与深度为产业技术与商业应用创新提供了有效反馈，纺织行业在着力满足内需的过程中，供给侧结构性改革将获得持续而充分的动力。在国内市场的驱动下，纺织行业综合实力将不断提升，在国际市场上有更好的竞争表现，国际分工地位持续改善，国际市场份额保持相对稳定，从而在跻身世界纺织强国的道路上不断前进。

纺织行业实现强国目标，仍然需要进一步提高对外开放水平，广泛利用国际市场、技术、人才、资本等优质要素资源，提升资源配置效率。我国国内市场具备强大的需求容量来消化纺织行业的制造能力与创新投入，大大降低了行业扩大对外开放、开拓国际市场的风险。与此同时，我国拥有全世界规模最大、最具活力的纺织服装产品消费及应用市场，这使得各种优质资源更易于向国内纺织产业集聚，其与国内纺织行业之间的良性互动关系与外溢效应对于促进行业升级发展也具有非常重要的价值。

以强大国内市场为根本立足点，坚持深化供给侧结构性改革

面对新的国内市场形势，纺织行业必须要进一步明确国内市场的首要支撑和重要根基性作用，以国内市场为行业发展的根本立足点。立足国内市场寻求发展，核心还是在于深化供给侧结构性改革，改善供给质量与效率，从而提高行业对市场新形势的适应性，更好满足不断扩大和升级的国内市场需求，积极引导市场消费，以创新激发市场潜力，主动创造市场新空间。

一、以科技为支撑、绿色为导向，提升产出与供给质量

（一）持续提升先进制造水平

大力发展纺织全产业链优质制造、智能制造、绿色制造工艺、技术和装备，广泛开展技术升级改造，改善生产效率与产品品质。重点开发高效大容量、柔性化的功能性、差别化纤维生产技术及装备，应用各种高效率、高精度、高质量、节能环保的纺纱、织造、染整加工技术，提升纺织面料的舒适、易护理、高保型等性能，满足小批量、多品种、多功能、生态化等下游加工需求，有效对应终端市场消费特征。提高服装、家纺生产的自动化、智能化水平，推广应用智能吊挂、自动缝制等系统及单元，提升终端产品品质。加强产业用纺织品制造技术升级，加大新型纤维材料应用，推广新型非织造、编织、机织及复合技术，提升质量，降低成本。加强开发及应用具备在线质量监控、智能化管理等功能的数字化、智能化纺织单机设备及生产线，推广企业信息管理综合集成系统，优化产品质量控制与管理。

（二）提升纺织服装产品开发能力

加强纤维、面料流行趋势研究与发布，强化纤维新品种的产业链应用开发，打造产业链中上游纺织产品的开发与应用衔接平台。融合应用时尚趋势、数字化定制技术、服务型制造体系，开发符合个性化、差异化、功能性、生态性、智能化等需求

特征的服装、家纺新产品。积极开发和应用各种数字化、智能化时尚分析预测工具及辅助设计制造系统，强化设计开发能力支撑。结合产业结构调整、基础建设升级、污染防治攻坚、加强民生保障等国民经济发展需求，以医疗、卫生、过滤、土工、建筑、结构增强、安全防护等领域为重点，加强产业用纺织品品种开发与优化，更好满足应用需求。

二、强化文化内涵与消费引导，提升自主品牌的市场适应性

（一）深化自主品牌内涵

要更加关注社会人文因素对于纺织服装产品国内消费的影响，深入研究和解读国内消费人群的精神与文化需求，更准确把握审美偏好及流行趋势。依托我国悠久历史文明与多元民族文化优势，将特色文化元素与传统工艺技能融入纺织服装产品的时尚创意设计和品牌营销策划之中。强化纺织企业发展的社会责任导向，全面履行环境保护、以人为本、公平竞争责任，树立自主品牌的良好社会形象，丰富品牌的社会属性内涵。积极整合设计、管理人才及成熟品牌等国际化的优势资源，拓宽自主品牌发展路径。

（二）加强市场消费引导

宣传普及健康、科学的纺织品服装消费方式及服装、家饰的美学、文化、礼仪知识，提高消费者对于纤维产品性能、功能特点及健康安全使用方式的认知，积极引导消费升级。加强纺织服装品牌价值的全社会引导，强化媒体宣传与行业、社会推广，展示中国原创时尚设计力量与自主品牌优秀成果，提升自主品牌的整体形象和市场认可程度。

三、加强跨产业链、跨部门、跨界资源融合，激发国内市场潜力

（一）进一步提升科技创新效率

积极整合多方资源，以企业为主体，进一步优化纺织行业科技创新体系，通过联合研究、委托研发、共建研究机构等多种方式，深化产学研用集成创新，提升创新成果转化与应用效率。加强跨产业链合作创新，鼓励纤维材料、专用装备、纺织加工、产品应用各环节加强技术研发和产品开发合作。

（二）大力推动商业模式创新

促进纺织服装品牌企业加强跨界融合创新，与互联网产业、现代服务业建立深度合作关系，不断开拓新的销售业态与服务模式，提高商业模式创新的有效性，改善服务品质，优化消费体验，更好适应数字化、社交化、体验式、服务型等快速更新的消费市场新形势。

（三）拓宽产业用纺织品应用需求

积极推动产业用纺织品跨部门沟通合作机制的建立和完善，与应用方开展协同开发项目，推动低成本高性能纤维复合材料、植入式医用纺织材料等在交通工具、医疗卫生等领域扩大应用。努力推动军队以及医疗、基建等系统的采购通道向民营纺织企业充分开放，推动国家出台和完善应急物质及产能储备制度、特殊工种劳动者职业安全保护产品配置要求、生态农业用纺织品试点应用等政策和措施。搭建纺织军民融合对接平台，沟通纺织行业最新科技成果与军方需求。

（四）改善国内消费与市场竞争环境

探索推进工商对接合作，协调降低商业零售渠道的费用成本，优化商业市场环境。整合相关资源，推动建立纺织行业综合信用体系，开展价格、质量、知识产权保护等方面的行业自律，进一步完善国内市场环境。

（本文根据高勇书记在“中纺圆桌论坛第十四届年会”上的讲话整理）

中美贸易摩擦对纺织行业的影响及应对措施研究

中国纺织工业联合会产业经济研究院

2018年，中美贸易摩擦不断升级（图1）。7月6日和8月23日，美国分别对价值340亿和160亿美元的中国出口产品加征25%的关税，上述两个清单均未涉及纺织服装产品。我国政府采取对等加税措施，纺织行业重要的纤维原料——棉花被列入7月6日生效的第一批加税清单，废毛、废棉、化纤废丝等纺织回用原料列入8月23日生效的第二批加税清单。9月24日，美国正式开始对中国2000亿美元输美产品加征10%关税，并计划于2019年1月1日起将税率提高至25%，共覆盖917个税号的纺织品。同日，我国开始对美国600亿美元商品采取对等加税措施，涉及720多个税号的纺织品和服装。

资料来源：综合整理

图1 中美贸易摩擦进展情况

初步分析，美国的加税措施短期内尚不足以对纺织行业直接造成重大冲击，但贸易环境不确定性提升，对相关国际采购订单、纺织企业生产安排、原料采购以及市场信心等均产生负面影响，纺织行业发展压力将有所加大。

美国2000亿加税清单对纺织行业的影响

美国公布的2000亿美元加税产品清单包含了几乎全部种类的纺织纱线、织物、针织、产业用制成品以及部分家用纺织品，仅极少量税号被剔除在外，根据中国海关进行中美税号转换后测算的数据，2017年我国对美出口上述产品总金额为41.5亿美元，占当年我国纺织行业对美出口总额的8.7%，占我国纺织品服装出口总额的1.5%。

一、加税对纺织全行业短期影响不大

美国2000亿加税清单目前仅覆盖海关编码50～60章的纺织产品，而我国纺织行业对美国出口比重最大的产品是海关编码61章、62章、63章的针织、机织服装及家用纺织品，目前全部尚未进入加税清单，上述三章产品2017年出口额达到381.5亿美元，在我国对美纺织品服装出口额中占比达到79.8%，占我国纺织品服装出口总额的比重也达到13.9%。如果美国加税范围不再扩大，则不会对纺织行业产生大面积的冲击。粗略测算，目前已列入清单的产品约直接影响4万个就业岗位，考虑产业链传导因素可能影响就业5万～6万人，对全行业影响并不明显。

二、大部分已进入清单的产品直接影响有限

分大类产品看，在已进入加税清单的产品中，我国对美出口化学纤维（含长丝、短纤）4.7亿美元，占我国对全球化纤出口额的6.3%；出口纺织纱线1亿美元，占我国纱线出口总额的1.9%；出口纺织织物7.8亿美元，占2.2%，出口针织、产业用及

家用纺织制成品27.9亿美元，占7.8%。

美国市场在我国纱线及织物出口中所占份额较低，加税对相关行业和企业影响较小。美国在我国化纤出口额中虽然占比相对较高，但美国并不是我国化纤出口的重要定向市场，而且由于我国化纤行业整体出口比重较低，相比较于行业总规模来说，对美出口受限并不会对化纤行业产生重要影响。2017年，我国对美出口化纤长短丝36.4万吨（含未加税产品），占化纤出口总量的8.9%，但占化纤总产量的比重仅为0.7%；按税号统计对美出口额居纺织品第4位的涤纶短纤（税号55032000）2017年占我国该税号产品出口总额的比重达到14.4%，但出口量为16.8万吨，占我国涤纶短纤产量的比重不到2%。

我国对美国的下游纺织制成品出口规模和占比高于上游产品，地毯及部分产业用纺织品对美出口占我国出口总额比重相对较大（表1）。其中，2017年我国对美国出口地毯5.9亿美元，占我国对全球出口额的21.8%；出口非织造布2.5亿美元，占对全球出口额的9.4%；出口绳、索、缆1.2亿美元，占18.6%。虽然我国出口的上述纺织产品并不具备完全的排他性竞争优势，但总体上看，我国产品出口总量较大，产品品质较好，仍然具备相当的市场竞争力。而且，地毯方面，我国主要竞争对手之一为土耳其，美土之间的贸易关系也并不稳定；产业用纺织品方面，我国的出口产品结构与其他生产国并没有明显重合，现阶段仍难以由其他国家彻底替代，因而加税的直接总体上仍然比较有限。

三、部分出口企业将受到较大冲击

从企业微观层面，由于部分输美产品具有需求

表1 2017年中国对美国出口涉税产品情况

税号章节	商品类别	2017年对美国出口金额（亿美元）	占中国对全世界出口该商品比重（%）
50	蚕丝及织物	0.3	3.5
51	羊毛、动物毛原料，纱线及织物	0.4	2.1
52	棉花、棉纱线及棉机织物	2.8	1.8
53	其他植物纺织纤维、纱线及织物	0.3	2.7
54	化学纤维长丝及织物	6.2	3.8
55	化学纤维短纤及织物	3.6	3.3
56	絮胎、毡呢及无纺织物；特种纱线等	6.8	13.3
57	地毯及纺织材料的其他铺地制品	5.9	21.8
58	特种机织物；簇绒织物；花边；装饰毯；装饰带等	2.7	6.3
59	浸渍/涂布/包覆或层压的纺织物；工业用纺织制品	6.3	8.6
60	针织物及钩编织物	6.2	3.8
合　计：		41.5	5.0

资料来源：中国海关

特性，美国市场在某些出口企业销售中占比较大，企业难以快速转移出口市场，一段时间内将面临较大压力。例如，受消费偏好影响，我国出口美国的地毯以化纤制为主，而国内市场以及西亚等主销市场以毛制地毯居多，原料及生产工艺装备完全不同，因而与大部分出口纺织企业兼营内销不同，对美出口地毯的企业通常出口比重很高，本轮贸易摩擦中对其直接影响更为明显。

四、纺织产业国际竞争力和发展潜力长期将受到冲击

尽管纺织行业现阶段受到加征关税影响的范围并不大，但贸易环境不确定性上升，对纺织行业的中长期潜在影响更为突出。

（一）参与国际竞争压力加大

由于非织造布、涂层织物、帘子布等产业用纺织品主要用于其他产品的生产配套，其中非织造布国际竞争较为激烈，我国产品出口受阻，引起美国采购商向其他市场转移订单，将造成全球供应链体系改变，我国纺织行业长期被排除在供应体系之外，日后参与国际产业分工与市场竞争的困难将明显增多。

（二）产业链向海外加速转移

中美贸易环境恶化，将直接影响采购商预期及订单稳定性，我国纺织企业的信心也受到冲击，为规避风险，纺织行业海外投资不可避免地将有所增加。近年来，受国内综合成本提升等因素影响，我国纺织企业对外投资的积极性明显提升，但受境外投资环境不稳定、跨国管理难度较大等因素影响，仅有部分大型骨干企业对外投资实践较多，多数企业仍处于调研、观望阶段。在当前中美贸易摩擦背景下，东南亚、非洲等国家与美国之间的自由贸易关系优势凸显，美国本土在吸引资本密集型投资方面也具有一定优势条件，因而如中美贸易摩擦持续时间过长，将进一步坚定纺织企业扩大对外投资的决心，对国内生产、投资增长及就业岗位产生负面影响。随着投资转移加速，东南亚目前尚不完善的纺织产业体系将逐渐建立健全，并与我国形成正面竞争局面，届时我国纺织行业将在全球市场面临更加激烈的市场竞争形势。

（三）贸易摩擦进一步升级的预期影响严重

若未来美国加征关税的范围进一步扩大，大比例覆盖家纺和服装产品，则将对纺织行业出口及相关国内生产、投资、就业产生重大影响。粗略测算，我国每减少100亿美元服装及家纺产品出口额，纺织全产业链损失的收入可达到250亿美元左右，涉及就业岗位近30万个。

我国反制措施对纺织行业的影响

一、我国对美棉加征进口关税将加大国内高等级棉短缺压力

我国公布的第二批自美进口加税清单中包含废毛、废棉、化纤废丝、碎布等纺织回用原料，进口量不大，加税措施也不会产生明显影响。但第一批加税清单中包含原棉，对纺织行业影响较大。

美国是我国纺织行业最重要的棉花进口来源国，2017年，我国进口美棉50.6万吨，占我国棉花进口总量的43.8%；在滑准税进口配额正常发放的年份，进口美棉最多可达到100多万吨，占到纺织行业一年用棉量的10%～15%。美棉品质好，我国纺织行业对美棉需求量较大，并不能由其他国家所产的棉花完全替代。近年来，国产棉品质有所下降，国内高品质棉花短缺问题突出，如果美棉进口受限，则高品质棉花供给缺口将进一步扩大，一方面，必须使用美棉原料的企业将面临生产成本大幅提高的压力；另一方面，棉制品国际采购订单及相关产业投资向海外转移的态势也难以避免。

二、对自美进口纺织产业链产品加税影响有限

2018年8月3日，我国宣布将对约600亿美元的自美进口产品对等加征关税，税率为5%～25%。该清单中覆盖了720多个税号的纺织品服装，基本涵盖纺织全产业链产品，2017年我国自美国纺织品服装进口总额为7.1亿美元。此外，该清单还包含了对二甲苯（PX）等化纤原料，一些纺织染料、助剂以及少量品种的纺织机械及配件。

考虑可替代性的差别，部分高性能、功能性纤维及产业用纺织品仅加征10%关税，以保障国防、医卫等重点应用领域的需求，绝大部分纺织纱线、织物、制成品、服装以及纺织产业链配套产品均加征20%～25%关税。总体上看，我国自美国进口的纺织品服装及产业链配套产品绝大部分在全部进口额中的占比低于30%，进口可替代性相对较高，加税措施不会对国内纺织制造产业链产生重大影响。由于我国纺织行业供给能力充分，对终端纺织制成品及服装加征进口关税也不会造成国内居民消费成本提升或结构性供给短缺的问题。

纺织行业可采取的应对措施

中美贸易摩擦爆发以来，我国政府积极采取措施，力图妥善处理中美贸易关系，虽然取得了积极进展，但仍存在不确定性。而且，尽管经济全球化大势不可逆转，但国际贸易保护主义问题仍然无法避免，甚至呈现抬头倾向。纺织行业要积极采取措施，多方分散和化解国际贸易风险，有效提升行业抗风险能力和综合竞争力，确保实现持续、平稳、健康发展。

一、大力挖掘内需消费市场潜力

我国内需市场纤维消费量超过3000万吨，现阶段纺织服装消费品零售每年增长8%左右，穿着类网上零售额增长15%～20%，是全世界规模最大、最具活力的消费市场。中央经济工作会议提出了促进形成强大国内市场的工作任务，充分表明大力挖掘内需终端消费市场潜力，是纺织行业分散国际贸易风险的重要途径。

纺织企业要继续深入落实“三品”战略，通过技术装备升级、信息化技术应用、管理模式创新等途径，不断提升产品品质。积极应用多功能差别化纤材料、优质天然纤维，开发新品种纱线、面料以及符合消费需求特性的个性化、差异化、功能性、生态性等服装、家纺新产品，促进产品升级换代。深入解读消费市场偏好与流行趋势，全面提升自主品牌在品牌文化、创意设计、质量管理、渠道建设、市场服务等方面的能力，完善自主品牌市场适应性。

加强内需市场消费引导，广泛利用多元媒体渠道，宣传普及健康、科学的纺织品服装生活消费方式以及服装、家饰的美学、文化，提高消费者对于纤维产品性能、功能特点及健康、安全使用方式的认知，引导消费升级。

二、积极开拓多元国际市场

目前，我国对“一带一路”沿线国家的纺织品服装出口额已经占到全行业出口总额的三分之一以上，是对美国出口额的两倍左右。以“一带一路”为重点，依托国家间经贸合作关系深化，开拓更加丰富多元的国际市场，是纺织行业有效化解各种贸易环境风险的有益手段。

纺织行业要深入研究把握“一带一路”沿线市场需求特点，融合当地特色文化元素，优化纺织服装产品设计开发。深化国际产业链、供应链合作，有序推进我国纺织企业在海外投资建厂，带动化纤、面料、纺织机械等产业链配套产品出口。加强行业性专业会展平台建设，进一步提升会展服务水平，丰富会展平台功能，将中国国际面料展、家纺

展、服装展、纺机展等大型专业会展打造成国际一流的会展平台，为企业开拓国际市场提供有力支撑。积极开展行业外交，与各国纺织行业协会组织广泛建立沟通交流关系，以民间机构交流为基础，推动政府层面建立双边自由贸易关系，促进对外贸易发展。

三、扩大产业用纺织品内需应用

美国2000亿美元加税清单覆盖了几乎全部产业用纺织品品类，对美出口约占我国产业用纺织品出口额的9%。产业用纺织品应用领域广泛，很多产品在国内市场渗透率偏低，仍有很大内需应用空间。

顺畅与下游应用方之间的合作通道，是扩大产业用纺织品应用的关键。要积极推动产业用纺织品跨部门沟通合作机制的建立和完善，建立上下游协同开发重点项目，推动各种纺织复合材料及制成品在交通工具、医疗卫生等领域扩大应用。搭建纺织军民融合对接平台，沟通纺织行业最新科技成果与军方需求。积极推动国家出台政策措施，拓宽军队以及医疗、基建等系统的采购通道，扩大抗灾应急物资、职业安全保护产品、生态农业用纺织品等应用。

纺织行业自身要加强制造技术升级与产品开发，加大新型纤维材料在产业用纺织品上的应用，推广新型非织造、三维编织、机织及多材料多层复合技术；以医卫、过滤、土工、建筑、结构增强、安全防护等领域为重点，加强新产品开发，提升质量，降低成本。

四、持续推进产业转型升级

近年来，我国纺织产业结构持续优化，高质量发展特征日益显现，为纺织行业在复杂严峻的外部环境下实现持续、平稳发展提供根本支撑。持续推进转型升级，是纺织行业提升综合竞争力，有效化解各种外部风险的根本途径。

要继续响应国家创新驱动发展战略要求，扩大纺织企业和行业创新要素投入，深化产学研用集成创新，加快高新技术纤维材料、高档产业用纺织品、高端纺机等重点领域的重大共性关键技术研发突破，自主掌握高端核心技术。广泛开展技术改造，提升全产业链先进制造、优质制造水平，扩大数字化、智能化纺织装备（生产线）、管控系统及服装、家纺定制化技术应用。积极构建区域间、国内外合理分工、高效协同的产业布局体系，奠定良好的中长期发展潜力基础，有效提升产业链资源配置效率。

（撰稿人：赵明霞）

中国纺织行业对外投资形势与特点

中国纺织工业联合会国际贸易办公室

“一带一路”倡议自2013年实施以来，中国对外投资合作稳步发展，对外直接投资总额增长迅速。秉承着共商共建共享的理念，中国已成为全球对外投资的重要引擎。在“一带一路”建设、国际产能合作等政策引领和推动下，我国纺织行业对外直接投资蓬勃发展，国内纺织服装企业正在持续加快国际化进程，积极建立和加深与全球纺织业的合作关系，涌现出一批具有国际化视野和水平的跨国企业集团。

中国纺织行业对外投资总体情况

一、由“爆发式”增长向高质高效发展“回归”，中国纺织行业对外投资步入“稳中求进”的国际布局新阶段

2000年以来，我国纺织行业逐步进入全球布局阶段，对外直接投资经历了平稳增长、快速攀升、大幅下降到趋于理性的不同发展阶段。2003～2007年，行业对外直接投资额在1亿美元上下浮动，国内全产业链优势和本土市场的高效协同使大部分纺织企业将发展的目光聚焦国内。2008年金融危机以后，我国纺织行业面临的国内外制约和挑战日益增多，企业开始在全球范围内寻求更有效的资源配置，2008～2013年我国纺织行业对外直接投资流量为3亿至5亿美元。2013～2016年，行业骨干企业主动进行国际布局的意识明显提高，对外投资迅速加快，特别是2016年，我国纺织行业对外直接投资大幅度创下历史新高，达26.6亿美元，同比增长89.3%，而2015年的同比增速也高达47.96%。随着投资规模的爆发式增长，部分企业非理性投资的情况逐渐增多。2016年下半年开始，政府各部门连续出台了一系列对外投资政策，从国家政府层面加强了对企业境外投资管理和海外投资真实性审查，中国企业对外投资更加趋于理性化、更加注重效益化，纺织行业对外投资也随之“降温”。2017年行业对外直接投资额11.84亿美元，同比下降55.5%，详见图1。

单位：亿美元

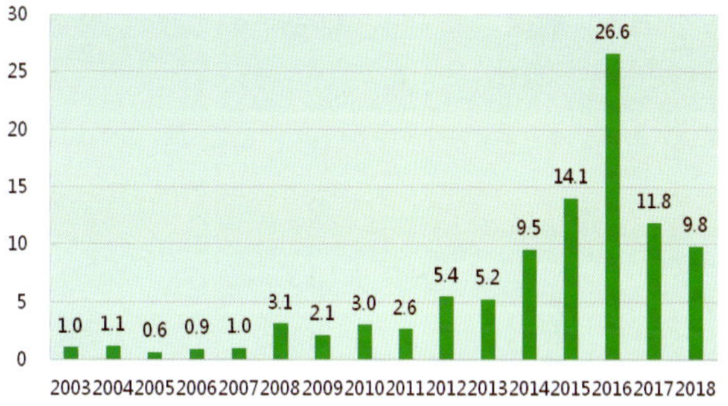

资料来源：商务部

图1　2003～2018年我国纺织行业对外直接投资流量

2018年以来，随着纺织企业对国家监管政策理解的深入，及时调整国际发展战略，投资总额虽继续微降，但下降幅度较上一年趋缓，且服装服饰业和化纤业的对外投资恢复增长明显。根据商务部统计口径，2018年我国纺织行业对外直接投资总额9.82亿美元，同比下降17%。其中纺织业对外直接投资流量为4.95亿美元，下降40.9%；纺织服装、服饰业对外直接投资流量为3.78亿美元，增长44.3%；化学纤维制造业对外直接投资流量为1.09亿美元，增长28.7%。

二、“一带一路”倡议为纺织业国际布局创造有利环境，东南亚和非洲地区是当前纺织行业对外投资的重点区域

为了应对诸多国内外挑战，创造新的国际竞争优势和可持续发展能力，近年来，我国纺织业在海外生产力布局方面呈现出“中国大陆+东南亚+非洲”的布局模式。从对外直接投资的国家和地区排名来看，根据商务部统计数据（表1），2015～2018年我国纺织行业对中国香港累计投资金额最多，达到25.99亿美元，约占同期纺织行业对外总投资的41.7%。越南排名第二，累计吸引投资总额10.71亿美元，占比17.2%。美国是我国纺织行业在西方发达国家投资最多的目的地，累计直接投资总额为2.14亿美元。埃塞俄比亚和埃及是我纺织产业对非投资最多的两个国家，累计投资存量分别为1.85亿美元和1.47亿美元。

随着“一带一路”倡议的推进，纺织产业对“一带一路”沿线国家和地区的投资明显增多。2013～2018年，纺织产业对“一带一路”沿线国家和地区投资总额64.96亿美元，约占同期全球投资总额的84.4%。如不将中国香港、中国澳门及中国台湾三地的投资数据统计在内，对沿线其他国家和地

表1 2015～2018年我国纺织行业对外投资目的地排名

“一带一路”国家/地区用“*”表示	排名	国家/地区	2015～2018年投资总额（亿美元）
*	1	中国香港	25.99
*	2	越南	10.71
*	3	新加坡	7.71
	4	英属维尔京群岛	2.58
	5	美国	2.14
	6	埃塞俄比亚	1.85
*	7	缅甸	1.52
*	8	埃及	1.47
	9	开曼群岛	1.32
*	10	柬埔寨	1.25
*	11	马来西亚	1.02
	12	法国	0.92
*	13	巴基斯坦	0.85
*	14	塔吉克斯坦	0.77
*	15	印度尼西亚	0.76

资料来源：商务部

区的投资总额则为36.18亿美元，约占全球投资总额的47%。

三、东南沿海省市仍是纺织行业对外投资的主力军，中西部省份对外投资步伐也在逐渐加快

山东、浙江、上海、江苏、广东等东南沿海纺织行业发达省市依旧是我国纺织产业对外投资的主力军（表2）。其中，山东省纺织行业对外直接投资额近年来一直保持全国领先。商务部统计数据（表1）显示2016～2018年，山东省纺织行业对外直接投资累计总额约24.97亿美元，占同期全国纺织行业对外投资累计额的51.75%；浙江省和上海市分别位列第二、第三位，纺织行业对外直接投资累计额分别为7.33亿美元和4.80亿美元，占全国纺织行业对外投资总额的15.18%和9.95%。

近年来，以宁夏回族自治区、新疆维吾尔自治区为代表的中西部省份纺织产业对外投资步伐明显加快。2016～2018年，宁夏回族自治区纺织行业对外直接投资累计总额约1.67亿美元，占同期全国纺织行业对外直接投资总额的3.47%，超过福建省位列第六。新疆维吾尔自治区近三年纺织业对外直接投资总额为5272.7万美元，排名第八。

中国纺织行业对外投资与并购特点

一、以越南为突出代表的澜沧江、湄公河国家吸引了大量纺织业绿地投资

澜沧江、湄公河流域的越南、缅甸和柬埔寨是我国纺织服装企业海外投资的热点区域，同时也是投资存量较大的区域。即使在近两年我国整体对外投资形势趋紧的情况下，对其纺织服装业的直接投资额也继续呈现较大幅度的增长。根据商务部统计口径（图2），2018年我国纺织行业在澜

表2 全国纺织行业对外直接投资排名前十位的省市自治区

省、市、自治区	对外直接投资额（万美元）			
	2016年	2017年	2018年	三年合计
山东省	172371.6	55621.0	21755.6	249748.2
浙江省	18598.2	16895.0	37759.5	73252.7
上海市	30697.4	8324.0	9014.3	48035.7
江苏省	6773.6	9364.0	8279.2	24416.8
广东省	8050.7	14230.0	2120.2	24400.9
宁夏回族自治区	13791.5	2941.0		16732.5
福建省	4403.3	1534.0	7136.8	13074.1
新疆维吾尔自治区	1055.1	368.0	3849.6	5272.7
河南省	255.8	2399.0	1535.9	4190.7
江西省	2672.7	895.0	26.5	3594.2

资料来源：商务部

沧江、湄公河五国的投资总额为5.04亿美元，同比增长86.5%。

越南是纺织服装企业最主要的投资目的国（吸引直接投资4.66亿美元）。由于美国是越南纺织品服装最主要的出口市场，2018年以来中美贸易摩擦引发了部分国际采购订单及投资加快向越南转移，导致中国纺织行业对越南直接投资额同比增长116%。目前，越南是我国棉纺企业的集中投资区域。据估算，在越中资企业，如天虹集团、鲁泰集团、百隆东方、华孚色纺等，在越的投资产能已经接近300万锭。

单位：万美元

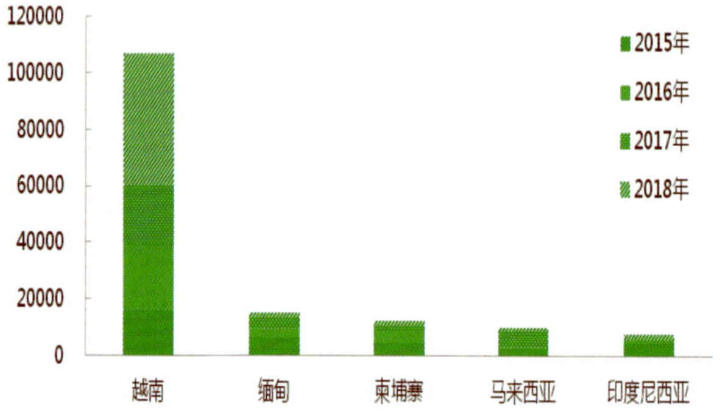

资料来源：商务部

图2 近几年我国纺织行业对东南亚主要国家直接投资额

柬埔寨和缅甸则是中国服装生产企业海外设厂的集中区域，以苏美达集团、红豆集团、东渡集团、申州集团、即发、鲁泰、恒田、迪尚等为代表的众多中国优秀纺织服装企业均已在这些国家进行国际产业布局。中国在越南、缅甸和柬埔寨等国的大量纺织业绿地投资不仅带动了所在国的经济发展、增加劳动就业岗位，同时也对上述国家的纺织服装业技术水平提高、整体产业发展起到了积极的促进作用。与此同时，在我国纺织服装产业进入转型升级、全球布局新阶段的关键节点，与这些国家在行业内的深度产业链和价值链融合能够进一步增强我国纺织服装产业的国际竞争力。

二、中非纺织服装领域的全方位合作充满潜力

近年来，非洲新兴市场开始成为纺织产业对外投资的新热点区域。江苏阳光集团与埃塞俄比亚签署了9.8亿美元毛纺项目协议；无锡一棉的埃塞30万锭棉纺项目开始开工建设；内蒙古鹿王羊绒有限公司在马达加斯加深耕20年，并计划进一步扩大在马达加斯加的产能，将纺纱、印染上下游产业链向其进行转移……非洲国家凭借着廉价的制造业成本、年轻的人口结构、快速的经济增长、旺盛的新兴市场需求等充满潜力的投资发展环境，成为纺织企业海外投资的新热点。

商务部数据显示2015～2018年，我国纺织行业对非净投资额为2.53亿美元（含部分回撤资金）。其中2017年达到近年新高，超过1.1亿美元。2018年纺织产业对非投资额虽回落至6380万美元，但从近年整体数据来看，纺织产业对非投资还是保持了持续增长趋势。2018年中非合作论坛北京峰会期间，中国政府提出重点实施“八大行动”，第一条即为实施产业促进行动，鼓励中国企业加强对非洲产业投资，特别是制造业等传统及新兴领域扩大对非洲投资，这一目标无疑为中非纺织服装领域的全方位合作蓄积了强劲动能。

三、以国际化视野对标世界一流企业，跨区域整合优质资源，纺织服装企业利用资本的力量不断扩充品牌矩阵

除了积极走出去进行绿地投资，实现生产力和供应链的国际化建设外，我国纺织服装企业同时也在通过直接海外并购对原料、品牌、渠道和研发等优质资源进行跨区域深度整合，带动全行业整体上朝世界纺织产业价值链的高附加值领域渗透。

山东如意控股集团是我国纺织行业进行海外并购的“领军”企业，十几年来始终保持清晰的发展

路线，先后收购了多家原材料、制造企业以及时尚企业，收购范围遍及全球（表3）。2019年1月，山东如意完成了对美国聚合物及纤维供应商英威达的收购。交易标的包括英威达公司服饰和高级面料业务的纤维和品牌组合（包括全球知名的莱卡LYCRA® 品牌），同时涉及相关的生产资产、研发中心、全球的销售办事处；以及遍布全球的全部相关技术品牌、产品专利，以及商业、运营和行政人员。英威达国际领先的资产和技术及深受消费者认可的品牌，将与如意的面料服饰业务产生显著的协同效应。本次收购有助于如意集团打造全国领先的新材料及时尚品牌产业集群，强化如意作为全球具有完整价值链的纺织服装集团的领先地位。

安踏体育同样采取国际收购布局中高端多品牌矩阵，以多品牌战略满足不断细分的消费者需求。早在2009年安踏体育就已经收购了意大利品牌斐乐（FILA）在中国大陆、香港和澳门的业务。截至目前，从大众市场的安踏品牌到中高端市场的FILA、

表3 如意集团部分海外并购项目列表

年份	标的所在国	标的业务范围	并购内容
2010	日本	品牌服饰	收购Renown主要股权
2011	澳大利亚	上游原材料	罗伦杜牧场
2012	韩国	品牌服饰	Yeon Seung 70%股权
2012	印度	纺织制造	GWA毛纺公司
2012	英国	纺织制造	泰勒毛纺公司
2013	英国	纺织制造	Carloway哈里斯粗花呢生产企业
2013	澳大利亚	上游原材料	伦普利羊毛公司80%股权
2013	澳大利亚	上游原材料	卡比棉田80%股权，库比棉场
2013	新西兰	上游原材料	WSI羊毛出口商、Cabalier羊毛清洗公司
2014	德国	纺织制造	Peine Gruppe男装制造企业主要股权
2016	法国	品牌服饰	收购SMCP时尚集团82%的股权
2017	英国	品牌服饰	收购风衣品牌Aquascutum
2017	美国	纺织服饰	收购Invista旗下服饰和高级纺织品业务，涉及品牌包括LYCRA（莱卡）等
2017	中国香港	品牌服饰	收购高档男装零售商利邦控股（Trinity Ltd.）扩大发行后约51.38%股本，成为控股股东
2017	以色列	品牌服饰	收购创新成衣设计制造和供应商Bagir 扩大发行后54%股本，成为该公司的第一大股东。
2018	瑞士	品牌服饰	收购Bally International AG公司控制性股权

资料来源：由相关公告及新闻报道整理汇总

日本户外运动品牌 Descente、韩国户外品牌 Kolon Sport、英国户外品牌Sprandi等，安踏形成了较为全面的品牌矩阵。2019年3月，安踏体育与方源资本、Anamered Investments及腾讯组成的投资者财团宣布，成功完成自愿性建议现金收购Amer Sports亚玛芬体育（户外品牌始祖鸟的母公司）所有已发行及发行在外的股份的公开要约。每股要约价格为40欧元，总计46亿欧元的价格（约合人民币371亿元）。交易完成后，安踏集团预计将持有亚玛芬体育57.85%的股权。

此外，歌力思作为中国具有代表性的高级时装品牌，几年内陆续收购了德国高端女装品牌Laurèl、美国轻奢潮流品牌Ed Hardy、法国轻奢设计师品牌IRO Paris、美国设计师品牌VIVIENNE TAM以及比利时设计师品牌Jean—Paul Knott，对其实现成为具有国际竞争力的高级时装品牌集团的战略目标有进一步的推动。

当前中国纺织行业正积极抓住“一带一路”建设机遇，已经在跨国生产力布局和投资并购方面取得一定成绩，但企业仍然需要持续关注投资安全和风险防控，不断学习和提升全球优质资源配置和掌控能力，成长为具有持续盈利能力和创新能力的全球企业。

（撰稿人：崔晓凌）

2018年纺织行业发展政策平台

表1 2018年工信部发布的促进制造业发展相关措施

序号	时间	文件名称	部门	文号
1	2019年3月	两部委关于举办2019年“创客中国”中小企业创新创业大赛的通知	中小企业局	工信部联企业〔2019〕58号
2	2018年12月	工业和信息化部关于印发《工业互联网网络建设及推广指南》的通知	信息通信管理局	工信部信管〔2018〕301号
3	2018年12月	中华人民共和国工业和信息化部《产业发展与转移指导目录（2018年本）》公告	产业政策司	中华人民共和国工业和信息化部公告2018年第66号
4	2018年12月	两部门关于开展2018年度重点新材料首批次应用保险补偿机制试点工作的通知	原材料工业司	工信厅联原函〔2018〕423号
5	2018年12月	工业和信息化部关于印发《重点新材料首批次应用示范指导目录（2018年版）》的通告	原材料工业司	工信部原〔2018〕262号
6	2018年12月	工业和信息化部关于加快推进虚拟现实产业发展的指导意见	电子信息司	工信部电子（2018）276号
7	2018年11月	两部门关于印发《军用技术转民用推广目录（2018年度）》的通知	军民结合推进司	工信厅联军民〔2018〕82号
8	2018年11月	工业和信息化部办公厅关于印发2018年第四批行业标准制修订计划的通知	科技司	工信厅科〔2018〕73号
9	2018年11月	两部门关于推进金融支持县域工业绿色发展工作的通知	节能与综合利用司	工信部联节〔2018〕247号
10	2018年11月	四部门关于印发《促进大中小企业融通发展三年行动计划》的通知	中小企业局	工信部联企业〔2018〕248号
11	2018年11月	工业和信息化部关于印发《国家工业遗产管理暂行办法》的通知	产业政策司	工信部产业〔2018〕232号
12	2018年11月	工业和信息化部办公厅关于印发《新一代人工智能产业创新重点任务揭榜工作方案》的通知	科技司	工信厅科〔2018〕80号

续表

序号	时间	文件名称	部门	文号
13	2018年11月	工业和信息化部关于工业通信业标准化工作服务于"一带一路"建设的实施意见	科技司	工信部科〔2018〕231号
14	2018年10月	四部门关于印发《原材料工业质量提升三年行动方案（2018—2020年）》的通知	科技司	工信部联科〔2018〕198号
15	2018年10月	两部委关于印发《国家安全产业示范园区创建指南（试行）》的通知	安全生产司	工信部联安全〔2018〕213号
16	2018年8月	两部门关于印发国家智能制造标准体系建设指南（2018年版）的通知	科技司	工信部联科〔2018〕154号
17	2018年8月	工业和信息化部办公厅关于开展2018年纺织服装行业自主品牌建设调查工作的通知	消费品工业司	工厅消费〔2018〕670号
18	2018年8月	工业和信息化部办公厅关于印发《设计扶贫三年行动计划（2018—2020年）》的通知	产业政策司	工信厅产业〔2018〕58号
19	2018年7月	工业和信息化部办公厅关于印发2018年第三批行业标准制修订和外文版项目计划的通知	科技司	工信厅科〔2018〕54号
20	2018年8月	工业和信息化部关于发布2018年工业转型升级资金（部门预算）项目指南的通知	规划司	工信部规函〔2018〕279号
21	2018年7月	工业和信息化部办公厅关于开展工业互联网网络发展情况调查摸底工作的通知	信息通信管理局	工信厅信管函〔2018〕256号
22	2018年7月	工业和信息化部关于印发《推动企业上云实施指南（2018—2020年）》的通知	信息化和软件服务业司	工信部信软〔2018〕135号
23	2018年7月	两部委关于印发《扩大和升级信息消费三年行动计划（2018—2020年）》的通知	信息化和软件服务业司	工信部联信软〔2018〕140号
24	2018年7月	关于畅通举报渠道 强化落后产能和产能违规置换查处的通知	产业政策司	工信厅产业〔2018〕55号
25	2018年7月	工业和信息化部关于印发《工业互联网平台建设及推广指南》和《工业互联网平台评价方法》的通知	信息化和软件服务业司	工信部信软〔2018〕126号

续表

序号	时间	文件名称	部门	文号
26	2018年7月	工业和信息化部办公厅关于进一步加强企业两化融合评估诊断和对标引导工作的通知	信息化和软件服务业司	工信厅信软函〔2018〕226号
27	2018年6月	工业和信息化部办公厅关于做好2018—2019年度中小企业经营管理领军人才培训工作的通知	中小企业局	工信厅企业函〔2018〕216号
28	2018年6月	四部委关于加快安全产业发展的指导意见	安全生产司	工信部联安全〔2018〕111号
29	2018年5月	工业和信息化部办公厅关于印发2018年消费品工业"三品"专项行动重点工作安排的通知	消费品工业司	工信厅消费〔2018〕35号
30	2018年5月	关于印发《工业互联网发展行动计划（2018—2020年）》和《工业互联网专项工作组2018年工作计划》的通知	信息通信管理局	工信部信管函〔2018〕188号
31	2018年5月	工业和信息化部办公厅关于组织开展"中小微企业日"主题宣传活动的通知	中小企业局	工信厅企业函〔2018〕193号
32	2018年5月	工业和信息化部办公厅关于印发《国家制造业创新中心考核评估办法（暂行）》的通知	科技司	工信厅科〔2018〕37号
33	2018年5月	工业和信息化部办公厅关于开展2018年度中小企业公共服务体系重点服务活动的通知	中小企业局	工信厅企业函〔2018〕190号
34	2018年5月	工业和信息化部办公厅 财政部办公厅关于发布2018年工业转型升级资金工作指南的通知	规划司	工信厅联规〔2018〕36号
35	2018年4月	工业和信息化部 财政部关于印发国家新材料产业资源共享平台建设方案的通知	原材料工业司	工信部联原〔2018〕78号
36	2018年4月	工业和信息化部关于印发《工业互联网APP培育工程实施方案（2018—2020年）》的通知	信息化和软件服务业司	工信部信软〔2018〕79号
37	2018年4月	工业和信息化部办公厅关于印发2018年第二批行业标准制修订和外文版项目计划的通知	科技司	工信厅科〔2018〕31号

续表

序号	时间	文件名称	部门	文号
38	2018年4月	七部门关于举办第三届中国军民两用技术创新应用大赛的通知	军民结合推进司	工信部联军民函〔2018〕145号
39	2018年3月	工业和信息化部办公厅关于印发《2018年工业通信业标准化工作要点》的通知	科技司	工信厅科函〔2018〕99号
40	2018年3月	工业和信息化部办公厅关于印发《智能制造综合标准化与新模式应用项目管理工作细则》的通知	装备工业司	工信厅装〔2018〕21号
41	2018年3月	工业和信息化部办公厅 教育部办公厅关于开展2018年中小企业与高校毕业生创业就业对接服务工作的通知	中小企业局	工信厅联企业〔2018〕20号
42	2018年3月	工业和信息化部办公厅关于做好2018年工业质量品牌建设工作的通知	科技司	工信厅科函〔2018〕83号
43	2018年2月	国家制造强国建设领导小组关于设立工业互联网专项工作组的通知	信息通信管理局	工信部信管〔2018〕41号
44	2018年2月	工业和信息化部办公厅关于组织开展重大技术装备进口税收政策有关目录修订意见征集工作的通知	装备工业司	工信厅装函[2018]62号
45	2018年1月	国家制造强国建设领导小组办公室关于印发《"中国制造2025"国家级示范区评估指南（暂行）》的通知	规划司	工信厅规[2018]14号
46	2018年1月	工业和信息化部关于印发《首台（套）重大技术装备推广应用指导目录（2017年版）》的通告	装备工业司	工信部装函[2018]47号
47	2018年1月	两部委关于印发国家新材料生产应用示范平台建设方案、国家新材料测试评价平台建设方案的通知	原材料工业司	工信部联原[2017]331号

表2 2018年工信部组织申报的项目

序号	时间	项目名称	部门	文号
1	2019年3月	工业和信息化部办公厅关于组织开展2019年新型信息消费示范项目申报工作的通知	信息化和软件服务业司	工信厅信软函〔2019〕41号
2	2019年3月	工业和信息化部办公厅关于推荐第四批绿色制造名单的通知	节能与综合利用司	工信厅节函〔2019〕45号
3	2018年11月	工业和信息化部办公厅关于开展专精特新“小巨人”企业培育工作的通知	中小企业局	工信厅企业函〔2018〕381号
4	2018年11月	工业和信息化部办公厅关于组织报送符合《环保装备制造行业（污水治理）规范条件》和《环保装备制造行业（环境监测仪器）规范条件》企业名单（第一批）的通知	节能与综合利用司	工厅节〔2018〕978号
5	2018年10月	两部门关于征集国家重大工业节水工艺、技术、装备（第三批）的通知	节能与综合利用司	工信厅联节函〔2018〕328号
6	2018年10月	工业和信息化部办公厅关于组织开展企业上云典型案例征集活动的通知	信息化和软件服务业司	工信厅信软函〔2018〕324号
7	2018年9月	工业和信息化部办公厅关于组织开展工业互联网APP优秀解决方案征集活动的通知	信息化和软件服务业司	工信厅信软函〔2018〕305号
8	2018年9月	工业和信息化部办公厅关于开展2018年工业互联网试点示范项目推荐的通知	信息通信管理局	工信厅信管函〔2018〕306号
9	2018年9月	工业和信息化部办公厅关于开展2018年中国优秀工业设计奖评奖工作的通知	产业政策司	工信厅产业函〔2018〕295号
10	2018年8月	工业和信息化部办公厅关于征集重大投资项目编制2018年度工业企业技术改造升级导向计划（第二批）的通知	规划司	工信厅规函〔2018〕278号
11	2018年8月	工业和信息化部关于申报2018年产业技术基础公共服务能力提升和行业质量共性技术推广项目的通知	规划司	工信部规函〔2018〕280号
12	2018年7月	工业和信息化部办公厅关于开展2018年百项团体标准应用示范项目申报工作的通知	科技司	工信厅科函〔2018〕253号
13	2018年6月	工业和信息化部办公厅关于报送国家新型工业化产业示范基地发展质量评价相关材料的通知	规划司	工信厅规函〔2018〕208号
14	2018年5月	两部门关于推荐《民参军技术与产品推荐目录（2018年度）》信息的通知	军民结合推进司	工信厅联军民函〔2018〕165号
15	2018年2月	工业和信息化部办公厅关于组织申报2017年工业稳增长和转型升级成效明显市（州）的通知	规划司	工信厅规函[2018]56号

表3 2018年工信部发布的制造业所获支持项目

序号	时间	文件名称	部门	文号
1	2018年12月	符合《印染行业规范条件（2017版）》企业名单（第一批）	消费品工业司	中华人民共和国工业和信息化部公告2018年 第65号
2	2018年12月	工业和信息化部关于公布2018年团体标准应用示范项目名单的通告	科技司	工信部科函（2018）469号
3	2018年11月	工业和信息化部办公厅关于印发重点跟踪培育纺织服装品牌企业名单（2018版）的通知	消费品工业司	工信厅消费函〔2018〕385号
4	2018年11月	工业和信息化部关于公布2018年度国家中小企业公共服务示范平台名单的通告	中小企业局	工信部企业〔2018〕258号
5	2018年10月	两部委关于公布2018年国家技术创新示范企业名单的通知	科技司	工信部联科函〔2018〕420号
6	2018年11月	工业和信息化部办公厅关于公布2018年制造业“双创”平台试点示范项目名单的通知	信息化和软件服务业司	工信厅信软函〔2018〕365号
7	2018年11月	符合《再生化学纤维（涤纶）行业规范条件》生产企业名单（第二批）	消费品工业司	中华人民共和国工业和信息化部公告2018年 第59号
8	2018年11月	工业和信息化部关于公布第二批国家工业遗产名单的通告	产业政策司	工信部产业函〔2018〕417号
9	2018年11月	工业和信息化部关于公布2018年度国家小型微型企业创业创新示范基地名单的通告	中小企业局	工信部企业〔2018〕238号
10	2018年11月	两部门关于第三批制造业单项冠军企业和单项冠军产品名单的通告	产业政策司	工信部联产业函〔2018〕397号
11	2018年11月	工业和信息化部关于公布2018年消费品工业“三品”战略示范城市名单的通告	消费品工业司	工信部消费函〔2018〕407号
12	2018年10月	工业和信息化部办公厅关于公布第三批绿色制造名单的通知	节能与综合利用司	工信厅节函〔2018〕341号
13	2018年10月	国家工业节能技术装备推荐目录（2018）	节能与综合利用司	中华人民共和国工业和信息化部公告2018年第55号

续表

序号	时间	文件名称	部门	文号
14	2018年10月	工业和信息化部办公厅关于公布2018年大数据产业发展试点示范项目的通知	信息化和软件服务业司	工信厅信软函〔2018〕339号
15	2018年9月	工业和信息化部办公厅关于公布第二批服务型制造示范名单的通知	产业政策司	工信厅产业函〔2018〕309号
16	2018年9月	工业和信息化部关于公布2018年智能制造试点示范项目名单的通告	装备工业司	工信部装函〔2018〕343号
17	2018年9月	纺织服装创意设计试点园区（平台）名单（第三批）	消费品工业司	中华人民共和国工业和信息化部公告2018年第42号
18	2018年8月	工业和信息化部办公厅关于公布2018年制造业与互联网融合发展试点示范项目名单的通知	信息化和软件服务业司	工信厅信软函〔2018〕279号
19	2018年9月	四部门关于公布享受支持科技创新进口税收政策的国家中小企业公共服务示范平台（技术类）（2018年批次）名单的通知	中小企业局	工信厅联企业〔2018〕64号
20	2018年8月	工业和信息化部办公厅关于公布2018年两化融合管理体系贯标试点企业名单的通知	信息化和软件服务业司	工信厅信软函〔2018〕281号
21	2018年9月	工业和信息化部关于公布2018年人工智能与实体经济深度融合创新项目名单的通知	科技司	工信部科函〔2018〕327号
22	2018年7月	工业和信息化部办公厅关于公布2018年国家技术创新示范企业复核评价结果的通知	科技司	工信厅科函〔2018〕250号
23	2018年5月	工业和信息化部办公厅关于公布首批国家应急产业重点联系企业名单的通知	运行监测协调局	工信厅运行函〔2018〕186号
24	2018年2月	工业和信息化部关于公布第八批国家新型工业化产业示范基地名单的通知	规划司	工信部规〔2018〕36号
25	2018年2月	工业和信息化部办公厅关于公布第二批绿色制造名单的通知	节能与综合利用司	工信厅节函〔2018〕60号
26	2018年2月	工业和信息化部办公厅 国家开发银行办公厅关于公布2017年工业强基工程重点产品、工艺“一条龙”应用计划示范企业和示范项目名单的通知	规划司	工信厅联规函[2018]64号

表3-1 符合《印染行业规范条件（2017版）》企业名单（第一批）

序号	企业名称	所在地
1	上海嘉麟杰纺织品股份有限公司	上海市
2	浙江盛发纺织印染有限公司	浙江省
3	山东如意数码科技印染有限公司	山东省
4	山东如意毛纺服装集团股份有限公司	山东省
5	东莞德永佳纺织制衣有限公司	广东省
6	绵阳佳禧印染有限责任公司	四川省

表3-2 2018年团体标准应用示范项目名单

序号	标准编号	团体标准名称	所属领域	发布单位
1	T/CNTAC 7—2018	婴幼儿布书	纺织	中国纺织工业联合会
2	T/CNTAC 5—2018	拼接服装	纺织	中国纺织工业联合会
3	T/CNTAC 8—2018	纺织产品限用物质清单	纺织	中国纺织工业联合会
4	T/CTES 1006—2017	粘胶原液着色用水性色浆	纺织	中国纺织工程学会
5	T/CCFA 01017—2016	纤维用褐藻酸钠	化学纤维	中国化学纤维工业协会

表3-3 重点跟踪培育纺织服装品牌企业名单（2018版）

一、终端消费品牌（80家）

北京	爱慕股份有限公司
	北京白领时装有限公司
	北京格雷时尚科技有限公司
	北京赛斯特服装有限公司
	北京铜牛集团有限公司
	朗姿股份有限公司
	李宁（中国）体育用品有限公司
	依文服饰股份有限公司
天津	优诺（天津）服装有限公司
内蒙古	内蒙古鄂尔多斯资源股份有限公司
	内蒙古鹿王羊绒有限公司
吉林	吉林省温馨鸟集团有限公司
上海	恒源祥（集团）有限公司
	南方寝饰科技有限公司
	上海龙头家纺有限公司
	上海三枪（集团）有限公司
	上海水星家用纺织品股份有限公司
	上海小绵羊实业有限公司
江苏	波司登股份有限公司
	海澜之家股份有限公司
	红豆集团有限公司
	江苏东渡纺织集团有限公司

续表

江苏	江苏金太阳纺织科技股份有限公司
	江苏康乃馨织造有限公司
	江苏蓝丝羽家用纺织品有限公司
	江苏梦兰集团有限公司
	江苏堂皇集团有限公司
	江苏新雪竹国际服饰有限公司
	江苏悦达家纺有限公司
	罗莱生活科技股份有限公司
	紫罗兰家纺科技股份有限公司
浙江	艾莱依集团有限公司
	安正时尚集团股份有限公司
	报喜鸟控股股份有限公司
	步森集团有限公司
	法派集团有限公司
	杭州喜得宝集团有限公司
	江南布衣服饰有限公司
	万事利集团有限公司
	浙江洁丽雅股份有限公司
	浙江米皇羊绒股份有限公司
安徽	安徽鸿润（集团）股份有限公司
	安徽天鹅科技实业（集团）有限公司
	安徽天馨工艺制品集团有限公司
	安徽霞珍羽绒股份有限公司

续表

福建	才子服饰股份有限公司
	福建佳丽斯家纺有限公司
	福建龙岩喜鹊纺织有限公司
	福建七匹狼实业股份有限公司
	淘帝（中国）服饰有限公司
江西	江西恩达麻世纪科技股份有限公司
	江西井竹实业有限公司
	江西康意服饰股份有限公司
山东	济宁如意家纺有限公司
	山东耶莉娅服装集团总公司
	愉悦家纺有限公司
河南	郑州领秀服饰有限公司
	郑州云顶服饰有限公司
湖北	湖北佐尔美服饰有限公司
	武汉爱帝集团有限公司
	武汉捷盛经贸有限责任公司
	武汉猫人制衣有限公司
湖南	多喜爱集团股份有限公司
	湖南东方时装有限公司
	湖南梦洁家纺股份有限公司
	湖南省忘不了服饰有限公司
广东	广东奥丽侬内衣集团有限公司
四川	雷迪波尔服饰股份有限公司

续表

陕西	陕西羊老大服饰股份有限公司
	榆林市蒙赛尔服饰有限责任公司
	榆林市七只羊服饰有限责任公司
宁夏	宁夏圣雪绒国际企业集团有限公司
青岛	青岛红妮制衣有限公司
宁波	罗蒙集团股份有限公司
	宁波博洋服饰集团有限公司
	宁波博洋家纺集团有限公司
	宁波培罗成集团有限公司
	宁波太平鸟时尚服饰股份有限公司
	宁波中哲慕尚控股有限公司
	雅戈尔集团股份有限公司

二、加工制造品牌（40家）

北京	际华集团股份有限公司
河北	唐山三友集团兴达化纤有限公司
	际华三五零二职业装有限公司
上海	上海东隆羽绒制品有限公司
江苏	江苏国望高科纤维有限公司
	常州旭荣针织印染有限公司
	海聆梦家居股份有限公司

续表

江苏	江苏阳光集团有限公司
	鑫缘茧丝绸集团股份有限公司
	中复神鹰碳纤维有限责任公司
浙江	义乌华鼎锦纶股份有限公司
	百隆东方股份有限公司
	达利（中国）有限公司
安徽	安徽华茂集团有限公司
福建	福建长源纺织有限公司
	福建经纬新纤科技实业有限公司
山东	滨州亚光家纺有限公司
	德州华源生态科技有限公司
	迪尚集团有限公司
	鲁泰纺织股份有限公司
	三阳纺织有限公司
	山东岱银纺织集团股份有限公司
	山东海思堡服装服饰集团股份有限公司
	山东汇泉工业有限公司
	山东圣豪家纺有限公司
	天鼎丰非织造布有限公司
	威海市山花地毯集团有限公司
	烟台泰和新材料股份有限公司
	淄博大染坊丝绸集团有限公司
	淄博银仕来纺织（集团）有限公司

续表

河南	河南新野纺织股份有限公司
	新乡化纤股份有限公司
湖北	际华三五四二纺织有限公司
重庆	重庆金猫纺织器材有限公司
四川	四川意龙科纺集团有限公司
陕西	陕西元丰纺织技术研究有限公司
青岛	即发集团有限公司
	青岛雪达集团有限公司
宁波	宁波申洲针织有限公司
	维科控股集团股份有限公司

表3-4 2018年度国家中小企业公共服务示范平台名单

推荐单位	服务机构名称	平台类别
上海市促进中小企业发展协调办公室	上海纺织集团检测标准有限公司	技术服务
浙江省经济和信息化委员会	绍兴市柯桥区中国轻纺城纺织创意产业服务有限公司	信息服务，技术服务，培训服务
宁波市经济和信息化委员会	宁波市纤维检验所	技术服务
中国纺织工业联合会	中国纺织信息中心	信息服务，技术服务，培训服务
	浙江富润科创商务服务中心有限公司	信息服务，技术服务，培训服务
	中纺协检验（泉州）技术服务有限公司	技术服务，培训服务

表3-5 2018年国家技术创新示范企业名单

序号	所在地区或所属企业	企业名称
1	福建省	福建锦江科技有限公司
2	福建省	安踏（中国）有限公司
3	青岛市	青岛宝佳自动化设备有限公司
4	湖南省	湖南鑫海股份有限公司

表3-6 2018年制造业“双创”平台试点示范项目名单

序号	方向	企业	项目
1	1.企业级“双创”资源汇聚平台（2家）	山东路德新材料股份有限公司	土工合成材料生产制造协同创新平台
2		波司登羽绒服装有限公司	波司登互联网智慧新零售管理“双创”平台
3	2.产业链级“双创”资源汇聚平台（1家）	常熟服装城集团有限公司	智慧商城-常熟服装产业协同创新平台
4	3.基于互联网的研发设计能力开放平台（1家）	赤峰圣伦绒毛制品有限公司	羊绒制品个性化定制创业创新服务平台建设项目
5	4.基于互联网的孵化能力开放平台（1家）	金发科技股份有限公司	线上线下融合的新材料中小微企业孵化平台建设
6	5.“双创”平台+研发设计模式创新(2家)	安徽三宝棉纺针织投资有限公司	基于大数据的棉纺产品大规模个性化定制双创平台
7		客来福家居股份有限公司	智慧家居全屋互联网定制全生命周期数字化双创服务平台
8	6.“双创”平台+组织管理模式变革（1家）	客来福家居股份有限公司	智慧家居全屋互联网定制全生命周期数字化双创服务平台
9	7.“双创”平台+生产制造模式变革（3家）	青岛酷特智能股份有限公司	多行业个性化定制全球供应链双创平台
10		安徽三宝棉纺针织投资有限公司	基于大数据的棉纺产品大规模个性化定制双创平台
11		银川滨河如意服装有限公司	互联网+数字化智能服装生产新模式

表3-7 符合《再生化学纤维（涤纶）行业规范条件》生产企业名单（第二批）

序号	所属省份	公司
1	辽宁	辽宁胜达环境资源集团有限公司
2	福建	福建闽瑞环保纤维股份有限公司
3	江苏	扬州天富龙科技纤维有限公司
4	浙江	宁波众盛新纤维有限公司
5	浙江	慈溪市三江化纤有限公司
6	浙江	宁波联纺化纤有限公司

表3-8 国家工业遗产名单（第二批）

序号	名称	地址	核心物项
1	大生纱厂	江苏省南通市港闸区	钟楼、公事厅、专家楼、清花间厂房、南通纺织专门学校旧址、实业小学教学楼
2	青岛国棉五厂	山东省青岛市市 北区	锯齿型主体厂房、水塔、老井、纺织设备（棉布打包机、细纱机、粗纱机、并条机、小打包机、 44吋自动换梭织布机、加码天平、大变压器、小变压器、摇纱机、废棉处理机、粗砂硬度仪、棉 条测长仪、电压电流表、湿式报警阀、蒸汽分配阀门、并线机头）、铁路专线桥、空调室、“红松樑仓库”、溴化锂制冷站、老墙、纺织博物馆

表3-9 2018年度国家小型微型企业创业创新示范基地名单

序号	推荐单位	机构名称	基地名称
1	浙江省经济和信息化委员会	浙江华旺科技集团有限公司	濮院毛衫创新园
2	福建省经济和信息化委员会	莆田市荔城区荔隆置业有限公司	莆田鞋业服装城创业基地

表3-10 第三批制造业单项冠军企业和单项冠军产品名单

一、单项冠军示范企业

序号	示范企业名称	主营产品
1	江苏天明机械集团有限公司	氨纶纺丝卷绕机成套设备
2	杭州传化化学品有限公司	DTY油剂
3	浙江新澳纺织股份有限公司	精梳羊毛纱
4	华孚时尚股份有限公司	色纺纱
5	利辛县富亚纱网有限公司	磁性感应纱织物
6	福建锦江科技有限公司	锦纶长丝
7	青岛即发集团股份有限公司	棉针织内衣
8	山东南山智尚科技股份有限公司	精梳毛机织物

注 1.名单按企业注册地排序，不分先后。
2."主营产品"为企业填报的主要从事的细分产品领域。

二、单项冠军培育企业

序号	示范企业名称	主营产品
1	浪莎控股集团有限公司	针织袜
2	福建睿能科技股份有限公司	单系统电脑针织横机控制系统
3	山东立昌纺织科技有限公司	棉制野营用织物制品
4	湖南鑫海股份有限公司	化纤制渔网

注 1.名单按企业注册地排序，不分先后。
2."主营产品"为企业填报的主要从事的细分产品领域。

三、单项冠军产品

序号	示范企业名称	主营产品
38	锦纶弹力丝	义乌华鼎锦纶股份有限公司
43	合成纤维制染色经编织物	福建华峰新材料有限公司
56	全棉水刺无纺布及其制品	稳健医疗用品股份有限公司

注 名单按企业注册地排序，不分先后。

表3-11 2018年消费品工业“三品”战略示范城市名单

序号	城市
1	河北省唐山市
2	江苏省南通市
3	安徽省芜湖市
4	福建省晋江市
5	河南省郑州市
6	河南省漯河市
7	湖南省宁乡市
8	四川省泸州市
9	四川省南充市
10	青岛市西海岸新区
11	深圳市龙华区

表3-12 第三批绿色制造名单

表3-12(a) 绿色工厂名单

序号	省市	工厂名称	第三方评价机构名称
1	河北	河北宇腾羊绒制品有限公司	中机生产力促进中心
2	内蒙古	内蒙古鹿王羊绒有限公司	内蒙古蒙正工程咨询服务有限责任公司
3	黑龙江	黑龙江金达麻业有限公司	黑龙江省节能监测中心
4	江苏	徐州斯尔克纤维科技股份有限公司	内蒙古蒙正工程咨询服务有限责任公司
5	江苏	黑牡丹纺织有限公司	中国船级社质量认证公司
6	江苏	江苏丹毛纺织股份有限公司	江苏省工程咨询中心
7	浙江	新凤鸣集团湖州中石科技有限公司	中国信息通信研究院
8	浙江	浙江米皇羊绒股份有限公司	浙江国发节能环保科技有限公司
9	浙江	嵊州盛泰色织科技有限公司	工业和信息化部电子第五研究所（中国赛宝实验室）
10	浙江	杭州万事利丝绸数码印花有限公司	北京联合智业认证有限公司
11	安徽	华孚时尚股份有限公司	安徽天方工业工程技术研究院有限公司
12	安徽	安徽华茂纺织股份有限公司	马鞍山焓谷能源审计有限公司
13	安徽	安徽咏鹅家纺股份有限公司	中冶华天工程技术有限公司
14	福建	福建省宏港纺织科技有限公司	方圆标志认证集团有限公司
15	福建	福建经纬新纤科技实业有限公司	中国信息通信研究院
16	山东	泰安康平纳机械有限公司	中国科学院生态环境研究中心
17	广东	互太（番禺）纺织印染有限公司	工业和信息化部电子第五研究所（中国赛宝实验室）
18	广东	佛山市顺德彩辉纺织有限公司	广东省环境保护产业协会
19	新疆	新疆际华七五五五职业装有限公司	新疆绿企家园节能技术有限公司
20	新疆	新疆如意纺织服装有限公司	中节能咨询有限公司
21	宁波	康赛妮集团有限公司	中钢集团鞍山热能研究院有限公司
22	青岛	青岛即发集团股份有限公司	青岛市企业投资与技术咨询中心

表3-12(b) 绿色设计产品名单

1、丝绸（蚕丝）制品（18种）

适用评价标准：《绿色设计产品评价技术规范 丝绸（蚕丝）制品》（T/CAGP 0024—2017，T/CAB 0024—2017）

绿色设计亮点：原料95%以上取自天然纤维，生产过程中减少阻燃剂、防水剂等物质使用，重金属、含氟化合物等有害物质残留量符合国家标准和OKEO-TEX standard 100国际生态纺织品先进指标要求，产品档次和附加值高，副产品100%可回收利用。

表3-12(b-1) 绿色设计丝绸名单

序号	企业名称	产品名称	推荐单位
1	万事利集团有限公司	素绉缎桑蚕丝围巾	浙江省经济和信息化委员会
2	万事利集团有限公司	斜纹绸桑蚕丝围巾	浙江省经济和信息化委员会
3	万事利集团有限公司	乔其纱桑蚕丝围巾	浙江省经济和信息化委员会
4	万事利集团有限公司	双面同色数码印花桑蚕丝围巾丝绸围巾	浙江省经济和信息化委员会
5	万事利集团有限公司	双面异色数码印花桑蚕丝围巾丝绸围巾	浙江省经济和信息化委员会
6	万事利集团有限公司	真丝拉绒丝绸围巾	浙江省经济和信息化委员会
7	万事利集团有限公司	真丝顺纡乔丝绸围巾	浙江省经济和信息化委员会
8	万事利集团有限公司	真丝雪纺丝绸围巾	浙江省经济和信息化委员会
9	万事利集团有限公司	真丝欧根纱丝绸围巾	浙江省经济和信息化委员会
10	达利丝绸（浙江）有限公司	丝绸面料	浙江省经济和信息化委员会
11	安徽京九丝绸股份公司	蚕丝被	安徽省经济和信息化委员会
12	淄博大染坊丝绸集团有限公司	蚕丝被	山东省经济和信息化委员会
13	淄博大染坊丝绸集团有限公司	床品四件套	山东省经济和信息化委员会
14	淄博大染坊丝绸集团有限公司	真丝丝带披肩	山东省经济和信息化委员会
15	淄博大染坊丝绸集团有限公司	高档真丝面料	山东省经济和信息化委员会
16	淄博大染坊丝绸集团有限公司	诺宝·丝邦真丝围巾	山东省经济和信息化委员会
17	四川润厚特种纤维有限公司	蚕丝包覆纱	四川省经济和信息化委员会
18	安徽咏鹅家纺股份有限公司	蚕丝被	安徽省经济和信息化委员会

2、羊绒针织制品（17种）

适用评价标准：《绿色设计产品评价技术规范羊绒针织制品》（T/CAGP 0025—2017，T/CAB 0025—2017）

绿色设计亮点：原料100%取自天然纤维，生产过程中禁用致癌、致敏等有害的染化料物质，重金属、含氟化合物等有害物质残留量符合国家标准和OKEO—TEX standard 100国际生态纺织品先进指标要求，产品档次和附加值高，副产品和杂质95%以上可回收利用。

表3-12(b-2) 绿色设计羊绒产品名单

序号	企业名称	产品名称	产品型号	推荐单位
1	河北宇腾羊绒制品有限公司	无毛绒	白毛无绒	河北省工业和信息化厅
2	河北宇腾羊绒制品有限公司	无毛绒	青无毛绒	河北省工业和信息化厅
3	江苏联宏纺织有限公司	羊绒粗纺针织纱线	精品纯羊绒系列	江苏省经济和信息化委员会
4	浙江米皇羊绒股份有限公司	羊绒衫		浙江省经济和信息化委员会
5	帕罗羊绒制品有限公司	羊绒衫		浙江省经济和信息化委员会
6	浙江百德纺织有限公司	纯羊绒粗纺针织纱	天然无染色纯羊绒粗纺针织纱	浙江省经济和信息化委员会
7	银川瑞纳服饰有限公司	“MARSA”羊绒衫	“MARSA”羊绒衫	宁夏回族自治区经济和信息化委员会
8	宁夏荣昌绒业集团有限公司	“灵州雪”羊绒针织纱线（粗纺/精纺）	“灵州雪”羊绒针织纱线（粗纺/精纺）	宁夏回族自治区经济和信息化委员会
9	宁夏荣昌绒业集团有限公司	“灵州雪”无毛绒	“灵州雪”无毛绒	宁夏回族自治区经济和信息化委员会
10	康赛妮集团有限公司	康赛妮羊绒半精纺针织纱线		宁波市经济和信息化委员会
11	康赛妮集团有限公司	康赛妮羊绒围巾饰品		宁波市经济和信息化委员会
12	康赛妮集团有限公司	康赛妮阻燃防辐射纳米羊绒纱线		宁波市经济和信息化委员会
13	康赛妮集团有限公司	康赛妮膨体纯羊绒纤维制品		宁波市经济和信息化委员会
14	康赛妮集团有限公司	康赛妮免复洗染色羊绒纤维制品		宁波市经济和信息化委员会
15	康赛妮集团有限公司	康赛妮具有活性负氧离子羊绒纤维制品		宁波市经济和信息化委员会
16	康赛妮集团有限公司	康赛妮羊绒与拉伸羊毛混纺纤维制品		宁波市经济和信息化委员会
17	康赛妮集团有限公司	康赛妮精粗纺复合羊绒纤维制品		宁波市经济和信息化委员会

表3-12(c) 绿色供应链管理示范企业名单

序号	地区	企业名称	第三方评价机构
1	安徽	安徽三宝棉纺织投资有限公司	安徽祥源科技股份有限公司
2	广东	广东溢达纺织有限公司	广东省清洁生产协会
3	浙江	康赛妮集团有限公司	中钢集团鞍山热能研究院有限公司

表3-13 国家工业节能技术装备推荐目录（2018）

序号	技术名称	技术介绍	适用范围	目前推广比例	未来5年节能潜力	
					预计推广比例	节能能力(万tce/a)
1	染色工艺系统节能技术	以“筒子纱数字化自动染色成套技术与装备”为技术基础，创新研究浸堆染色工艺；升级研究关键系统装备及中央控制系统、MES、ERP系统等，实现从原纱到色纱成品全流程的绿色化、数字化和智能化生产。	适用于纺织印染工艺节能改造。	1%	5%	178
2	工业用复叠式热功转换制热技术	采用多级换热技术，工艺废水和新水经前效和后效换热，废水温度可由80℃降至30℃以下，然后再通过中间介质使用热泵技术进行进一步的热量回收，最终废水排放温度达到20–25℃，新水温度达到65–75℃，系统能效比可达到15以上。	适用于污水处理节能改造。	1%	5%	7.2
3	低浴比染色机系统节能技术	采用可调流调压智能喷嘴系统、快速匀色横向染液循环系统、防褶痕智能控制横向后摆布技术、低浴比环保染色工艺精准在线检测控制技术、SOR智能水洗系统、无损高效蒸汽直加热降噪防震预备缸系统，降低染色浴比，实现高效节能环保染色。	适用于纺织染色机系统节能改造。	1%	5%	18.1

表3-14 2018年大数据产业发展试点示范入选项目名单

序号	方向	项目名称	企业名称
1	公共数据共享开放平台	纺织行业“三品”提升大数据支撑平台	中国纺织信息中心

表3-15 第二批服务型制造示范名单

表3-15(a) 示范项目

序号	项目类别	企业名称	示范模式
1	供应链管理示范项目	顾家家居股份有限公司	顾家柔性化供应链体系改造项目
2	供应链管理示范项目	青岛红妮制衣有限公司	青岛红妮数据驱动无菌内衣个性化定制改造项目
3	全生命周期管理示范项目	南京我乐家居股份有限公司	“互联网+”定制化家居设计制造集成平台
4	全生命周期管理示范项目	浙江亚特电器有限公司	采棉机智能服务系统方案
5	全生命周期管理示范项目	青岛环球集团股份有限公司	基于云平台的智能控制粗纱系统远程运维服务
6	总集成总承包示范项目	新兴际华集团有限公司	以消费者为中心的职业制服大规模量身定制服务
7	信息增值服务示范项目	雅莹集团股份有限公司	基于用户体验的智能营销服务管理平台–数据驱动的服装产销模式新变革
8	信息增值服务示范项目	郑州领秀梦舒雅服饰有限公司	以渠道营销为载体的女裤定制化服务项目

表3-15(b) 示范平台

序号	平台类别	主体名称	平台名称
1	行业专业服务平台	河北冠卓检测科技有限公司	河北冠卓检测中小企业公共服务平台
2	行业专业服务平台	浙江网联毛衫汇科技股份有限公司	毛衫行业S2B产业互联网协同平台
3	区域综合服务平台	吉林省东北袜业纺织工业园发展有限公司	东北袜业园互联网+工业服务平台

表3-15(c) 示范城市

序号	城市
1	苏州市
2	嘉兴市
3	泉州市
4	郑州市
5	广州市
6	厦门市

表3-16 2018年智能制造试点示范项目名单

序号	项目名称	申报单位	项目所在地
1	聚酯智能制造试点示范	嘉兴石化有限公司	浙江省
2	涤纶短纤数字化车间试点示范	福建经纬新纤科技实业有限公司	福建省
3	经编智能工厂试点示范	福建省晋江市华宇织造有限公司	福建省
4	连续印染数字化车间试点示范	华纺股份有限公司	山东省
5	纺织智能工厂试点示范	山东如意科技集团有限公司	山东省
6	粗纱机系统远程运维服务试点示范	青岛环球集团股份有限公司	山东省
7	针织服装智能制造试点示范	武汉爱帝集团有限公司	湖北省
8	医用敷料智能制造试点示范	奥美医疗用品股份有限公司	湖北省

表3-17　纺织服装创意设计试点园区（平台）名单（第三批）

序号	城市	名称
1	北京市	依文纺织服装创意设计平台
2	河北省廊坊市	永清云裳小镇
3	上海市	POP时尚创意综合服务平台
4	浙江省嘉兴市	平湖服装文化创意园
5	江西省南昌市	南昌青山湖纺织服装创意设计园区
6	山东省泰安市	宁阳纺织服装文化创意园
7	湖南省株洲市	新芦淞（白关）国际服饰创意园
8	广东省广州市	广州T.I.T创意园
9	广东省广州市	梧桐珆全球原创服饰品牌服务平台
10	四川省成都市	彭州家纺服装产业创意园

表3-18　2018年制造业与互联网合发展试点示范入选项目名单

序号	类别	企业名称	项目名称	推荐单位	申报方向
1	两化融合管理体系贯标(5项)	福建百宏聚纤科技实业有限公司	基于工业互联网的聚酯纤维智能生产与运营管理能力	福建省经济和信息化委员会	面向现代化生产制造与运营管理的新型能力建设
2		广东溢达纺织有限公司	绿色、智能协同的纯棉针织纺织品生产管控能力	广东省经济和信息化委员会	面向现代化生产制造与运营管理的新型能力建设
3		连云港中复连众复合材料集团有限公司	风电叶片精准制造管控能力	江苏省经济和信息化委员会	面向现代化生产制造与运营管理的新型能力建设
4		福建锦江科技有限公司	产供销一体化协同管控能力	福建省经济和信息化委员会	面向供应链管控与服务的新型能力建设
5		安徽翰联色纺股份有限公司	基于客户订单快速稳定交付的产供销协同运营能力	安徽省经济和信息化委员会	面向现代化生产制造与运营管理的新型能力建设
6	工业电子商务平台试点示范(1项)	迪尚集团有限公司	服装供应链一体式云服务平台	山东省经济和信息化委员会	大企业集采集销平台服务转型

表3-19 享受支持科技创新进口税收政策的国家中小企业公共服务示范平台（技术类）（2018年批次）名单

序号	名称
1	天纺标检测认证股份有限公司

表3-20 2018年两化融合管理体系贯标试点企业名单

序号	项目名称	所属省市	行业
1	北京格雷时尚科技有限公司	北京市	纺织
2	河北格雷服装股份有限公司	河北省	服务业
3	吉林省特恩斯制衣有限公司	吉林省	纺织
4	上海嘉麟杰纺织品股份有限公司	上海市	纺织
5	南通双弘纺织有限公司	江苏省	纺织
6	邳州市祥通纺织有限公司	江苏省	纺织
7	华孚时尚股份有限公司	浙江省	纺织
8	宁波圣瑞思工业自动化有限公司	浙江省	纺织
9	夏梦.意杰服饰有限公司	浙江省	纺织
10	新凤鸣集团湖州中石科技有限公司	浙江省	纺织
11	浙江洁丽雅股份有限公司	浙江省	纺织
12	安徽红爱实业股份有限公司	安徽省	纺织
13	安徽京威纺织服饰有限公司	安徽省	纺织
14	安徽天鹅科技实业（集团）有限公司	安徽省	服装

续表

序号	项目名称	所属省市	行业
15	安徽天威羊绒制品有限公司	安徽省	纺织
16	申洲针织（安徽）有限公司	安徽省	纺织
17	铜陵松宝智能装备股份有限公司	安徽省	轻工
18	福建景丰科技有限公司	福建省	纺织
19	江西曼妮芬服装有限公司	江西省	纺织
20	赢家时装（赣州）有限公司	江西省	纺织
21	迪尚集团有限公司	山东省	纺织
22	青岛海佳机械有限公司	山东省	纺织
23	青岛红妮制衣有限公司	山东省	纺织
24	青岛雪达集团有限公司	山东省	纺织
25	山东岱银纺织集团股份有限公司	山东省	纺织
26	南阳纺织集团有限公司	河南省	纺织
27	武汉爱帝针纺实业有限公司	湖北省	纺织
28	陕西长岭纺织机电科技有限公司	陕西省	纺织
29	咸阳杜克普服装有限公司	陕西省	纺织
30	银川滨河如意服装有限公司	宁夏回族自治区	纺织

表3-21 2018年人工智能与实体经济深度融合创新项目名单

序号	项目方向	项目名称	申报单位
1	制造业智能化提升	用户数据驱动的服装大规模个性化定制	新兴际华集团有限公司

表3-22 通过2018年复核评价的国家技术创新示范企业名单

序号	企业名称
1	唐山三友集团兴达化纤有限公司
2	江苏恒力化纤股份有限公司
3	鲁泰纺织股份有限公司
4	江苏国望高科纤维有限公司

表3-23 首批国家应急产业重点联系企业名单

序号	地区	企业名称	应急产品与服务领域	
1	河北省	秦皇岛市傲森尔装具服装股份有限公司	应对处置	现场生活保障产品
2	山东省	烟台泰和新材集团有限公司	预防防护	防护材料

表3-24 第八批国家新型工业化产业示范基地名单

序号	上报单位	国家示范基地名称	类别
1	吉林省工信厅	纺织（袜业）·吉林辽源经济开发区	特色

表3-25 第二批绿色制造名单

表3-25(a) 绿色工厂名单

序号	工厂名称	第三方评价机构
1	内蒙古鄂尔多斯资源股份有限公司	宁夏银川清洁发展机制环保服务中心
2	常州旭荣针织印染有限公司	工业和信息化部电子第五研究所
3	无锡百和织造股份有限公司	北京国建联信认证中心有限公司
4	亚东（常州）科技有限公司	工业和信息化部电子第五研究所
5	浙江日发纺机技术有限公司	浙江省特种设备检验研究院
6	浙江美欣达纺织印染科技有限公司	广州赛宝认证中心服务有限公司
7	安徽三宝棉纺针织投资有限公司	安徽祥源科技股份有限公司
8	孚日集团股份有限公司	兴原认证中心有限公司
9	洛阳白马集团有限责任公司	中环联合（北京）认证中心有限公司
10	湖南瑞亚高科集团有限公司	湖南中质信管理技术有限公司
11	广东溢达纺织有限公司	广东省循环经济和资源综合利用协会
12	宁夏荣昌绒业集团有限公司	宁夏清洁发展机制环保服务中心
13	阿克苏华孚色纺有限公司	新疆维吾尔自治区节能技术服务中心
14	精河县力达纺织有限公司	新疆创先腾祥能源科技有限公司
15	大连瑞光非织造布集团有限公司	大连汇能科技股份有限公司

表3-25(b) 绿色设计产品名单

1.丝绸（蚕丝）制品（2种）

适用评价标准：《绿色设计产品评价规范丝绸（蚕丝）制品》（T/CAGP 0024—2017，T/CAB 0024—2017）

绿色设计亮点：原料95%以上取自天然纤维，生产过程中减少阻燃剂、防水剂等物质使用，重金属、含氟化合物等有害物质残留量符合国家标准和OKEO-TEX standard 100国际生态纺织品先进指标要求，产品档次和附加值高，副产品100%可回收利用，产品生命周期内对气候变化、淡水资源消耗、富营养化、酸化和土壤污染影响较小。

表3-25(b-1)

序号	企业名称	产品名称	产品型号	推荐单位
1	万事利集团有限公司	丝绸围巾	90cm*90cm等常规规格尺寸	浙江省经济和信息化委员会
2	安徽联丰制丝有限公司	20/22白厂丝		安徽省经济和信息化委员会

2.羊绒针织制品（5种）

适用评价标准：《绿色设计产品评价规范羊绒针织制品》（T/CAGP 0025—2017，T/CAB 0025—2017）

绿色设计亮点：原料100%取自天然纤维，生产过程中禁用致癌、致敏等有害的染化料物质，重金属、含氟化合物等有害物质残留量符合 国家标准和OKEO-TEX standard 100国际生态纺织品先进指标要求，产品档次和附加值高，副产品和杂质95%以上可回收利用，产品生命 周期内对气候变化、淡水资源消耗、富营养化、酸化和土壤污染影响较小。

表3-25(b-2)

序号	企业名称	产品名称	推荐单位
1	内蒙古鄂尔多斯资源股份有限公司	鄂尔多斯羊绒针织制品；鄂尔多斯羊绒针织纱线（精纺/粗纺）	内蒙古自治区经济和信息化委员会
2	内蒙古鹿王羊绒有限公司	羊绒针织品	内蒙古自治区经济和信息化委员会
3	宁夏荣昌绒业集团有限公司	羊绒针织制品	宁夏回族自治区经济和信息化委员会
4	宁波康赛妮毛绒制品有限公司	C系列羊绒粗纺针织纱线	宁波市经济和信息化委员会
5	宁波康赛妮毛绒制品有限公司	J系列羊绒精纺针织纱线	宁波市经济和信息化委员会

表3-26 2017年工业强基工程重点产品、工艺“一条龙”应用计划示范项目名单

序号	项目名称	申报单位
1	低成本高性能碳纤维复合材料	威海光威复合材料股份有限公司
2	干喷湿纺T700-24K低成本高性能碳纤维规模化制备技术	中复神鹰碳纤维有限责任公司
3	新能源汽车碳纤维车身部件生产示范项目	福建海源新材料科技有限公司
4	年产40000吨碳纤维原丝项目	吉林碳谷碳纤维股份有限公司

表4 发改委发布的促进制造业健康发展相关政策文件名单

序号	时间	文件名称	文号
1	2019年1月	关于印发《进一步优化供给推动消费平稳增长促进形成强大国内市场的实施方案（2019年）》的通知	发改综合〔2019〕181号
2	2019年1月	关于推进大宗固体废弃物综合利用产业集聚发展的通知	发改办环资〔2019〕44号
3	2018年12月	关于印发《市场准入负面清单（2018年版）》的通知	发改经体〔2018〕1892号
4	2018年12月	关于支持优质企业直接融资进一步增强企业债券服务实体经济能力的通知	发改财金〔2018〕1806号
5	2018年12月	关于进一步做好“僵尸企业”及去产能企业债务处置工作的通知	发改财金〔2018〕1756号
6	2018年12月	印发《关于对知识产权（专利）领域严重失信主体开展联合惩戒的合作备忘录》的通知	发改财金〔2018〕1702号
7	2018年11月	印发《关于对科研领域相关失信责任主体实施联合惩戒的合作备忘录》的通知	发改财金〔2018〕1600号
8	2018年11月	关于印发加强实训基地建设组合投融资支持的实施方案的通知	发改社会〔2018〕1464号
9	2018年9月	关于建立特色小镇和特色小城镇高质量发展机制的通知	发改办规划〔2018〕1041号
10	2018年9月	关于发展数字经济稳定并扩大就业的指导意见	发改就业〔2018〕1363号
11	2018年9月	关于做好2018年全国大众创业万众创新活动周筹备工作的通知	发改高技〔2018〕1360号
12	2018年8月	关于印发《国有企业混合所有制改革相关税收政策文件汇编》的通知	发改办经体〔2018〕947号
13	2018年8月	关于印发《2018年降低企业杠杆率工作要点》的通知	发改财金〔2018〕1135号
14	2018年8月	关于组织申报2018年国家地方联合工程研究中心的通知	发改办高技〔2018〕900号
15	2018年8月	关于组织开展2018年(第25批)国家企业技术中心认定工作的通知	发改办高技〔2018〕899号
16	2018年7月	关于大力发展实体经济积极稳定和促进就业的指导意见	发改就业〔2018〕1008号
17	2018年7月	关于发布2017—2018年(第24批)新认定及全部国家企业技术中心名单的通知	发改高技〔2018〕1000号
18	2018年5月	关于做好引导和规范共享经济健康良性发展有关工作的通知	发改办高技〔2018〕586号
19	2018年5月	关于完善市场约束机制严格防范外债风险和地方债务风险的通知	发改外资〔2018〕706号
20	2018年5月	关于做好2018年降成本重点工作的通知	发改运行〔2018〕634号
21	2018年4月	关于做好2018年重点领域化解过剩产能工作的通知	发改运行〔2018〕554号
22	2018年4月	关于促进首台（套）重大技术装备示范应用的意见	发改产业〔2018〕558号
23	2018年4月	关于引导对外投融资基金健康发展的意见	发改外资〔2018〕553号

2018年纺织服装专业市场运行分析

中国纺织工业联合会流通分会

2018年，我国纺织服装专业市场运行平稳，结构优化不断加深，积极化解了各种风险矛盾，在2017年行业整体回暖的基础上，进一步实现了小幅上涨。据中国纺织工业联合会流通分会统计，2018年我国万平米以上纺织服装专业市场915家，市场总成交额达到2.36万亿元，同比增长3.85%。

总体情况

据中国纺织工业联合会流通分会统计，2018年我国万平米以上纺织服装专业市场915家，同比增长1.33%；市场经营面积达到7549.11万平米，同比增长3.20%；市场商铺数量140.92万个，同比增长3.40%；市场商户数量114.41万户，同比增长1.76%；市场总成交额达到2.36万亿元，同比增长3.85%。

一、总量规模方面

2015～2018年，我国万平米以上纺织服装专业市场数量、总经营面积、总商铺数量、总商户数量、总成交额连续多年实现平稳增长，可见我国纺织服装专业市场近年来整体运营良好，稳中有进（图1）。从市场数量来看，我国专业市场行业的同质化竞争减弱，定位调整和差异化经营日见成效，在中心城市核心城区纺织服装专业市场外迁、关停、改造、升级的前提下，万平米以上专业市场总量仍保持逐年上升，结构优化取得初步成果；从成交额来看，2015～2018年，专业市场总成交额年同比增速依次为2.11%、2.81%、5.12%、3.85%，在经历了两年的低潮期后，专业市场从2017年开始回暖，并在2018年实现了健康稳定的增长。

单位：个，亿美元

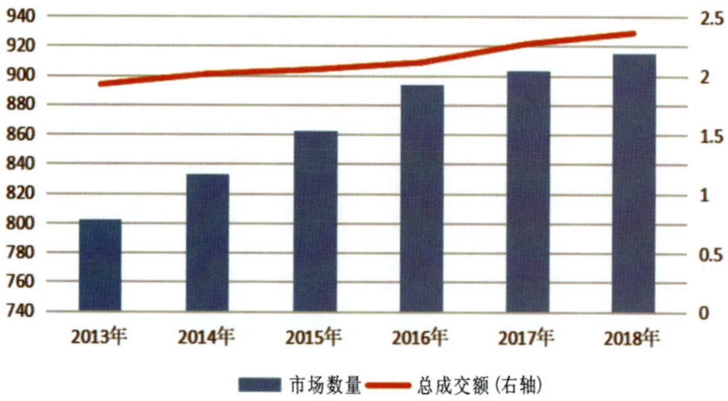

资料来源：中纺联流通分会

图1 2013～2018年纺织服装专业市场总量规模逐年对比表

二、新市场方面

2018年，新开业万平米以上纺织服装类专业市场15家，新增专业市场总投资额为165亿元，新增专业市场总经营面积为444.8万平米。从新增市场情况来看，一方面，我国中心城市核心城区的疏解工作取得阶段性成果，产业转移承接地区新市场数量较多，商户外迁工作平稳推进；另一方面，重要产业集群地的专业市场集群中新增单体市场数量较多，可见我国重点专业市场群正在积极进行差异化竞争和定位调整，资源重组和结构优化取得较好成果。

三、运行效率方面

2018年纺织服装专业市场商铺效率为167.29万

元/铺，同比增长0.44%；商户效率为206.06万元/户，同比增长2.06%；市场效率为31228.68元/平米，同比增长0.64%。市场成交额与市场商铺数量、经营面积总量同步平稳增长，运行效率稳定；商户总量增幅较小，运行效率提高，可见我国纺织服装专业市场中实力较强的优质商户比例正在逐步提高。

四、重点监测市场方面

2018年1～12月，45家重点监测市场（含市场群）总成交额为12093.44亿元，同比增长6.55%。其中，24家市场成交额同比上涨，平均增幅为8.31%；20家市场成交额同比下降，平均降幅为4.08%；1家市场成交额与2017年同期持平。从市场运行效率看，1～12月，45家重点监测市场平均运行效率为54797.59元/平米，同比增长6.55%；平均商铺效率为417.56万元/铺，同比增长7.15%；平均商户效率为463.96万元/户，同比增长9.04%。重点监测市场的市场效率、商铺效率、商户效率高于全国纺织服装专业市场的平均水平，可见我国龙头市场、重点市场转型升级成果显著。

五、景气方面

2018年，纺织服装专业市场管理者景气与商户景气走势基本一致（图2）。春节假期过后迎来上半年销售旺季，6、7月景气指数下滑，经过8月的调整，在9、10月迎来全年销售黄金期；专业市场管理者景气指数全年平均值为51.16，商户景气指数全年平均值为50.68。两项平均数均超过50荣枯线，可见2018全年我国纺织服装专业市场运营情况良好。

资料来源：中纺联流通分会

图2 2018年纺织服装专业市场景气指数一览

结构分析

一、区域分析

915家专业市场中，东部地区556家，成交额18552.10亿元，占总成交额的78.69%，同比增长5.46%。中部地区198家，成交额3419.74亿元，占总成交额的14.51%，同比增长1.45%。西部地区161家，成交额1603.03亿元，占总成交额的6.80%，同比下降7.76%（表1、图3）。

表1 东中西部地区成交额占比、增速表

指标＼地区	东部	中部	西部
成交额(亿元)	18552.10	3419.74	1603.03
占比(%)	78.69	14.51	6.80
增速(%)	5.46	1.45	−7.76

资料来源：中纺联流通分会

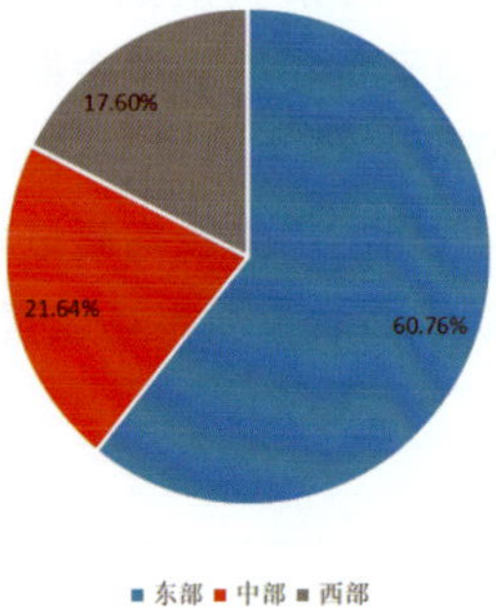

资料来源：中纺联流通分会

图3 东中西部地区市场数量占比

东部地区在众多产地型专业市场群的支撑下，实现了5.46%的增长，从占比和增速来看，都是我国纺织服装专业市场行业的中坚力量；中部地区在2017年较大幅度增长的成交额基础上，实现了继续增长，可见中部地区发展势头坚实稳健，正在逐渐成为产业转移、消费升级、二三线城市崛起的受益地区；西部地区则出现了较为明显的下滑。一方面，部分地区市场还需要加强市场运营管理，加深产业服务；另一方面，西部地区亟需积极应对流通渠道扁平化带来的挑战，在模式创新、拓展多元渠道等方面加大转型升级力度。

二、品类分析

各品类专业市场均实现了成交额的上涨（图4，表2）。服装和原、面（辅）料是我国纺织服装专业市场的主营商品，主营服装和原、面（辅）料的专业市场共645家，占市场总量的70.49%，成交额占总成交额的69.50%。其中，主营服装产品的专业市场485家，在各品类中成交额最高，达10350.74亿元，占总成交额的43.91%，同比增长1.73%；主营原、面（辅）料的专业市场160家，成交额位列第二，达6034.85亿元，占比25.60%，同比增长6.23%；主营小商品的专业市场成交额增速最高，同比增长8.34%。另外，家纺类专业市场也呈现出良好的运行态势，增幅达5.57%。

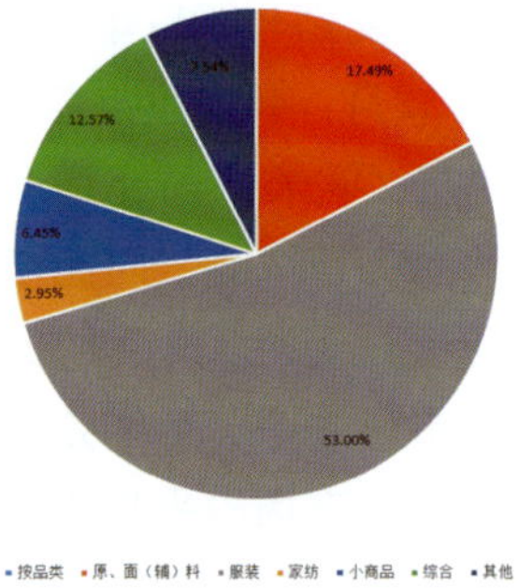

资料来源：中纺联流通分会

图4 各品类专业市场数量占比

表2 各品类成交额占比、增速表

品类＼指标	成交额(亿元)	占比(%)	增速(%)
服装	10350.74	43.91	1.73
原面辅料	6034.85	25.60	6.23
小商品	2306.21	9.78	8.34
家纺	1467.05	6.22	5.57
综合	2205.90	9.36	2.37
其他	1210.12	5.13	3.33

资料来源：中纺联流通分会

三个关键字解读

一、变 竞争环境更趋复杂

2018年，我国纺织服装专业市场面临着高速变化的复杂竞争环境。一方面，信息技术、消费环境、渠道结构将专业市场带到机遇与挑战并存的转型升级窗口期；另一方面，异常气候、市场外迁、中美贸易摩擦等特殊情况，对专业市场的应变能力提出了新的挑战。

以信息技术为核心的科技革命给专业市场带来了理念颠覆，同时也提供了提升效率的重要工具。从专业市场的日常运营、购物环境，到市场商户的渠道创新、时尚快速反应，都在被日新月异的信息技术深化、改造和升级，专业市场+互联网、+人工智能的大势正在改变着传统专业市场的运作逻辑；以消费升级为核心的消费环境变化对专业市场提出了更高的要求，年轻化、个性化、更理性的消费者崛起，他们的支付习惯、消费理念、个性崇尚和品质追求，推动着专业市场硬件升级、软环境打造和市场产品的提档创新；以流通渠道扁平化为核心的渠道结构变化，推动了专业市场竞争环境的变化，各商业业态之间的竞争逻辑、价值模式正在重新书写，跨界、竞合、圈层、社区和平台型、供应链竞争成为行业新趋势。

2018年，我国纺织服装专业市场遇到了一系列复杂的内外部形势，对专业市场的应变能力和综合竞争素质提出了更高的挑战。2018年的中美贸易摩擦，对我国纺织、服装、小商品等各类专业市场造成影响，尤其是以外贸订单为主的“买全球、卖全球”型专业市场，面临着一定的困难。在突发情况下，专业市场要积极转变策略，调整产品结构、拓展贸易渠道、适应消费需求、提高原创水平、提高品牌附加值，在对美贸易受阻的情况下，实现多渠道发展；2018年外迁市场风潮重启，以北京为主的我国几大核心城市中心城区的纺织服装专业市场完成了外迁，并在落户的新市场重新运营。新市场与新商户面临着一系列磨合问题，在不断调整与适应中，逐渐克服“水土不服”，实现恢复性发展；2018年异常气候频发，夏季部分地区的连续降雨天气影响了专业市场的正常运营和商户的夏装销售；秋冬季方面，由于2017秋冬季销售情况良好，导致市场整体对秋冬季销售较为乐观，期待值偏高，加之天气作用影响，使得秋冬季市场整体未能达到心理预期。

种种特殊情况带来的新困难，未能阻挡我国纺织服装专业市场稳健前进的步伐，专业市场提升了抗风险能力和快速反应能力，在小批量、多批次订单逐渐普及的助力下，实现了灵活应对变化、抵御风险。

二、稳 稳定增长达到预期

近年来，随着两化融合的不断深入推进，我国经济进入高质量发展的新阶段，纺织服装专业市场面临着前所未有的新局面。在瞬息万变的行业形势之下，我国纺织服装专业市场深刻洞察、积极应对，不断转换角色、革新理念，于变局之中谋创新，于逆势之中求发展，展现出坚实有力的专业内功，实现了体量规模和成交效益的双增长，展现出我国纺织服装专业市场极大的创新热情、实践精神、竞争意识和专业能力，达到了“稳健发展、温和上涨”的预期。

我国纺织服装业现阶段正处于转型升级的攻坚期，行业完全有条件、有潜力、有能力在合理区间保持继续增长，专业市场行业拥有巨大的发展韧性、潜力，从长远看，纺织服装专业市场长期稳中向好的总体势头没有改变。

三、进 结构优化稳步提升

过去一年，在错综复杂的国际国内环境下，我国纺织服装专业市场稳中有进。如果说“稳”直观地体现在宏观数据上的话，那么“进”则更多地隐含在经济结构持续优化、发展方式加快升级的进程之中。

2018年，我国纺织服装专业市场在转型升级、创新发展方面进行了深入实践，并取得了良好成果。市场积极优化管理模式，引入现代企业制度，实现市场运营管理的现代化；积极推进市场划行规市工作，清晰市场定位、打造特色市场，进一步实现了差异化竞争；积极推进商户梳理和提升工作，积极培育优质买手店、集合店、工厂店，打造优质前店后厂商户、组货商户、网货供应商户等多种类型商户主体；大力推进品牌孵化工作，支持各类展会、对接活动，实现大中小型品牌协同发展，打造品牌结构金字塔；积极探索渠道模式的创新，打造市场品牌集合馆等新型模式并在全国积极拓展；大力打造各类服装展、时尚周、创意文化节、采购节、发布秀等活动，提升市场知名度和品牌影响力；加大原创设计力度，打造各类设计师孵化、引进、对接活动，加强产学研合作力度，举办原创设计大赛等活动，为专业市场商户输入原创设计力量；积极探索现代信息技术的创新应用，智慧商城建设初见成效；高度重视公共服务平台的打造，对原有平台进行精细化梳理和强化，为市场商户提供更精准对接的专业服务；积极推动时尚产业投资、海外投资、跨界投资等各类资本运营活动，提升市场实力和影响力。

通过全方位的创新升级，2018年，我国纺织服装专业市场加快了适应新趋势、探索新定位、发展新动能的步伐，在逐年递增的成交数据之下，蕴藏着增长方式的转变。以往损耗式增长的模式正在逐渐被健康、可持续的高质量增长模式取代：由粗放型、能源消耗型增长和低价竞争，向精细化、资源创新型增长和品质竞争转变；由层层分销的传统流通模式向渠道环节扁平化、渠道半径扩大化的新型流通模式转变；从传统批发业态向体验式消费与跨界融合业态转变。专业市场通过不懈的努力，逐步实现新动能推动时尚产业发展，高质量打造新型流通平台。

结语

未来，我国纺织服装专业市场将继续拉长转型升级半径，加深创新发展内涵，树立新定位、绘制新蓝图。在行业优化采购、生产、销售、物流等资源配置的新流程中，积极转换角色，拓展职能，打造开放、高效、绿色的供应链平台。通过加快技术应用和管理创新，发展“市场+平台+服务”模式，完善定制化生产、一体化服务功能，构建线上线下融合、上下游协作的可持续循环体系，积极推动纺织服装行业的高质量发展。

（撰稿人：胡　晶）

2018年纺织服装行业上市公司情况综述

东吴证券股份有限公司

纺织服装综合版块上市公司现状与特点

截至2019年3月A股纺织服装综合板块的上市公司总数为89家，在A股上市公司总数（3595家）中的占比为2.48%，其中，子板块纺织制造的上市公司数量为37家、服装家纺为52家。2018年，纺织服装综合板块新上市公司数仅有1家，在当年首发上市公司数（104家）中占比0.96%，在上海交易所上市。

因纺织行业以中小企业为主，在规模指标方面，纺织上市公司的股本、资产等指标在A股中的占比很小。截至2018年3季度，纺织综合版块上市公司总股本在两市总股本中的占比为0.99%，总市值占比0.84%，净资产占比0.63%，总资产占比仅0.18%（图1）。

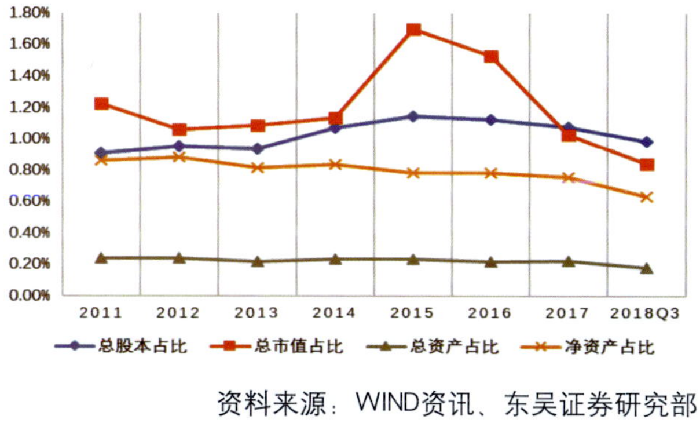

资料来源：WIND资讯、东吴证券研究部

图1 纺织板块与沪深两市规模比较

如图2所示，在每股指标方面，2011～2012年，纺织板块的平均每股盈余（EPS）一直高于市场平均水平，2013～2014年略低于市场平均水平，2015年略高于市场平均水平，2016～2017年，均低于市场平均水平，但从数值上看是EPS呈现上升趋势。截至2018年三季度，纺服板块EPS低于市场平均水平。在平均每股净资产（BPS）方面，自2012年之后纺服板块持续低于市场A股平均水平，其中在2015年达到几年来最低水平（图3）。2018年三季报，纺织综合板块的EPS、BPS均低于市场平均水平。2018年三季报，两市BPS较2017年上升，而纺织综合板块的BPS较前年略有下降。

单位：元/股

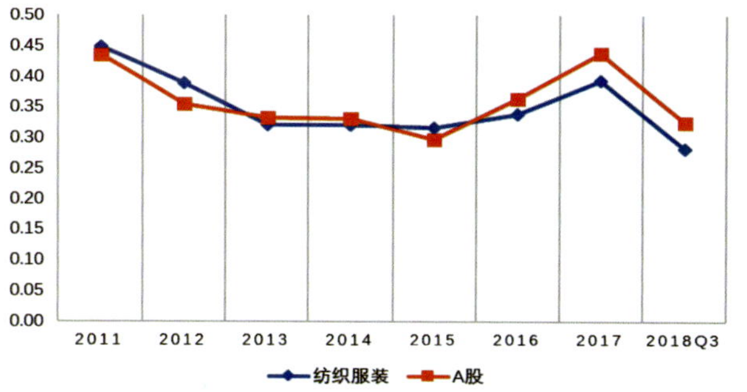

资料来源：WIND资讯、东吴证券研究部

图2 纺织板块与沪深两市每股收益（EPS）走势比较

单位：元/股

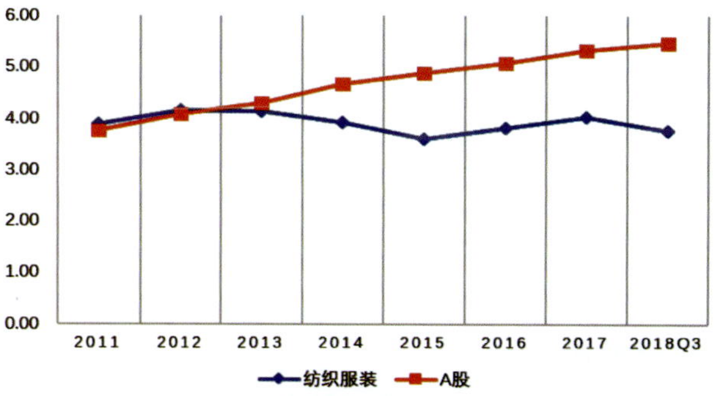

资料来源：WIND资讯、东吴证券研究部

图3 纺织板块与沪深两市每股净资产（BPS）走势比较

纺织服装上市公司经营业绩分析

一、上市公司全行业整体业绩有所下降，重点个股板块业绩有所上升

（一）全行业板块比较

纺织综合板块上市公司2018年前三季度平均营业总收入同比上升5.55%，净利润同比下降8.29%（表1）。上市公司业绩下降主要受中美贸易摩擦的影响以及近年来中国人口红利消失所引致的用工成本上升。接下来我们选取了部分具有代表性的主流公司来计算整个行业业绩情况。

（二）重点个股板块比较

重点个股板块分析选取主流代表性公司作为样本。纺织制造重点个股子板块选取鲁泰纺织（鲁泰A）、联发股份、华孚时尚、百隆东方、伟星股份、兴业科技、华斯股份、际华集团和航民股份。服装家纺重点个股子板块选取朗姿股份、七匹狼、报喜鸟、九牧王、歌力思、搜于特、美邦服饰、森马服饰、探路者、罗莱家纺、富安娜、梦洁股份、奥康国际、海澜之家和太平鸟。

纺织服装板块上市公司2018年前三季度营业总收入同比上升8.15%，归母净利润同比上升11.01%。纺织服装板块净利润的增速提升，主要原因是服装家纺子板块净利润涨幅拉动，为12.86%，原因在于供给侧改革导致集中度进一步提高，从而导致龙头企业掌握价格优势。

二、重点个股板块主要财务指标分析

重点个股板块分析选取主流代表性公司作为样本。纺织制造重点个股子板块选取鲁泰纺织（鲁泰A）、联发股份、华孚时尚、百隆东方、伟星股份、兴业科技、华斯股份、际华集团和航民股份。服装家纺重点个股子板块选取朗姿股份、七匹狼、报喜鸟、九牧王、歌力思、搜于特、美邦服饰、森马服饰、探路者、罗莱家纺、富安娜、梦洁股份、奥康国际、海澜之家和太平鸟。

盈利能力方面，截至2018年三季报，纺织制造、服装家纺重点个股销售净利率均上升，分别上升至9.94%、8.43%。纺织制造和服装家纺重点个股板块的净资产收益率也有所上升，截至2018年三季报，纺织制造重点个股板块的净资产收益率为8.61%，同比下降0.18个百分点；服装家纺为8.16%，同比上升0.32个百分点（表2）。

在偿债能力方面，纺织制造、服装家纺重点个

表1 纺织服装主要子板块收入与净利增长情况

指标 板块	2018年三季度营业总收入（亿元）	2017年三季度营业总收入（亿元）	同比（%）	2018年三季度归母净利润（亿元）	2017年三季度归母净利润（亿元）	同比（%）	2018年三季度销售毛利率（%）	2017年三季度销售毛利率（%）	增幅（%）
纺织服装	1991.10	1886.40	5.55	151.79	165.50	−8.29	30.25	28.56	1.70
纺织制造	1274.49	1167.18	9.19	103.05	121.34	−15.07	36.64	34.64	2.01
服装家纺	716.61	719.22	−0.36	48.74	44.16	10.35	18.89	18.69	0.19

资料来源：WIND资讯、东吴证券研究部

股子版块流动比率均略微上升。截至2018年第三季度，纺织制造和服装家纺重点个股子版块的流动比率分别为1.63%和2.03%（表3）。

在营运效率方面，截至2018年三季度，纺织制造重点个股存货周转率为2.03次/年，较2017年同期有所下降（表3）。服装家纺重点个股的存货周转率

表2 纺织服装重点个股子板块收入与净利增长情况

指标 / 板块	2018年三季度营业总收入（亿元）	2017年三季度营业总收入（亿元）	同比（%）	2018年三季度归母净利润（亿元）	2017年三季度归母净利润（亿元）	同比（%）	2018年三季度销售毛利率（%）	2017年三季度销售毛利率（%）	增幅（%）
纺织服装重点个股	1152.54	1065.71	8.15	98.30	88.55	11.01	28.78	28.03	0.75
纺织制造重点个股	855.14	797.82	7.18	70.17	63.63	10.28	31.99	30.44	1.55
服装家纺重点个股	297.40	267.89	11.02	28.13	24.92	12.86	19.57	20.89	-1.32

资料来源：WIND资讯、东吴证券研究部

表3 纺织上市公司财务指标比较

指标		报告期	纺织制造重点个股	服装家纺重点个股
盈利能力	销售净利率（%）	2018年1～3季度	9.94	8.43
		2017年1～3季度	9.72	8.20
	净资产收益率（%）	2018年1～3季度	8.61	8.16
		2017年1～3季度	8.43	7.84
偿债能力	流动比率（%）	2018年1～3季度	1.63	2.03
		2017年1～3季度	1.79	2.14
	带息债务/股权价值（%）	2018年1～3季度	28.10	8.64
		2017年1～3季度	20.70	5.37
营运能力	存货周转率（次/年）	2018年1～3季度	2.03	1.51
		2017年1～3季度	2.25	1.66
	应收账款周转率（次/年）	2018年1～3季度	4.75	4.58
		2017年1～3季度	4.16	4.48

资料来源：WIND资讯、东吴证券研究部

为1.51次/年，同样也有所下降。截至2018年三季度，纺织制造重点个股和服装家纺重点个股的应收账款周转率分别为4.75次/年、4.58次/年，较2017年同期有所提升。

三、重点个股子行业上市公司业绩分析

选取重点个股子行业上市公司，逐个观察并进行业绩分析。

从各细分子行业来看，根据公司2018年三季报（表4），纺织制造子行业表现最好的类别无疑是

表4 纺织服装重点个股各细分行业营收、净利增速及费用率指标表现

单位：%

代码	证券简称	营收同比	净利润同比	销售费用率		管理费用率		财务费用率		销售净利率	
		18Q3	18Q3	2017年三季报	2018年三季报	2017年三季报	2018年三季报	2017年三季报	2018年三季报	2017年三季报	2018年三季报
000726.SZ	鲁泰A	8.42	2.58	2.28	2.07	10.41	9.87	0.96	0.75	8.42	12.73
002394.SZ	联发股份	8.54	16.01	4.60	4.39	3.92	3.89	2.56	0.80	8.54	7.78
002042.SZ	华孚时尚	21.01	21.22	2.26	1.71	3.25	3.20	0.81	1.16	21.01	6.99
601339.SH	百隆东方	-0.15	20.15	2.59	2.04	4.76	4.82	4.09	2.30	-0.15	10.21
002003.SZ	伟星股份	7.31	4.78	8.02	8.88	12.06	12.51	0.67	0.13	7.31	15.13
002674.SZ	兴业科技	-8.27	59.53	0.60	0.74	6.25	6.53	-0.57	-1.43	-8.27	4.34
600987.SH	航民股份	16.55	12.21	1.65	1.84	6.80	7.10	-0.08	-0.24	16.55	16.72
002494.SZ	华斯股份	-24.70	-36.95	7.55	10.05	9.04	12.75	4.05	-1.09	-24.70	2.79
002612.SZ	朗姿股份	21.37	136.01	34.87	34.31	12.84	13.15	2.45	7.07	21.37	11.66
002029.SZ	七匹狼	14.50	6.33	14.82	16.50	8.92	9.49	-3.70	-0.87	14.50	9.29
002154.SZ	报喜鸟	24.59	297.35	34.33	37.47	15.74	15.59	1.26	0.82	24.59	3.21
601566.SH	九牧王	7.74	1.82	25.74	25.81	7.35	8.36	0.29	0.35	7.74	18.10
002656.SZ	摩登大道	4.53	4.64	6.91	9.10	10.36	11.67	1.91	0.53	4.53	4.43
600398.SH	海澜之家	21.41	25.98	15.04	14.79	5.51	5.86	-0.85	-0.08	21.41	20.15
002563.SZ	森马服饰	24.86	132.31	41.64	37.12	4.69	4.10	-0.72	-0.81	24.86	12.94
002269.SZ	美邦服饰	-36.48	-72.38	12.18	16.37	4.43	4.11	1.12	1.17	-36.48	0.72
300005.SZ	探路者	14.60	20.84	25.56	26.86	8.34	10.97	-0.54	-1.58	14.60	1.63
002327.SZ	富安娜	8.45	16.24	20.19	21.87	5.33	6.29	-0.08	0.05	8.45	16.49
002293.SZ	罗莱生活	21.58	13.24	30.58	30.43	9.59	9.10	0.75	-0.07	21.58	11.18
002397.SZ	梦洁股份	-4.03	-9.90	15.99	14.62	4.93	4.93	1.46	1.41	-4.03	7.16
603001.SH	奥康国际	25.87	32.80	29.19	30.13	9.79	10.54	0.21	-0.27	25.87	7.90

资料来源：WIND资讯、东吴证券研究部

华孚时尚与航民股份，显著优于其他龙头，议价能力强。

服装行业中，品牌服装龙头受益渠道库存清理到位、行业集中度提升及三四线消费升级，以森马服饰为代表的上市公司收入及利润增长较为乐观。

纺织服装板块二级市场表现

纺织服装板块整体涨幅在2018年基本与大盘走势相似；经济由于受到中美贸易摩擦以及上半年去杠杆的影响，导致股指一路走低（图4）。由于纺织服装基本面整体较为疲软，且行业内大部分上市公司转型预期均已较为充分，因此纺服行业整体较大盘并没有表现出明显的超额收益。

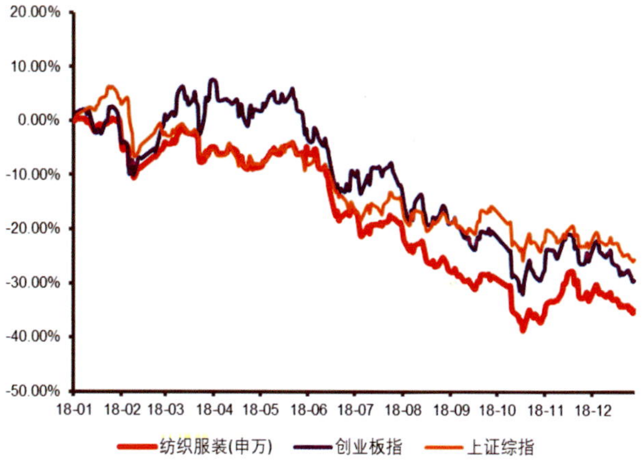

资料来源：WIND资讯，东吴证券研究所

图4 2018年纺服板块与大盘走势（涨跌幅）

分行业看，多数品牌服装类上市公司仍处于调整期，加之三季报以美邦服饰为代表的龙头白马业绩表现欠佳，以及下半年中美贸易摩擦的影响，带动对板块整体悲观情绪，2018股价下行较为明显；而在制造类企业方面，棉纺企业在人民币贬值以及棉价走平背景下面临一定业绩波动压力，因此板块走势欠佳。

2018年纺织服装板块股权融资情况

2018年，我国上市公司融资规模较2017年进一步下降，主要是一方面监管部门持续支持IPO发审常态化，另一方面遏制再融资套利。截至2018年底，两市通过新股发行、增发、配股、优先股及发行可转债、可交换债共筹资12107.35亿元（表5）。其中105家企业发行新股筹资1378.15亿元；15家公司配股筹资228.32亿元；增发公司267家募资合计7523.53亿元；7家公司通过发行优先股筹集1349.76亿元；发行可转债公司77家合计募资1071.10亿元；38家公司通过发行可交换债募资556.51亿元；平均每家筹资额23.79亿元。

纺织服装行业2018年总筹资额为87.16亿元。其中，有1只新股在A股发行上市，共筹资16.79亿元；三毛派神、航民股份、维格娜丝、嘉欣丝绸、罗莱生活5家通过增发筹资30.37亿元；平均每家筹资额10.90亿元（表6）。

此外，据WIND数据，2018年3月纺织服装板块处于IPO排队的企业共计有22家，其中按照中国证券监督管理委员会（CSRC）行业标准，属于“纺织业”分类的有7家，属于“纺织服装、服饰业”的有9家，属于“服装”的有1家，属于“纺织服装业”的有2家，属于“纺织、服装、毛皮”的有1家，属于“服装及其他纤维品制造业”的有2家。在19家排队企业中，处于“已反馈”状态的有青岛酷特智能股份有限公司，处于“辅导备案登记受理”状态的有万代服装股份有限公司、安徽咏鹅家纺股份有限公司，处于“已预披露更新”状态的有北京嘉曼服饰股份有限公司、江苏聚杰微纤科技集团股份有限公司，处于“终止审查”状态的有赫基（中国）集团股份有限公司、德尔惠股份有限公司、上海十月妈咪网络股份有限公司、雷迪波尔服饰股份有限公司、珠海威丝曼股份有限公司、北京心物裂帛电子商务股份有限公司、江苏AB集团股份有限公司、江苏云蝠服饰股份有限公司、北京富泰革基布股份有限公司、泉州海天材料科技股份有限公司、江苏申利实业股份有限公司、安徽华辰造纸网股份有限公司、江苏丹毛纺织股份有限公司、深圳玛丝菲尔时装股份有限公司、广东小猪班纳服饰股份有限公司、宁波凯信服饰股份有限公司、富贵鸟股份有限公司。2019年，鉴于新成立的发审委的上市审核更为严谨、严格的趋势，纺织服装板块企业的上市节奏将会有所放缓。

（撰稿人：马　莉　詹陆雨）

表5 沪深两市及纺织综合板块一级市场2013～2018年融资状况

市场融资		2013年	2014年	2015年	2016年	2017年	2018年
沪深两市	筹资额（亿元）	4,613.86	9,043.10	16,107.23	21,095.81	17,223.86	12,107.35
	YOY（%）	292	96.00	78.12	30.97	−18.35	−29.71
	筹资家数（家）	3.00	630	1,068	1,133	1,102	509
	YOY（%）	1	115.75	69.52	6.09	−2.74	−53.81
纺织板块	筹资额（亿元）	3.00	186.18	70.71	210.86	227.34	87.16
	YOY（%）		6106.06	−62.02	198.20	7.82	−61.66
	筹资家数（家）	1	9	12	23	26	8
	YOY（%）		800.00	33.33	91.67	13.04	−69.23

资料来源：WIND资讯、东吴证券研究部

表6 2018年1～12月主要纺织上市公司筹资及项目投向

代码	名称	募集规模（亿元）	筹资类型	拟投项目
603587.SH	地素时尚	16.79	首发	信息化系统升级项目；研发中心建设项目；补充其他与主营业务相关的营运资金；补充公司流动资金
603518.SH	维格娜丝	5.22	增发	收购TeenieWeenie品牌及该品牌相关的资产和业务
002293.SZ	罗莱生活	4.65	增发	全渠道家居生活O2O运营体系建设项目；供应链体系优化建设项目
002404.SZ	嘉欣丝绸	4.10	增发	智慧工厂集与外贸综合服务平台项目；自有品牌营销渠道智能化升级改造项目；仓储物流基地项目
002397.SZ	梦洁股份	5.70	增发	智能工厂建设项目；O2O营销平台项目
600987.SH	航民股份	10.70	增发	发行股份购买资产

资料来源：WIND资讯、东吴证券研究部

CNTAC

2018/2019 中国纺织工业发展报告

2018/2019 CHINA TEXTILE INDUSTRY DEVELOPMENT REPORT

原料供求

2018年棉花市场回顾及2019年展望

中国棉花协会

2018年，我国棉花市场基本保持稳定，但不确定性因素增多，如受中美贸易摩擦影响，纺织行业运行趋弱，原料需求有所下降；储备棉轮出有效满足纺织企业需求，库存已降至合理水平；新疆棉花目标价格改革继续实施，产量稳步增长；棉花进口大幅增长，配额管理面临创新改革，行业运行压力较大。2019年，尽管受中美经贸摩擦影响，棉花消费量有所减少，但目前看，中国棉花消费在全球占比仍达33%，居第一位。展望未来，稳产提质是我国棉花产业发展的核心，消费将会稳定在800万～900万吨，产量维持在550万～650万吨，产业发展应以高质量为导向，健康、稳步发展。

2018年棉花供求基本形势

一、棉花供给

（一）棉花生产进一步向新疆集中

据国家统计局最新公布的数据显示，2018年全国棉花产量609.6万吨，同比增加44.4万吨，增长7.8%。其中，新疆棉花产量511.1万吨，比2017年增加54.5万吨，增长11.9%。新疆棉花产量占全国的83.8%，同比提高3个百分点。全国棉花种植面积为5028.5万亩，比2017年增加236.4万亩，增长4.9%（图1）。分地区看，我国最大产棉区新疆的棉花种植面积比2017年增加410.8万亩，增长12.4%。其他地区受种植效益和种植结构调整等因素的影响，延续多年来生产萎缩的态势，棉花种植面积比2017年减少174.3万亩，下降11.9%。其中，长江流域棉区种植面积比2017年减少160.5万亩，下降22.4%。全国棉花单产有所提高，为121.2公斤/亩，比2017年增加3.3公斤/亩，增长2.8%。其中，长江流域单产增加3公斤/亩，增长4.3%；黄河流域棉单产增加0.7公斤/亩，增长0.9%。尽管新疆棉花单产比2017年略减，减少0.5公斤/亩，下降0.4%，但依然高达136.8公斤/亩，是其他棉区的1.8倍。

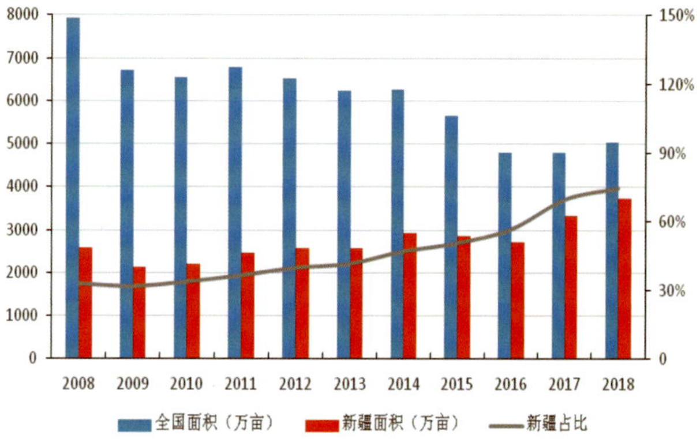

资料来源：国家统计局

图1 近十年全国棉花种植面积变动图

（二）储备投放有序进行

近三年储备棉投放累计成交约845万吨，去库存任务完成，国储棉的功能定位于应急。2018年储备棉轮出自3月12日开始，至9月30日结束，其间6月4日起交易仅限纺织用棉企业参与竞买。全年累计计划出库431.2万吨，实际成交250.6万吨，成交率58.1%。其中，新疆棉成交155.9万吨，占总成交量62.2%，地产棉成交94.7万吨，占比37.8%；从成交价格看，成交平均价格14770元/吨，折标准级（3128）价格16385元/吨。从企业类型看，本年度累计成交企业836家，其中纺织企业668家，成交190万吨；贸易商168家，成交61万吨。

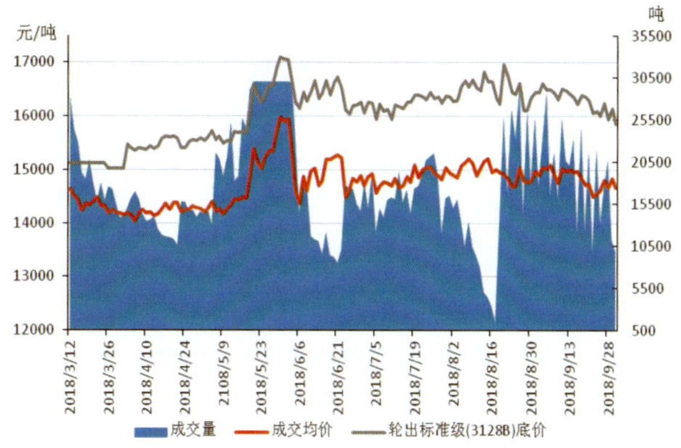

资料来源：中国棉花信息网

图2 2018年储备棉轮出成交量价情况
(2018.3.12～2018.9.30)

（三）我国棉花进口量大幅增长

2018年，为保障纺织企业用棉需要，国家于6月增发了棉花进口滑准税配额80万吨。据海关统计（图3，图4），2018年全年我国累计进口棉花157.3万吨，同比增长36.2%。来源国仍以美国、澳大利亚、巴西、印度和乌兹别克斯坦为主，所占比例分别为33%、27%、12%、11%和4%。分贸易方式看，特殊监管区域物流货物、进料加工贸易、保税监管场所进出境货物和一般贸易所占比例分别为34%、26%、23%和17%。

单位：万吨

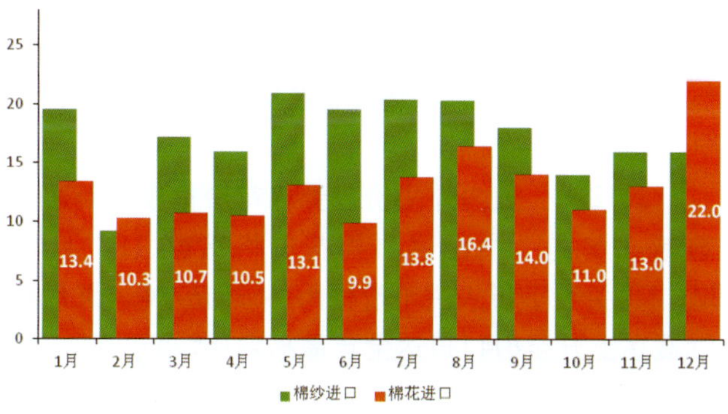

资料来源：中国海关

图3 2018年棉花、棉纱进口量

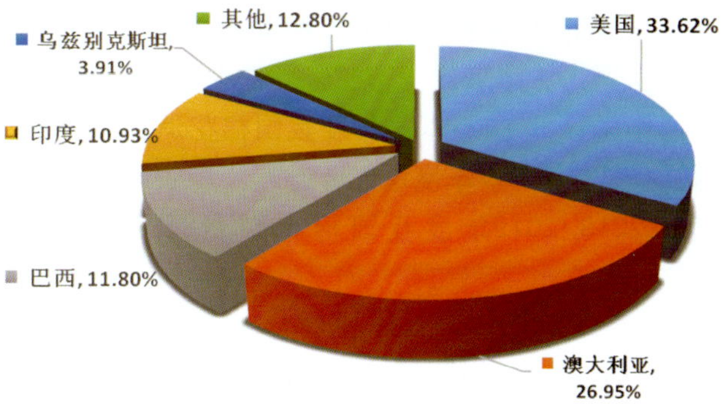

资料来源：中国海关

图4 2018年中国棉花分国别进口情况

（四）人民币贬值增大国产纱价优势

2018年初人民币汇率走高，6月，随着人民币大幅贬值，进口纱价格上涨，国产纱优势显现。6月末32支，纯棉港口成交价24050元/吨，高于同日国产纱同品级200元/吨。7月，人民币持续贬值，幅度超过3%，进口纱价继续上涨，国产纱价优势明显增强。

（五）全球棉花消费量高于产量

据美国农业部（USDA）2019年3月最新预测，2018年度全球棉花产量2589万吨，同比减少3.9%，消费量2691万吨，同比增长0.8%，棉花消费量高于棉花产量。其中印度棉花产量下降至598.7吨，与2017年持平，产量位居第一位；美国为400.4万吨，较2017年减少55万吨。棉花出口量最多国家是美国，出口量为326.6万吨，其次为巴西、印度、澳大利亚，出口量分别为130.6万吨、98万吨、78.4万吨。中国棉花产量和消费量分别占全球的23%和33%。

二、棉花需求

2018年，我国纺织行业供给侧结构性改革成效逐步显现，供给结构调整优化，利润增长改善较为明显，行业对需求变化的适应性和灵活性持续提升，内外销市场表现稳定，拉动投资和效益指标稳步回调，总体来看，行业运行基本平稳。中国棉花协会预计，2017/2018年度我国棉花消费为855万吨，较2016/2017年度增加55万吨，增长6.9%，并预计2018/2019年度我国棉花消费量将下降到843万吨。

（一）棉纺织行业运行平稳

2018年，我国棉纺织行业整体平稳，中美贸易摩擦影响主要体现在第四季度。不少企业在加征关税之前抢出口规避了风险，但也因此出现了淡季不淡，旺季不旺的现象，产品销售迟滞，利润有所下降。从开机情况看，正常开机企业约占80%；从原料及产品库存情况看，原料库存保持在正常水平的企业约占87%，产品库存保持在正常水平的企业约占88%，部分地区的企业表示原料库存水平较低，产品库存压力较大。目前，我国化纤与棉花价差较大，黏胶价格在12000元/吨，低于棉花4000元/吨，再生聚酯涤纶与棉花价差在9000元/吨左右，对棉花的替代性增强。

（二）纺织品服装出口金额同比下降

受中美贸易摩擦等因素影响，纺织企业抢出口现象明显，导致出口数据增长9月达到高峰，之后随着订单数量减少，出现负增长态势，纺织品原料库存有所增加。据海关统计，12月，纺织品服装出口231.17亿美元，同比下降3.74%，其中纺织品98.82亿美元，同比下降2.7%，服装132.35亿美元，同比下降4.48%；2018年1～12月，纺织品服装累计出口2767.31亿美元，同比增长3.52%；其中，纺织品1190.98亿美元，同比增长8.1%，服装1576.33亿美元，增长0.3%。

三、2018年国内外棉花价格走势

2018年，我国棉花市场总体保持稳定，国内储备棉轮出有效满足了用棉需求，新疆棉花目标价格保障了棉农收入。但年内也出现了经贸摩擦等不确定因素对市场产生影响。国内现货价格基本保持稳定，只在5～6月出现异常波动，而后趋于正常。国际市场也相应受到影响，维持涨跌波动，内外棉价差同步发生变化。

（一）棉花价格波动加大

2018年，中国棉花现货价格涨跌较为明显，特别是在5月中旬至6月上旬出现大幅波动，而后稳步回落，趋于正常（图5）。年初，中国棉花价格指数CCIndex（3128B），延续2017年底的平稳走势，价格在15700元/吨左右徘徊；至5月中旬，受不利天气和市场投机炒作等因素影响，价格快速上涨，6月4日达到全年最高点16900元/吨，之后，价格出现回落；10月中旬后，随着新棉上市量的增加，降速有所加快，12月29日达全年最低点，价格为15375元/吨。全年平均价格为15879元/吨，同比下降47元。

单位：元/吨

资料来源：中国棉花协会

图5 2018年国内外棉花价差走势图

2018年，国内外棉价差受棉花价格波动而起伏震荡。年初，中国进口棉花价格指数（FC Index M）1%关税下折人民币价格为14695元/吨，之后持续震荡上升至8月1日达全年最高点16625元/吨，当日外棉价格高于国内棉价444元/吨，之后新棉上市，价格震荡下降，12月28日降至14014元/吨的全年最低水平，当日内外棉价差为1369元/吨；全年内外棉价差波动范围为33～1632元/吨，平均值为771元/吨，较2017年缩小700元左右。

（二）郑棉期货成交活跃，价格总体平稳

如图6所示，受国内市场和现货价格相对稳定影响，2018年郑棉期货成交量较2017年增长，总体活跃，主力合约日成交量基本超过10万手，全年日平均成交量为8万手，最高单日成交量达272万手。郑棉期货市场价格6月中上旬出现大幅波动，之后走势整体平稳，全年基本于14000～18500元/吨的区间内震荡，年末基本稳定在15200元/吨上下，与年初基本持平。主力合约年均结算价15903元/吨，同比上涨3.4%。

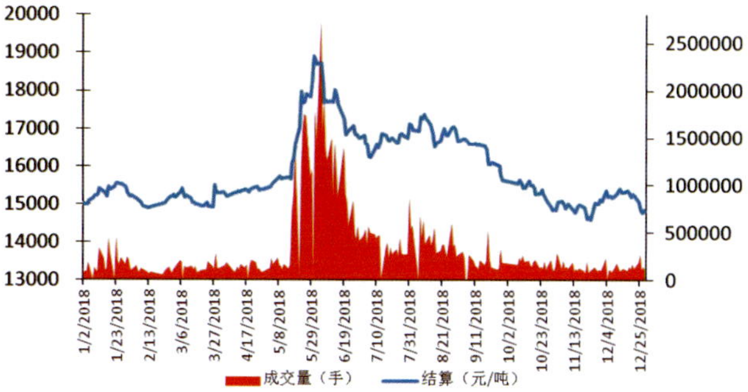

资料来源：郑州商品交易所

图6 2018年郑棉期货主力合约量价图

（三）新棉收购价格同比回落

自9月开秤以来，在纺织市场旺季不旺、新棉集中上市、国内外期现货价格下跌等多重因素影响下，加工企业收购籽棉趋于谨慎，收购价格逐步回落，新疆手摘棉开秤在6.8～7.6元/千克，收购结束时回落至6.3～6.6元/千克；机采棉开秤价在6.0～6.3元/千克，回落至5.3～5.5元/千克。11月底，全国采摘基本结束，平均交售均价为6.29元/千克，较2017年下跌0.46元。其中，新疆籽棉平均收购价格为6.27元/千克，较2017年下跌0.3元；内地交售进度快于2017年同期，长江流域平均收购价格在6.24元/公斤，较2017年上涨0.51元，黄河流域6.56元/公斤，较2017年下降0.01元。

单位：元/千克

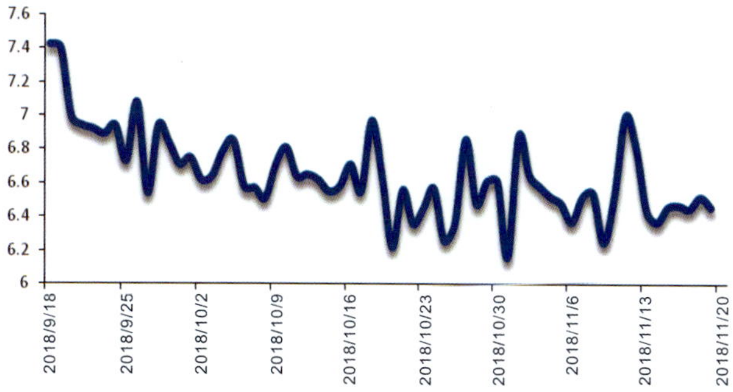

资料来源：中国棉花协会

图7 2018年9～11月新疆棉收购价格

（四）国际棉价大幅波动，震荡走高

2018年，国际棉花期现货价格波动下降。受中美贸易摩擦及美元指数上涨等因素影响，年初Cotlook A指数持续震荡上行，至6月14日达到全年最高价101.45美分/磅。之后受中国对输美棉花加征关税的影响，价格震荡下跌，并于12月28日跌至全年最低点80.55美分/磅。全年下跌10.25美分/磅，跌幅9.6%，年平均价格91.4美分/磅，同比上涨9.4%。ICE期棉全年震荡波动，主力合约1月价格在77～83美分之间震荡徘徊，之后上涨至6月7日，创出93.72美分/磅的四年来的新高价格，随后震荡回落，12月31日收于72.2美分/磅。全年下跌4.57美分/磅，全年主力合约均价为81.99美分/磅，同比上涨12.5%。

单位：美分/磅

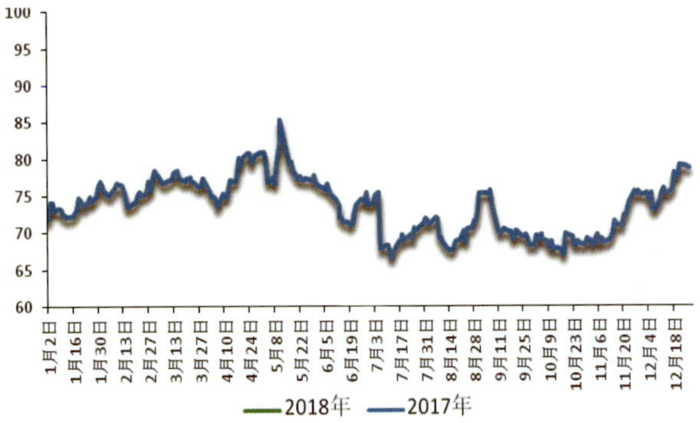

资料来源：中国棉花协会

图8 2017年、2018年ICE近期合约价格走势图

单位：美分/磅

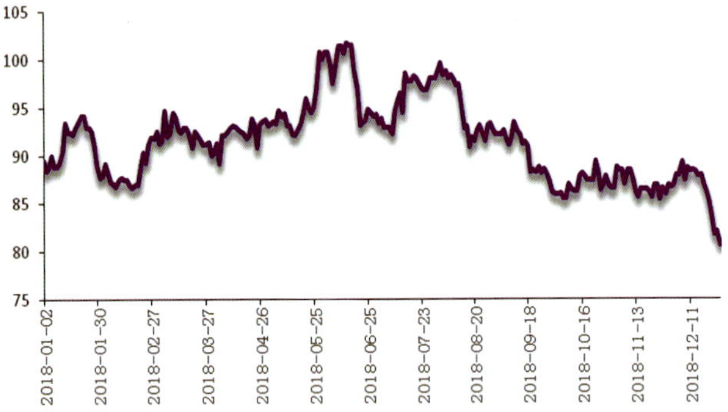

资料来源：Cotlook官网

图9 2018年Cotlook A指数价格走势

2018年棉花产业政策环境

一、继续深化棉花目标价格改革

2018年，新疆继续深化棉花目标价格改革，稳定了新疆棉花种植面积，保障棉农收益。改革政策逐步完善，发挥了市场在资源配置中的决定性作用，合理引导了棉花生产、流通、消费，促进了产业上下游协调发展。同时，积极探索开展补贴与质量挂钩和“保险+期货”试点，促进新疆棉花优质稳定发展。

二、储备投放有序进行

2018年3月12日储备棉轮出如期进行，至9月30日累计成交250.6万吨，成交率58.1%，较2017年度下降15.5个百分点，平均价格14770元/吨，折标准级（3128）价格16385元/吨。其中，新疆棉成交155.9万吨，占总成交量62.2%，地产棉成交94.7万吨，占比37.8%。为抑制非生产性不合理需求，增加对纺织企业的有效供给，保障其用棉需要和正常生产，经有关部门研究决定，自2018年6月4日起至轮出结束，2017/2018年度储备棉轮出交易仅限纺织用棉企业参与竞买，停止非纺织用棉企业参与竞买。纺织用棉企业购买的储备棉，仅限于本企业自用，不得转卖。

三、棉花配额增发，进口量大幅增加

为保障纺织企业用棉需要，2018年6月，国家发改委增发了80万吨的棉花进口滑准税配额，全部为非国营贸易配额，使当年棉花进口量大幅增加。据海关统计，2018年全年我国累计进口棉花157.27万吨，同比增长36.2%。

四、中国对进口美棉加征关税

2018年6月15日，美国政府宣布将对原产于中国的500亿美元商品加征25%的进口关税。为捍卫自身合法权益，中方依据《中华人民共和国对外贸易法》等法律法规和国际法基本原则，决定对原产于美国的棉花等进口商品对等采取加征关税措施，税率为25%，自7月6日起生效。

五、棉花进口滑准税率调整

2018年12月22日，国务院关税税则委员会发布关于2019年进出口暂定税率等调整方案的通知，为促进经济高质量发展和进出口贸易稳定增长，自2019年1月1日起对部分商品的进出口关税进行调整，其中，对配额外进口的一定数量棉花继续实施滑准税管理，并进行适当调整。与2018年相比，共有三处修改：一是当进口棉花完税价格高于或等于15.000元/千克时，计征从量税由0.570元/千克下调为0.300元/千克；二是将公式中的常数9.337调整为9.45；三是将常数2.77%调整为2.6%。

2019年棉花市场展望

2019年我国棉花行业继续稳健运行，但不确定因素增加。总体看，国内库存已降至合理水平，生产保持稳定，需求略有下降，但供需缺口依然存在，需要靠进口补充。如中美贸易磋商达成共识，将有利于我国棉花进口，同时也将满足我国纺织行业对高等级棉花的诉求。根据中国棉花协会2月调查结果，2019年全国植棉意向面积为4727.19万亩，同比下降3.58%。其中，新疆棉农种植意向同比下降2.99%，黄河流域同比下降4.76%，长江流域同比下降5.76%。

从全球棉花供求形势来看，2019年全球棉花将面临产不足需趋势。据美国农业部（USDA）2019年3月预测，2018/2019年度全球棉花产量2579.1万吨，同比减少106.4万吨，消费量2621.1万吨，同比增加22.2万吨，棉花消费略增但棉花产量下降。

中国经济正由高速增长阶段转向高质量发展阶段。下一步，如何推进中国棉业高质量、可持续发展，是产业链各方十分关注的问题。中国棉花及棉纺织产业经过多年的努力，已经积累形成了较大的产业规模和完备的产业配套，这为中国棉业高质量发展奠定了坚实基础。

2018年，中共中央出台了《关于实施乡村振兴战略的意见》，明确提出以农业供给侧结构性改革为主线，坚持质量兴农、绿色兴农，提高农业创新力、竞争力和全要素生产率，加快实现由农业大国向农业强国的转变。棉花行业要立足于乡村振兴战略总体布局，着眼于棉业发展由增产导向转向提质导向，加快推动转型升级、提质增效，着力解决棉花产量和质量不平衡、产业链各环节利益分配不平衡、棉花生产与流通相对规模小、成本高、效率低，行业创新力不足等问题，不断提升产业竞争力，推动棉花产业可持续健康发展。

（撰稿人：王　丹）

2018年羊毛市场回顾

南京羊毛市场

2018年宏观经济形势较为复杂，特别是国际贸易保护主义抬头，给世界经济复苏带来很多不确定性，使市场产生不同程度的紧张情绪。加上我国目前正处于结构调整和转型升级的关键阶段，经济运行存在一定下行压力，毛纺织行业的整体运行也遭遇了瓶颈，对羊毛市场产生了一定的影响。

2018年羊毛市场行情回顾

一、澳大利亚和新西兰羊毛市场

从双面呢、羊剪绒面料产品的兴起，到国内各行各业工装制服逐渐放开市场回暖，还有针织纱线等多方面需求带动，美丽奴细支毛价格从2016/2017年度一路上涨，直至2018/2019年度8月创历史高位。

然而，市场疲惫了，曾经的亮点都成为积压的库存，原料价格的高企，导致后道企业承受不住。细支毛价格过高，纺织企业只能使用欧洲毛等低价位的替代品。8月之后市场价格明显回落，羊毛越细回落的幅度越大，本年度最后一次拍卖，同比2017/2018年度21.0微米涨幅达31.6%，18.5微米上涨10.9%，但16.5微米上涨1.3%，但同比2018/2019年度最高点，均有不同程度的下跌，其中16.5微米跌幅达20.1%。

炭化毛方面，往年素色双面呢主要用70支以下羊毛，由于原料价格大涨，面料厂难以承受，尤其是素色双面呢前期销量不佳、订单数量减少，加上双面呢风格转变为格子、人字呢等混纺产品，细支炭化毛用量减少。价格从今年8月份的高位一路下跌，如图1所示，炭化毛MC指数同比下跌18.0%，与今年最高点相比下跌27.2%。

单位：澳分/千克

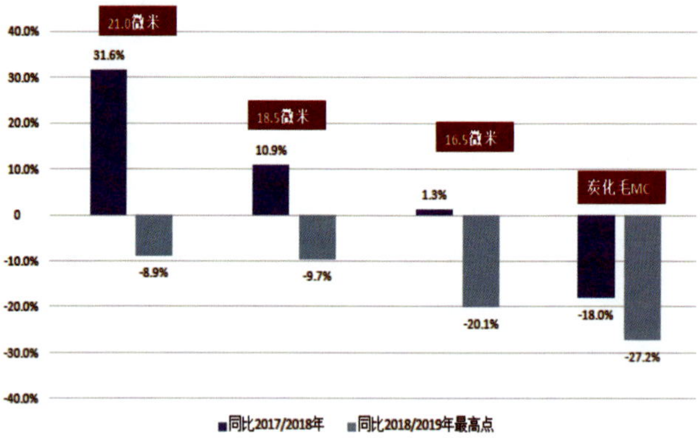

资料来源：澳大利亚羊毛交易所（AWEX）

图1 澳大利亚各品种羊毛拍卖价格变化情况

粗支毛也两极分化（图2）。56～58支适用面相对较广，羊剪绒以及仿羊驼产品增加了这一品种的用量。

单位：澳分/公斤

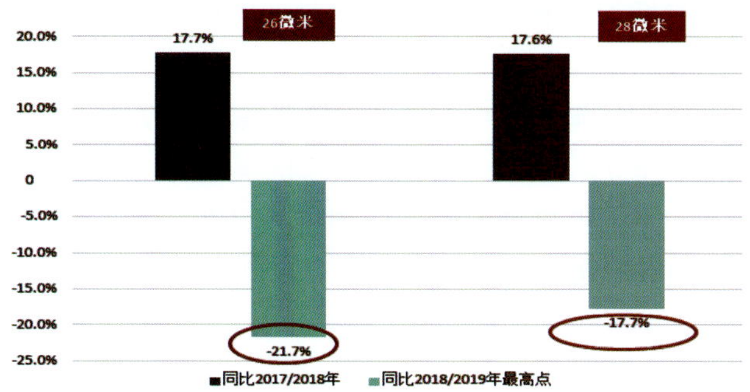

资料来源：澳大利亚羊毛交易所（AWEX）

图2 粗支毛价格变化情况（澳大利亚26微米、28微米）

但新西兰粗支杂交毛价值洼地依旧等待新产品的开发，本年度最后一次拍卖价格指数收于283新分/千克，相比2011年历史最高位，已经下跌了57.2%，新元价几乎接近2009年的历史低谷，2009年6月18日为262新分/千克（图3）。

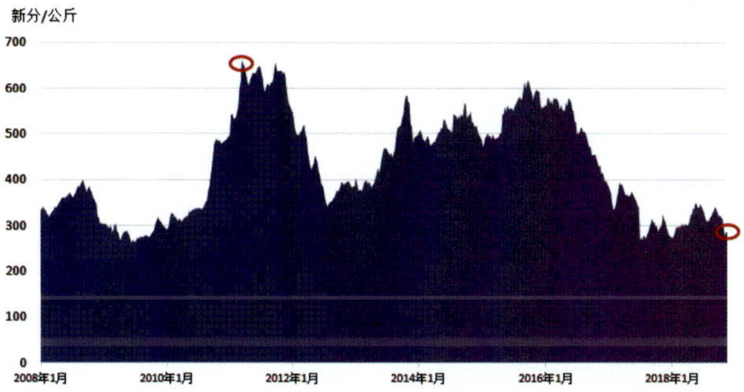

资料来源：新西兰国际羊毛有限公司

图3 2008～2018年新西兰粗支杂交毛拍卖价格指数走势

二、南非羊毛市场

关于与澳洲羊毛媲美的南非羊毛，影响其走势的主要是两方面，一是澳洲市场的动向，二是兰特兑美元汇率的波动。

以2018年9月为分界岭，九月之前南非羊毛市场一路上涨，特别是毛丛长度较长的好型号美利奴一直是中国买家关注的对象。但9月之后，受澳洲市场下跌，加上兰特汇率走强，中国需求减弱，价格开始下跌，但跌幅不大，主要是因为南非干旱产量减少，供应短缺的担忧支撑市场价格企稳。年末开普羊毛美利奴指数收于207.85兰特/千克，同比上涨10.8%，与年初开拍相比上涨10.5%，但与9月4日最高点相比下跌18.1%。全年总供应量为307128包，同比减少2.5%，成交率为97.1%。

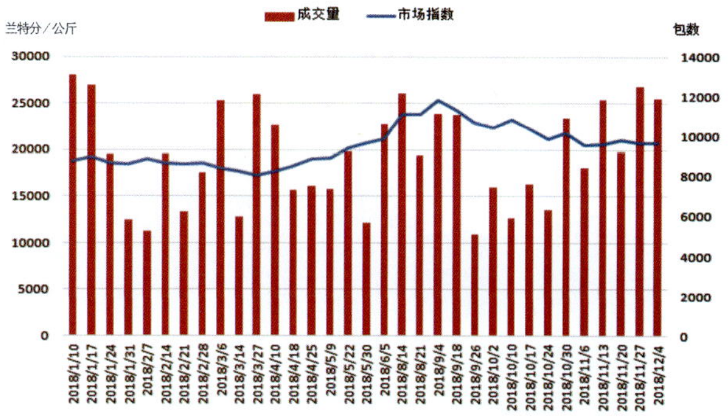

资料来源：南非羊毛局

图4 2018年南非羊毛市场走势

三、南非马海毛市场

作为高端产品原料，马海毛一直走在时尚前沿，虽然今年五月动物保护组（PETA）公布的一组虐待动物视频，给马海毛产业带来了舆论攻击，但并没有造成大的影响，主要的影响因素是干旱气候带来的减产担忧情绪，马海毛平均市场指数收于278.97兰特/千克，同比上涨19.2%（图5）。

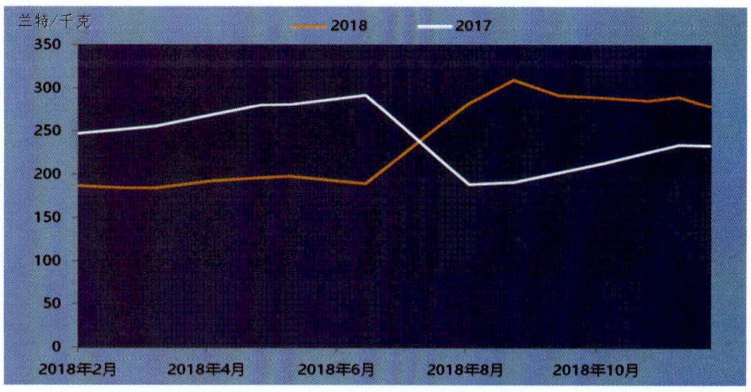

资料来源：南非马海毛协会

图5 南非马海毛市场平均价格指数走势

四、国内羊毛市场

南京羊毛市场综合价格指数2019年8月同样达到历史高位9087分/千克。一方面国际市场价格大涨，另一方面饱受贸易战利空袭扰而一路贬值的人民币影响，羊毛进口成本大幅增加，让不少企业措手不及（图6）。

分/千克

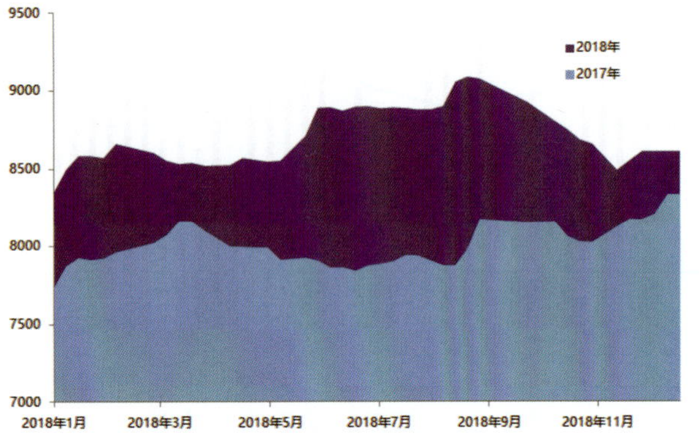

资料来源：南京羊毛市场

图6 南京羊毛市场综合价格指数走势

另外，面料和成品的多样化使得市场对原料的需求也更加多样化，特种纤维依旧供不应求，其中马海毛、羊驼供应紧张，销售情况较好。羊绒价格也是不断“疯涨”，羊绒羊毛混纺也成为主流。

2018年中国累计进口原毛26.76万吨，同比增加1.6%。进口总额为29.44亿美金，同比增加16.1%。进口额的增幅远远大于进口量的增幅，说明了2018年羊毛价格涨幅较大。其次西班牙、智利、意大利、加拿大、哈萨克斯坦等国家的羊毛进口量增加，表明纺织企业为降低原料成本替代高昂的澳洲美利奴。

2018年全年中国累计出口毛条3.179万吨，同比增加3.7%，出口总额5.623亿美金，同比增加28.2%。出口意大利同比增加18.1%，欧洲高端产品对羊毛需求有所增加。

对后市预测

展望今后羊毛市场的走势，羊毛用量有两种倾向：一是多数产品采用价格低的原料，二是用质量好的美利奴细支毛，做有门槛的高附加值产品。羊剪绒产品会更加成熟起来，用料可能还会有变化，不一定集中在今年58/60的细度范围。双面呢还在经历去产能，以淘汰市场上消费者不认可的产品。

精纺工厂因工装订单需求相对比较稳定，但没有明显增长的迹象，使得目前的价格难以维持，呈现独木难支的现象。但从库存情况来看，国内细支美丽奴各品种总体存量不多，下游工厂也是按需采购，维持低位库存，如果有产品需求增加，会引起某个品种的原料供应短缺，需求是决定价格的根本。近来多方面反映对明年产品方向还没有明确，大多数处于观望状态。

（撰稿人：蒋雅丽）

2018年聚酯涤纶市场回顾及2019年展望

浙江华瑞信息资讯股份有限公司
中国化纤信息网

2018年聚酯涤纶市场回顾

一、2018年亚洲PX市场运行分析

回顾2018年亚洲PX的价格走势，总体呈现冲高回落的走势。除了8～9月一波大幅上涨以外，其他时间基本和原油石脑油的走势契合。上半年，PX市场炒作氛围不佳，供需面心态偏弱，PX价格基本围绕石脑油窄幅波动。下半年，特别是三季度，PX阶段性库存紧张，加之PTA价格大幅上涨，PX涨势凶猛。四季度，PX回归跟随石脑油波动的走势，不过利润维持丰厚水平。

从操作的角度来看，2018年PX效益较2017年明显扩张，特别是下半年表现突出，PX在博弈中相对处于上风。

由于缺少规划产能，2018年中国仍旧没有新PX装置，老装置也迟迟不重启。截至年底，中国大陆PX产能维持在1463万吨/年。国内PX产量增长94万吨左右。同时，PX表观需求增速在10%左右，较2017年持平。PX进口依存度仍在历史高位58.9%水平。

2018年原油和石脑油的价格走势如图1所示。

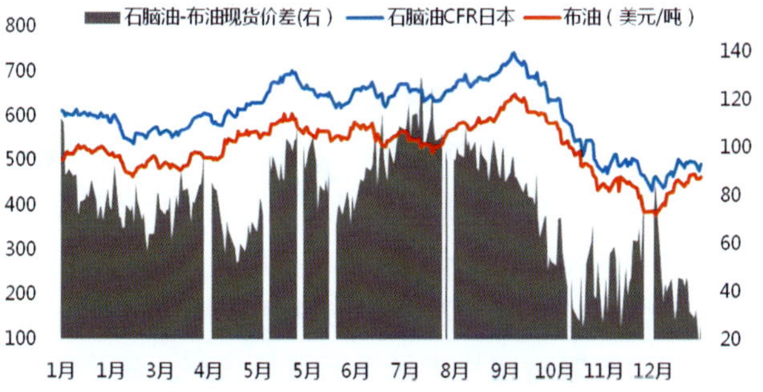

资料来源：华瑞信息

图1 2018年原油和石脑油的价格走势对比

二、2018年亚洲PTA市场运行分析

资料来源：华瑞信息

图2 2018年PTA内外盘现货价格

2018年PTA走势基本上以上下半年为分界线，走势迥异：上半年市场总体以窄幅区间震荡为主，震荡区间在5400～6000元/吨。而下半年则走出了一波过山车似的快涨快跌行情。自7月初的6000元/吨至9月初涨至9300元/吨左右；之后又快速下跌，至11月底已经回至6100元/吨。三季度，PTA总体快速大幅拉涨走势。而此轮上涨的直接因素，除了人民币快速贬值导致成本的上涨外，根本因素在于二季度后期聚酯持续维持90%甚至95%以上的高负荷运行，加上部分新聚酯集中投产，对PTA需求旺盛；而期间PTA由于集中检修，负荷相对却偏低。同期，国外PX和PTA市场同样需求良好，供需面偏紧，国内PTA出口达到近年来的高点，月均都在9万吨偏上，而同期的进口量降至相对低位，仅在5万吨左右。所以，自5月起PTA就开始了持续去库存历程，至8月底，PTA社会库存已自4月底160多万吨降至100万吨以下。另外，主流供应商做多及参与现货市场回购更加导致了现货流通性的收缩等也成为PTA价格快速上涨的推力。

但在此过程中，行业的基本面开始发生变化。一方面PTA价格快速上涨，导致下游成本转嫁困难，涤纶短纤和聚酯瓶片自8月初开始进入减产降负阶段，同期终端织机的负荷也开始下滑。而同期PTA由于效益良好，开机负荷明显提升，8月中下旬达到年内高点——85%以上。到了9月，聚酯长丝迫于库存和效益压力，也加入了减产大军。聚酯负荷自7月底的96%附近一路快速降至8月底的90%左右，再至9月下旬80%以下，PTA需求快速回落，现货的紧缺度开始缓解。而且由于聚酯开工的明显下降，月内聚酯工厂卖出合约货。至此，PTA的供需面开始出现明显大逆转，由去库存进入快速累库存。因此，9月中旬开始PTA进入了快速下跌阶段。原油塌陷、需求萎靡成为此阶段的关键词。

据CCF数据，2018年全年PTA内盘均价为6458元/吨，较2017年5173元/吨上涨24.8%。PTA美元均价为857美元/吨，较2017年的659美元/吨上涨30%。

生产效益方面，2018年全年，国内PTA加工差平均值为967元/吨左右，相较于2017年全年702元/吨的加工差，提升38%左右，PTA的盈利水平再度回升。总体看，效益最差在10月底前后，加工差仅仅在260元/吨左右，最高点在8月末达到近2400元/吨。

三、2018年MEG市场运行分析

2008年乙二醇市场价格波动剧烈，市场涨跌过程中，整体价格重心走势贴合基本面为主（图3）。二季度，在基本面与资金的双向配合，MEG现货价格大幅上行至年内高点。且受场内现货高度集中影响，场内期现货价差扩大。至三季度末，受需求端快速萎缩刺激，MEG进入单边下行通道。

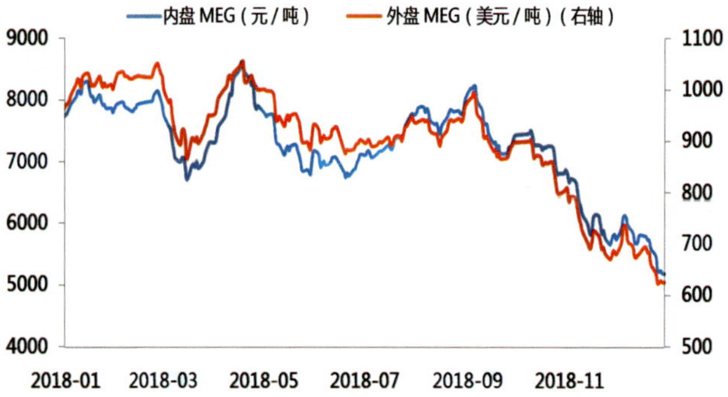

资料来源：华瑞信息

图3 2018年华东乙二醇内外盘价格

2018年，MEG实际投产246万吨，其中国内市场新增产能在222万吨，国外市场新增产能在20万吨。国内新增产能中煤化工依旧成为投产主力军，年内182万吨煤制乙二醇纳入产能体系，传统装置仅有中海壳牌二期40万吨/年投产。国外市场新增产能则是kayan20万吨/年扩容装置。此外，2018年底作产能修正，考虑北京东方4万吨/年的装置长时间停车于年底剔除产能，另新增江苏斯尔邦4万吨/年装置，至年底中国乙二醇产能为1055.5万吨。

库存方面，2018年华东主要港口地区MEG平均库存水平约为71.1万吨左右，相比2017年同期增加13.9万吨。2018年华东主港地区MEG库存量整体波动幅度较大，并于5月中旬短暂突破100万吨关口，且在三季度末呈现趋势性上行。年内港口库存走势与市场供需格局大致相仿。

四、2018年聚酯切片市场运行分析

据统计，2018年全年CCF半光切片的均价为8448元/吨，相比2017年CCF半光切片均价7343元/吨，上涨1105元/吨，涨幅在15.1%；全年CCF有光切片均价为8523元/吨，相比2017年有光切片均价7396元/吨，上涨1127元/吨，涨幅在15.2%。

2018年聚酯切片市场运行维持良好，聚酯行业景气度保持在高位，虽然受到大量新产能释放影响，聚酯切片阶段性出现供应过剩，但需求端继续

保持高增长，下游切片纺运行良好，常规产品盈利能力改善，而差异化市场也不乏亮点。2018年上半年，聚酯切片价格波动不大，效益持续良好，但下半年在原料端剧烈震荡下，市场迎来暴涨暴跌行情，整体来看，2018年有光切片表现依然好于半光切片，全年平均价格较半光切片升水75元/吨左右（图4）。

单位：元/吨

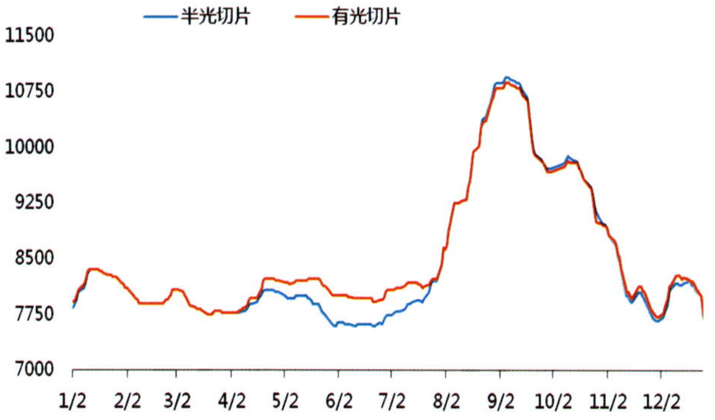

资料来源：华瑞信息

图4 2018年聚酯切片现货价格

2018年聚酯切片市场效益维持良好，半光切片全年大部分时间处于盈利区间，而有光切片效益更好。全年来看，半光切片加工区间在504元/吨左右，有光切片加工区间在579元/吨左右，如果按照350元/吨的加工成本来测算的话，2018年聚酯半光切片的现金流平均为盈利154元/吨，有光切片的现金流平均为盈利229元/吨，现金流较比2017年仍有提升，整体来看，近几年下游切片纺运行逐步趋稳，市场供需格局维持良好，聚酯切片运行环境继续改观。

五、2018年涤纶长丝运行分析

2018年，涤纶长丝价格在上半年表现为窄幅震荡，下半年表现为大涨大跌（图5）。上半年，聚酯原料成本端震荡调整，整体上下幅度不大，涤纶长丝价格跟随成本端，也表现为窄幅震荡为主。7～8月，在低库存及聚酯成本端上涨的作用下，涤纶长丝价格持续大幅上涨。9～11月，受需求不佳、库存攀升及聚酯成本端塌陷拖累，涤丝价格持续大幅下跌。12月涤纶长丝价格先扬后抑，震荡偏弱。

单位：元/吨

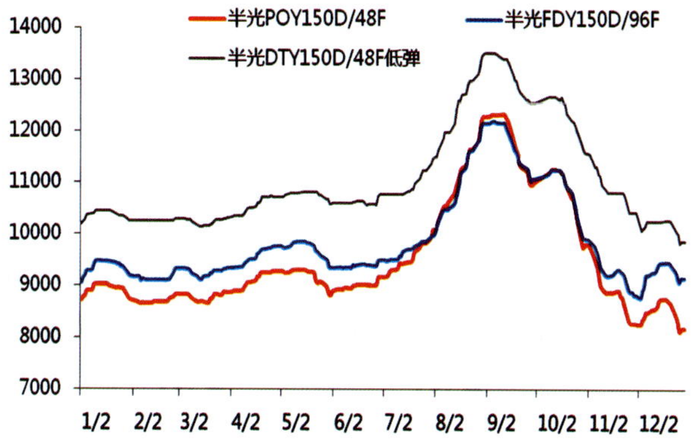

资料来源：华瑞信息

图5 2018年CCF涤纶长丝价格

根据中国化纤信息网的统计，2017年底涤纶长丝产能为3358万吨，2018年新增产能为396万吨（直纺新增370万吨，切片纺新增26万吨），到2018年底，涤纶长丝名义产能增至3754万吨。另外，年初对2017年部分装置进行调整，剔除恒盛10万吨长丝，因此，今年直纺产能实际新增370万吨/年。年底进行产能修正，涤丝总产能向上修正64万吨，因此，2018年底，有效产能修正为3818万吨，同比增长13.7%，增速为近五年的最高位。2018年全年涤纶长丝产量在2900万吨，较2017年增长270万吨，同比大幅增长10.3%。

从2017～2018年的涤丝库存走势对比来看，2018年1～8月涤纶长丝库存多表现为低于2017年，而9月之后则明显高于2017年。各月来看，POY在9月份之后明显高于2017年，而FDY除9月之后明显高于2017年外，6～7月也略高于2017年。

六、2018年涤纶工业丝运行分析

2018年涤纶工业丝市场走势呈现明显的前高后低，不同于2017年涤纶工业丝不断稳步攀升的态势，与2015年、2016年略有相似。不过2018年上下半年差异明显，上半年长期维持高位，直到下半年才开始跟随原料逐步下跌，10月以后加速下跌，2018年初工业丝价格即是近几年最高水平，因此，全年成交价均价明显高于2017年。但从利润角度来看，上半年利润远超往年同期水平，但下半年快速下滑，从全年角度来看，2018年工业丝整体利润，或与2017年相差不大。

2018年产能扩张再度加速，由于2017年工业丝利润增长明显，一些中小型工厂投产扩产意愿强烈，个别主流工厂为了保证优势地位也有一些装置投产计划。整体现货价格表现为跟随原料走势的大背景下，根据市场供需格局变化，通过负荷调节、产量控制，库存的变化而调整价格。总体而言，在下游市场需求增长缓慢的情况下，工业丝价格走势整体偏强，当然10月以后快速暴跌受多方因素影响，价格失控。

2018年工业丝下游市场需求增速继续下滑，也符合预期中的走向，车用行业等差异化产品需求增速也有所放缓，主要跟全球经济环境疲软有关，全球乘用车销量增速明显放缓，传统行业需求增速进一步放缓，2018年工业丝下游市场需求增速较2017年有一定的下滑。尤其是四季度，内需市场或出现负增长，出口方面增速也明显放缓，一方面是上半年工业丝内销需求良好，价格强势，出口报价偏高，另一方面是中美贸易摩擦影响深入，美国是我国工业丝出口量最大的国家。

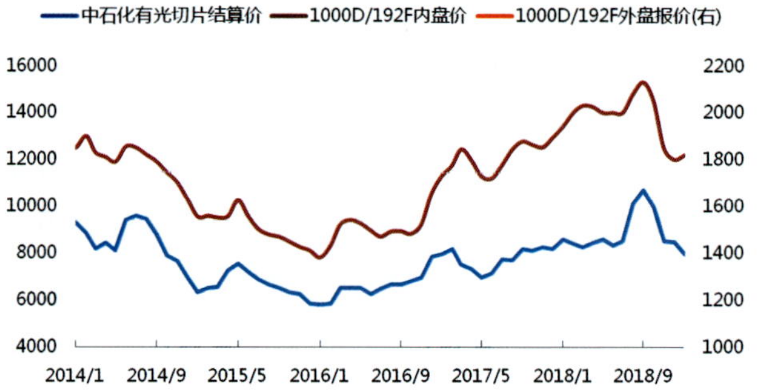

资料来源：华瑞信息

图6 2014～2018年工业丝内外盘与中石化有光切片价格

七、2018年涤纶短纤运行分析

单位：元/吨

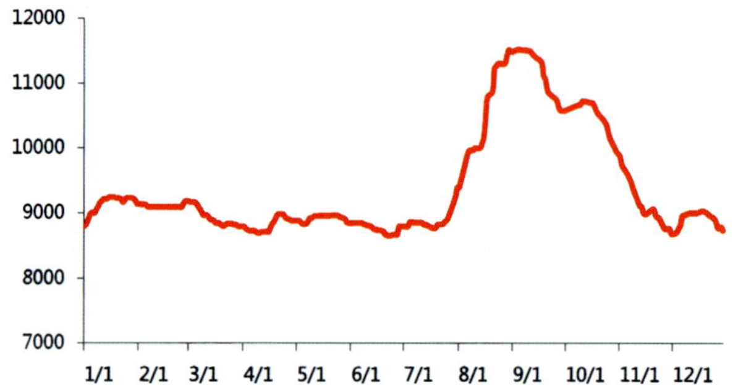

资料来源：华瑞信息

图7 2018年半光1.4D直纺涤纶短纤价格

2018年7月之前，直纺涤短价格窄幅震荡，8月以后冲高回落。由CCF价格指数来看，年初为8795元/吨，9月上旬大幅上涨至11520元/吨，随后大幅下跌调整，12月底在8730元/吨左右。全年跌幅65元/吨（0.74%）。1～12月波动幅度为2875元/吨。

今年1～7月直纺涤短在聚酯原料震荡及需求尚可支撑下，整体在8500～9500元/吨区间震荡盘整。7月下旬以后，原料PTA大幅快速拉涨，直纺涤纶短纤迅速跟涨，从8775元/吨左右上涨至11520元

/吨，涨幅达2745元/吨。高位短暂盘整后，原料大幅回调，直纺涤短快速跟跌，尽管中间有阶段性暂稳或反弹行情，但都昙花一现。自9月中旬开始，直纺涤纶短纤在原油、聚酯原料下跌引导下，跌至12月底，跌幅达2790元/吨。

截至2018年12月底，国内直纺涤纶短纤新增产能83.5万吨，剔除山东华鸿12万吨长期闲置产能，2018年国内直纺涤纶短纤有效产能在705.5万吨，同比增长11.3%。

年度表观供应细节上看，2018年，国内直纺涤纶短纤有效产能大幅增加，处于5年来的高位。产量维持增长态势，全年产量在537万吨，较2017年增长17万吨，增幅3.3%。国内新增产能较多导致工厂间竞争加剧，部分继续开拓海外市场。2018年涤纶短纤总出口量102.4万吨，较2017年微增2.1万吨，尽管出口量增幅不大，但原生涤纶短纤占比提升8%，直纺涤纶短纤全年出口量73.7万吨。原生涤纶短纤出口依存度上升至13.7%左右，较2017年提升1.4%左右。

2018年涤纶短纤进口18.8万吨，同比增长3.1万吨。自2017年美国对韩国及台湾地区低熔点反倾销后，流入中国市场的量逐步增多。另外，中国再生PET禁止进口后，国内再生短纤价格上涨，导致国外价格相对国内偏低，部分企业开始进口国外再生短纤，因此2018年进口比例中再生短纤占比提升10%～30%，原生短纤下降至70%。

此外，2018年底短纤工厂库存较年初下降约2.8天。综上而言，2018年全年国内直纺涤短总供应量较2017年增加21万吨，在480.6万吨左右。

2019年聚酯涤纶市场展望

一、PX方面

受需求增长较快而供应释放缓慢影响，2018年亚洲PX总体偏紧，加工差扩张，工厂利润丰厚。2019是PX投产大年，但是主要的装置预计要到下半年才会有实质性进展。2019年，中国仍旧是PX最大的进口国，不过如果几个大炼厂能顺利投产，供需格局将发生质变。华瑞信息预计2019年聚酯产量增长回落，增量预计在305万吨，对应PX需求增量在171万吨。如果腾龙芳烃能够开车，PX供应不会太短缺，但也会阶段性偏紧。而如果大炼化能投产，PX就会过剩明显。

二、PTA方面

2019年，国内PTA新增产能仍然较为有限，实际有效供应量可能在其产能基数上会有一定折扣；新凤鸣的装置预计在2019年年末前后投产，带来的年内供应量增加有限。总体来看，预计2019年PTA产量增加250万吨左右；而对于2019年的聚酯产量，预计产量增速在7%，即300多万吨。因此供需上看，2019年PTA会小幅度去库存，但力度不大。加工差方面，2019年来看，不考虑出现极端行情的情况，预计加工费小幅回落。进出口方面，PTA企业将继续拓展出口渠道，来缓解国内PTA供应压力，扩大消费市场，提升企业竞争力。预计2019年出口量会缓步增加，进口量维持或小幅增加。

三、MEG方面

2019年，国内外计划投放的MEG产能累计达507万吨，其中国内计划新增产能约245万吨（其中170万吨为合成气制装置），国外计划新增产能约262万吨。供应端方面，2019年国内MEG供应量仍将维持较高的增速，预计供应增速在17%左右。从进口供应角度来看，预计2019年MEG进口量在1040万吨左右，MEG对外依存度将维持在小幅回落。从价格的角度来看，2019年MEG产能持续投放过程中，市场货源供应较为充足。全年供需格局走弱过程中，MEG价格重心将表现走低，MEG现金流或将明显压缩。但是2019年年中开始，MEG将正式参与期货交割，资金影响下短波段内价格重心波动或将加剧。大趋势来看，2019年均价水平或将低于2018年均价。

四、聚酯切片方面

2019年切片市场或面临一定压力。一方面，近两年聚酯行业高景气度下，新投产能较大，尤其2018年新投产装置加上老装置重启和扩能，涉及产能超过700万吨。从2019年预报来看，计划仍有超过600万吨新产能，虽然纯切片产能较少，但投产初期对切片市场冲击同样较大，而且在大量新增供应下，聚酯市场能否维持高景气度存疑。另一方面，从需求端来看，宏观环境依然偏弱，外部贸易冲突不断，国内房地产周期性下滑，因而下游需求或难以维持近两年来的高增长态势，因而，聚酯切片作为中间产品或也难以独善其身。

五、涤纶长丝方面

2019年涤纶长丝行业景气度势必较2018年下滑，无论是产能大量投放、加弹机增量下滑还是需求端增速放缓。从各运行指标分析来看，2019年涤纶长丝行业的供需关系走弱，相比2018年，2019年的涤纶长丝行业库存平均水平将走高，效益较低，负荷走低，产量走低。保守估计，2019年处于涤纶长丝行业的供需矛盾还在积累，景气周期处于下滑的通道中，而且近几年来，涤纶长丝集中度明显提高，因此，2019年各项指标下滑不至于很差。

六、涤纶短纤方面

2018年受聚酯原料大涨大跌影响，直纺涤纶短纤波动幅度达3000元/吨左右。部分计划新投装置被推后至四季度或2019年，大多工厂开机负荷在三季度下滑明显，因此，2018年直纺涤短开机负荷不及2017年，产量方面尽管在新产能投入后有所增加，但受老装置负荷偏低拖累，整体增幅不及预期。现金流方面尽管个别时间点出现亏损，但整体盈利水平依旧高于2017年。2019年直纺涤纶短纤仍有不少新投计划，直纺涤纶短纤现金流将进一步被压缩，市场进入全类别产品竞争加剧的局面。

（撰稿人：潘文能　毛燕燕　曹梦婷　何玲莉　沈建清）

This is the ONLY
paper-print English
textile magazine in
China, exclusively
introducing China's
textile and apparel
industries monthly

CNTAC

2018/2019 中国纺织工业发展报告

2018/2019 CHINA TEXTILE INDUSTRY DEVELOPMENT REPORT

统计资料

国内统计

国内统计数据资料详见表1～表9。

表1　2018年国民经济主要指标

Table1 Main Indicators of National Economy in 2018

指标名称 Indicators	单位 Unit	数值 Volume	比上年增长(%) Percentage Change over Previous Year
国内生产总值 GDP	亿元 100 million yuan	900309	6.6
规模以上工业企业实现利润 Gained Profit of Enterprises above Designated Size	亿元 100 million yuan	66351	10.3
其中：国有及国有控股企业 State-owned and State-controlling Enterprises	亿元 100 million yuan	18583	12.6
全部工业增加值 All Industrial Added Value	亿元 100 million yuan	305160	6.1
其中：规模以上企业增加值 Added Value of Enterprises above Designated Size	亿元 100 million yuan		6.2
其中：国有及国有控股企业 State-owned and State-controlled Enterprises	亿元 100 million yuan		6.2
集体企业 Collective-owned Enterprises	亿元 100 million yuan		
股份制企业 Stock Enterprises	亿元 100 million yuan		6.6
外商及港澳台投资企业 Foreign, Hong Kong, Macao and Taiwan Invested Enterprises	亿元 100 million yuan		4.8
私营企业 Private Enterprises	亿元 100 million yuan		6.2
其中：采矿业 Mining and Quarrying	亿元 100 million yuan		2.3
制造业 Manufacturing	亿元 100 million yuan		6.5
电力、燃气和水的生产和供应业 Production and Distribution of Electricity, Gas and Water	亿元 100 million yuan		9.9
全社会完成固定资产投资 Total Fixed Assets Investment in the Whole Country	亿元 100 million yuan	645675	5.9
固定资产投资（不含农户） Fixed Assets Investment Excluding Rural Household	亿元 100 million yuan	635636	5.9
全年社会消费品零售总额 Social Consumable Retail Total Amount	亿元 100 million yuan	380987	9.0
全国居民消费价格指数 National Residents' Consumption Price Index	上年=100		102.1
全国城镇居民人均可支配收入 National Urban Residents' Disposable Income Per Capita	元 RMB YUAN	39251	5.6
全国农村居民人均可支配收入 National Rural Residents' Disposable Income Per Capita	元 RMB YUAN	14617	6.6
全年货物进出口总额 Imports and Exports Total Value	亿元 100 million yuan	305050	9.7

续表

指标名称 Indicators	单位 Unit	数值 Volume	比上年增长(%) Percentage Change over Previous Year
其中：出口总额 Export Total	亿元 100 million yuan	164177	7.1
进口总额 Import Total	亿元 100 million yuan	140874	12.9
全年货物进出口差额 Favorable Balance of Imports and Exports	亿元 100 million yuan	23303	−18.3
国家外汇储备 National Foreign Exchange Reserve	亿美元 USD 100 million	30727	−2.1
广义货币供应量(M2)余额 Money Supply (M2) Balance in Broad Sense	万亿元 1,000 billion yuan	182.7	8.1
狭义货币供应量(M1)余额 Money Supply (M1) Balance in Narrow Sense	万亿元 1,000 billion yuan	55.2	1.5
流通中现金 (M0)余额 Balance of Cash (M0) in Circulation	万亿元 1,000 billion yuan	7.3	3.6
金融机构本外币存款余额 Home and Foreign Currency Balance of Deposits of Financial Organization	万亿元 1,000 billion yuan	182.5	7.8
全国总人口 National Total Population	万人 10,000 persons	139538	0.4
全年城镇新增就业人员 Urban Newly-increased Employees	万人 10,000 persons	1361	0.7
城镇登记失业率 Urban Registered Unemployment Rate	%	3.80	−0.1(百分点)

表2 2018年纺织工业经济指标完成情况汇总表（规模以上全行业）
Table2 Main Indicators of Textile Industry in 2018 (Enterprises Above Designated Size)

序号 Number	指标名称 Indicators	单位 Unit	本月止累计 Current Year	去年累计 Previous Year	同比(%) Percentage Change over Previous Year
1	企业单位数 Number of Enterprises	户 household	36828	36828	
2	亏损企业数 Number of Loss-making Enterprises	户 household	5402	4835	11.73
3	亏损面 Proportion of Loss-making Enterprises	%	14.67	13.13	
4	主营业务收入 Revenue from Principle Business	万元 10,000 yuan	537034598	521924890	2.90
5	主营业务成本 Cost of Principle Business	万元 10,000 yuan	471704736	459973843	2.55
6	销售费用 Sales Expenses	万元 10,000 yuan	12608030	12054882	4.59
7	管理费用 Management Expenses	万元 10,000 yuan	20910433	19275684	8.48
8	财务费用 Financial Expenses	万元 10,000 yuan	6224672	6439278	−3.33
9	其中：利息支出 Interest	万元 10,000 yuan	5551966	5326905	4.22
10	利润总额 Total Profit	万元 10,000 yuan	27661378	25608413	8.02
11	亏损企业亏损额 Total Loss of Loss-making Enterprises	万元 10,000 yuan	2152624	1938356	11.05
12	资产合计 Total Assets	万元 10,000 yuan	434496010	420359454	3.36
13	其中：流动资产合计 Total Working Capitals	万元 10,000 yuan	234155590	226828227	3.23
14	其中：应收账款 Net Receivables	万元 10,000 yuan	52994373	51652883	2.60
15	存货 Inventory	万元 10,000 yuan	65231041	61831613	5.50
16	其中：产成品 Finished Goods	万元 10,000 yuan	30337382	27579974	10.00
17	负债合计 Total Liabilities	万元 10,000 yuan	237712803	228841790	3.88
18	出口交货值 Export Delivered Value	万元 10,000 yuan	75810112	74568516	1.67

纺织导报®
CHINA TEXTILE LEADER
关注《纺织导报》官方微信
传递纺织科技信息
推动企业价值增长
以全新视野、宏观视角、深刻思想、前瞻观点，发现纺织科技进步所带来的巨大价值和无限潜力，解析技术市场变局，促进价值生产和传递，实现传媒自身价值，构建纺织业交流平台。
欢迎订阅《纺织导报》杂志
纺织导报
CHINA TEXTILE LEADER
HUNTSMAN
天空一望
无际的蔚蓝
订阅热线：010-84463638-8850
更多精彩内容请登录本刊网站：www.texleader.com.cn

表3-1 2018年纺织工业经济指标分行业完成情况（规模以上全行业）
Table3-2 Main Indicators of Textile Industry by Industrial Sectors in 2018 (Enterprises Above Designated Size)

单位：万元
Unit: 10,000 yuan

行业 Industrial Sectors	企业户数 Number of Enterprises	亏损企业数 Number of Loss-making Enterprises	亏损面(%) Proportion of Loss-making Enterprises	主营业务收入 Reveneue from Principal Business		
				本年累计 Current Year	去年累计 Previous Year	同比(%) Compared Ratio
纺织行业 The Overall Textile Industry	36828	5402	14.67	537034598	521924890	2.90
纺织业 Textile	19511	2877	14.75	276956197	278099328	-0.41
棉纺织及印染精加工 Cotton Textile & Dyeing, Printing and Finishing Process	9617	1583	16.46	165293190	172326915	-4.08
棉纺纱加工 Cotton Spinning Sector	5029	891	17.72	100318465	107947733	-7.07
棉织造加工 Cotton Weaving Sector	3081	415	13.47	39153212	39077789	0.19
棉印染精加工 Cotton Textile Dyeing, Printing and Finishing Sector	1507	277	18.38	25821513	25301393	2.06
毛纺织及染整精加工 Wool Textile & Dyeing, Printing and Finishing Process	1057	197	18.64	13659228	13465092	1.44
毛条和毛纱线加工 Wool Top and Yarn Processing Sector	614	115	18.73	7011563	7123222	-1.57
毛织造加工 Wool Weaving Sector	314	65	20.70	5170689	4794381	7.85
毛染整精加工 Wool Textile Dyeing, Printing and Finishing Sector	129	17	13.18	1476976	1547489	-4.56
麻纺织及染整精加工 Bast Fiber Textile & Dyeing, Printing and Finishing Process	261	37	14.18	3282655	2950936	11.24
麻纤维纺前加工和纺纱 Bast Fiber Prespinning Processing & Spinning Sector	97	16	16.49	1489200	1278941	16.44
麻织造加工 Bast Fiber Weaving Sector	160	20	12.50	1726412	1623287	6.35
麻染整精加工 Bast Fiber Textile Dyeing, Printing and Finishing Sector	4	1	25.00	67044	48708	37.64
丝绢纺织及印染精加工 Silk and Schappe Textile & Dyeing, Printing and Finishing Process	711	130	18.28	8059243	8019802	0.49
缫丝加工 Filature Sector	314	61	19.43	4196635	4320589	-2.87
绢纺和丝织加工 Schappe Spinning & Silk Weaving Sector	331	56	16.92	3291081	3174044	3.69
丝印染精加工 Silk Printing, Dyeing and Finishing Sector	66	13	19.70	571527	525169	8.83

续表

主营业务成本 Cost of Principle Business			销售费用 Sales Expenses			管理费用 Management Expenses		
本年累计 Current Year	去年累计 Previous Year	同比(%) Compared Ratio	本年累计 Current Year	去年累计 Previous Year	同比(%) Compared Ratio	本年累计 Current Year	去年累计 Previous Year	同比(%) Compared Ratio
471704736	459973843	2.55	12608030	12054882	4.59	20910433	19275684	8.48
246980574	249428048	-0.98	4726877	4571677	3.39	9370353	8687238	7.86
148931020	156525349	-4.85	2286105	2261276	1.10	4981623	4676528	6.52
91483444	99464992	-8.02	1227484	1245176	-1.42	2375139	2232108	6.41
34932914	34977712	-0.13	681581	634565	7.41	1343745	1236531	8.67
22514662	22082645	1.96	377040	381535	-1.18	1262739	1207889	4.54
12422429	12182232	1.97	159098	176599	-9.91	449094	453647	-1.00
6416411	6473905	-0.89	76876	94085	-18.29	204344	223870	-8.72
4724106	4351477	8.56	58477	58266	0.36	176761	168946	4.63
1281912	1356850	-5.52	23744	24248	-2.08	67989	60831	11.77
2890834	2638704	9.56	64352	57596	11.73	119621	103501	15.57
1328046	1155214	14.96	26260	23778	10.44	49139	42295	16.18
1502016	1440484	4.27	37381	33104	12.92	67363	58510	15.13
60773	43006	41.31	711	714	-0.41	3119	2696	15.69
7238240	7242342	-0.06	112721	115162	-2.12	262121	228705	14.61
3840190	3945383	-2.67	42934	39995	7.35	102202	95389	7.14
2900292	2837320	2.22	58458	65721	-11.05	122035	100761	21.11
497758	459639	8.29	11329	9447	19.93	37884	32556	16.37

表3—2 2018年纺织工业经济指标分行业完成情况（规模以上全行业）

Table3—2 Main Indicators of Textile Industry by Industrial Sectors in 2018 (Enterprises Above Designated Size)

单位：万元

Unit：10,000 yuan

行业 Industrial Sectors	企业户数 Number of Enterprises	亏损企业数 Number of Loss-making Enterprises	亏损面(%) Proportion of Loss-making Enterprises	主营业务收入 Reveneue from Principal Business		
				本年累计 Current Year	去年累计 Previous Year	同比(%) Compared Ratio
化纤织造及印染精加工 Filament Weaving & Dyeing, Printing and Finishing Process	1442	145	10.06	13542919	12353134	9.63
化纤织造加工 Filament Weaving Sector	1234	119	9.64	11033108	10143616	8.77
化纤织物染整精加工 Filament Fabric Dyeing, Printing and Finishing Sector	208	26	12.50	2509812	2209518	13.59
针织或钩针编织物及其制品制造 Knitting and Braiding Textiles	2506	282	11.25	28503828	26786461	6.41
针织或钩针编织物织造 Knitted and Braided Fabric Processing Sector	1596	183	11.47	18083401	16818629	7.52
针织或钩针编织物印染精加工 Knitted and Braided Fabric Dyeing, Printing and Finishing Sector	132	27	20.45	1353154	1290675	4.84
针织或钩针编织品制造 Knitted and Braided Products Manufacturing Sector	778	72	9.25	9067274	8677158	4.50
家用纺织制成品制造 Home Textile Made-Ups Manufacturing	1857	259	13.95	20415807	19527907	4.55
床上用品制造 Bed Linen Manufacturing Sector	987	144	14.59	10823211	10287102	5.21
毛巾类制品制造 Towel Manufacturing Sector	287	39	13.59	3822139	3649841	4.72
窗帘、布艺类产品制造 Curtain Manufacturing Sector	222	30	13.51	2278421	2122647	7.34
其他家用纺织制成品制造 Other Home Textile Made-ups Sector	361	46	12.74	3492038	3468317	0.68
产业用纺织制成品制造 Industrial Textile Made-Ups Manufacturing	2060	244	11.84	24199327	22669082	6.75
非织造布制造 Nonwoven Fabric Sector	907	102	11.25	10699303	10188015	5.02
绳、索、缆制造 Rope, Cords & Cables Large and Thick Rope Sector	260	27	10.38	2056809	2052829	0.19
纺织带和帘子布制造 Belt and Cord Fabric Sector	247	32	12.96	3351071	3014660	11.16
篷、帆布制造 Canvas Manufacturing Sector	235	36	15.32	2529888	2475896	2.18
其他非家用纺织制成品制造 Other Non-Home Textile Made-ups Sector	411	47	11.44	5562256	4937683	12.65

续表

主营业务成本 Cost of Principle Business			销售费用 Sales Expenses			管理费用 Management Expenses		
本年累计 Current Year	去年累计 Previous Year	同比(%) Compared Ratio	本年累计 Current Year	去年累计 Previous Year	同比(%) Compared Ratio	本年累计 Current Year	去年累计 Previous Year	同比(%) Compared Ratio
12100549	11034127	9.66	176569	164200	7.53	499890	438709	13.95
9969597	9140846	9.07	135318	127825	5.86	348614	309321	12.70
2130953	1893281	12.55	41250	36375	13.40	151276	129388	16.92
25107433	23536254	6.68	499639	489853	2.00	1057648	983540	7.53
16063670	14956653	7.40	303936	283174	7.33	653986	572572	14.22
1209454	1136448	6.42	25224	25986	−2.93	53854	52925	1.76
7834309	7443154	5.26	170479	180694	−5.65	349809	358043	−2.30
17530647	16866844	3.94	723441	655300	10.40	810071	731360	10.76
9262567	8832397	4.87	424241	386638	9.73	437794	400079	9.43
3375098	3226423	4.61	83671	80787	3.57	107921	96960	11.30
1949562	1833477	6.33	52647	45459	15.81	107152	92773	15.50
2943420	2974548	−1.05	162883	142416	14.37	157204	141548	11.06
20759423	19402197	7.00	704953	651690	8.17	1190286	1071248	11.11
9137344	8675191	5.33	350158	325494	7.58	521893	473594	10.20
1802997	1784609	1.03	48423	45246	7.02	72400	66538	8.81
2921954	2603100	12.25	75509	70102	7.71	168380	146893	14.63
2190503	2114819	3.58	60996	62711	−2.74	151872	143284	5.99
4706624	4224480	11.41	169866	148137	14.67	275742	240938	14.45

表3–3　2018年纺织工业经济指标分行业完成情况（规模以上全行业）
Table3–3　Main Indicators of Textile Industry by Industrial Sectors in 2018 (Enterprises Above Designated Size)

单位：万元
Unit:10,000 yuan

行业 Industrial Sectors	企业户数 Number of Enterprises	亏损企业数 Number of Loss-making Enterprises	亏损面(%) Proportion of Loss-making Enterprises	主营业务收入 Reveneue from Principal Business		
				本年累计 Current Year	去年累计 Previous Year	同比(%) Compared Ratio
纺织服装、服饰业 Garment and Accessory Manufacturing	14827	2103	14.18	171065722	164377979	4.07
机织服装制造 Woven Garment Manufacturing	9417	1346	14.29	120345325	116292669	3.48
运动机织服装制造 Woven Sportswear Garment Manufacturing	2112	255	12.07	27688949	25771594	7.44
其他机织服装制造 Other Woven Garment Manufacturing	7305	1091	14.93	92656376	90521076	2.36
针织或钩针编织服装制造 Knitted Garment Manufacturing	3522	532	15.11	36858331	35237984	4.60
运动休闲针织服装制造 Sports and Casual Knitwear Manufacturing	1107	195	17.62	14009217	13104862	6.90
其他针织或钩针编织服装制造 Other Knitted Garment Manufacturing	2415	337	13.95	22849114	22133123	3.23
服饰制造 Garment Accessory Manufacturing	1888	225	11.92	13862066	12847326	7.90
化学纤维制造业 Chemical Fiber Manufacturing	1832	334	18.23	79895761	71069291	12.42
纤维素纤维原料及纤维制造 Cellulose Fiber (Raw Material) and Fiber Manufacture	302	59	19.54	20454311	19662414	4.03
化纤浆粕制造 Pulp Sector	38	5	13.16	675137	899189	–24.92
人造纤维（纤维素纤维）制造 Man-made Fiber (Cellulose Fiber) Sector	264	54	20.45	19779174	18763224	5.41
合成纤维制造 Synthetic Fiber Manufacturing	1507	272	18.05	58668621	50772166	15.55
锦纶制造 Polyamide Fiber Sector	204	39	19.12	9794193	8505733	15.15
涤纶制造 Polyester Fiber Sector	825	136	16.48	41073929	34814110	17.98
腈纶制造 Acrylic Fiber Sector	13	5	38.46	965605	871410	10.81
维纶制造 Polyvinyl Fiber Sector	15	4	26.67	437072	578865	–24.49

续表

主营业务成本 Cost of Principle Business			销售费用 Sales Expenses			管理费用 Management Expenses		
本年累计 Current Year	去年累计 Previous Year	同比(%) Compared Ratio	本年累计 Current Year	去年累计 Previous Year	同比(%) Compared Ratio	本年累计 Current Year	去年累计 Previous Year	同比(%) Compared Ratio
145233393	139990340	3.75	6694496	6301839	6.23	8335120	7766234	7.33
101935202	98966185	3.00	4864149	4624146	5.19	5669454	5288669	7.20
23572626	22121591	6.56	717729	667779	7.48	1278031	1150044	11.13
78362576	76844593	1.98	4146420	3956367	4.80	4391423	4138624	6.11
31633307	30228490	4.65	1208891	1087335	11.18	1953644	1821880	7.23
12177647	11385026	6.96	408855	364180	12.27	640661	587070	9.13
19455660	18843465	3.25	800036	723155	10.63	1312983	1234810	6.33
11664884	10795665	8.05	621456	590358	5.27	712023	655686	8.59
71977707	63656973	13.07	882059	898771	−1.86	2604055	2278262	14.30
18048493	17259086	4.57	314753	317289	−0.80	749762	681908	9.95
593813	819121	−27.51	20891	14600	43.09	35109	35531	−1.19
17454680	16439964	6.17	293862	302688	−2.92	714652	646377	10.56
53231191	45810871	16.20	552200	574576	−3.89	1831163	1574768	16.28
8778277	7634353	14.98	97446	100037	−2.59	328128	221797	47.94
37515791	31609219	18.69	299818	301200	−0.46	1159138	1017540	13.92
898034	807571	11.20	17676	17836	−0.90	28289	28814	−1.82
381510	487881	−21.80	7077	19508	−63.72	30325	48517	−37.50

表3-4 2018年纺织工业经济指标分行业完成情况（规模以上全行业）

Table3-4 Main Indicators of Textile Industry by Industrial Sectors in 2018 (Enterprises Above Designated Size)

单位：万元
Unit:10,000 yuan

行业 Industrial Sectors	企业户数 Number of Enterprises	亏损企业数 Number of Loss-making Enterprises	亏损面(%) Proportion of Loss-making Enterprises	主营业务收入 Reveneue from Principal Business		
				本年累计 Current Year	去年累计 Previous Year	同比(%) Compared Ratio
丙纶制造 Polypropylene Fiber Sector	41	9	21.95	426278	370034	15.20
氨纶制造 Polyurethane Fiber Sector	54	16	29.63	2635641	2446211	7.74
其他合成纤维制造 Other Synthetic Fiber Sector	355	63	17.75	3335903	3185803	4.71
生物基材料制造 Biobased Fiber Material Manufacturing	23	3	13.04	772829	634711	21.76
生物基化学纤维制造 Biobased Chemical Fiber Manufacturing	14	2	14.29	342936	265408	29.21
生物基、淀粉基新材料制造 Biobased and Starch-based New Material Manufacturing	9	1	11.11	429893	369303	16.41
纺织专用设备制造 Textile Machinery Manufacturing	658	88	13.37	9116918	8378292	8.82

续表

主营业务成本 Cost of Principle Business			销售费用 Sales Expenses			管理费用 Management Expenses		
本年累计 Current Year	去年累计 Previous Year	同比(%) Compared Ratio	本年累计 Current Year	去年累计 Previous Year	同比(%) Compared Ratio	本年累计 Current Year	去年累计 Previous Year	同比(%) Compared Ratio
371800	325958	14.06	9320	9641	−3.32	18099	15363	17.81
2289635	2057984	11.26	59715	79991	−25.35	136029	130237	4.45
2996145	2887905	3.75	61147	46365	31.88	131156	112501	16.58
698023	587017	18.91	15107	6906	118.75	23131	21586	7.16
296462	237617	24.76	8855	5459	62.21	14625	15413	−5.12
401562	349400	14.93	6252	1447	332.05	8506	6173	37.80
7513061	6898482	8.91	304598	282596	7.79	600904	543950	10.47

表3-5 2018年纺织工业经济指标分行业完成情况（规模以上全行业）

Table3-5 Main Indicators of Textile Industry by Industrial Sectors in 2018 (Enterprises Above Designated Size)

单位：万元

Unit：10,000 yuan

行业 Industrial Sectors	财务费用 Financial Expenses			其中：利息支出 (Include) Interest		
	本年累计 Current Year	去年累计 Previous Year	同比(%) Compared Ratio	本年累计 Current Year	去年累计 Previous Year	同比(%) Compared Ratio
纺织行业 The Overall Textile Industry	6224672	6439278	-3.33	5551966	5326905	4.22
纺织业 Textile	3749596	3831288	-2.13	3337958	3336873	0.03
棉纺织及印染精加工 Cotton Textile & Dyeing, Printing and Finishing Process	2527172	2501850	1.01	2339624	2386675	-1.97
棉纺纱加工 Cotton Spinning Sector	1838856	1751287	5.00	1715454	1747234	-1.82
棉织造加工 Cotton Weaving Sector	403555	418198	-3.50	367438	360511	1.92
棉印染精加工 Cotton Textile Dyeing, Printing and Finishing Sector	284761	332365	-14.32	256732	278930	-7.96
毛纺织及染整精加工 Wool Textile & Dyeing, Printing and Finishing Process	285961	285585	0.13	185868	197606	-5.94
毛条和毛纱线加工 Wool Top and Yarn Processing Sector	148347	160475	-7.56	127538	145305	-12.23
毛织造加工 Wool Weaving Sector	116219	106596	9.03	40226	37269	7.93
毛染整精加工 Wool Textile Dyeing, Printing and Finishing Sector	21395	18515	15.56	18104	15033	20.43
麻纺织及染整精加工 Bast Fiber Textile & Dyeing, Printing and Finishing Process	45610	42990	6.09	37481	31954	17.30
麻纤维纺前加工和纺纱 Bast Fiber Prespinning Processing & Spinning Sector	20376	21077	-3.33	16417	14726	11.48
麻织造加工 Bast Fiber Weaving Sector	24872	21380	16.34	20470	16722	22.41
麻染整精加工 Bast Fiber Textile Dyeing, Printing and Finishing Sector	361	533	-32.23	595	505	17.71
丝绢纺织及印染精加工 Silk and Schappe Textile & Dyeing, Printing and Finishing Process	84453	85346	-1.05	77008	76285	0.95
缫丝加工 Filature Sector	41594	42011	-0.99	40013	39564	1.14
绢纺和丝织加工 Schappe Spinning & Silk Weaving Sector	36250	37612	-3.62	31949	31567	1.21
丝印染精加工 Silk Printing, Dyeing and Finishing Sector	6609	5723	15.48	5045	5154	-2.11

续表

利润总额 Total Profit			亏损企业亏损额 Total Loss of Loss-making Enterprises			资产总计 Total Assets		
本年累计 Current Year	去年累计 Previous Year	同比增减 Change	本年累计 Current Year	去年累计 Previous Year	同比(%) Compared Ratio	本年累计 Current Year	去年累计 Previous Year	同比(%) Compared Ratio
27661378	25608413	2052965	2152624	1938356	11.05	434496010	420359454	3.36
12971582	12304782	666800	1116994	1068552	4.53	221463037	217054594	2.03
7264776	7108077	156699	678972	694432	−2.23	130776078	129341855	1.11
4017080	4126113	−109033	361046	381004	−5.24	76711882	76134680	0.76
1824408	1757538	66870	157640	133289	18.27	29809435	29397526	1.40
1423288	1224426	198862	160286	180140	−11.02	24254761	23809649	1.87
510631	573393	−62762	114440	95758	19.51	16776317	16561132	1.30
243139	297345	−54206	85091	64018	32.92	8332051	8702417	−4.26
191056	192180	−1124	21928	24527	−10.60	7125970	6592284	8.10
76436	83867	−7432	7421	7214	2.88	1318296	1266431	4.10
153280	94813	58467	17435	25993	−32.93	2473139	2435257	1.56
57852	29907	27945	9607	12811	−25.01	1124255	1087258	3.40
93605	63218	30387	7635	13002	−41.28	1280202	1288443	−0.64
1823	1688	135	192	180	6.96	68682	59556	15.32
354405	346876	7530	33315	28107	18.53	6021001	5978259	0.71
165942	184892	−18950	14943	13376	11.72	2730306	2764260	−1.23
171860	144539	27322	15179	12175	24.67	2730039	2688450	1.55
16603	17445	−842	3193	2555	24.94	560657	525549	6.68

表3-6　2018年纺织工业经济指标分行业完成情况（规模以上全行业）

Table3-6　Main Indicators of Textile Industry by Industrial Sectors in 2018 (Enterprises Above Designated Size)

单位：万元
Unit：10，000 yuan

行　业 Industrial Sectors	财务费用 Financial Expenses			其中：利息支出 (Include) Interest		
	本年累计 Current Year	去年累计 Previous Year	同比(%) Compared Ratio	本年累计 Current Year	去年累计 Previous Year	同比(%) Compared Ratio
化纤织造及印染精加工 Filament Weaving & Dyeing, Printing and Finishing Process	174871	190706	-8.30	151364	140932	7.40
化纤织造加工 Filament Weaving Sector	133038	148550	-10.44	116818	109213	6.96
化纤织物染整精加工 Filament Fabric Dyeing, Printing and Finishing Sector	41833	42156	-0.77	34546	31719	8.91
针织或钩针编织物及其制品制造 Knitting and Braiding Textiles	300623	315926	-4.84	248691	237694	4.63
针织或钩针编织物织造 Knitted and Braided Fabric Processing Sector	174826	181512	-3.68	143388	132275	8.40
针织或钩针编织物印染精加工 Knitted and Braided Fabric Dyeing, Printing and Finishing Sector	13583	15935	-14.76	14378	14569	-1.31
针织或钩针编织品制造 Knitted and Braided Products Manufacturing Sector	112215	118479	-5.29	90925	90851	0.08
家用纺织制成品制造 Home Textile Made-Ups Manufacturing	134943	176760	-23.66	119446	107926	10.67
床上用品制造 Bed Linen Manufacturing Sector	60241	89658	-32.81	59778	53735	11.25
毛巾类制品制造 Towel Manufacturing Sector	34425	34382	0.13	25770	23739	8.56
窗帘、布艺类产品制造 Curtain Manufacturing Sector	11386	22443	-49.27	13586	14212	-4.40
其他家用纺织制成品制造 Other Home Textile Made-ups Sector	28892	30276	-4.57	20312	16240	25.07
产业用纺织制成品制造 Industrial Textile Made-Ups Manufacturing	195964	232125	-15.58	178477	157802	13.10
非织造布制造 Nonwoven Fabric Sector	92626	105311	-12.05	78332	66996	16.92
绳、索、缆制造 Rope, Cords & Cables Large and Thick Rope Sector	15858	18943	-16.28	6752	6800	-0.70
纺织带和帘子布制造 Belt and Cord Fabric Sector	35799	38937	-8.06	32554	29079	11.95
篷、帆布制造 Canvas Manufacturing Sector	8502	24695	-65.57	16928	16485	2.69
其他非家用纺织制成品制造 Other Non-Home Textile Made-ups Sector	43179	44240	-2.40	43911	38442	14.22

续表

利润总额 Total Profit			亏损企业亏损额 Total Loss of Loss-making Enterprises			资产总计 Total Assets		
本年累计 Current Year	去年累计 Previous Year	同比增减 Change	本年累计 Current Year	去年累计 Previous Year	同比(%) Compared Ratio	本年累计 Current Year	去年累计 Previous Year	同比(%) Compared Ratio
596175	505681	90494	46624	47305	−1.44	12447070	11420550	8.99
446460	396312	50148	36961	35461	4.23	9792161	8989287	8.93
149715	109369	40346	9663	11844	−18.41	2654909	2431263	9.20
1525953	1389233	136719	83249	65614	26.88	20587176	20296070	1.43
844609	764993	79616	49657	37977	30.76	12731400	12417869	2.52
45119	57543	−12424	10569	8924	18.44	1325606	1300599	1.92
636225	566698	69527	23023	18713	23.03	6530170	6577601	−0.72
1262315	1050832	211483	72779	58908	23.55	14514478	13781747	5.32
704445	527991	176454	40837	36349	12.35	7727897	7353712	5.09
227619	224907	2712	5343	5729	−6.74	3130072	2980307	5.03
159883	125219	34664	5700	4606	23.75	1359266	1223672	11.08
170368	172715	−2346	20899	12224	70.96	2297243	2224055	3.29
1304047	1235878	68169	70182	52436	33.84	17867778	17239724	3.64
581702	576492	5209	34985	22996	52.13	7763328	7411553	4.75
106529	121779	−15251	2836	3094	−8.32	1273177	1313156	−3.04
147101	152145	−5044	13099	5710	129.39	3304624	3204140	3.14
117636	123785	−6149	7156	7434	−3.74	1785534	1750043	2.03
351080	261677	89403	12105	13202	−8.30	3741114	3560833	5.06

表3-7　2018年纺织工业经济指标分行业完成情况（规模以上全行业）

Table3-7　Main Indicators of Textile Industry by Industrial Sectors in 2018 (Enterprises Above Designated Size)

单位：万元
Unit：10,000 yuan

行业 Industrial Sectors	财务费用 Financial Expenses			其中：利息支出 (Include) Interest		
	本年累计 Current Year	去年累计 Previous Year	同比(%) Compared Ratio	本年累计 Current Year	去年累计 Previous Year	同比(%) Compared Ratio
纺织服装、服饰业 Garment and Accessory Manufacturing	1160740	1352420	-14.17	916784	830662	10.37
机织服装制造 Woven Garment Manufacturing	772920	833599	-7.28	624476	531337	17.53
运动机织服装制造 Woven Sportswear Garment Manufacturing	126973	132747	-4.35	112721	95740	17.74
其他机织服装制造 Other Woven Garment Manufacturing	645947	700852	-7.83	511755	435597	17.48
针织或钩针编织服装制造 Knitted Garment Manufacturing	271918	382858	-28.98	197897	207896	-4.81
运动休闲针织服装制造 Sports and Casual Knitwear Manufacturing	38451	94072	-59.13	53773	48679	10.46
其他针织或钩针编织服装制造 Other Knitted Garment Manufacturing	233467	288786	-19.16	144123	159217	-9.48
服饰制造 Garment Accessory Manufacturing	115903	135963	-14.75	94411	91428	3.26
化学纤维制造业 Chemical Fiber Manufacturing	1243553	1167156	6.55	1227412	1092095	12.39
纤维素纤维原料及纤维制造 Cellulose Fiber (Raw Material) and Fiber Manufacture	401598	373712	7.46	407997	356110	14.57
化纤浆粕制造 Pulp Sector	7557	14856	-49.13	7579	13671	-44.56
人造纤维（纤维素纤维）制造 Man-made Fiber (Cellulose Fiber) Sector	394041	358856	9.80	400418	342439	16.93
合成纤维制造 Synthetic Fiber Manufacturing	829010	785044	5.60	808779	728310	11.05
锦纶制造 Polyamide Fiber Sector	142750	158808	-10.11	107977	117350	-7.99
涤纶制造 Polyester Fiber Sector	539168	500938	7.63	572301	492153	16.29
腈纶制造 Acrylic Fiber Sector	45528	35737	27.40	43907	33412	31.41
维纶制造 Polyvinyl Fiber Sector	8145	15414	-47.16	8590	15533	-44.70

续表

利润总额 Total Profit			亏损企业亏损额 Total Loss of Loss-making Enterprises			资产总计 Total Assets		
本年累计 Current Year	去年累计 Previous Year	同比增减 Change	本年累计 Current Year	去年累计 Previous Year	同比(%) Compared Ratio	本年累计 Current Year	去年累计 Previous Year	同比(%) Compared Ratio
10067537	9082973	984564	610776	557477	9.56	125158876	120508146	3.86
7463796	6629802	833993	447715	387934	15.41	86974411	84417051	3.03
1813767	1574555	239212	80470	60645	32.69	17362811	16616943	4.49
5650028	5055247	594781	367246	327289	12.21	69611601	67800109	2.67
1876560	1820976	55584	99442	107968	−7.90	27736343	26028414	6.56
704602	619409	85193	30554	31280	−2.32	10074365	9253369	8.87
1171957	1201567	−29610	68888	76687	−10.17	17661978	16775046	5.29
727182	632195	94987	63619	61576	3.32	10448121	10062681	3.83
3938931	3570630	368301	391102	284231	37.60	77694532	73242690	6.08
1177845	1172909	4936	115140	79379	45.05	23376713	23118125	1.12
16146	22326	−6179	12612	7955	58.55	841694	971615	−13.37
1161699	1150583	11116	102528	71424	43.55	22535019	22146510	1.75
2736690	2393286	343404	270385	195811	38.08	53242208	49192517	8.23
420725	413886	6839	40570	30997	30.89	7735120	7712297	0.30
2101077	1687970	413107	88253	86295	2.27	36030248	32333053	11.43
−7865	−1365	−6500	13134	7254	81.07	1518793	1436266	5.75
1626	9396	−7770	10314	11234	−8.19	1044217	1077313	−3.07

表3-8　2018年纺织工业经济指标分行业完成情况（规模以上全行业）

Table3-8　Main Indicators of Textile Industry by Industrial Sectors in 2018 (Enterprises Above Designated Size)

单位：万元
Unit:10,000 yuan

行业 Industrial Sectors	财务费用 Financial Expenses			其中：利息支出 (Include) Interest		
	本年累计 Current Year	去年累计 Previous Year	同比(%) Compared Ratio	本年累计 Current Year	去年累计 Previous Year	同比(%) Compared Ratio
丙纶制造 Polypropylene Fiber Sector	5336	5655	-5.64	3507	3398	3.20
氨纶制造 Polyurethane Fiber Sector	48932	27986	74.84	39014	35412	10.17
其他合成纤维制造 Other Synthetic Fiber Sector	39151	40506	-3.35	33484	31051	7.84
生物基材料制造 Biobased Fiber Material Manufacturing	12945	8400	54.10	10636	7675	38.57
生物基化学纤维制造 Biobased Chemical Fiber Manufacturing	9531	7673	24.23	9448	7643	23.62
生物基、淀粉基新材料制造 Biobased and Starch-based New Material Manufacturing	3414	728	369.04	1187	32	3576.16
纺织专用设备制造 Textile Machinery Manufacturing	70783	88414	-19.94	69814	67275	3.77

续表

利润总额 Total Profit			亏损企业亏损额 Total Loss of Loss-making Enterprises			资产总计 Total Assets		
本年累计 Current Year	去年累计 Previous Year	同比增减 Change	本年累计 Current Year	去年累计 Previous Year	同比(%) Compared Ratio	本年累计 Current Year	去年累计 Previous Year	同比(%) Compared Ratio
21713	18413	3301	2208	1625	35.87	276922	256135	8.12
93941	167770	-73829	79446	34768	128.51	3847671	3725173	3.29
105472	97217	8256	36459	23639	54.23	2789237	2652280	5.16
24396	4435	19961	5577	9041	-38.32	1075612	932049	15.40
13435	425	13010	5566	8997	-38.14	432235	495398	-12.75
10961	4010	6951	11	44	-75.57	643377	436650	47.34
683327	650028	33299	33752	28095	20.14	10179565	9554024	6.55

表3-9 2018年纺织工业经济指标分行业完成情况（规模以上全行业）

Table3-9 Main Indicators of Textile Industry by Industrial Sectors in 2018 (Enterprises Above Designated Size)

单位：万元
Unit：10,000 yuan

行业 Industrial Sectors	其中：流动资产合计 Total Current Assets			其中：应收账款 (Include)Net Receivables		
	本年累计 Current Year	去年累计 Previous Year	同比(%) Compared Ratio	本年累计 Current Year	去年累计 Previous Year	同比(%) Compared Ratio
纺织行业 The Overall Textile Industry	234155590	226828227	3.23	52994373	51652883	2.60
纺织业 Textile	119766694	115387188	3.80	26364079	25277043	4.30
棉纺织及印染精加工 Cotton Textile & Dyeing, Printing and Finishing Process	67512546	65354581	3.30	12211532	11689526	4.47
棉纺纱加工 Cotton Spinning Sector	37541392	36152316	3.84	4979996	4771854	4.36
棉织造加工 Cotton Weaving Sector	17006049	16749209	1.53	4004036	3878168	3.25
棉印染精加工 Cotton Textile Dyeing, Printing and Finishing Sector	12965105	12453056	4.11	3227500	3039504	6.19
毛纺织及染整精加工 Wool Textile & Dyeing,Printing and Finishing Process	10797343	10434374	3.48	2470230	2505335	−1.40
毛条和毛纱线加工 Wool Top and Yarn Processing Sector	5138538	5415986	−5.12	1298730	1426675	−8.97
毛织造加工 Wool Weaving Sector	4907416	4338348	13.12	969524	900264	7.69
毛染整精加工 Wool Textile Dyeing,Printing and Finishing Sector	751389	680041	10.49	201976	178396	13.22
麻纺织及染整精加工 Bast Fiber Textile & Dyeing,Printing and Finishing Process	1290744	1212731	6.43	291211	281279	3.53
麻纤维纺前加工和纺纱 Bast Fiber Prespinning Processing & Spinning Sector	549304	479779	14.49	92405	88406	4.52
麻织造加工 Bast Fiber Weaving Sector	710700	709417	0.18	191794	188524	1.73
麻染整精加工 Bast Fiber Textile Dyeing,Printing and Finishing Sector	30740	23536	30.61	7012	4349	61.24
丝绢纺织及印染精加工 Silk and Schappe Textile & Dyeing, Printing and Finishing Process	3393191	3382364	0.32	761567	728214	4.58
缫丝加工 Filature Sector	1506165	1529014	−1.49	239127	234173	2.12
绢纺和丝织加工 Schappe Spinning & Silk Weaving Sector	1603199	1605435	−0.14	431800	410119	5.29
丝印染精加工 Silk Printing, Dyeing and Finishing Sector	283826	247915	14.49	90639	83922	8.00

续表

存货 Inventory			其中：产成品 (Include)Manufactured Products			负债合计 Total Liabilities		
本年累计 Current Year	去年累计 Previous Year	同比增减 Change	本年累计 Current Year	去年累计 Previous Year	同比(%) Compared Ratio	本年累计 Current Year	去年累计 Previous Year	同比(%) Compared Ratio
65231041	61831613	5.50	30337382	27579974	10.00	237712803	228841790	3.88
34661647	32667830	6.10	14960585	13680627	9.36	124849940	120607136	3.52
19625863	18793185	4.43	8089423	7451138	8.57	74025724	71759929	3.16
11626430	11145428	4.32	4473902	3963968	12.86	42935082	42008656	2.21
5062186	4806768	5.31	2569352	2421186	6.12	16374525	15837010	3.39
2937247	2840990	3.39	1046169	1065984	−1.86	14716117	13914263	5.76
3558060	3305144	7.65	1628414	1493833	9.01	10832712	10566379	2.52
2181130	2155207	1.20	983226	981792	0.15	5234129	5419083	−3.41
1095105	895113	22.34	491375	380496	29.14	4873085	4402721	10.68
281824	254825	10.60	153814	131546	16.93	725497	744576	−2.56
462919	470054	−1.52	228923	255143	−10.28	1196502	1193799	0.23
178897	176572	1.32	71426	73234	−2.47	491296	476736	3.05
274600	287201	−4.39	154793	180021	−14.01	667024	684687	−2.58
9422	6280	50.02	2704	1889	43.14	38183	32376	17.93
1366227	1303928	4.78	647186	563746	14.80	3388281	3280123	3.30
700876	677327	3.48	305648	261981	16.67	1669676	1649338	1.23
610703	574658	6.27	319186	280564	13.77	1368665	1317162	3.91
54647	51944	5.20	22352	21201	5.43	349940	313623	11.58

表3—10 2018年纺织工业经济指标分行业完成情况（规模以上全行业）
Table3—10 Main Indicators of Textile Industry by Industrial Sectors in 2018 (Enterprises Above Designated Size)

单位：万元
Unit：10，000 yuan

行业 Industrial Sectors	其中：流动资产合计 Total Current Assets			其中：应收账款 (Include)Net Receivables		
	本年累计 Current Year	去年累计 Previous Year	同比(%) Compared Ratio	本年累计 Current Year	去年累计 Previous Year	同比(%) Compared Ratio
化纤织造及印染精加工 Filament Weaving & Dyeing，Printing and Finishing Process	6947736	6304301	10.21	1856142	1755386	5.74
化纤织造加工 Filament Weaving Sector	5702777	5237647	8.88	1548456	1435486	7.87
化纤织物染整精加工 Filament Fabric Dyeing，Printing and Finishing Sector	1244960	1066654	16.72	307687	319900	−3.82
针织或钩针编织物及其制品制造 Knitting and Braiding Textiles	11506730	11406653	0.88	3312473	3346626	−1.02
针织或钩针编织物织造 Knitted and Braided Fabric Processing Sector	7528552	7307600	3.02	2264856	2222441	1.91
针织或钩针编织物印染精加工 Knitted and Braided Fabric Dyeing，Printing and Finishing Sector	698261	697837	0.06	184768	182936	1.00
针织或钩针编织品制造 Knitted and Braided Products Manufacturing Sector	3279917	3401216	−3.57	862850	941248	−8.33
家用纺织制成品制造 Home Textile Made-Ups Manufacturing	8577640	7942337	8.00	2479938	2198836	12.78
床上用品制造 Bed Linen Manufacturing Sector	4846541	4515148	7.34	1579684	1351703	16.87
毛巾类制品制造 Towel Manufacturing Sector	1653425	1479713	11.74	256701	220030	16.67
窗帘、布艺类产品制造 Curtain Manufacturing Sector	808213	713164	13.33	264556	259864	1.81
其他家用纺织制成品制造 Other Home Textile Made-ups Sector	1269461	1234311	2.85	378997	367239	3.20
产业用纺织制成品制造 Industrial Textile Made-Ups Manufacturing	9740766	9349847	4.18	2980987	2771842	7.55
非织造布制造 Nonwoven Fabric Sector	4098725	3966642	3.33	1453773	1304138	11.47
绳、索、缆制造 Rope，Cords & Cables Large and Thick Rope Sector	579863	589670	−1.66	180730	195617	−7.61
纺织带和帘子布制造 Belt and Cord Fabric Sector	1878271	1827263	2.79	403304	422697	−4.59
篷、帆布制造 Canvas Manufacturing Sector	1177015	1139139	3.32	312931	283252	10.48
其他非家用纺织制成品制造 Other Non-Home Textile Made-ups Sector	2006893	1827132	9.84	630249	566138	11.32

续表

存货 Inventory			其中：产成品 (Include)Manufactured Products			负债合计 Total Liabilities		
本年累计 Current Year	去年累计 Previous Year	同比增减 Change	本年累计 Current Year	去年累计 Previous Year	同比(%) Compared Ratio	本年累计 Current Year	去年累计 Previous Year	同比(%) Compared Ratio
2031844	1758574	15.54	1003955	855730	17.32	7806005	7071669	10.38
1728949	1515097	14.11	913333	776410	17.64	6099299	5494110	11.02
302895	243477	24.40	90622	79320	14.25	1706706	1577559	8.19
3041490	2895918	5.03	1389820	1291822	7.59	11277353	11296527	-0.17
2014165	1892364	6.44	946119	836643	13.09	7266600	7194896	1.00
210836	202940	3.89	91321	90907	0.46	791732	747866	5.87
816489	800614	1.98	352380	364272	-3.26	3219021	3353765	-4.02
2260800	2108418	7.23	1031200	962744	7.11	7553696	7179922	5.21
1261956	1174809	7.42	591146	556298	6.26	3930515	3810927	3.14
428100	402747	6.30	209748	191756	9.38	1592842	1505531	5.80
217969	189061	15.29	84434	73611	14.70	786295	663797	18.45
352775	341802	3.21	145872	141079	3.40	1244045	1199668	3.70
2314445	2032608	13.87	941663	806470	16.76	8769666	8258789	6.19
920704	835318	10.22	387290	331551	16.81	3774936	3372308	11.94
149418	135783	10.04	48987	49730	-1.49	444641	446337	-0.38
441406	376129	17.36	169718	147316	15.21	2027114	1969697	2.91
357122	307960	15.96	154864	126323	22.59	919700	897218	2.51
445794	377418	18.12	180804	151550	19.30	1603276	1573229	1.91

表3—11　2018年纺织工业经济指标分行业完成情况（规模以上全行业）

Table3—11　Main Indicators of Textile Industry by Industrial Sectors in 2018 (Enterprises Above Designated Size)

单位：万元
Unit：10,000 yuan

行业 Industrial Sectors	其中：流动资产合计 Total Current Assets			其中：应收账款 (Include)Net Receivables		
	本年累计 Current Year	去年累计 Previous Year	同比(%) Compared Ratio	本年累计 Current Year	去年累计 Previous Year	同比(%) Compared Ratio
纺织服装、服饰业 Garment and Accessory Manufacturing	72693050	72419496	0.38	20020589	20229936	−1.03
机织服装制造 Woven Garment Manufacturing	49680529	50413054	−1.45	13272606	13821578	−3.97
运动机织服装制造 Woven Sportswear Garment Manufacturing	10555874	9871321	6.93	3346106	2797886	19.59
其他机织服装制造 Other Woven Garment Manufacturing	39124655	40541733	−3.50	9926499	11023691	−9.95
针织或钩针编织服装制造 Knitted Garment Manufacturing	17113519	16186452	5.73	5093626	4764903	6.90
运动休闲针织服装制造 Sports and Casual Knitwear Manufacturing	6661490	6203485	7.38	1923673	1817325	5.85
其他针织或钩针编织服装制造 Other Knitted Garment Manufacturing	10452029	9982967	4.70	3169953	2947578	7.54
服饰制造 Garment Accessory Manufacturing	5899002	5819991	1.36	1654357	1643455	0.66
化学纤维制造业 Chemical Fiber Manufacturing	35599417	33378679	6.65	4987189	4756671	4.85
纤维素纤维原料及纤维制造 Cellulose Fiber (Raw Material) and Fiber Manufacture	10684779	11042801	−3.24	1421913	1334951	6.51
化纤浆粕制造 Pulp Sector	365862	430324	−14.98	72169	77630	−7.03
人造纤维（纤维素纤维）制造 Man—made Fiber (Cellulose Fiber) Sector	10318918	10612477	−2.77	1349744	1257321	7.35
合成纤维制造 Synthetic Fiber Manufacturing	24385982	21919809	11.25	3515388	3373403	4.21
锦纶制造 Polyamide Fiber Sector	4112715	4293046	−4.20	727200	762107	−4.58
涤纶制造 Polyester Fiber Sector	15633461	13271177	17.80	1847107	1672117	10.47
腈纶制造 Acrylic Fiber Sector	698724	660008	5.87	111016	102801	7.99
维纶制造 Polyvinyl Fiber Sector	479697	289099	65.93	39294	53164	−26.09

续表

存货 Inventory			其中：产成品 (Include)Manufactured Products			负债合计 Total Liabilities		
本年累计 Current Year	去年累计 Previous Year	同比增减 Change	本年累计 Current Year	去年累计 Previous Year	同比(%) Compared Ratio	本年累计 Current Year	去年累计 Previous Year	同比(%) Compared Ratio
19902651	19226493	3.52	10203028	9683400	5.37	60755728	59898981	1.43
13672607	13276797	2.98	7455130	7184507	3.77	41049576	41094771	–0.11
2577688	2339027	10.20	1471246	1274292	15.46	7836779	7377096	6.23
11094919	10937770	1.44	5983884	5910214	1.25	33212797	33717676	–1.50
4607398	4418311	4.28	2034948	1844796	10.31	14359497	13704727	4.78
1680113	1543468	8.85	845329	752159	12.39	4299385	4066098	5.74
2927285	2874843	1.82	1189618	1092637	8.88	10060112	9638629	4.37
1622646	1531385	5.96	712950	654097	9.00	5346655	5099483	4.85
9164040	8511799	7.66	4669701	3753521	24.41	46486610	43071421	7.93
3034218	3194370	–5.01	1093761	1037636	5.41	14719304	14299345	2.94
94687	126246	–25.00	42647	43251	–1.40	660241	686132	–3.77
2939531	3068124	–4.19	1051115	994385	5.70	14059063	13613213	3.28
6055799	5214863	16.13	3543115	2688346	31.80	31113301	28200954	10.33
915564	935486	–2.13	605839	492364	23.05	4672601	5072089	–7.88
4062277	3311437	22.67	2281892	1684522	35.46	20876991	18250066	14.39
145622	133104	9.40	83114	71365	16.46	1183537	1024826	15.49
39491	80799	–51.12	20850	38300	–45.56	655737	585487	12.00

表3-12 2018年纺织工业经济指标分行业完成情况（规模以上全行业）

Table3-12 Main Indicators of Textile Industry by Industrial Sectors in 2018 (Enterprises Above Designated Size)

单位：万元
Unit：10,000 yuan

行业 Industrial Sectors	其中：流动资产合计 Total Current Assets			其中：应收账款 (Include)Net Receivables		
	本年累计 Current Year	去年累计 Previous Year	同比(%) Compared Ratio	本年累计 Current Year	去年累计 Previous Year	同比(%) Compared Ratio
丙纶制造 Polypropylene Fiber Sector	172463	160833	7.23	54118	46435	16.54
氨纶制造 Polyurethane Fiber Sector	1814951	1851898	-2.00	346274	360222	-3.87
其他合成纤维制造 Other Synthetic Fiber Sector	1473972	1393750	5.76	390380	376557	3.67
生物基材料制造 Biobased Fiber Material Manufacturing	528656	416069	27.06	49889	48317	3.25
生物基化学纤维制造 Biobased Chemical Fiber Manufacturing	133829	169684	-21.13	27802	43857	-36.61
生物基、淀粉基新材料制造 Biobased and Starch-based New Material Manufacturing	394827	246385	60.25	22087	4460	395.26
纺织专用设备制造 Textile Machinery Manufacturing	6096428	5642864	8.04	1622516	1389233	16.79

续表

存货 Inventory			其中：产成品 (Include)Manufactured Products			负债合计 Total Liabilities		
本年累计 Current Year	去年累计 Previous Year	同比增减 Change	本年累计 Current Year	去年累计 Previous Year	同比(%) Compared Ratio	本年累计 Current Year	去年累计 Previous Year	同比(%) Compared Ratio
32369	31474	2.84	13418	13407	0.08	140837	137657	2.31
459574	361199	27.24	325051	210725	54.25	1950321	1650866	18.14
400903	361364	10.94	212951	177664	19.86	1633279	1479962	10.36
74023	102566	−27.83	32825	27539	19.20	654005	571122	14.51
26436	29833	−11.39	8675	11088	−21.76	270602	281735	−3.95
47587	72733	−34.57	24150	16451	46.80	383403	289388	32.49
1502703	1425492	5.42	504068	462426	9.01	5620525	5264252	6.77

表3–13　2018年纺织工业经济指标分行业完成情况（规模以上全行业）

Table3–13　Main Indicators of Textile Industry by Industrial Sectors in 2018 (Enterprises Above Designated Size)

单位：万元

Unit：10,000 yuan

行业 Industrial Sectors	出口交货值 Export Delivered Value		
	本年累计 Current Year	去年累计 Previous Year	同比(%) Compared Ratio
纺织行业 The Overall Textile Industry	75810112	74568516	1.67
纺织业 Textile	31489563	30482683	3.30
棉纺织及印染精加工 Cotton Textile & Dyeing, Printing and Finishing Process	11829886	11762541	0.57
棉纺纱加工 Cotton Spinning Sector	3089291	2981628	3.61
棉织造加工 Cotton Weaving Sector	4596020	4533078	1.39
棉印染精加工 Cotton Textile Dyeing, Printing and Finishing Sector	4144575	4247835	–2.43
毛纺织及染整精加工 Wool Textile & Dyeing,Printing and Finishing Process	1661891	1582551	5.01
毛条和毛纱线加工 Wool Top and Yarn Processing Sector	806652	755070	6.83
毛织造加工 Wool Weaving Sector	739483	688593	7.39
毛染整精加工 Wool Textile Dyeing,Printing and Finishing Sector	115757	138889	–16.66
麻纺织及染整精加工 Bast Fiber Textile & Dyeing,Printing and Finishing Process	343948	352929	–2.54
麻纤维纺前加工和纺纱 Bast Fiber Prespinning Processing & Spinning Sector	79400	58330	36.12
麻织造加工 Bast Fiber Weaving Sector	242127	281356	–13.94
麻染整精加工 Bast Fiber Textile Dyeing,Printing and Finishing Sector	22421	13243	69.30
丝绢纺织及印染精加工 Silk and Schappe Textile & Dyeing, Printing and Finishing Process	599010	566365	5.76
缫丝加工 Filature Sector	126070	134550	–6.30
绢纺和丝织加工 Schappe Spinning & Silk Weaving Sector	400858	381214	5.15
丝印染精加工 Silk Printing, Dyeing and Finishing Sector	72082	50602	42.45

表3-14 2018年纺织工业经济指标分行业完成情况（规模以上全行业）

Table3-14 Main Indicators of Textile Industry by Industrial Sectors in 2018 (Enterprises Above Designated Size)

单位：万元

Unit: 10,000 yuan

行 业 Industrial Sectors	出口交货值 Export Delivered Value		
	本年累计 Current Year	去年累计 Previous Year	同比(%) Compared Ratio
化纤织造及印染精加工 Filament Weaving & Dyeing, Printing and Finishing Process	1659689	1425844	16.40
化纤织造加工 Filament Weaving Sector	1448131	1246520	16.17
化纤织物染整精加工 Filament Fabric Dyeing, Printing and Finishing Sector	211559	179324	17.98
针织或钩针编织物及其制品制造 Knitting and Braiding Textiles	4384827	4211148	4.12
针织或钩针编织物织造 Knitted and Braided Fabric Processing Sector	2833819	2677218	5.85
针织或钩针编织物印染精加工 Knitted and Braided Fabric Dyeing, Printing and Finishing Sector	97115	106981	-9.22
针织或钩针编织品制造 Knitted and Braided Products Manufacturing Sector	1453894	1426948	1.89
家用纺织制成品制造 Home Textile Made-Ups Manufacturing	5905067	5717954	3.27
床上用品制造 Bed Linen Manufacturing Sector	3613658	3383213	6.81
毛巾类制品制造 Towel Manufacturing Sector	819849	811994	0.97
窗帘、布艺类产品制造 Curtain Manufacturing Sector	863975	869675	-0.66
其他家用纺织制成品制造 Other Home Textile Made-ups Sector	607585	653073	-6.97
产业用纺织制成品制造 Industrial Textile Made-Ups Manufacturing	5105245	4863350	4.97
非织造布制造 Nonwoven Fabric Sector	1796660	1626691	10.45
绳、索、缆制造 Rope, Cords & Cables Large and Thick Rope Sector	331490	307916	7.66
纺织带和帘子布制造 Belt and Cord Fabric Sector	700975	689266	1.70
篷、帆布制造 Canvas Manufacturing Sector	899329	925204	-2.80
其他非家用纺织制成品制造 Other Non-Home Textile Made-ups Sector	1376791	1314274	4.76

表3-15　2018年纺织工业经济指标分行业完成情况（规模以上全行业）
Table3-15　Main Indicators of Textile Industry by Industrial Sectors in 2018 (Enterprises Above Designated Size)

单位：万元
Unit：10,000 yuan

行业 Industrial Sectors	出口交货值 Export Delivered Value		
	本年累计 Current Year	去年累计 Previous Year	同比(%) Compared Ratio
纺织服装、服饰业 Garment and Accessory Manufacturing	37578738	37917657	-0.89
机织服装制造 Woven Garment Manufacturing	22161196	22729871	-2.50
运动机织服装制造 Woven Sportswear Garment Manufacturing	5525277	5447804	1.42
其他机织服装制造 Other Woven Garment Manufacturing	16635919	17282067	-3.74
针织或钩针编织服装制造 Knitted Garment Manufacturing	12369988	12241994	1.05
运动休闲针织服装制造 Sports and Casual Knitwear Manufacturing	5926158	5872721	0.91
其他针织或钩针编织服装制造 Other Knitted Garment Manufacturing	6443830	6369273	1.17
服饰制造 Garment Accessory Manufacturing	3047554	2945792	3.45
化学纤维制造业 Chemical Fiber Manufacturing	5846097	5405675	8.15
纤维素纤维原料及纤维制造 Cellulose Fiber (Raw Material) and Fiber Manufacture	2369108	2282482	3.80
化纤浆粕制造 Pulp Sector	17513	2912	501.42
人造纤维（纤维素纤维）制造 Man-made Fiber (Cellulose Fiber) Sector	2351594	2279570	3.16
合成纤维制造 Synthetic Fiber Manufacturing	3410650	3083267	10.62
锦纶制造 Polyamide Fiber Sector	453645	513642	-11.68
涤纶制造 Polyester Fiber Sector	2391252	2044357	16.97
腈纶制造 Acrylic Fiber Sector	32495	51765	-37.23
维纶制造 Polyvinyl Fiber Sector	99406	83623	18.87

表3-16 2018年纺织工业经济指标分行业完成情况（规模以上全行业）
Table3-16 Main Indicators of Textile Industry by Industrial Sectors in 2018 (Enterprises Above Designated Size)

单位：万元
Unit：10,000 yuan

行业 Industrial Sectors	出口交货值 Export Delivered Value		
	本年累计 Current Year	去年累计 Previous Year	同比(%) Compared Ratio
丙纶制造 Polypropylene Fiber Sector	20533	17844	15.07
氨纶制造 Polyurethane Fiber Sector	256697	215527	19.10
其他合成纤维制造 Other Synthetic Fiber Sector	156623	156510	0.07
生物基材料制造 Biobased Fiber Material Manufacturing	66340	39926	66.16
生物基化学纤维制造 Biobased Chemical Fiber Manufacturing	35015	25843	35.49
生物基、淀粉基新材料制造 Biobased and Starch-based New Material Manufacturing	31325	14082	122.44
纺织专用设备制造 Textile Machinery Manufacturing	895714	762502	17.47

表4 2018年纺织工业产量汇总表（规模以上全行业）
Table4 Main Products Output of Textile Industry in 2018 (Enterprises Above Designated Size)

序号 Number	名称 Products	单位 Unit	本年累计 Current Year	累计同比(%) Percentage Change over Previous Year
1	纱 Yarn	吨 ton	29760249	−0.21
2	棉纱 Cotton Yarn	吨 ton	17630345	−4.77
3	棉混纺纱 Blended Yarn	吨 ton	5607699	5.95
4	化学纤维纱 Chemical Fiber Yarn	吨 ton	6522391	8.54
5	布 Cloth	万米 10,000 meters	4989350	−0.06
6	其中：色织布（含牛仔布） Yarn-dyed Fabric (including Denim)	万米 10,000 meters	196817	−4.66
7	其中：棉布 Cotton Cloth	万米 10,000 meters	2577655	−4.98
8	棉混纺布 Blended Cloth	万米 10,000 meters	1253902	6.32
9	化学纤维布 Pure Chemical Fiber Cloth	万米 10,000 meters	1156492	5.24
10	印染布 Dyed and Printed Fabric	万米 10,000 meters	4906868	2.63
11	绒线（毛线）Wool Yarn	吨 ton	245600	−10.78
12	毛机织物（呢绒）Woolen Fabrics	万米 10,000 meters	41559	−6.24
13	亚麻布(含亚麻≥55%) Linen Fabrics	万米 10,000 meters	16458	−1.12
14	苎麻布（含苎麻≥55%） Ramie Fabrics	万米 10,000 meters	37673	−10.33
15	蚕丝 Silk	吨 ton	86512	−7.32
16	其中：绢纺丝 Schappe Silk	吨 ton	4277	−23.94
17	蚕丝及交织机织物(含蚕丝≥50%) Silk Textile	万米 10,000 meters	51563	−0.09
18	蚕丝被 Silk Quilt	万条 10,000 pieces	1215	−9.48
19	非织造布 Nonwoven	吨 ton	3663489	−8.04
20	帘子布 Cord fabric	吨 ton	630869	0.19

续表

序号 Number	名称 Products	单 位 Unit	本年累计 Current Year	累计同比(%) Percentage Change over Previous Year
21	服装 Garments		2227421	−3.37
22	梭织服装 Non-knit Clothes	万件 10,000 pieces	1115744	−3.1
23	其中：羽绒服装 Down & feather clothes	万件 10,000 pieces	19199	−5.4
24	西服套装 Suits	万件 10,000 pieces	30009	−2.39
25	衬衫 Shirts	万件 10,000 pieces	57340	−8.2
26	针织服装 Knit clothes	万件 10,000 pieces	1111676	−3.62
27	化学纤维用浆粕 Pulp for Man-made Fiber	吨 ton	979653	−15.19
28	化学纤维 Chemical Fiber	吨 ton	50110940	7.68
29	其中：人造纤维 Cellulose Fiber	吨 ton	4395526	7.24
30	其中：粘胶短纤维 Viscose Fiber	吨 ton	3770910	7.94
31	粘胶纤维长丝 Viscose Filament	吨 ton	200917	−3.28
32	醋酸纤维长丝 Cellulose Acetate Fiber	吨 ton	372046	1.76
33	其中：合成纤维 Synthetic Fiber	吨 ton	45626585	7.71
34	其中：锦纶纤维 Nylon (Polyamide Fiber)	吨 ton	3303724	5.28
35	涤纶纤维 Polyester Fiber	吨 ton	40148670	8.47
36	腈纶纤维 Acrylic Fiber	吨 ton	614535	−16.5
37	维纶纤维 Polyvinyl Fiber	吨 ton	100829	−2.47
38	丙纶纤维 Polypropylene Fiber	吨 ton	347850	2.31
39	氨纶纤维 Spendex Fiber	吨 ton	683192	10.84

表5-1 2018年纺织工业产量分地区汇总表（规模以上全行业）

Table5-1 Main Products Output of Textile Industry by Provinces in 2018 (Enterprises Above Designated Size)

地 区	Region	色织布（万米）Yarn-dyed Fabric(10,000 meters)		印染布（万米）Dyed and Printed Fabric(10,000 meters)		绒线（毛线）（吨）Knitting Wool(ton)	
		本年累计 Current Year	累计同比(%) Percentage Change over Previous Year	本年累计 Current Year	累计同比(%) Percentage Change over Previous Year	本年累计 Current Year	累计同比(%) Percentage Change over Previous Year
全 国	National Total	196817	-4.66	4906868	2.63	245600	-10.78
北京市	Beijing					93	-1.79
天津市	Tianjin			1895	-7.65		
河北省	Hebei	4442	23.83	7993	-82.71	32394	-6.12
山西省	Shanxi			11112	-23.34		
内蒙古	Inner Mongolia					289	-26.28
辽宁省	Liaoning			12253	23.47	1394	-10.91
吉林省	Jilin						
黑龙江	Heilongjiang					2845	-11.15
上海市	Shanghai	608	55.10	3522	18.11		
江苏省	Jiangsu	81167	-3.37	621289	-5.91	100150	-6.04
浙江省	Zhejiang	28355	3.95	2892159	2.98	37046	3.05
安徽省	Anhui	1664	44.12	15977	-27.13	473	11.44
福建省	Fujian	370	-20.09	562377	22.56	1653	-13.14
江西省	Jiangxi	2624	-1.86	9403	16.95		
山东省	Shandong	34295	-1.82	272063	7.67	46370	-28.14
河南省	Henan	1182	33.03	15251	-15.48	6069	-16.20
湖北省	Hubei	602	0.67	31081	-17.41	2584	596.58
湖南省	Hunan	12078	1.49	12224	144.36		
广东省	Guangdong	27448	-3.07	345523	-2.12	11465	-19.68
广 西	Guangxi			766	-0.92		
海南省	Hainan						
重庆市	Chongqing			21346	101.98	1037	-0.58
四川省	Sichuan			67118	4.15		
贵州省	Guizhou			37	25.72		
云南省	Yunnan						
西 藏	Tibet						
陕西省	Shaanxi	1981	-80.70	3480	46.59		
甘肃省	Gansu					343	-28.07
青海省	Qinghai						
宁 夏	Ningxia					1048	67.59
新 疆	Xinjiang					346	19.52

续表

毛机织物(呢绒)(万米) Woolen Fabrics(10,000 meters)		亚麻布(万米) Linen(10,000 meters)		苎麻布(万米) Ramie Fabrics(10,000 meters)	
本年累计 Current Year	累计同比(%) Percentage Change over Previous Year	本年累计 Current Year	累计同比(%) Percentage Change over Previous Year	本年累计 Current Year	累计同比(%) Percentage Change over Previous Year
41559	-6.24	16458	-1.12	37673	-10.33
18	-31.58				
807	15.08				
215	-11.56				
		189	-1.05		
490	10.97				
		2036	19.13		
20558	-6.90	8416	-1.47		
3718	10.45	462	-19.59		
98	-7.68	1780	-25.54		
2834	-32.34	508	2.63	26188	-11.72
7775	0.52	1116	-27.62	42	-16.32
284	-13.95				
3210	-3.22			1373	13.66
		91		5868	-4.85
773	-12.10				
				3085	-5.47
8	7.74			1117	-32.63
9	9.20				
430	-1.11				
161	-18.74	1860	54.74		
170	-34.77				

表5-2　2018年纺织工业产量分地区汇总表（规模以上全行业）

Table5-2　Main Products Output of Textile Industry by Provinces in 2018 (Enterprises Above Designated Size)

地　区	Region	蚕丝(吨) Silk(ton)		绢纺丝(吨) Schappe Silk(ton)		蚕丝及交织物(含蚕丝≥50%)(万米) Silk Textile(10,000 meters)	
		本年累计 Current Year	累计同比(%) Percentage Change over Previous Year	本年累计 Current Year	累计同比(%) Percentage Change over Previous Year	本年累计 Current Year	累计同比(%) Percentage Change over Previous Year
全　国	National Total	86512	-7.32	4277	-23.94	51563	-0.09
北京市	Beijing						
天津市	Tianjin						
河北省	Hebei						
山西省	Shanxi						
内蒙古	Inner Mongolia						
辽宁省	Liaoning	62	-6.06			169	-76.46
吉林省	Jilin						
黑龙江	Heilongjiang						
上海市	Shanghai					3	-19.71
江苏省	Jiangsu	11888	18.59	116	-24.55	5159	14.21
浙江省	Zhejiang	6326	-20.25	3191	-22.22	15721	0.68
安徽省	Anhui	3934	-9.18			5355	-6.33
福建省	Fujian						
江西省	Jiangxi	5245	-5.60			112	-42.80
山东省	Shandong	600	-22.88			1892	-3.13
河南省	Henan	213	20.80				
湖北省	Hubei	656	-40.38				
湖南省	Hunan						
广东省	Guangdong	343	-64.03			57	23.62
广　西	Guangxi	31848	-3.75	561	-25.31	809	17.66
海南省	Hainan						
重庆市	Chongqing	1850	-42.82	119	-61.54	2203	-9.81
四川省	Sichuan	14315	-10.16	42	-8.46	19642	3.01
贵州省	Guizhou	594	70.77	40	14.10		
云南省	Yunnan	3964	-2.41	208	-7.62	241	-0.82
西　藏	Tibet						
陕西省	Shaanxi	4672	-18.85			128	28.81
甘肃省	Gansu						
青海省	Qinghai					73	-76.06
宁　夏	Ningxia						
新　疆	Xinjiang						

续表

蚕丝被(万条) Silk Quilt(10,000 pieces)		非织造布(吨) Nonwoven Fabric(ton)		帘子布(吨) Cord fabric(ton)	
本年累计 Current Year	累计同比(%) Percentage Change over Previous Year	本年累计 Current Year	累计同比(%) Percentage Change over Previous Year	本年累计 Current Year	累计同比(%) Percentage Change over Previous Year
1215	−9.48	3663489	−8.04	630869	0.19
		11625	8.39		
		56005	2.43		
		76811	21.97		
1	2.35	5556	−2.75		
		66215	31.04		
		711	−17.42		
		48605	2.34		
284	6.87	445429	2.34	194501	−2.73
206	−9.26	742070	10.33	133382	1.15
13	34.93	250467	22.65	15801	−10.96
1	11.67	332536	8.99	12254	36.11
123	24.08	220731	26.33		
183	−5.20	311172	−7.68	106840	−13.56
95	−41.98	112091	−85.87	80395	2.83
41	−60.47	533007	26.86		
68	0.19	48976	6.59		
28	14.61	279141	13.94	87696	26.52
11	10.31	2167			
		17832	0.70		
5	−7.10	5368	−40.95		
97	−8.25	84038	11.92		
1	−4.31				
52	6.81	773	8.57		
		612	25.15		
		609	−10.96		
5	−63.19	10943	−20.03		

表5—3　2018年纺织工业产量分地区汇总表（规模以上全行业）
Table5—3　Main Products Output of Textile Industry by Provinces in 2018 (Enterprises Above Designated Size)

地　区	Region	服装（万件）Garments（10,000 pieces）		梭织服装（万件）Non-Knit Clothes（10,000 pieces）		羽绒服（万件）Down & Feather Clothes（10,000 pieces）	
		本年累计 Current Year	累计同比（%）Percentage Change over Previous Year	本年累计 Current Year	累计同比（%）Percentage Change over Previous Year	本年累计 Current Year	累计同比（%）Percentage Change over Previous Year
全　国	National Total	2227421	−3.37	1115744	−3.10	19199	−5.40
北京市	Beijing	6559	−20.77	3813	−7.72	133	−15.67
天津市	Tianjin	3434	−20.45	2435	−22.67		
河北省	Hebei	20871	−10.83	18232	−8.23	40	25.95
山西省	Shanxi	1677	−18.41	1396	−19.67		
内蒙古	Inner Mongolia	757	−27.29	295	−50.36		
辽宁省	Liaoning	15106	−8.17	12541	−10.12	83	68.30
吉林省	Jilin	5402	−9.57	2464	−13.57		
黑龙江	Heilongjiang	49	−42.65	29	−53.03	17	−11.50
上海市	Shanghai	33771	−12.08	18766	−12.98	91	19.12
江苏省	Jiangsu	284900	−6.26	191802	−4.04	2016	−23.11
浙江省	Zhejiang	298552	−1.12	115100	−5.77	1198	−22.06
安徽省	Anhui	94404	1.44	61657	−1.71	827	3.58
福建省	Fujian	472008	9.91	137456	−1.27	1217	−33.26
江西省	Jiangxi	74672	−1.84	51594	1.40	7502	3.45
山东省	Shandong	162083	−7.21	66469	−5.38	1274	−26.53
河南省	Henan	157442	6.87	121893	14.65	3237	47.00
湖北省	Hubei	85498	−13.74	67565	8.69	531	−9.21
湖南省	Hunan	12419	−35.13	8357	−37.56		
广东省	Guangdong	437386	−11.83	187269	−9.62	634	10.34
广　西	Guangxi	21839	−6.03	17641	−4.27		
海南省	Hainan						
重庆市	Chongqing	6770	−9.05	3677	−13.11	116	−35.84
四川省	Sichuan	16608	−9.38	14324	−9.55	206	−43.90
贵州省	Guizhou	6732	6.39	4918	0.59	4	−46.09
云南省	Yunnan	859	−15.03	824	−10.53	4	
西　藏	Tibet						
陕西省	Shaanxi	3745	16.90	3262	19.63	69	372.88
甘肃省	Gansu	144	−72.67	130	−64.99		
青海省	Qinghai	301	−30.20	301	−30.20		
宁　夏	Ningxia	275	−68.06	258	8.87		
新　疆	Xinjiang	3160	10.84	1274	−5.13		−91.38

续表

西服套装(万件) Suits(10,000 pieces)		衬衫(万件) Shirts(10,000 pieces)		针织服装(万件) Knit Clothes(10,000 pieces)	
本年累计 Current Year	累计同比(%) Percentage Change over Previous Year	本年累计 Current Year	累计同比(%) Percentage Change over Previous Year	本年累计 Current Year	累计同比(%) Percentage Change over Previous Year
30009	−2.39	57340	−8.20	1111676	−3.62
319	−12.20	344	−14.92	2746	−33.77
87	−22.12	365	6.10	998	−14.44
473	−14.47	3336	−36.85	2639	−25.44
458	80.26	519	0.60	281	−11.51
60	−38.43	5	−90.15	462	3.29
425	−1.07	1909	8.88	2564	2.74
57	62.05	685	−0.49	2938	−5.92
12	−19.47			20	−15.83
492	−11.08	900	−23.89	15006	−10.94
9290	10.07	20433	5.45	93098	−10.53
3580	−3.58	10802	−10.98	183452	2.04
1142	−5.19	2853	10.98	32747	7.97
444	−34.77	1939	−30.90	334552	15.27
703	−3.09	60	−68.59	23078	−8.37
2554	−6.39	2295	−10.54	95614	−8.44
2485	20.67	896	4.41	35548	−13.31
1017	3.25	527	−54.37	17933	−51.46
4436	−10.38	249	−29.75	4062	−29.48
434	−64.47	7755	−8.44	250117	−13.40
		384	−12.50	4198	−12.76
158	−1.48	390	−21.11	3092	−3.68
333	−4.00	256	−24.24	2283	−8.32
2	−86.03	1	−98.05	1814	26.09
191	115.37	106	−13.08	36	−60.62
			0.00		
437	18.03	175	17.91	483	1.26
				14	−91.08
232	−17.51	5	−37.80		
34	21.30	16	−7.60	17	−97.29
154	−53.72	137	−0.87	1886	25.05

表5-4 2018年纺织工业产量分地区汇总表（规模以上全行业）

Table5-4 Main Products Output of Textile Industry by Provinces in 2018 (Enterprises Above Designated Size)

地 区	Region	化学纤维用浆粕(吨) Pulp for Chemical Fiber(ton)		化学纤维(吨) Chemical Fiber(ton)		人造纤维(纤维素纤维)(吨) Cellulose Fiber(ton)	
		本年累计 Current Year	累计同比(%) Percentage Change over Previous Year	本年累计 Current Year	累计同比(%) Percentage Change over Previous Year	本年累计 Current Year	累计同比(%) Percentage Change over Previous Year
全 国	National Total	979653	−15.19	50110940	7.68	4395526	7.24
北京市	Beijing			2007	−4.50		
天津市	Tianjin			88712	−1.29		
河北省	Hebei			729620	9.97	625128	10.88
山西省	Shanxi						
内蒙古	Inner Mongolia			5527	−63.92		
辽宁省	Liaoning			204774	−22.61		
吉林省	Jilin			369198	1.75	133497	136.01
黑龙江	Heilongjiang			52007	−10.11		
上海市	Shanghai			397017	−8.14		
江苏省	Jiangsu			13704687	2.16	772291	−4.75
浙江省	Zhejiang			22823044	13.84	135944	−17.57
安徽省	Anhui	131337	3.11	396063	10.52	57934	64.46
福建省	Fujian	32687	−64.81	6948837	3.81	288017	2.68
江西省	Jiangxi	264	−99.69	546210	23.67	521381	34.77
山东省	Shandong	99657	4.70	595816	5.35	239018	2.71
河南省	Henan	2569	−85.17	566953	5.16	134490	−3.05
湖北省	Hubei	18768	31.19	254857	4.55	100355	1.49
湖南省	Hunan	51151	−10.98	107652	23.34	1053	25.58
广东省	Guangdong			485323	−5.83	61758	39.92
广 西	Guangxi						
海南省	Hainan						
重庆市	Chongqing			100058	2.97		
四川省	Sichuan	267129	−2.43	861589	4.51	502009	2.07
贵州省	Guizhou			12698	−47.33		
云南省	Yunnan			62155	2.42	34410	−2.86
西 藏	Tibet						
陕西省	Shaanxi	92950	8.86	14218	1.94	14218	1.94
甘肃省	Gansu			346	1.76		
青海省	Qinghai						
宁 夏	Ningxia			435	−40.98		
新 疆	Xinjiang	283140	−7.66	781136	9.51	774021	10.63

续表

黏胶短纤维(吨) Viscose Staple(ton)		黏胶纤维长丝(吨) Viscose Filament(ton)		醋酸纤维长丝(吨) Acetate Filament(ton)	
本年累计 Current Year	累计同比(%) Percentage Change over Previous Year	本年累计 Current Year	累计同比(%) Percentage Change over Previous Year	本年累计 Current Year	累计同比(%) Percentage Change over Previous Year
3770910	7.94	200917	−3.28	372046	1.76
625128	10.88				
73826	1256.35	59671	16.72		
472698	−5.63	22199	−20.77	266266	−2.96
130527	−16.28	5417	−39.81		
57934	64.46				
288017	2.68				
518862	36.30	2520	−59.29		
239018	2.71				
47444	−33.80	52181	14.31		
84981	1.82	15374	−0.30		
				57152	36.59
458454	2.29	43555	−0.17		
				34410	−2.86
				14218	1.94
774021	10.63				

表5-5 2018年纺织工业产量分地区汇总表（规模以上全行业）

Table5-5 Main Products Output of Textile Industry by Provinces in 2018 (Enterprises Above Designated Size)

地区	Region	合成纤维(吨) Synthetic Fiber(ton)		锦纶(吨) Nylon Fiber(ton)		涤纶(吨) Polyester Fiber(ton)	
		本年累计 Current Year	累计同比(%) Percentage Change over Previous Year	本年累计 Current Year	累计同比(%) Percentage Change over Previous Year	本年累计 Current Year	累计同比(%) Percentage Change over Previous Year
全　国	National Total	45626585	7.71	3303724	5.28	40148670	8.47
北京市	Beijing	408	−4.25	52	15.13	20	2.61
天津市	Tianjin	88712	−1.29			88712	−1.29
河北省	Hebei	94451	4.83	2892	1.79	40893	−3.50
山西省	Shanxi						
内蒙古	Inner Mongolia	5527	−63.92				
辽宁省	Liaoning	204774	−7.20	2651	−3.00	194510	−8.46
吉林省	Jilin	233722	−23.28				
黑龙江	Heilongjiang	51828	−10.18				
上海市	Shanghai	396398	−7.99	26935	−23.13	247670	2.67
江苏省	Jiangsu	12894152	2.54	659433	9.44	12028576	2.28
浙江省	Zhejiang	22681830	14.11	698108	7.96	21428648	14.68
安徽省	Anhui	336764	4.55	46178	16.53	208840	0.24
福建省	Fujian	6660820	3.86	1587949	5.87	4733411	3.01
江西省	Jiangxi	24829	−54.69			20253	−61.89
山东省	Shandong	331900	6.19	23660	−18.49	203439	1.51
河南省	Henan	430237	7.86	128849	−14.04	182664	16.92
湖北省	Hubei	154502	6.64			93694	7.05
湖南省	Hunan	106599	23.32	66542	−6.42	40057	193.73
广东省	Guangdong	422621	−9.99	51396	4.82	253865	−15.52
广　西	Guangxi						
海南省	Hainan						
重庆市	Chongqing	100058	2.97			2832	−15.03
四川省	Sichuan	358420	8.04	9079	−3.67	337012	8.93
贵州省	Guizhou	12698	−47.33			12698	−47.33
云南省	Yunnan	27745	9.82			27745	9.82
西　藏	Tibet						
陕西省	Shaanxi						
甘肃省	Gansu	41	10.81				
青海省	Qinghai						
宁　夏	Ningxia	435	−40.98				
新　疆	Xinjiang	7115	−47.95			3131	−45.41

续表

腈纶(吨) Acrylic Fiber(ton)		维纶(吨) Polyvinyl Formal Fiber(ton)		丙纶(吨) Polypropylene Fiber(ton)	
本年累计 Current Year	累计同比(%) Percentage Change over Previous Year	本年累计 Current Year	累计同比(%) Percentage Change over Previous Year	本年累计 Current Year	累计同比(%) Percentage Change over Previous Year
614535	-16.50	100829	-2.47	347850	2.31
				335	-5.73
39622	3.94				
		5527	-63.92		
233722	-23.28				
51828	-9.55				
113187	-14.17			8607	0.86
12878	2.69			72230	-25.05
83123	-28.07			50408	14.21
44041	10.53	33788	7.51	3917	36.39
		34207	19.33	64799	47.31
		4576	175.42		
35948				6605	-4.01
145	9.02	2459	-30.42	41094	12.18
				56469	13.82
				39402	-7.65
		19838	-3.17		
41	10.81				
		435	-40.98		
				3984	-49.79

表5-6　2018年纺织工业产量分地区汇总表（规模以上全行业）

Table5-6　Main Products Output of Textile Industry by Provinces in 2018 (Enterprises Above Designated Size)

地　区	Region	氨纶(吨) Spendex Fiber(ton)	
		本年累计 Current Year	累计同比(%) Percentage Change over Previous Year
全　国	National Total	683192	10.84
北京市	Beijing		
天津市	Tianjin		
河北省	Hebei		
山西省	Shanxi		
内蒙古	Inner Mongolia		
辽宁省	Liaoning		
吉林省	Jilin		
黑龙江	Heilongjiang		
上海市	Shanghai		
江苏省	Jiangsu	71304	1.89
浙江省	Zhejiang	292274	13.11
安徽省	Anhui		
福建省	Fujian	53762	−13.19
江西省	Jiangxi		
山东省	Shandong	58947	59.39
河南省	Henan	71822	46.47
湖北省	Hubei		
湖南省	Hunan		
广东省	Guangdong	57694	9.88
广　西	Guangxi		
海南省	Hainan		
重庆市	Chongqing	77388	5.50
四川省	Sichuan		
贵州省	Guizhou		
云南省	Yunnan		
西　藏	Tibet		
陕西省	Shaanxi		
甘肃省	Gansu		
青海省	Qinghai		
宁　夏	Ningxia		
新　疆	Xinjiang		

注 规模以上企业划分标准为年主营业务收入2000万元及以上工业法人企业。

Note Enterprises above designated size refer to enterprises whose revenue from principle business is over 20 million yuan per year.

资料来源（表1～表5）：国家统计局

Source(Table 1～Table 5): National Bureau of Statistics of China

表6 全国纺织品服装出口贸易总值表

Table6 China's Import and Export Total Value of Textile and Apparel

单位：亿美元
Unit: USD 100 million

年度 Year	项目 Item	进出口 Import and Export	出口 Export	进口 Import	贸易差额 Balance of Trade	累计同比(%) Percentage Change over Previous Year		
						进出口 Import and Export	出口 Export	进口 Import
2007年	全国 The Whole Nation	21738.30	12180.20	9558.20	2622.00	23.50	25.70	20.80
2007年	纺织 Textile Industry	1943.53	1756.16	187.37	1568.79	17.43	19.11	3.69
2007年	纺织占全国比重 Textile vs. Nation(%)	8.94	14.42	1.96	59.83			
2008年	全国 The Whole Nation	25616.30	14285.50	11330.90	2954.60	17.80	17.20	18.50
2008年	纺织 Textile Industry	2082.70	1896.24	186.46	1709.78	7.16	7.98	−0.49
2008年	纺织占全国比重 Textile vs. Nation(%)	8.13	13.27	1.65	57.87			
2009年	全国 The Whole Nation	22072.66	12016.63	10056.03	1960.61	−13.90	−16.00	−11.20
2009年	纺织 Textile Industry	1882.56	1713.32	169.24	1544.08	−9.61	−9.65	−9.24
2009年	纺织占全国比重 Textile vs. Nation(%)	8.53	14.26	1.68	78.76			
2010年	全国 The Whole Nation	29727.60	15779.30	13948.30	1831.00	34.70	31.30	38.70
2010年	纺织 Textile Industry	2323.21	2120.01	203.20	1916.81	23.46	23.76	20.44
2010年	纺织占全国比重 Textile vs. Nation(%)	7.81	13.44	1.46	104.69			
2011年	全国 The Whole Nation	36420.60	18986.00	17434.60	1551.40	22.50	20.30	24.90
2011年	纺织 Textile Industry	2772.80	2541.23	231.57	2309.66	19.35	19.87	13.96
2011年	纺织占全国比重 Textile vs. Nation(%)	7.61	13.38	1.33	148.88			
2012年	全国 The Whole Nation	38667.6	20489.40	18178.30	2311.10	6.20	7.90	4.30
2012年	纺织 Textile Industry	2873.64	2625.63	248.01	2377.62	3.64	3.32	7.10
2012年	纺织占全国比重 Textile vs. Nation(%)	7.43	12.81	1.36				

续表

年度 Year	项目 Item	进出口 Import and Export	出口 Export	进口 Import	贸易差额 Balance of Trade	累计同比(%) Percentage Change over Previous Year		
						进出口 Import and Export	出口 Export	进口 Import
2013年	全国 The Whole Nation	41603.1	22100.20	19502.90	2597.30	7.60	7.90	7.30
2013年	纺织 Textile Industry	3196.20	2920.75	275.45	2645.30	11.22	11.24	11.06
2013年	纺织占全国比重 Textile vs. Nation(%)	7.68	13.22	1.41				
2014年	全国 The Whole Nation	43030.4	23427.50	19602.90	3824.60	3.40	6.10	0.40
2014年	纺织 Textile Industry	3343.33	3069.58	273.75	2795.83	4.60	5.10	−0.62
2014年	纺织占全国比重 Textile vs. Nation(%)	7.77	13.10	1.40				
2015年	全国 The Whole Nation	39586.40	22765.70	16820.70	5945.00	−8.00	−2.80	−14.10
2015年	纺织 Textile Industry	3176.92	2911.48	265.44	2646.04	−4.48	−4.78	−1.01
2015年	纺织占全国比重 Textile vs. Nation(%)	8.03	12.79	1.58				
2016年	全国 The Whole Nation	36849.30	20974.40	15874.80	5099.60	−6.80	−7.70	−5.50
2016年	纺织 Textile Industry	2942.99	2701.2	241.79	2459.41	−7.36	−7.22	−8.91
2016年	纺织占全国比重 Textile vs. Nation(%)	7.99	12.88	1.52				
2017年	全国 The Whole Nation	41044.70	22634.90	18409.80	4225.10	11.40	7.90	15.90
2017年	纺织 Textile Industry	3001.24	2745.05	256.19	2488.86	1.98	1.62	5.96
2017年	纺织占全国比重 Textile vs. Nation(%)	7.31	12.13	1.39				
2018年	全国 The Whole Nation	46230.40	24874.00	21356.40	3517.60	12.60	9.90	15.80
2018年	纺织 Textile Industry	3153.33	2876.23	277.10	2599.12	5.07	4.78	8.16
2018年	纺织占全国比重 Textile vs. Nation(%)	6.82	11.56	1.30				

表7-1 2018年纺织品服装分省进出口额

Table7-1 China's Import and Export of Textile and Apparel by Provinces in 2018

单位：亿美元
Unit：USD 100 million

省市名称 Region	出口 Export						进口 Import					
	小计 Subtotal		纺织品 Textiles		服装 Garments		小计 Subtotal		纺织品 Textiles		服装 Garments	
	当年 Current Year	同比(%) Percentage Change over Previous Year	当年 Current Year	同比(%) Percentage Change over Previous Year	当年 Current Year	同比(%) Percentage Change over Previous Year	当年 Current Year	同比(%) Percentage Change over Previous Year	当年 Current Year	同比(%) Percentage Change over Previous Year	当年 Current Year	同比(%) Percentage Change over Previous Year
1.北京 Beijing	20.42	−29.11	8.18	−13.63	12.24	−36.69	13.72	23.08	8.87	21.54	4.85	26.01
2.天津 Tianjin	25.15	9.63	12.85	4.55	12.30	15.50	3.23	−23.29	2.38	10.97	0.85	−58.94
3.河北 Hebei	59.18	−2.42	19.72	5.03	39.45	−5.77	1.48	22.56	1.46	26.37	0.02	−62.84
4.山西 Shanxi	0.88	−11.80	0.79	−16.38	0.09	64.15	0.05	132.24	0.03	158.94	0.01	89.52
5.内蒙古 Inner Mongolia	4.10	−6.12	1.16	−12.17	2.94	−3.51	0.11	490.49	0.05	339.88	0.06	681.00
6.辽宁 Liaoning	41.75	1.42	7.87	−3.18	33.88	2.55	6.27	−36.12	5.61	0.76	0.66	−84.44
7.吉林 Jilin	3.63	−15.38	1.88	−2.66	1.75	−25.83	0.85	−43.11	0.63	−5.41	0.22	−73.19
8.黑龙江 Heilongjiang	3.33	−28.35	2.12	4.19	1.21	−53.66	0.88	249.19	0.87	293.10	0.01	−58.30
9.上海 Shanghai	196.19	5.13	83.56	10.87	112.63	1.25	81.64	14.62	28.04	11.43	53.59	16.36
10.江苏 Jiangsu	524.55	7.12	260.28	11.95	264.26	2.76	33.44	24.41	25.90	25.35	7.54	21.28
11.浙江 Zhejiang	747.99	11.24	431.14	13.25	316.85	8.62	25.20	−6.72	22.82	7.93	2.38	−59.47
12.安徽 Anhui	37.90	3.11	17.50	9.10	20.40	−1.53	4.48	8.14	4.40	7.50	0.09	55.07
13.福建 Fujian	210.55	2.47	79.03	12.22	131.53	−2.61	15.65	27.90	14.37	25.92	1.29	55.04
14.江西 Jiangxi	39.96	−9.96	9.53	−20.06	30.43	−6.24	2.16	49.53	1.33	−3.73	0.83	1222.30
15.山东 Shandong	234.31	7.58	109.34	8.15	124.97	7.09	15.12	7.13	13.19	1.66	1.93	69.41

续表

省市名称 Region	出口 Export						进口 Import					
	小计 Subtotal		纺织品 Textiles		服装 Garments		小计 Subtotal		纺织品 Textiles		服装 Garments	
	当年 Current Year	同比(%) Percentage Change over Previous	当年 Current Year	同比(%) Percentage Change over Previous	当年 Current Year	同比(%) Percentage Change over Previous	当年 Current Year	同比(%) Percentage Change over Previous	当年 Current Year	同比(%) Percentage Change over Previous	当年 Current Year	同比(%) Percentage Change over Previous
16.河南 Henan	24.62	34.50	11.49	17.33	13.14	54.24	1.65	-23.23	0.99	48.38	0.65	-55.74
17.湖北 Hubei	36.12	20.16	9.72	28.72	26.40	17.29	1.60	11.78	1.47	14.56	0.13	-11.87
18.湖南 Hunan	30.59	62.90	6.38	57.85	24.21	64.29	1.32	6.55	1.22	1.67	0.11	137.65
19.广东 Guangdong	473.25	-5.52	137.20	4.33	336.05	-9.03	63.92	2.09	52.85	3.50	11.07	-4.12
20.广西 Guangxi	70.59	33.33	28.31	11.65	42.28	53.27	0.57	70.06	0.46	37.55	0.11	5642.89
21.海南 Hainan	0.54	-5.30	0.44	-7.60	0.10	6.30	1.11	17.97	0.16	104.91	0.95	10.02
22.四川 Sichuan	7.70	-2.84	3.64	34.61	4.06	-22.26	1.17	62.83	1.00	126.80	0.16	-40.55
23.重庆 Chongqing	12.73	-0.39	8.46	10.16	4.27	-16.29	0.84	7.12	0.57	23.42	0.26	-16.92
24.贵州 Guizhou	1.46	40.66	0.54	194.07	0.93	8.03	0.02	-5.91	0.02	90.86	0.00	-94.74
25.云南 Yunnan	6.05	11.07	4.72	10.14	1.33	14.49	0.10	-15.28	0.09	68.02	0.01	-88.75
26.西藏 Tibet	2.45	26.35	0.38	30.85	2.08	25.56	0.04	-2.07	0.01	27.86	0.04	-6.90
27.陕西 Shaanxi	4.20	10.58	2.62	10.03	1.59	11.50	0.13	14.23	0.08	-11.49	0.05	102.94
28.甘肃 Gansu	0.26	5.68	0.10	-31.00	0.16	59.82	0.00	7.49	0.00	64.73	0.00	-76.87
29.青海 Qinghai	0.81	-32.81	0.65	-22.15	0.16	-56.29	0.01	-0.39	0.01	2.41	0.00	-85.12
30.宁夏 Ningxia	2.04	-40.60	1.10	6.84	0.94	-60.92	0.08	59.63	0.08	1071.00	0.00	-93.58
31.新疆 Xinjiang	52.94	-18.20	11.27	-28.53	41.68	-14.87	0.29	-31.47	0.27	-31.85	0.02	-24.01

表8　2018年纺织品服装进出口额

Table8　China's Import and Export of Textile and Apparel in 2018

单位：亿美元
Unit：USD 100 million

项目 Item	出口 Export						进口 Import					
	小计 Subtotal		纺织品 Textiles		服装 Garments		小计 Subtotal		纺织品 Textiles		服装 Garments	
	当年 Current Year	同比(%) Percentage Change over Previous Year	当年 Current Year	同比(%) Percentage Change over Previous Year	当年 Current Year	同比(%) Percentage Change over Previous Year	当年 Current Year	同比(%) Percentage Change over Previous Year	当年 Current Year	同比(%) Percentage Change over Previous Year	当年 Current Year	同比(%) Percentage Change over Previous Year
一、贸易方式 Mode of Trade	2876.23	4.78	1271.96	9.94	1604.27	1.02	277.10	8.16	189.21	11.30	87.89	1.98
1.一般贸易 Normal Trade	2288.39	8.43	1083.28	12.70	1205.11	4.85	176.46	14.42	108.00	21.34	68.46	4.98
2.进料加工 Import Material Processing	227.02	−1.16	101.77	1.52	125.25	−3.23	58.56	3.78	55.10	−0.03	3.46	163.62
3.来料加工 Raw Materials on Client's Demand	41.93	−7.01	3.36	−14.13	38.57	−6.33	19.19	−5.92	17.01	−6.81	2.18	1.69
4.其他贸易 Others	318.89	−11.35	83.55	−8.76	235.34	−12.24	22.90	−5.84	9.10	19.84	13.80	−17.49
二、主要国家地区 Major Countries and Regions												
1.亚洲地区 Asia	1238.32	2.74	685.57	8.23	552.75	−3.35	212.17	2.30	153.65	6.63	58.52	−7.57
(1)中国香港 Hongkong, China	126.37	−4.04	56.41	3.56	69.96	−9.40	1.50	28.23	1.15	16.33	0.35	92.83
(2)中国澳门 Macao, China	2.25	25.26	0.61	0.56	1.64	37.82	0.02	−47.63	0.00	−41.93	0.02	−48.66
(3)中国台湾 Taiwan, China	21.23	21.89	7.64	15.07	13.59	26.09	24.43	5.26	23.73	5.17	0.70	8.53
(4)日本 Japan	220.06	3.41	57.31	8.53	162.76	1.72	24.84	−30.50	23.50	4.69	1.33	−89.95
(5)韩国 Korea	82.69	−1.78	31.01	4.02	51.68	−4.96	17.00	−6.03	14.24	−6.21	2.77	−5.06
(6)土耳其 Turkey	19.76	3.48	15.80	4.20	3.96	0.74	5.09	14.39	1.30	3.01	3.79	18.89

续表

项目 Item	出口 Export						进口 Import					
	小计 Subtotal		纺织品 Textiles		服装 Garments		小计 Subtotal		纺织品 Textiles		服装 Garments	
	当年 Current Year	同比(%) Percentage Change over Previous Year	当年 Current Year	同比(%) Percentage Change over Previous Year	当年 Current Year	同比(%) Percentage Change over Previous Year	当年 Current Year	同比(%) Percentage Change over Previous Year	当年 Current Year	同比(%) Percentage Change over Previous Year	当年 Current Year	同比(%) Percentage Change over Previous Year
(7)东盟 Eastern Union	391.82	12.61	284.78	11.61	107.05	15.38	71.91	22.92	42.31	13.02	29.60	40.51
2.欧洲 European	627.98	3.75	175.12	8.10	452.87	2.16	50.07	33.44	26.53	45.62	23.54	21.93
欧盟 EU	514.69	3.23	146.89	8.37	367.80	1.31	48.12	33.44	25.65	45.87	22.47	21.62
3.非洲 Africa	187.68	2.19	115.04	12.72	72.64	−10.98	3.71	43.12	0.97	297.27	2.74	16.67
4.大洋州 Oceania	67.90	8.46	22.60	15.23	45.30	5.37	0.42	45.97	0.38	40.54	0.04	122.54
澳大利亚 Australia	57.13	8.54	18.76	15.58	38.37	5.41	0.31	23.30	0.27	15.27	0.04	146.03
5.北美自由贸易区 North America Free-trade Area	609.76	11.21	204.01	16.56	405.75	8.71	9.86	24.87	7.20	2.91	2.65	196.71
(1)美国 USA	528.27	10.73	170.32	16.97	357.95	7.99	8.82	24.12	6.65	0.71	2.18	328.04
(2)加拿大 Canada	48.14	9.60	13.84	13.95	34.30	7.94	0.58	30.44	0.24	33.04	0.34	28.69
(3)墨西哥 Mexico	33.36	22.26	19.86	14.87	13.50	35.04	0.46	33.26	0.32	44.38	0.14	13.09
6.欧盟、美国 EU,USA	1042.96	7.08	317.21	13.09	725.75	4.66	56.94	32.04	32.29	33.58	24.65	30.09
7.非欧盟、美国 Non-EU, USA	1833.27	3.51	954.75	8.93	878.52	−1.80	220.17	3.33	156.92	7.61	63.24	−5.94
8."一带一路"沿线国家及地区 The Belt and Road	970.61	6.03	597.07	9.81	373.54	0.50	123.53	20.74	75.98	15.15	47.56	30.90

表9　2018年纺织原料及制品章类进出口额
Table9　Import and Export of Textile Raw Material and Manufactures by Chapters in 2018

单位：亿美元
Unit：USD 100 million

类、章 Category and Chapter	出口 Export		进口 Import	
	当年 Current Year	同比(%) Percentage Change over Previous Year	当年 Current Year	同比(%) Percentage Change over Previous Year
十一大类(50～63章) Eleven Categories (Chapter 50—63)	2660.4	3.4	341.4	9.8
50章、丝及丝绸 Chapter 50：Silk and Silk Cloth	11.4	2.6	0.5	5.1
51章、毛及毛织品 Chapter 51：Wool and Woolen Fabric	24.8	23.9	42.0	15.6
52章、棉及棉织品 Chapter 52：Cotton and Cotton Fabric	154.5	2.1	98.9	14.8
53章、麻及麻织品 Chapter 53：Bast and Bast Fabric	14.0	32.5	9.2	13.7
54章、化纤长丝及织品 Chapter 54：Chemical Fiber Filament and Fabric	204.9	14.1	31.5	4.8
55章、化纤短纤织品 Chapter 55：Chemical Fiber Spun Fabric	126.9	5.2	24.8	4.3
56章、絮、毡、非织造布 Chapter 56：Wadding, Felt, Non—woven Fabric	57.3	12.8	13.3	2.1
57章、铺地织品 Chapter 57：Floor Cloth	29.7	10.1	1.4	2.8
58章、特种织物花边 Chapter 58：Special Fabric Lace	50.6	6.8	5.1	−1.7
59章、涂层布及工业用布 Chapter 59：Coating and Industrial Fabric	80.3	8.7	18.1	1.3
60章、针织布 Chapter 60：Knitting Fabric	181.6	10.0	16.4	−3.1
61章、针织服装及附件 Chapter 61：Knitting Garments and Accessories	733.3	2.1	33.8	20.8
62章、机织服装及附件 Chapter 62：Tatting Garments and Accessories	713.0	−2.9	41.6	7.3
63章、其它纺织织物 Chapter 63：Other Fabric	278.1	5.5	4.8	−4.3

数据来源（表6～表9）：中国海关
Source (Table 6～Table 9)：China Customs

表3 世界纺织纤维产量增量及年均增速
Table3 Worldwide Textile Fiber Production Increment and Average Annual Growth Rate

单位：万吨
Unit：10,000 ton

年份 Year	合计 Total		天然纤维 Natural Fiber		化学纤维 Chemical Fiber	
	增量 Increment	年均增速 Average Annual Growth Rate	增量 Increment	年均增速 Average Annual Growth Rate	增量 Increment	年均增速 Average Annual Growth Rate
2000～2005	1454.2	4.6%	530.2	3.8%	924	5.3%
2005～2010	1093.5	2.9%	-37.6	-0.2%	1131.1	5.1%
2010～2015	1554.6	3.5%	-97.9	-0.6%	1652.6	5.7%
2015～2017	474.5	2.4%	140.2	2.3%	334.3	2.4%

表4 世界天然纤维消费量
Table4 Worldwide Natural Fibers Consumption

单位：万吨
Unit：10,000 ton

年份 Year	合计 Total	棉 Cotton	毛* Wool*	麻** Bast**	其他*** Other***
2000	2621.7	2021.3	134.3	350.7	115.4
2005	3151.8	2501.3	121.8	416.5	112.2
2010	3114.3	2480.5	110.4	402.6	120.8
2015	3016.3	2413.9	116	368.9	117.4
2016	3066.9	2451.6	116.6	381	117.7
2017	3156.6	2539.5	117.5	381.2	118.4

注 羊毛*为洗净毛；麻**包括亚麻、大麻、黄麻、苎麻及其他麻纤维；其他***包括蕉麻、剑麻、椰壳纤维、木棉、丝、西沙尔麻。
note *clean weight;**flax,hemp,jute,ramie and allied fibers;***abaca,agave,coir,kapok,silk and sisal.

资料来源(表1～4)：欧瑞康纤维年报
Source (Table 1～Table 4)：The Fiber Year 2018

表5 世界棉花产量和消费量
Table5 Worldwide Cotton Production and Use

单位：万吨
Unit：10,000 ton

年 份 Year	产量 Production	消费量 Use	期末库存 Endings Stocks
2000	1952.7	2021.3	1062.4
2005	2567.9	2501.3	1265.4
2010	2586.8	2480.5	1047.1
2015	2148.5	2413.9	2031.2
2016	2309.5	2451.6	1882.8
2017	2567.1	2539.5	1910.3

资料来源：ICAC
Source：ICAC

表6 世界及主要国家化学纤维产量
Table6 Production of Manmade Fibers by Major Countries in the World

单位：百万吨
Unit：million ton

年份 Year / 国别 Country		2000	2005	2010	2015	2016	2017
世界合计	Total	31.1	40.4	51.7	68.2	68.8	71.6
中　　国	P.R.China	6.7	17.5	30.0	45.7	46.1	48.4
印　　度	India	1.9	2.2	4.2	5.3	5.6	5.9
美　　国	USA	4.2	3.8	2.8	2.9	3.0	3.0
中国台湾	Taiwan(China)	3.2	2.8	2.3	2.0	2.0	1.8
印度尼西亚	Indonesia	1.4	1.2	1.7	1.8	1.8	1.8
韩　　国	Korea	2.8	1.7	1.6	1.4	1.5	1.5
土 耳 其	Turkey	0.8	1.0	1.0	1.2	1.2	1.2
泰　　国	Thailand	0.9	1.1	0.9	0.8	0.8	0.9
日　　本	Japan	1.5	1.2	0.9	0.8	0.8	0.7
越　　南	Vietnam	0.0	0.1	0.2	0.4	0.4	0.5
马来西亚	Malaysia	0.4	0.4	0.5	0.5	0.5	0.5

表7 世界主要品种化学纤维产量
Table7 Worldwide Production of Manmade Fibers by Major Material

单位：百万吨
Unit：million ton

		2000	2005	2010	2015	2016	2017
合计 Total		31.1	40.4	51.7	68.2	68.8	71.6
涤纶长丝	PES FY	10.7	15.7	24.5	35.8	36.2	38.2
涤纶短纤	PES SF	8.1	11.0	13.3	15.4	15.1	15.4
锦纶长丝	PA FY	3.6	3.6	3.8	4.8	4.9	5.2
锦纶短纤	PA SF	0.5	0.4	0.2	0.2	0.2	0.2
丙　纶	PP	2.8	3.3	3.0	3.1	3.1	3.2
腈　纶	PAN	2.6	2.6	2.0	1.8	1.8	1.7
纤维素纤维短纤*	Cellulosic SF*	2.2	2.9	4.0	5.9	6.1	6.3
纤维素纤维长丝	Cellulosic FY	0.5	0.5	0.4	0.4	0.3	0.3
其　他	Others	0.2	0.4	0.5	0.9	0.9	1.0

注 * 2002年后包括莫代尔和莱赛尔
Note * Modal and lyocell fibers are included since 2002

资料来源(表6~7)：欧瑞康纤维年报
Source (Table 6~Table 7)：The Fiber Year 2018

表8 全球纺织品、成衣进出口额
Table8 Global Import and Export of Textile and Apparel

单位：亿美元
Unit：USD 100 million

年份 Year	出口额 Export			进口额 Import		
	合计 Total	纺织品 Textiles	成衣 Garments	合计 Total	纺织品 Textiles	成衣 Garments
2000	3539.8	1562.6	1977.2	3668.6	1637.7	2030.9
2005	4815.8	2031.1	2784.7	4942.0	2147.2	2794.8
2010	6076.6	2528.4	3548.2	6369.7	2667.8	3701.9
2011	7145.8	2951.5	4194.3	7483.8	3109.1	4374.8
2012	6986.0	2828.2	4157.9	7405.3	2998.9	4406.5
2013	7554.1	3024.2	4529.8	8040.6	3211.3	4829.3
2014	7967.3	3128.2	4839.1	8442.0	3318.3	5123.7
2015	7482.7	2922.6	4560.1	7818.4	3073.9	4744.5
2016	7335.3	2849.2	4486.1	7701.1	3018.2*	4682.9*
2017	7718.2	3002.3	4715.9	8028.2	3167.62*	4860.6*

注 *为预计数。
Note The data with "*" is the estimated data.

表9 中国纺织品、成衣进出口贸易状况
Table9 China's Export of Textile and Garment

单位：亿美元
Unit：USD 100 million

年 份 Year	出口额 Export			进口额 Import			贸易顺差 Trade Surplus
	合 计 Total	纺织品 Textiles	成 衣 Garments	合 计 Total	纺织品 Textiles	成 衣 Garments	
2000	3539.8	1562.6	1977.2	3668.6	1637.7	2030.9	381.8
2005	4815.8	2031.1	2784.7	4942.0	2147.2	2794.8	980.8
2010	6076.6	2528.4	3548.2	6369.7	2667.8	3701.9	1864.9
2011	7145.8	2951.5	4194.3	7483.8	3109.1	4374.8	2252.7
2012	6986.0	2828.2	4157.9	7405.3	2998.9	4406.5	2309.2
2013	7554.1	3024.2	4529.8	8040.6	3211.3	4829.3	2572.5
2014	7967.3	3128.2	4839.1	8442.0	3318.3	5123.7	2729.5
2015	7482.7	2922.6	4560.1	7818.4	3073.9	4744.5	2581.4
2016	7335.3	2849.2	4486.1	7701.1	3018.2*	4682.9*	2405.9
2017	7718.2	3002.3	4715.9	8028.2	3167.62*	4860.6*	2438.0

表10 中国纺织品、成衣出口额占全球出口份额
Table10 The Proportion of China's Export Value of Textile and Garment to the World's

单位：亿美元
Unit：USD 100 million

年 份 Year	合计出口 Export Value of Total			纺织品出口 Export Value of Textile			成衣出口 Export Value of Garment		
	全 球 World	中 国 China	中国占(%) The Proportion of China	全 球 World	中 国 China	中国占(%) The Proportion of China	全 球 World	中 国 China	中国占(%) The Proportion of China
2000	3539.8	522.1	14.7	1562.6	161.4	10.3	1977.2	360.7	18.2
2005	4815.8	1152.1	23.9	2031.1	410.5	20.2	2784.7	741.6	26.6
2010	6076.6	2066.9	34.0	2528.4	768.7	30.4	3548.2	1298.2	36.6
2011	7145.8	2481.9	34.7	2951.5	944.1	32.0	4194.3	1537.7	36.7
2012	6986.0	2552.5	36.5	2828.2	955.0	33.8	4157.9	1597.5	38.4
2013	7554.1	2841.5	37.6	3024.2	1066.2	35.3	4529.8	1775.3	39.2
2014	7967.3	2993.7	37.6	3128.2	1121.0	35.8	4839.1	1872.8	38.7
2015	7482.7	2836.8	37.9	2922.6	1089.9	37.3	4560.1	1746.9	38.3
2016	7335.3	2637.2	36.0	2849.2	1043.8	36.6	4486.1	1593.4	35.5
2017	7718.2	2683.5	34.8	3002.3	1098.9	36.6	4715.9	1584.6	33.6

表11　2017年全球纺织品进出口国(地区)10强

Table11　The Top 10 Textile Trading Countries (Regions) in the World in 2017

单位：亿美元

Unit：USD 100 million

出口 Export				进口 Import			
国家(地区) Countries(Regions)		金额 Value	占全球(%) Proportion to the world(%)	国家(地区) Countries(Regions)		金额 Value	占全球(%) Proportion to the world(%)
全　球	World	3002.3	100.0	*全　球	*World	3167.6	100.0
中国大陆	China	1098.9	36.6	欧盟(28国)	EU (28)	308.1	9.7
欧盟(28国)	EU (28)	692.3	23.1	美　国	United States	297.5	9.4
印　度	India	173.7	5.8	中国大陆	China	172.9	5.5
美　国	United States	136.6	4.5	*越　南	*Vietnam	162.1	5.1
土耳其	Turkey	114.5	3.8	*孟加拉	*Bangladesh	94.0	3.0
韩　国	Korea, Republic of	98.6	3.3	日　本	Japan	83.9	2.6
中国台湾	Taiwan(China)	92.4	3.1	中国香港	Hong Kong(China)	71.3	2.3
巴基斯坦	Pakistan	78.7	2.6	土耳其	Turkey	68.4	2.2
中国香港	Hong Kong(China)	76.1	2.5	墨西哥	Mexico	63.2	2.0
*越　南	*Vietnam	73.8	2.5	印度尼西亚	Indonesia	56.8	1.8

注　*为预计数。

Note The data with "*" is the estimated data.

表12　2017年全球成衣进出口国(地区)10强

Table12　The Top 10 Garment Trading Countries (Regions) in the World in 2017

单位：亿美元

Unit：USD 100 million

出口 Export				进口 Import			
国家(地区) Countries(Regions)		金额 Value	占全球(%) Proportion to the world(%)	国家(地区) Countries(Regions)		金额 Value	占全球(%) Proportion to the world(%)
全　球	World	4715.9	100.0	*全　球	*World	4860.6	100.0
中国大陆	China	1584.6	33.6	欧盟(28国)	EU(28)	990.1	20.4
欧盟(28国)	EU (28)	1297.3	27.5	美　国	United States	913.0	18.8
孟加拉	Bangladesh	292.1	6.2	日　本	Japan	281.0	5.8
*越　南	*Vietnam	277.8	5.9	中国香港	Hong Kong(China)	124.3	2.6
印　度	India	186.2	3.9	加拿大	Canada	100.8	2.1
土耳其	Turkey	151.0	3.2	韩　国	Korea, Republic of	93.2	1.9
中国香港	Hong Kong(China)	144.9	3.1	俄罗斯	Russian Federation	72.6	1.5
印度尼西亚	Indonesia	82.1	1.7	中国大陆	China	72.7	1.5
柬埔寨	Cambodia	71.9	1.5	瑞　士	Switzerland	67.0	1.4
美　国	United States	57.3	1.2	澳大利亚	Australia	69.0	1.4

注　*为预计数。

Note The data with "*" is the estimated data.

表13　2017年全球纺织品、成衣出口国(地区)10强

Table13　The Top 10 Export Countries (Regions) of Textile and Garment in the World in 2017

单位：亿美元
Unit：USD 100 million

排序 Rank	国别(地区) Countries(Regions)		合计 Total	纺织品 Textiles	成衣 Garments	占全球(%) Proportion to the world(%)
	全球	World	7718.2	3002.3	4715.94	100.0
1	中国大陆	China	2683.5	1098.9	1584.6	34.8
2	欧盟(28国)	EU(28)	1989.6	692.3	1297.3	25.8
3	印度	India	359.9	173.7	186.2	4.7
4	*越南	*Vietnam	351.6	73.8	277.8	4.6
5	孟加拉	Bangladesh	310.1	18.0*	292.1	4.0
6	土耳其	Turkey	265.5	114.5	151.0	3.4
7	中国香港	Hong Kong(China)	221.0	76.1	144.9	2.9
8	美国	United States	193.9	136.6	57.3	2.5
9	巴基斯坦	Pakistan	133.4	78.7	54.7	1.7
10	印度尼西亚	Indonesia	122.6	40.4	82.1	1.6

注　*为预计数。
Note The data with "*" is the estimated data.

表14　2017年全球纺织品、成衣进口国(地区)前10名

Table14　The Top 10 Import Countries (Regions) of Textile and Garment in the world in 2017

单位：亿美元
Unit：USD 100 million

排序 Rank	国别(地区) Countries(Regions)		合计 Total	纺织品 Textiles	成衣 Garments	占全球(%) Proportion to the world(%)
	*全球	*World	8028.2	3167.6	4860.6	100.0
1	欧盟(28国)	EU(28)	1298.1	308.1	990.1	16.2
2	美国	United States	1210.5	297.5	913.0	15.1
3	日本	Japan	364.9	83.9	281.0	4.5
4	中国大陆	China	245.5	172.9	72.7	3.1
5	中国香港	Hong Kong(China)	195.6	71.3	124.3	2.4
6	*越南	*Vietnam	173.0	162.1	10.9	2.2
7	加拿大	Canada	146.0	45.2	100.8	1.8
8	韩国	Korea,Republic of	144.7	51.5	93.2	1.8
9	*孟加拉	*Bangladesh	104.9	94.0	10.9	1.3
10	俄罗斯	Russian Federation	104.1	31.5	72.6	1.3

注　*为预计数。
Note The data with "*" is the estimated data.

表15 2016～2017年亚洲主要国家(地区)纺织品、成衣出口贸易变化
Table15 The Export of Textile and Garment in Asia from 2016 to 2017

单位：亿美元
Unit：USD 100 million

排 序 Rank	国别(地区) Countries(Regions)		纺织品出口 Textile Export		成衣出口 Garment Export		合 计 Total	
			2017	2016	2017	2016	2017	2016
1	中国大陆	China	1098.9	1043.8	1584.6	1593.4	2683.5	2637.2
2	印 度	India	173.7	163.6	186.2	181.9	359.9	345.5
3	越 南	Vietnam	73.8	61.1	277.8	230.1	351.6	291.1
4	孟加拉	Bangladesh	18.0*	17.56*	292.1	286.7	310.1	304.2
5	中国香港	Hongkong(China)	76.1	79.0	144.9	156.9	221.0	235.9
6	巴基斯坦	Pakistan	78.7	76.8	54.7	51.0	133.4	127.8
7	印度尼西亚	Indonesia	40.4	41.1	82.1	74.7	122.6	115.8
8	韩 国	Korea	98.6	100.4	20.3	20.5	118.8	120.9
9	中国台湾	Taiwan(China)	92.4	89.7	7.4	7.6	99.8	97.3
10	柬埔寨	Cambodia	1.8	1.6	71.9	66.5	73.7	68.1
11	泰 国	Thailand	35.9	34.0	35.7	35.1	71.6	69.1
12	日 本	Japan	65.2	64.2	5.9	6.0	71.1	70.2
13	马来西亚	Malaysia	18.2	16.7	50.9	45.8	69.1	62.5
14	斯里兰卡	Sri Lanka	3.1	3.0	49.9	48.3	53.0	51.3
15	新加坡	Singapore	6.8	7.4	15.3	14.0	22.2	21.4
16	菲律宾	Philippines	2.4	1.9	11.2	10.4	13.7	12.3
以上合计 Total Value of the Above			1883.9	1801.8	2891.0	2828.9	4775.0	4630.8

注 *为预计数。
Note The data with "*" is the estimated data.

资料来源（表8～15）：世界贸易组织
Source (Table 8～Table 15): World Trade Organization

服装设计师
FASHION CHINA

《服装设计师》杂志

由中国服装设计师协会主办，是权威的时尚流行资讯专业刊物。
每月25日出版，全年12期。每期零售价格25元，全年定价300元。

邮发代号：**82-463**
国内统一刊号：**CN11－4548／TS**

通过邮局汇款、银行转账或直接交款到服装设计师杂志社订阅，
整订、零购或补订均可。

邮局汇款——地　址：北京市朝阳区酒仙桥路2号D · PARK北京会所A座（100015）
收 款 人：服装设计师杂志社
银行转账——户　名：服装设计师杂志社
开 户 行：北京银行酒仙桥支行
账　号：01090332000120109059233

电　话：84562288－401/84563299（Fax）
邮　箱：fcmag@fashion.org.cn

国际统计

国际统计数据资料详见表1～表15。

表1 世界纺织纤维产量及增速

Table1 Worldwide Textile Fiber Production and Growth Rate

单位：万吨
Unit：10,000 ton

年份 Year	合计 Total		天然纤维 Natural Fiber		化学纤维 Chemical Fiber			
	产量 Output	同比增速(%) y-o-yin%	产量 Output	同比增速(%) y-o-yin%	小计产量 Output	同比增速(%) y-o-yin%	其中合成纤维产量 The Output of Synthetic Fibers	同比增速(%) y-o-yin%
2000	5735.0	4.4	2621.7	2.7	3113.3	5.9	2837.5	5.8
2005	7189.2	6.3	3151.8	4.4	4037.3	7.7	3698.9	8.2
2010	8282.7	8.4	3114.3	0.4	5168.4	13.8	4731.0	14.0
2015	9837.3	2.0	3016.3	−1.2	6820.9	3.5	6195.3	3.8
2016	9944.6	1.1	3066.9	1.7	6877.7	0.8	6231.7	0.6
2017	10311.7	3.7	3156.6	2.9	7155.2	4.0	6490.6	4.2

表2 世界天然纤维及化学纤维比重

Table2 The Proportion of Worldwide Natural Fibers and Manmade Fibers

单位：%
Unit：%

年份 Year	总计 Total	天然纤维 Natural Fiber	化学纤维 Chemical Fiber	
			小计 Subtotal	合成纤维 Synthetic Fiber
2000	100.0	45.7	54.3	49.5
2005	100.0	43.8	56.2	51.5
2010	100.0	37.6	62.4	57.1
2015	100.0	30.7	69.3	63.0
2016	100.0	30.8	69.2	62.7
2017	100.0	30.6	69.4	62.9